司法解释理解与适用丛书

最高人民法院
矿业权司法解释
理解与适用

【条文主旨·问题解答·法规链接】

最高人民法院环境资源审判庭 编著

人民法院出版社

PEOPLE'S COURT PRESS

图书在版编目（CIP）数据

最高人民法院矿业权司法解释理解与适用/
最高人民法院环境资源审判庭编著．
—北京：人民法院出版社，2018.3
（司法解释理解与适用丛书）
ISBN 978-7-5109-2091-2

I.①最… II.①最… III.①矿产权—法律解释—中
国 ②矿产权—法律适用—中国 IV.①D922.625

中国版本图书馆 CIP 数据核字（2018）第 046360 号

最高人民法院矿业权司法解释理解与适用
最高人民法院环境资源审判庭　编著

责任编辑	王婷　　执行编辑　高晖　杨钦云	
出版发行	人民法院出版社	
地　　址	北京市东城区东交民巷 27 号（100745）	
电　　话	（010）67550617（责任编辑）　67550558（发行部查询）	
	65223677（读者服务部）	
客服 QQ	2092078039	
网　　址	http：//www.courtbook.com.cn	
E-mail	courtpress@sohu.com	
印　　刷	保定市中画美凯印刷有限公司	
经　　销	新华书店	
开　　本	787×1092 毫米　1/16	
字　　数	467 千字	
印　　张	29.75	
版　　次	2018 年 3 月第 1 版　2019 年 1 月第 2 次印刷	
书　　号	ISBN 978-7-5109-2091-2	
定　　价	96.00 元	

版权所有　　侵权必究

最高人民法院矿业权司法解释理解与适用
编辑委员会

编委会主任　江必新
副 主 任　郑学林　王旭光　魏文超　李明义
编　　委　张　华　贾清林　刘小飞　王展飞
执 行 编 辑　贾清林　刘牧晗
撰　稿　人（以姓氏笔画为序）
　　　　　　王旭光　王展飞　叶　阳　毕东升
　　　　　　朱　婧　刘小飞　刘牧晗　刘慧慧
　　　　　　孙　茜　孙　超　杨　迪　张　华
　　　　　　武建华　贾清林　晏　景　魏文超

前　言

　　党的十九大报告指出，人与自然和谐共生，必须树立和践行"绿水青山就是金山银山"的理念，坚持节约资源和保护环境的基本国策，像对待生命一样对待生态环境，形成绿色发展方式，加快建立绿色生产和消费的法律制度和政策导向，设立国有自然资源资产管理和自然生态监管机构，统一行使全面所有自然资源资产所有者职责，统一行使所有国土空间用途管制和生态保护修复职责，坚决制止和惩处破坏生态环境的行为。

　　新时代赋予自然资源开发利用新内涵，提出了自然资源开发利用的新要求。矿产资源作为国家所有的一类重要自然资源，同时亦是生态环境的核心要素之一。矿产资源是经过几百万年、甚至几亿年的地质变化才形成的，具有利用价值、呈固态、液态、气态的自然资源，是社会生产发展的重要物质基础，矿产资源安全是国家安全体系中的重要组成部分，矿产资源的合理开发利用对于区域和国家可持续发展具有重要的战略意义。当前，我国矿产资源开发利用还存在许多短板和制约，招标、拍卖、挂牌等市场化交易方式日益成为主导，而以《矿产资源法》为主体的涉矿法律法规明显滞后，市场交易规则匮乏，导致各地法院裁判标准不一；同时生态环境保护理念欠缺，无证勘查开采、乱采滥挖等违法违规行为屡禁不止；矿业权纠纷大量涌现，矿区及周边区域环境污染、生态破坏问题层出不穷。这与国家生态文明建设的要求和人民日益增长的美好生活需要背道而驰，亟待解决。

　　矿产资源的稀缺性、耗竭性、不可再生性和赋存状态的复杂多样性，使得矿产资源物权较传统民法意义上的物权具有更加复杂的权利属性和结构。由于矿业权是一种兼具民事物权和行政特许双重属性的财产权利，受到公法和私法的共同规范调整，由此衍生出其在主体、客体、流转和权利行使等方面的诸多特殊问题。许多涉及矿业权的问题，包括一些基础性的法律问题，都存在着长期和激烈的争论。法学理论界和实务界，对某些问题的认识也存在着重大分歧。为依法强化矿业权的司法保护，监督和支持矿产资源主管部门依法行政，最高人民法院在广泛调研和充分论证的基础上，制订了《最高人民法院关于审理矿业权纠纷案件适用法律若干问题的解释》（以下简称《解释》），于2017年7月27日实施。《解释》共计23条，坚持问题导向，针对矿业权流转过程中亟待解决的主要问题，如流转合同的效力认定、法律后果、责任承担等进行了规定，以统一环境资源司法实践中的裁判标准和尺度，同时兼顾行政监管与生态环境保护的现实需要；《解释》明确了矿业权作为他物权的法律定位，适度区分矿业权的财产权属性和行政特许属性，从非典型性用益物权的角度出发，构建矿业权保护和流转的规范体系，用以指导矿业权纠纷案件的审判实践。

《解释》颁行后的各界反应和法律实践显示，《解释》在依法保护矿业权流转、维护市场秩序和交易安全、保障矿产资源合理开发利用、促进资源节约利用与生态环境保护等方面起到了积极的推动作用，为妥善处理矿业权纠纷案件提供了必要的法律依据和保障。但正如在制定《解释》过程中我们所体悟到的，矿业权纠纷案件的审理，所涉内容之繁多、体系之庞大、利益之复杂，远超想象。《解释》在施行过程中遇到的新问题和新挑战也层出不穷，很多涉矿问题如权属确认、资源整合、压覆补偿等问题，《解释》并未涉及或涉及不多，尚需未来的法律法规或者司法解释作出进一步的规定。《解释》施行后，我们就《解释》实施中面临的问题以及其他矿业权纠纷前沿问题进行了一些调研座谈，对于《解释》适用过程中遇到的疑难问题，诸如矿业权出让合同的性质和解除条件的把握，行政审批对矿业权转让合同效力影响的判断，无证勘查开采合同无效认定的法理依据，矿业权租赁、承包合同实质无效的审查认定，自然保护区等特别区域矿业权合同效力审查的范围，等等，有了更进一步的认识。本书力图解决上述疑难问题，让读者全面准确理解与适用《解释》，这也是本书的核心价值和意义所在。

本书以体系化的思维方式，侧重于对如何在实践中正确适用《解释》进行解读，结构上采取【条文主旨】【问题解答】和【法规链接】的模式，以全面展示《解释》起草制定过程中的思考、探索和最终选择的论证，尤其注重加强横向的比较研究，借鉴吸收理论研究的最新成果，以便于读者深入理解相关理论背景和实践中应当注意的问题。同时，为帮助读者精准把握审理矿业权纠纷案件的裁判标准和尺度，本书选录了最高人民法院2016年发布的十件矿业权民事纠纷典型案例和2016年至2017年最新审结的10起矿业权案件的裁判要旨和裁判文书。

"法律的生命在于实施"，"一切理论是灰色的，唯有生命之树常青"。由于矿业权的特殊法律属性，矿业权纠纷案件往往涉及私权利的保护和环境公共利益的维护以及对公权力的监督需要私法与公法的协调适用；一些长期争论的矿业权基础理论问题还会长期存在，本书中有些观点还存在进一步探讨空间，尚需在未来的环境资源司法实践中接受检验并得以修正完善；加之时间仓促，我们认识存在局限，本书不足之处在所难免，衷心希望广大读者批评指正。

编　者
二〇一八年四月

凡 例

为行文方便，本书中法律法规、司法解释和部分规范性文件使用简称，具体如下：

1. 本书中的法律法规，除本解释条文及附录法律法规外，一律使用简称，例如《中华人民共和国矿产资源法》简称《矿产资源法》，《中华人民共和国物权法》简称《物权法》，《中华人民共和国合同法》简称《合同法》；《中华人民共和国矿产资源法实施细则》简称《矿产资源法实施细则》，《中华人民共和国对外合作开采陆上石油资源条例》简称《对外合作开采陆上石油资源条例》，等等。

2. 本书中引述的司法解释简称如下：

文件名全称	发文号	简称
《最高人民法院关于在审理经济纠纷案件中涉及经济犯罪嫌疑若干问题的规定》	法释〔1998〕7号	《经济纠纷案件涉及犯罪问题规定》
《最高人民法院关于适用〈中华人民共和国合同法〉若干问题的解释（一）》	法释〔1999〕19号	《合同法解释（一）》
《最高人民法院关于适用〈中华人民共和国担保法〉若干问题的解释》	法释〔2000〕44号	《担保法解释》
《最高人民法院关于民事诉讼证据的若干规定》	法释〔2001〕33号	《民事诉讼证据规定》
《最高人民法院关于审理商品房买卖合同纠纷案件适用法律若干问题的解释》	法释〔2003〕7号	《商品房买卖纠纷解释》
《最高人民法院审理建设工程施工合同纠纷案件适用法律问题的解释》	法释〔2004〕14号	《建设工程纠纷解释》

续表

《最高人民法院关于人民法院民事执行中拍卖、变卖财产的规定》	法释〔2004〕16号	《拍卖变卖财产规定》
《最高人民法院关于审理涉及国有土地使用权合同纠纷案件适用法律问题的解释》	法释〔2005〕5号	《国有土地使用权纠纷解释》
《最高人民法院关于适用〈中华人民共和国合同法〉若干问题的解释（二）》	法释〔2009〕5号	《合同法解释（二）》
《最高人民法院关于外商投资企业纠纷案件若干问题的规定（一）》	法释〔2010〕9号	《外商投资企业纠纷规定（一）》
《最高人民法院关于审理买卖合同纠纷案件适用法律问题的解释》	法释〔2012〕8号	《买卖合同纠纷解释》
《最高人民法院关于审理环境民事公益诉讼案件适用法律若干问题的解释》	法释〔2015〕1号	《环境民事公益诉讼解释》
《最高人民法院关于适用〈中华人民共和国民事诉讼法〉的解释》	法释〔2015〕5号	《民事诉讼法解释》
《最高人民法院关于审理环境侵权责任纠纷案件适用法律若干问题的解释》	法释〔2015〕12号	《环境侵权纠纷解释》
《最高人民法院关于适用〈中华人民共和国物权法〉若干问题的解释（一）》	法释〔2016〕5号	《物权法解释（一）》

续表

《最高人民法院、最高人民检察院关于办理非法采矿、破坏性采矿刑事案件适用法律若干问题的解释》	法释〔2016〕25号	《非法采矿破坏性采矿刑事案件解释》
《最高人民法院、最高人民检察院关于办理环境污染刑事案件适用法律若干问题的解释》	法释〔2016〕29号	《环境污染刑事案件解释》

目 录

第一部分 解释全文

最高人民法院
　关于审理矿业权纠纷案件适用法律若干问题的解释
　（2017年6月24日） ………………………………………（ 3 ）

第二部分 新闻发布

《最高人民法院关于审理矿业权纠纷案件
　适用法律若干问题的解释》新闻发布稿 ………………（ 9 ）
适应矿业权市场发展需求，保障矿产资源合理开发利用 …（ 15 ）

第三部分 条文解读

引言　为正确审理矿业权纠纷案件，依法保护当事人的合法权益，
　　　根据《中华人民共和国物权法》《中华人民共和国合同法》
　　　《中华人民共和国矿产资源法》《中华人民共和国环境保护
　　　法》等法律法规的规定，结合审判实践，制定本解释。
【条文主旨】 ……………………………………………………（ 29 ）
【问题解答】 ……………………………………………………（ 34 ）
【法规链接】 ……………………………………………………（ 34 ）

第一条 人民法院审理探矿权、采矿权等矿业权纠纷案件,应当依法保护矿业权流转,维护市场秩序和交易安全,保障矿产资源合理开发利用,促进资源节约与环境保护。

【条文主旨】……………………………………………………（36）
【问题解答】……………………………………………………（40）
【法规链接】……………………………………………………（43）

第二条 县级以上人民政府国土资源主管部门作为出让人与受让人签订的矿业权出让合同,除法律、行政法规另有规定的情形外,当事人请求确认自依法成立之日起生效的,人民法院应予支持。

【条文主旨】……………………………………………………（45）
【问题解答】……………………………………………………（53）
【法规链接】……………………………………………………（54）

第三条 受让人请求自矿产资源勘查许可证、采矿许可证载明的有效期起始日确认其探矿权、采矿权的,人民法院应予支持。

矿业权出让合同生效后、矿产资源勘查许可证或者采矿许可证颁发前,第三人越界或者以其他方式非法勘查开采,经出让人同意已实际占有勘查作业区或者矿区的受让人,请求第三人承担停止侵害、排除妨碍、赔偿损失等侵权责任的,人民法院应予支持。

【条文主旨】……………………………………………………（58）
【问题解答】……………………………………………………（61）
【法规链接】……………………………………………………（66）

第四条 出让人未按照出让合同的约定移交勘查作业区或者矿区、颁发矿产资源勘查许可证或者采矿许可证,受让人请求解除出让合同的,人民法院应予支持。

受让人勘查开采矿产资源未达到国土资源主管部门批

准的矿山地质环境保护与治理恢复方案要求，在国土资源主管部门规定的期限内拒不改正，或者因违反法律法规被吊销矿产资源勘查许可证、采矿许可证，或者未按照出让合同的约定支付矿业权出让价款，出让人请求解除出让合同的，人民法院应予支持。

【条文主旨】……………………………………………………（70）

【问题解答】……………………………………………………（73）

【法规链接】……………………………………………………（77）

第五条　未取得矿产资源勘查许可证、采矿许可证，签订合同将矿产资源交由他人勘查开采的，人民法院应依法认定合同无效。

【条文主旨】……………………………………………………（79）

【问题解答】……………………………………………………（84）

【法规链接】……………………………………………………（89）

第六条　矿业权转让合同自依法成立之日起具有法律约束力。矿业权转让申请未经国土资源主管部门批准，受让人请求转让人办理矿业权变更登记手续的，人民法院不予支持。

当事人仅以矿业权转让申请未经国土资源主管部门批准为由请求确认转让合同无效的，人民法院不予支持。

【条文主旨】……………………………………………………（91）

【问题解答】……………………………………………………（99）

【法规链接】……………………………………………………（109）

第七条　矿业权转让合同依法成立后，在不具有法定无效情形下，受让人请求转让人履行报批义务或者转让人请求受让人履行协助报批义务的，人民法院应予支持，但法律上或者事实上不具备履行条件的除外。

人民法院可以依据案件事实和受让人的请求，判决受让人代为办理报批手续，转让人应当履行协助义务，并承担由此产生的费用。

【条文主旨】 …………………………………………………………（114）
【问题解答】 …………………………………………………………（118）
【法规链接】 …………………………………………………………（122）

第八条　矿业权转让合同依法成立后，转让人无正当理由拒不履行报批义务，受让人请求解除合同、返还已付转让款及利息，并由转让人承担违约责任的，人民法院应予支持。

【条文主旨】 …………………………………………………………（125）
【问题解答】 …………………………………………………………（137）
【法规链接】 …………………………………………………………（139）

第九条　矿业权转让合同约定受让人支付全部或者部分转让款后办理报批手续，转让人在办理报批手续前请求受让人先履行付款义务的，人民法院应予支持，但受让人有确切证据证明存在转让人将同一矿业权转让给第三人、矿业权人将被兼并重组等符合合同法第六十八条规定情形的除外。

【条文主旨】 …………………………………………………………（142）
【问题解答】 …………………………………………………………（149）
【法规链接】 …………………………………………………………（151）

第十条　国土资源主管部门不予批准矿业权转让申请致使矿业权转让合同被解除，受让人请求返还已付转让款及利息，采矿权人请求受让人返还获得的矿产品及收益，或者探矿权人请求受让人返还勘查资料和勘查中回收的矿产品及收益的，人民法院应予支持，但受让人可请求扣除相关的成本费用。

当事人一方对矿业权转让申请未获批准有过错的，应赔偿对方因此受到的损失；双方均有过错的，应当各自承担相应的责任。

【条文主旨】 ……………………………………………………（153）
【问题解答】 ……………………………………………………（159）
【法规链接】 ……………………………………………………（159）

第十一条 矿业权转让合同依法成立后、国土资源主管部门批准前，矿业权人又将矿业权转让给第三人并经国土资源主管部门批准、登记，受让人请求解除转让合同、返还已付转让款及利息，并由矿业权人承担违约责任的，人民法院应予支持。

【条文主旨】 ……………………………………………………（162）
【问题解答】 ……………………………………………………（168）
【法规链接】 ……………………………………………………（170）

第十二条 当事人请求确认矿业权租赁、承包合同自依法成立之日起生效的，人民法院应予支持。

矿业权租赁、承包合同约定矿业权人仅收取租金、承包费，放弃矿山管理，不履行安全生产、生态环境修复等法定义务，不承担相应法律责任的，人民法院应依法认定合同无效。

【条文主旨】 ……………………………………………………（172）
【问题解答】 ……………………………………………………（176）
【法规链接】 ……………………………………………………（178）

第十三条 矿业权人与他人合作进行矿产资源勘查开采所签订的合同，当事人请求确认自依法成立之日起生效的，人民法院应予支持。

合同中有关矿业权转让的条款适用本解释关于矿业权转让合同的规定。

【条文主旨】 ……………………………………………………（183）
【问题解答】 ……………………………………………………（187）

【法规链接】……………………………………………………（188）

第十四条　矿业权人为担保自己或者他人债务的履行，将矿业权抵押给债权人的，抵押合同自依法成立之日起生效，但法律、行政法规规定不得抵押的除外。

　　当事人仅以未经主管部门批准或者登记、备案为由请求确认抵押合同无效的，人民法院不予支持。

【条文主旨】……………………………………………………（190）
【问题解答】……………………………………………………（197）
【法规链接】……………………………………………………（198）

第十五条　当事人请求确认矿业权之抵押权自依法登记时设立的，人民法院应予支持。

　　颁发矿产资源勘查许可证或者采矿许可证的国土资源主管部门根据相关规定办理的矿业权抵押备案手续，视为前款规定的登记。

【条文主旨】……………………………………………………（202）
【问题解答】……………………………………………………（207）
【法规链接】……………………………………………………（210）

第十六条　债务人不履行到期债务或者发生当事人约定的实现抵押权的情形，抵押权人依据民事诉讼法第一百九十六条、第一百九十七条规定申请实现抵押权的，人民法院可以拍卖、变卖矿业权或者裁定以矿业权抵债，但矿业权竞买人、受让人应具备相应的资质条件。

【条文主旨】……………………………………………………（212）
【问题解答】……………………………………………………（220）
【法规链接】……………………………………………………（221）

第十七条　矿业权抵押期间因抵押人被兼并重组或者矿床被压覆等原因导致矿业权全部或者部分灭失，抵押权人请求就抵押人因此获得的保险金、赔偿金或者补偿金等款项优先受偿或者将该款项予以提存的，人民法院应予支持。

【条文主旨】 .... （223）
【问题解答】 .... （228）
【法规链接】 .... （229）

第十八条　当事人约定在自然保护区、风景名胜区、重点生态功能区、生态环境敏感区和脆弱区等区域内勘查开采矿产资源，违反法律、行政法规的强制性规定或者损害环境公共利益的，人民法院应依法认定合同无效。

【条文主旨】 .... （234）
【问题解答】 .... （238）
【法规链接】 .... （242）

第十九条　因越界勘查开采矿产资源引发的侵权责任纠纷，涉及国土资源主管部门批准的勘查开采范围重复或者界限不清的，人民法院应告知当事人先向国土资源主管部门申请解决。

【条文主旨】 .... （244）
【问题解答】 .... （251）
【法规链接】 .... （254）

第二十条　因他人越界勘查开采矿产资源，矿业权人请求侵权人承担停止侵害、排除妨碍、返还财产、赔偿损失等侵权责任的，人民法院应予支持，但探矿权人请求侵权人返还越界开采的矿产品及收益的除外。

【条文主旨】 .... （257）
【问题解答】 .... （263）
【法规链接】 .... （267）

第二十一条 勘查开采矿产资源造成环境污染，或者导致地质灾害、植被毁损等生态破坏，法律规定的机关和有关组织提起环境公益诉讼的，人民法院应依法予以受理。

　　法律规定的机关和有关组织提起环境公益诉讼的，不影响因同一勘查开采行为受到人身、财产损害的自然人、法人和其他组织依据民事诉讼法第一百一十九条的规定提起诉讼。

【条文主旨】 ··· （270）
【问题解答】 ··· （274）
【法规链接】 ··· （279）

第二十二条 人民法院在审理案件中，发现无证勘查开采，勘查资质、地质资料造假，或者勘查开采未履行生态环境修复义务等违法情形的，可以向有关行政主管部门提出司法建议，由其依法处理；涉嫌犯罪的，依法移送侦查机关处理。

【条文主旨】 ··· （282）
【问题解答】 ··· （285）
【法规链接】 ··· （286）

第二十三条 本解释施行后，人民法院尚未审结的一审、二审案件适用本解释规定。本解释施行前已经作出生效裁判的案件，本解释施行后依法再审的，不适用本解释。

【条文主旨】 ··· （288）
【问题解答】 ··· （295）
【法规链接】 ··· （296）

第四部分 典型矿业权案例

一、最高人民法院发布的10起矿业权民事纠纷典型案例
  （2016年7月12日）……………………………………………………（301）
  （一）孙素贤等三人与玄正军探矿权权属纠纷案………………………（301）
  【基本案情】………………………………………………………………（301）
  【裁判结果】………………………………………………………………（301）
  【典型意义】………………………………………………………………（302）
  【点评专家】………………………………………………………………（302）
  【点评意见】………………………………………………………………（303）

  （二）傅钦其与仙游县社硎乡人民政府采矿权纠纷案…………………（303）
  【基本案情】………………………………………………………………（303）
  【裁判结果】………………………………………………………………（304）
  【典型意义】………………………………………………………………（304）
  【点评专家】………………………………………………………………（305）
  【点评意见】………………………………………………………………（305）

  （三）陈付全与确山县团山矿业开发有限公司采矿权转让
      合同纠纷案……………………………………………………………（305）
  【基本案情】………………………………………………………………（305）
  【裁判结果】………………………………………………………………（306）
  【典型意义】………………………………………………………………（306）
  【点评专家】………………………………………………………………（307）
  【点评意见】………………………………………………………………（307）

  （四）四川省宝兴县大坪大理石矿与李竞采矿权
      承包合同纠纷案………………………………………………………（308）
  【基本案情】………………………………………………………………（308）
  【裁判结果】………………………………………………………………（308）
  【典型意义】………………………………………………………………（309）
  【点评专家】………………………………………………………………（309）

【点评意见】……………………………………………………(309)
(五) 资中县鸿基矿业公司、何盛华与吕志鸿劳务
　　　承包合同纠纷案 ………………………………………(310)
【基本案情】……………………………………………………(310)
【裁判结果】……………………………………………………(310)
【典型意义】……………………………………………………(311)
【点评专家】……………………………………………………(311)
【点评意见】……………………………………………………(311)
(六) 朗益春与彭光辉、南华县星辉矿业有限公司采矿权
　　　合作合同纠纷案 ………………………………………(312)
【基本案情】……………………………………………………(312)
【裁判结果】……………………………………………………(313)
【典型意义】……………………………………………………(313)
【点评专家】……………………………………………………(314)
【点评意见】……………………………………………………(314)
(七) 薛梦懿等四人与西藏国能矿业发展有限公司、西藏龙辉矿业
　　　有限公司股权转让合同纠纷案 …………………………(315)
【基本案情】……………………………………………………(315)
【裁判结果】……………………………………………………(315)
【典型意义】……………………………………………………(316)
【点评专家】……………………………………………………(316)
【点评意见】……………………………………………………(316)
(八) 黄国均与遵义市大林弯采矿厂、苏芝昌合伙纠纷案 ………(317)
【基本案情】……………………………………………………(317)
【裁判结果】……………………………………………………(318)
【典型意义】……………………………………………………(318)
【点评专家】……………………………………………………(318)
【点评意见】……………………………………………………(319)
(九) 新疆临钢资源投资股份有限公司与四川金核矿业有限公司
　　　特殊区域合作勘查合同纠纷案 …………………………(319)

【基本案情】……………………………………………………（319）
【裁判结果】……………………………………………………（320）
【典型意义】……………………………………………………（320）
【点评专家】……………………………………………………（321）
【点评意见】……………………………………………………（321）
　（十）云和县土岩岗头庵叶腊石矿与国网浙江省电力公司矿产
　　　　压覆侵权纠纷案 ……………………………………（322）
【基本案情】……………………………………………………（322）
【裁判结果】……………………………………………………（322）
【典型意义】……………………………………………………（323）
【点评专家】……………………………………………………（323）
【点评意见】……………………………………………………（323）

二、最高人民法院最新矿业权纠纷案件裁判要旨及裁判文书集锦 ……（325）
　（一）上诉人山西金晖煤焦化工有限公司与被上诉人李苏、
　　　　张瑞合同纠纷一案 ………………………………（325）
【裁判要旨】……………………………………………………（325）
【裁判文书】……………………………………………………（326）
　（二）上诉人任维俊与被上诉人张翔采矿权
　　　　转让合同纠纷案 …………………………………（343）
【裁判要旨】……………………………………………………（343）
【裁判文书】……………………………………………………（343）
　（三）上诉人吐鲁番英财矿业有限责任公司、新疆盛格隆矿业
　　　　投资有限公司与被上诉人鄯善县鑫奥森矿业开发有限公司、
　　　　石国兵股权转让纠纷案 …………………………（355）
【裁判要旨】……………………………………………………（355）
【裁判文书】……………………………………………………（355）
　（四）上诉人莱芜钢铁集团莱芜矿业有限公司与被上诉人
　　　　山西京海实业有限公司、丰镇市鑫鑫铁粉有限公司、
　　　　丰镇市丰盛矿业有限责任公司股权转让纠纷案 …………（369）

【裁判要旨】……………………………………………………（369）
【裁判文书】……………………………………………………（369）
　　（五）上诉人山西普大煤业集团有限公司与上诉人武乡县鑫龙
　　　　 翔化工有限公司合同纠纷案 ………………………（388）
【裁判要旨】……………………………………………………（388）
【裁判文书】……………………………………………………（389）
　　（六）上诉人工银金融租赁有限公司与被上诉人山西离柳焦煤集团
　　　　 有限公司融资租赁合同纠纷案 ……………………（398）
【裁判要旨】……………………………………………………（398）
【裁判文书】……………………………………………………（398）
　　（七）上诉人国网安徽省电力公司、上诉人安庆明鑫矿业有限公司
　　　　 与被上诉人国网安徽省电力公司安庆供电公司
　　　　 采矿权侵权纠纷案 …………………………………（408）
【裁判要旨】……………………………………………………（408）
【裁判文书】……………………………………………………（408）
　　（八）再审申请人梅河口市庆达矿业有限公司与被申请人
　　　　 招远市河西金矿探矿合同纠纷案 …………………（424）
【裁判要旨】……………………………………………………（424）
【裁判文书】……………………………………………………（424）
　　（九）再审申请人内蒙古青阳矿业有限公司与被申请人突泉泰银矿业
　　　　 有限责任公司合同纠纷案 …………………………（443）
【裁判要旨】……………………………………………………（443）
【裁判文书】……………………………………………………（443）
　　（十）再审申请人山东省第三地质矿产勘查院与被申请人
　　　　 西藏洲达矿业有限公司及一审第三人西藏德力吉矿业
　　　　 有限公司探矿权纠纷案 ……………………………（448）
【裁判要旨】……………………………………………………（448）
【裁判文书】……………………………………………………（448）

第一部分　解释全文

最高人民法院
关于审理矿业权纠纷案件适用法律若干问题的解释

法释〔2017〕12号

(2017年2月20日最高人民法院审判委员会第1710次会议通过 自2017年7月27日起施行)

为正确审理矿业权纠纷案件，依法保护当事人的合法权益，根据《中华人民共和国物权法》《中华人民共和国合同法》《中华人民共和国矿产资源法》《中华人民共和国环境保护法》等法律法规的规定，结合审判实践，制定本解释。

第一条 人民法院审理探矿权、采矿权等矿业权纠纷案件，应当依法保护矿业权流转，维护市场秩序和交易安全，保障矿产资源合理开发利用，促进资源节约与环境保护。

第二条 县级以上人民政府国土资源主管部门作为出让人与受让人签订的矿业权出让合同，除法律、行政法规另有规定的情形外，当事人请求确认自依法成立之日起生效的，人民法院应予支持。

第三条 受让人请求自矿产资源勘查许可证、采矿许可证载明的有效期起始日确认其探矿权、采矿权的，人民法院应予支持。

矿业权出让合同生效后、矿产资源勘查许可证或者采矿许可证颁发前，第三人越界或者以其他方式非法勘查开采，经出让人同意已实际占有勘查作业区或者矿区的受让人，请求第三人承担停止侵害、排除妨碍、赔偿损失等侵权责任的，人民法院应予支持。

第四条 出让人未按照出让合同的约定移交勘查作业区或者矿区、颁发矿产资源勘查许可证或者采矿许可证，受让人请求解除出让合同的，人民法院应予支持。

受让人勘查开采矿产资源未达到国土资源主管部门批准的矿山地质环境保护与治理恢复方案要求，在国土资源主管部门规定的期限内拒不改正，或者因违反法律法规被吊销矿产资源勘查许可证、采矿许可证，或者未按照出让合同的约定支付矿业权出让价款，出让人请求解除出让合同的，人民法院应予支持。

第五条 未取得矿产资源勘查许可证、采矿许可证，签订合同将矿产资源交由他人勘查开采的，人民法院应依法认定合同无效。

第六条 矿业权转让合同自依法成立之日起具有法律约束力。矿业权转让申请未经国土资源主管部门批准，受让人请求转让人办理矿业权变更登记手续的，人民法院不予支持。

当事人仅以矿业权转让申请未经国土资源主管部门批准为由请求确认转让合同无效的，人民法院不予支持。

第七条 矿业权转让合同依法成立后，在不具有法定无效情形下，受让人请求转让人履行报批义务或者转让人请求受让人履行协助报批义务的，人民法院应予支持，但法律上或者事实上不具备履行条件的除外。

人民法院可以依据案件事实和受让人的请求，判决受让人代为办理报批手续，转让人应当履行协助义务，并承担由此产生的费用。

第八条 矿业权转让合同依法成立后，转让人无正当理由拒不履行报批义务，受让人请求解除合同、返还已付转让款及利息，并由转让人承担违约责任的，人民法院应予支持。

第九条 矿业权转让合同约定受让人支付全部或者部分转让款后办理报批手续，转让人在办理报批手续前请求受让人先履行付款义务的，人民法院应予支持，但受让人有确切证据证明存在转让人将同一矿业权转让给第三人、矿业权人将被兼并重组等符合合同法第六十八条规定情形的除外。

第十条 国土资源主管部门不予批准矿业权转让申请致使矿业权转让合同被解除，受让人请求返还已付转让款及利息，采矿权人请求受让人返还获得的矿产品及收益，或者探矿权人请求受让人返还勘查资料和勘查中回收的矿产品及收益的，人民法院应予支持，但受让人可请求扣除相关的成本费用。

当事人一方对矿业权转让申请未获批准有过错的，应赔偿对方因此受到的损失；双方均有过错的，应当各自承担相应的责任。

第十一条 矿业权转让合同依法成立后、国土资源主管部门批准前，矿业权人又将矿业权转让给第三人并经国土资源主管部门批准、登记，受让人请求解除转让合同、返还已付转让款及利息，并由矿业权人承担违约责任的，人民法院应予支持。

第十二条 当事人请求确认矿业权租赁、承包合同自依法成立之日起生效的，人民法院应予支持。

矿业权租赁、承包合同约定矿业权人仅收取租金、承包费，放弃矿山管理，不履行安全生产、生态环境修复等法定义务，不承担相应法律责任的，人民法院应依法认定合同无效。

第十三条 矿业权人与他人合作进行矿产资源勘查开采所签订的合同，当事人请求确认自依法成立之日起生效的，人民法院应予支持。

合同中有关矿业权转让的条款适用本解释关于矿业权转让合同的规定。

第十四条 矿业权人为担保自己或者他人债务的履行，将矿业权抵押给债权人的，抵押合同自依法成立之日起生效，但法律、行政法规规定不得抵押的除外。

当事人仅以未经主管部门批准或者登记、备案为由请求确认抵押合同无效的，人民法院不予支持。

第十五条 当事人请求确认矿业权之抵押权自依法登记时设立的，人民法院应予支持。

颁发矿产资源勘查许可证或者采矿许可证的国土资源主管部门根据相关规定办理的矿业权抵押备案手续，视为前款规定的登记。

第十六条 债务人不履行到期债务或者发生当事人约定的实现抵押权的情形，抵押权人依据民事诉讼法第一百九十六条、第一百九十七条规定申请实现抵押权的，人民法院可以拍卖、变卖矿业权或者裁定以矿业权抵债，但矿业权竞买人、受让人应具备相应的资质条件。

第十七条 矿业权抵押期间因抵押人被兼并重组或者矿床被压覆等原因导致矿业权全部或者部分灭失，抵押权人请求就抵押人因此获得的保险金、赔偿金或者补偿金等款项优先受偿或者将该款项予以提存的，人民法院应予支持。

第十八条　当事人约定在自然保护区、风景名胜区、重点生态功能区、生态环境敏感区和脆弱区等区域内勘查开采矿产资源，违反法律、行政法规的强制性规定或者损害环境公共利益的，人民法院应依法认定合同无效。

第十九条　因越界勘查开采矿产资源引发的侵权责任纠纷，涉及国土资源主管部门批准的勘查开采范围重复或者界限不清的，人民法院应告知当事人先向国土资源主管部门申请解决。

第二十条　因他人越界勘查开采矿产资源，矿业权人请求侵权人承担停止侵害、排除妨碍、返还财产、赔偿损失等侵权责任的，人民法院应予支持，但探矿权人请求侵权人返还越界开采的矿产品及收益的除外。

第二十一条　勘查开采矿产资源造成环境污染，或者导致地质灾害、植被毁损等生态破坏，法律规定的机关和有关组织提起环境公益诉讼的，人民法院应依法予以受理。

法律规定的机关和有关组织提起环境公益诉讼的，不影响因同一勘查开采行为受到人身、财产损害的自然人、法人和其他组织依据民事诉讼法第一百一十九条的规定提起诉讼。

第二十二条　人民法院在审理案件中，发现无证勘查开采，勘查资质、地质资料造假，或者勘查开采未履行生态环境修复义务等违法情形的，可以向有关行政主管部门提出司法建议，由其依法处理；涉嫌犯罪的，依法移送侦查机关处理。

第二十三条　本解释施行后，人民法院尚未审结的一审、二审案件适用本解释规定。本解释施行前已经作出生效裁判的案件，本解释施行后依法再审的，不适用本解释。

第二部分　新闻发布

《最高人民法院关于审理矿业权纠纷案件适用法律若干问题的解释》新闻发布稿

最高人民法院环境资源审判庭　郑学林

（2017年7月27日）

各位记者：

大家上午好！今天新闻发布会的主题是发布《最高人民法院关于审理矿业权纠纷案件适用法律若干问题的解释》（以下简称《解释》）。

矿产资源是国民经济和社会发展的重要物质基础。矿业权纠纷作为一类非常重要的环境资源案件，既涉及国家对矿产资源的行政管理、矿产资源的合理开发和有效利用，也涉及矿产资源的市场化配置、相关利益主体的产权保护，同时还与安全生产、环境保护等社会公共利益密切相关。现行涉及矿业权的法律、法规多着眼于行政监管需要，不能完全适应矿业权流转日益市场化的发展趋势。全国各级法院对相关法律、法规的理解差异较大，裁判标准不一。为适应矿业权市场发展需求，促进生态文明建设，统一裁判规则，最高人民法院在认真总结全国各级法院审理矿业权纠纷案件实践经验的基础上，经过反复调研论证和广泛征求意见，于2017年2月20日经最高人民法院审判委员会第1710次会议讨论通过了本《解释》，《解释》今天公布施行。下面，首先由我向各位通报《解释》的主要内容。

《解释》共23个条文，主要包括以下几方面的内容：

一、矿业权纠纷案件的审判理念

在现行法律框架内，矿业权本身是财产权、用益物权，同时亦具有行政许可特性，兼具公权和私权双重属性，受公法和私法共同规范。矿业权人在行使权利的过程中负有安全生产、水土保持、土地复垦、环境保护等公法上义务，相比较一般民事物权，矿业权的设立、流转、行使、消灭等方面均具有一定的特殊性。

针对矿业权的特殊法律属性，矿业权纠纷的审理应遵循以下基本理念：第一，矿业权作为一种财产权，可转让性系其本质特征之一，应允许其作为商品尽可能在市场上自由流转，在流动中增益财产价值，提高开发利用效率，实现市场在矿产资源配置中的决定性作用。人民法院审理矿业权纠纷案件，应进一步突出矿业权的物权属性，适当分离矿业权的财产属性和行政许可属性，消除阻碍矿业权流转的不合理因素，适当处理行政审批对矿业权流转合同效力的影响，依法保护矿业权流转，维护市场秩序和交易安全。第二，矿产资源具有稀缺性、耗竭性、不可再生性等特征，矿产资源的开发利用必须走可持续发展道路。人民法院审理矿业权纠纷案件，应适度能动司法，保障矿产资源合理开发利用。第三，矿产资源的勘查、开采，必然伴随对周围生态环境的改变甚至破坏，具有较强的负外部性。如果任由市场调整，难以督促矿业权人主动将环境治理费用计入企业经营成本，甚至可能导致市场失灵、分配不公。人民法院审理矿业权纠纷案件，应注意促进资源节约与生态环境的保护。

为此，《解释》第一条规定："人民法院审理探矿权、采矿权等矿业权纠纷案件，应当依法保护矿业权流转，维护市场秩序和交易安全，保障矿产资源合理开发利用，促进资源节约与环境保护。"

二、矿业权出让合同的效力及解除

矿业权出让属于矿业权流转的一级市场，经历了从无偿到有偿、从申请在先到竞争性取得的深刻变化。2015年中共中央、国务院在《生态文明体制改革总体方案》中要求，"探矿权采矿权出让方式，原则上实行市场化出让"。2016年12月中央全面深化改革领导小组第三十一次会议审议通过《矿业权出让制度改革方案》《矿产资源权益金制度改革方案》等文件，强调要推进矿业权竞争性出让，严格限制矿业权协议出让，调整矿业权审批权限，强化出让监管服务。国家作为出让人与受让人签订的矿业权出让合同，本质上属于用益物权设立行为，既以行政许可为基础，兼具民事合同的基本属性。合理认定矿业权出让合同的性质和效力，对尊重市场主体意思自治，明确所有者、管理者和使用者的权利义务关系，优化矿产资源配置等均具有重要意义。人民法院审理矿业权出让合同纠纷案件应充分保障双方当事人的合法权益。一方面要监督行政机关依法行政，防止发生"黑箱"操作，避免以公用物寻租的情形；另一方面要注意保护自然人、法人和非法人组织的合法产权利益，践行诚实信用、契约严守、契约正义等法律原则。《解释》第二条规定："县级以上人民政府国土资源主管部门作为出让人与受让人签订的矿业权出让合同，除法律、行政法规另有规定的情形外，当事人请求确认自依法成立之日起生效的，人民法院应予支持。"《解释》第四条则对出让人和受让人可解除出让合同的情形分别做了规定。

三、矿业权转让合同的效力、强制履行、合同解除及违约责任承担

矿业权转让未经国土资源主管部门批准，当事人不能凭转让合同办理矿业权变更登记，但并不意味着转让合同不具有任何法律效力，更不应认定合同无效。已经依法成立的矿业权转让合同，对当事人具有法律约束力。《解释》第六条规定："矿业权转让合同自依法成立之日起具有法律约束力。矿业权转让申请未经国土资源主管部门批准，受让人请求转让人办理矿业权变更登记手续的，人民法院不予支持。当事人仅以矿业权转让申请未经国土资源主管部门批准为由请求确认转让合同无效的，人民法院不予支持。"

矿业权转让合同自依法成立之日起具有法律约束力，当事人应当遵照"有约必守"的原则，依约履行自己的义务，包括办理报批或者协助报批义务；非依法律规定或当事人约定，不得擅自变更或者解除合同。当事人一方请求另一方履行报批或者协助报批义务，人民法院原则上应予支持。《解释》第七条中规定："矿业权转让合同依法成立后，在不具有法定无效情形下，受让人请求转让人履行报批义务或者转让人请求受让人履行协助报批义务的，人民法院应予支持，但法律上或者事实上不具备履行条件的除外。"转让人无正当理由拒不履行报批义务的，受让人有权解除转让合同并要求转让人承担违约责任。《解释》第八条规定："矿业权转让合同依法成立后，转让人无正当理由拒不履行报批义务，受让人请求解除合同、返还已付转让款及利息，并由转让人承担违约责任的，人民法院应予支持。"

矿业权转让申请虽报请国土资源主管部门审批,但未获准许的,矿业权转让合同丧失完全生效的可能,亦无继续履行必要。当事人有权解除合同,因该合同取得的财产,应当予以返还,过错方应赔偿无过错方的损失。《解释》第十条对此作了规定。

四、矿业权抵押的设立、实现和物上代位性

作为法律、行政法规未禁止抵押的财产性权利,矿业权的融资功能在实践中日益得到肯定。矿产资源属于不动产范畴,矿业权适用不动产法律法规的调整原则,基于物权法第十五条关于债权合同与不动产物权变动相区分的规定,矿业权抵押合同应自成立时生效。《解释》第十四条规定:"矿业权人为担保自己或者他人债务的履行,将矿业权抵押给债权人的,抵押合同自依法成立之日起生效,但法律、行政法规规定不得抵押的除外。当事人仅以未经主管部门批准或者登记、备案为由请求确认抵押合同无效的,人民法院不予支持。"

物权法第九条规定了不动产物权登记设立的基本原则,矿业权抵押权作为不动产物权,其设立应自登记时发生效力。由于现行法律、行政法规尚未明确规定矿业权抵押的登记机构,亦未将其纳入不动产物权统一登记范围。实践中,国土资源主管部门根据相关规定为抵押当事人办理的抵押备案,就其所具备的权利公示、公信效果而言,与不动产登记并无实质区别。为顺利解决矿业权抵押争议、维护交易安全和秩序,可将国土资源主管部门办理的抵押备案视为登记,作为矿业权抵押权法定登记机构确定前的过渡措施。《解释》第十五条规定:"当事人请求确认矿业权之抵押权自依法登记时设立的,人民法院应予支持。颁发矿产资源勘查许可证或者采矿许可证的国土资源主管部门根据相关规定办理的矿业权抵押备案手续,视为前款规定的登记。"

拍卖、变卖或者以矿业权折价抵债等方式实现抵押权,将涉及矿业权的转让,人民法院在作出上述处理前应就矿业权竞买人、受让人是否具备相应的资质条件进行审查。矿业权因抵押人被兼并重组、矿床被压覆等原因灭失的,应承认矿业权抵押权的物上代位性,抵押权人可就抵押人因此获得的保险金、赔偿金或者补偿金优先受偿。《解释》第十六条、第十七条对上述内容分别作了规定。

五、特别区域内矿业权合同效力的司法审查

矿产资源兼具财产属性和生态属性,其开发利用又必然具有环境负外部性。环境保护法、自然保护区条例等法律法规明确规定,重点生态功能区、生态环境敏感区和脆弱区等区域划定生态保护红线,实行严格保护;自然保护区、风景名胜区等区域内禁止进行勘查开采活动。在上述特殊区域内勘查开采矿产资源会对区域内环境公共利益造成重大损害。实践中,有些地方为促进经济发展罔顾生态环境保护需要,有悖绿色发展理念和生态文明建设要求,故人民法院应适度发挥司法的能动作用,对上述特别区域内的矿业权合同效力进行特别审查,为保障生态文明建设提供司法服务。《解释》第十八条规定:"当事人约定在自然保护区、风景名胜区、重点生态功能区、生态环境敏感区和脆弱区等区域内勘查开采矿产资源,违反法律、行政法规的强制性规定或者损害环境公共利益的,人民法院应依法认定合同无效。"当然,人民法院对此类合同效力的认定不影响国土资源、环境保护主管部门依法对涉及的违法违规行为进行行政监管和处罚。

六、涉矿环境公益诉讼、司法建议及环境司法与行政执法的协调

矿产资源开发利用领域存在乱采滥伐、无证勘查开采、破坏性开采等违法违规现象,造成的严重生态环境问题未引起足够重视。《解释》将涉矿环境公益诉讼纳入其中,既与现行民事诉讼法、环境保护法等法律关于公益诉讼的规定完全契合,亦与环境公益诉讼审判实践联系密切,还有助于强化生态环境保护的意识。《解释》第二十一条中规定:"勘查开采矿产资源造成环境污染,或者导致地质灾害、植被毁损等生态破坏,法律规定的机关和有关组织提起环境公益诉讼的,人民法院应依法予以受理。"

环境保护是一项系统工程,需要党委、人大、政府、司法机关以及社会各界的共同参与。负有环境保护监督管理职责的主管部门在专业技术、设备和执法效率等方面都具有优势,是维护环境公共利益的主要力量,而环境司法系维护环境正义的最后一道屏障,故有必要积极推动建立环境资源司法执法协调机制,做好环境行政执法与环境司法的有序衔接。《解释》第二十二条规定"人民法院审理案件中,发现无证勘查开采,勘查资质、地质资料造假,

或者勘查开采未履行生态环境修复义务等违法情形的，可以向有关行政主管部门提出司法建议，由其依法处理；涉嫌犯罪的，依法移送侦查机关处理"。

此外，《解释》还对无证勘查开采，矿业权租赁、承包、合作，一矿二卖以及越界勘查开采等事项进行了规定，确立了相应的规则，由于时间关系，就不一一详述。

我要通报的情况就是这些，谢谢大家！

适应矿业权市场发展需求，保障矿产资源合理开发利用

——最高人民法院环境资源审判庭负责人就
《最高人民法院关于审理矿业权纠纷案件适用法律若干问题的解释》答记者问

最高人民法院于近日发布了《最高人民法院关于审理矿业权纠纷案件适用法律若干问题的解释》（以下简称《解释》），自2017年7月27日起施行。就如何正确理解适用和贯彻落实好《解释》，最高人民法院环境资源审判庭负责人就相关问题回答了记者提问。

记者： 请问《解释》的起草背景是什么？

负责人： 矿产资源作为一类重要的自然资源，是社会和经济发展的重要物质基础。随着改革开放的不断深入和市场经济体制的确立完善，矿产资源开发利用经历了由严格限制到逐步放开的过程，并逐步引入比较成熟的市场机制。党的十八大后提出要使市场在资源配置中起决定性作用，创新政府配置资源方式，更好的处理市场与政府的关系。2015年后，中共中央、国务院陆续发布《关于加快推进生态文明建设的意见》《生态文明体制改革总体方案》《关于完善产权保护制度依法保护产权的意见》等关于生态文明建设的政策性文件，为进一步深化矿产资源有偿使用制度改革，更好发挥矿业权的财产属性，强化矿业权的市场化流转，完善矿业权产权保护及行政监管方式指明了方向和路径。

矿业权流转一级市场和二级市场日趋活跃，相关纠纷亦开始大量涌现。同时，矿产资源开发利用中无证勘查开采、乱采滥挖等违法行为屡禁不止，导致矿区环境污染、生态破坏，严重损害公众环境权益，亟待解决。矿业权纠纷既涉及国家对矿产资源的行政管理、矿产资源的合理开发和有效利用，也涉及矿产资源的市场化配置、相关利益主体的产权保护，同时还与安全生产、环境保护等社会公共利益密切相关，是一类非常重要的环境资源案件。

现行涉及矿业权的法律法规多制定于上个世纪八、九十年代，带有较强的行政监管色彩，不能完全适应矿业权流转日益市场化的发展趋势。全国各级法院对相关法律法规的理解差异较大，导致裁判标准不一，严重影响了法律的统一实施和人民法院裁判的权威。

为适应矿业权市场发展需求，促进生态文明建设，统一裁判规则，最高人民法院在认真总结各地法院，尤其是贵州、云南、陕西、山西、河北、河南、黑龙江等地法院审理矿业权纠纷案件实践经验的基础上，经过反复调研论证和广泛征求意见，于2017年2月20日经最高人民法院审判委员会第1710次会议讨论通过了本《解释》，《解释》于2017年7月27日起施行。

记者：矿业权纠纷案件的审判理念是什么，为什么要强调审判理念？

负责人：审判理念系指法官在审理具体案件时对案件进行评判的价值追求，是法官在法律思维基础上应具备的裁判思维、审判意识。案件审理的过程实质上就是法官基于既有事实适用相应的法律规则进而得出裁判结论的过程，而成文法律规则由于其内在的原则性、局限性、滞后性又往往导致法官在裁判具体案件时具有一定程度的僵化和机械，从而使得裁判结果可能偏离客观性、公正性，甚至与社会主流价值观发生冲突，影响司法公信力。因此，法官审理裁判案件时不仅需要运用法律思维，还须基于不同案件的特性遵循一定的审判理念，作为此类案件裁判的指导思想，以实现司法审判的终极价值——维护社会的公平正义。

矿业权作为兼具民事物权和行政许可双重属性的一种财产权利，在现行法律框架下受公法和私法的共同规范。相比较一般民事物权，矿业权在设立、流转、行使、消灭等方面均具有特殊性。基于矿业权的特殊法律属性，审理矿业权纠纷案件应遵循以下基本理念：

1. 依法保护矿业权流转。矿业权作为一种财产权，物权法规定的一类用益物权，可转让性系其内在的一项基本特征，应允许矿业权作为商品在市场上自由流转，提高矿产资源的开发利用效率，实现市场在矿产资源配置中的决定性作用。第一，承认矿业权转让、租赁、承包、合作等不同流转方式的法律效力，尊重当事人基于意思自治作出的利益安排。第二，区分公法和私法两种不同的法律调整模式，尽量发挥行政手段对非法流转行为的处罚和监管作用，减少对矿业权流转合同效力的否定性法律评价。第三，适当分离矿业权的财产属性和行政许可属性，适当弱化行政审批对矿业权流转合同效力的影响。

2. 维护市场秩序和交易安全。依法强化行政监管，注意发挥行政机关在维护矿业权市场秩序方面的主导地位，运用行政手段保障"契约自由、意思自治"的交易秩序。第一，以矿产资源勘查许可证、采矿许可证为基础确立矿业权作为用益物权设立、变动的公示公信原则，保护善意第三人利益和交易安全。第二，对以租赁、承包名义擅自转让矿业权的合同，应依法认定无效，防止恶意逃避行政监管。第三，审慎审查矿业权转让的主体、条件、方式、程序，依法实现涉矿法律法规关于运用行政审批、登记等方式监管矿业权转让的规范目的。

3. 保障矿产资源合理开发利用。矿产资源的稀缺性、耗竭性、不可再生性等特性，决定了矿产资源开发利用必须走可持续发展的道路。人民法院应适度能动司法，促进矿产资源合理开发利用原则的落实。第一，无证勘查开采，违反矿产资源勘查开采许可管理制度，严重侵犯国家矿产资源所有权，导致国家调控、监管矿业市场的目的落空，须予以否定。第二，依法审理检察机关提起的行政公益诉讼，防止行政不作为和乱作为，确保矿产资源合理开发利用秩序的良性维持。第三，审理矿业权纠纷案件过程中，如发现无证勘查开采，勘查资质、地质资料造假，或者勘查开采未履行生态环境修复义务等违法情形的，应提出司法建议或者依法移送有关机关处理。

4. 促进资源节约与生态环境保护。矿产资源同时具有商品属性和生态属性，勘查开采活动具有必然的环境负外部性，审判工作中要注意促进资源节约和生态环境保护。第一，重视政府对矿产资源开发利用进行管制的必要性和重要性，在解决当事人纠纷的同时要兼顾生态环境保护，将之作为利益衡平的重要考量因素。第二，依法受理和审理涉及资源保护的环境民事公益诉讼，保护社会组织提起公益诉讼的积极性，发挥公益诉讼在资源节约和生态环境保护上的独特功能及效用。第三，在自然保护区、风景名胜区、重点生态功能区、生态环境敏感区和脆弱区等特殊区域内勘查开采矿产资源的合同，违反法律、行政法规强制性规定或者损害环境公共利益的，应依法认定无效。

记者：矿业权出让合同与矿业权取得的关系应如何认识？矿业权作为一种用益物权，为何依据矿产资源勘查许可证和采矿许可证载明的有效期起始日确定取得的时间？

负责人： 矿业权出让合同，本质上属于用益物权的设立行为。根据国土资源部《探矿权采矿权招标拍卖挂牌管理办法（试行）》《矿业权交易规则（试行）》等关于矿业权出让程序的相关规定，采"招拍挂"等市场化出让方式的，受让人须与出让人签订矿业权出让合同，经公示无异议，履行支付矿业权出让价款等相关手续后，持成交确认书、出让合同及其他所需材料，向有审批权限的国土资源主管部门申请办理矿业权登记手续，领取勘查许可证或采矿许可证，方能取得矿业权。目前无法律、行政法规规定此种方式中的矿业权出让合同需经行政审批才能生效。矿业权出让采协议出让方式的，国土资源部曾规定需经由省级国土资源厅或者国土资源部审批，但2015年5月10日国务院明确取消该项非行政许可审批。至于采"批准申请"方式的，若国土资源主管部门与受让人不签订出让合同，自不适用本解释规定。而且《矿业权出让制度改革方案》进一步明确，要推进矿业权竞争性出让，严格限制矿业权协议出让，调整矿业权审批权限，强化出让监管服务。故矿业权出让合同应适用合同法第四十四条第一款的规定，自依法成立之日起生效。

矿业权自何时设立，受让人何时取得矿业权，往往是矿业权纠纷案件处理过程中首先要解决的问题。因矿业权出让中涉及出让合同的签订日期、"招拍挂"确认成交日期、矿业权登记日期、许可证签发日期、许可证载明的权利有效起止日期等多个时间节点，应以何者为准，存在争议。根据矿产资源法等涉矿法律、法规的规定，矿业权在国土资源主管部门颁发许可证后才设立，许可证是受让人是否拥有矿业权的权利外观，除矿业权保留等特定情况外，通常须遵循"有证即有权、无证则无权"的确权原则。故，在现有法律框架内，矿业权登记与物权法上具有确权意义的不动产登记并不完全一致，此亦是不动产统一登记机构暂未将矿业权登记纳入其中的重要原因。鉴于此，本《解释》将受让人取得矿业权的时间确定为矿产资源勘查许可证或者采矿许可证载明的有效期的起始时间。

记者： 矿业权转让申请未经国土资源主管部门批准前，依法成立的矿业权转让合同效力应如何认定？转让人无正当理由拒不履行报批义务，应承担何种法律责任？

负责人： 矿业权转让申请未经国土资源主管部门批准前，依法成立的矿业权转让合同的效力认定，涉及物权法第十五条、合同法第四十四条以及《探矿权采矿权转让管理办法》第十条规定的理解适用。《解释》认为，虽然国土资源主管部门行政审批的对象系矿业权转让申请，而非矿业权转让合同，且物权法第十五条已将债权合同效力与不动产物权变动进行了区分处理，但由于《探矿权采矿权转让管理办法》明确将矿业权转让合同的效力与矿业权转让审批密切关联在一起，且现行有效，故在认定矿业权转让合同效力时仍应给予尊重，若矿业权转让未得到国土资源主管部门批准，则不能直接认定矿业权转让合同生效，但此时并不意味着依法成立的合同不具有任何法律效力。合同效力的内容可理解包括拘束力、确定力与实现力。不同效力内容，发生效力的时间节点不一定是同时的，可逐步"释放"。就矿业权转让合同而言，双方当事人达成合意即告成立，一经依法成立即具有法律约束力，对当事人即发生拘束力和确定力，当事人非依法律规定或约定，不得擅自变更或者解除，且不得仅以未经国土资源主管部门批准为由主张合同无效。此种认识与合同法第四十四条、《探矿权采矿权转让管理办法》第十条的规定无直接冲突，亦符合民法通则第五十七条、合同法第八条以及民法总则第一百一十九条的规定。

  矿业权转让合同依法成立后即具有法律约束力，受让人得依合同约定请求转让人履行报批义务。报批义务是促成矿业权转让合同完全生效并得以继续履行的基础，转让人无正当理由拒不履行报批义务的，必将导致转让矿业权的合同目的不能实现，受让人依据合同法第九十四条第四项规定享有合同解除权。转让合同因转让人拒不履行报批义务而解除的，原则上应适用合同法第九十七条规定，受让人有权请求转让人返还已付转让款及利息、赔偿损失。就此种情形下损失赔偿的性质及范围而言，因报批义务既是转让人应承担的法定义务，也是合同义务的重要组成部分，转让人无正当理由拒不履行该义务，应承担相应的违约责任，而非一般的缔约过失责任。此种制度设计，既能够在合同法基本原理范围内得到合理解释，也有利于填补缔约过失责任范围限于信赖利益保护之不足，有利于惩戒恶意毁约行为，保护诚信守约人的利益，实现实质正义。

  记者：矿业权租赁、承包合同的效力应如何认定？对实践中以承包、租赁形式转让矿业权的行为如何界定，《解释》认定此种合同行为无效有何司法考量？

负责人：矿业权人作为用益物权人，有依法处分自己财产的权利和自由。矿业权租赁、承包，是不同于矿业权转让的流转方式，实践中大量存在。矿业权人在不转移矿业权权属的情况下将矿业权的部分权能让渡给他人享用并收取租金、承包费，承租人、承包人支付对价而有限制地行使矿产资源勘查开采权并因此获取收益，不具有天然的目的非法性，不宜当然将其视为矿业权的变相转让或者非法倒卖牟利，并径直以"合法形式掩盖非法目的"为由认定无效，也不宜以未经国土资源主管部门批准为由认定其具有合同效力瑕疵。

关于矿业权租赁、承包合同效力认定的争议，主要来自对矿产资源法第六条、第四十二条，《中华人民共和国矿产资源法实施细则》第四十二条第三项，《探矿权采矿权转让管理办法》第十五条等规定的理解适用问题。鉴于上述法律、法规并没有明确规定若违反则合同无效，物权法第十五条也将债权合同效力与不动产物权变动作了区分处理；且按照文义解释规则，上述法律法规的规制重点是以出租、承包方式擅自转让矿产资源的行为，而非对矿业权租赁、承包方式的一律禁止。实际上，1986年颁布实施的矿产资源法第三条第四款曾明确规定："采矿权不得买卖、出租，不得用作抵押"，并在原第四十二条第二款规定了罚则："买卖、出租采矿权或者将采矿权用作抵押的，没收违法所得，处以罚款，吊销采矿许可证"。但1996年修改矿产资源法时，上述内容均予以删除，也显示矿产资源法修改的立法趋向。故目前涉及矿业权出租、承包的法律规范不宜认定为《最高人民法院关于适用〈中华人民共和国合同法〉若干问题的解释（二）》第十四条规定的效力性强制性规定，不构成矿业权租赁、承包合同无效的法定依据。在不属于以租赁、承包方式擅自转让矿业权的情况下，矿业权租赁、承包合同应自依法成立之日起生效。

至于以租赁、承包方式擅自转让矿业权的合同认定问题，人民法院应结合具体案情，重点审查当事人是否约定矿业权人仅收取租金、承包费，放弃矿山管理，不再履行矿业权人安全生产、生态环境修复等法定义务，不承担相应法律责任等情形。因矿业权兼具民事物权和行政许可两重属性，矿业权纠纷案件的审理除涉及私权利益的保障之外，还存在司法权对行政权的合理尊重问题。矿业权租赁、承包与矿业权转让系不同的流转方式，其中最主要的区别就是矿业权租赁、承包并不变更矿业权的主体，无须办理矿业权的变更登记，但矿业权人依然负有监控矿山合法经营的义务，履行安全生产、水土保持、环境保护等法定职责，并承担相应的法律责任，租赁、承包期满还存在依约收回矿业权的问题。对当事人根据实际情况是选择采取直接转让方式抑或租赁、承包等流转方式，人民法院应给予必要的尊重，不宜一律将矿业权租赁、承包直接认定为矿业权转让。但当事人若在选择租赁、承包形式的同时，在租赁、承包合同中约定矿业权人仅收取租金或者承包费，放弃对矿山的管理，不再履行其法定义务、不再承担相应法律责任，则构成变相转让采矿权的行为，具有明显规避国土资源主管部门行政监管和审批许可，逃避国家相关税费缴纳的意图。为体现司法对于国土资源主管部门依法行政的尊重和支持，根据合同法第五十二条第三项"以合法形式掩盖非法目的"以及第五项"损害社会公共利益"的规定，应认定此类合同无效，以引导当事人选择合法合规的矿业权流转方式，维护正常的矿业权流转秩序，保障矿业权交易安全。

记者： 矿业权抵押有很大的现实需求，但我国法律层面没有关于矿业权抵押的明确规定，《解释》规定矿业权抵押是否具有相应的法律依据？矿业权抵押权的取得规定了登记和备案两种方式，是否存在矛盾？

负责人： 矿业权作为一类财产权，其融资功能日益得到肯定，矿业权人以矿业权为自己或者他人债务提供抵押的实践也逐渐丰富。根据物权法第一百八十条、第一百八十四条的规定，作为法律、行政法规未禁止抵押的财产，矿业权上设定抵押并无法律障碍。国土资源部《矿业权出让转让管理暂行规定》第三条规定，矿业权适用不动产法律法规的调整原则；财政部、国家税务总局《中华人民共和国增值税暂行条例实施细则》《关于固定资产进项税额抵扣问题的通知》等规范性文件中将矿产资源确定为不动产中的"其他土地附着物"。参照上述规定，矿产资源可定性为不动产，矿业权适用不动产法律法规予以调整，可依法设定矿业权抵押。

就矿业权抵押合同的效力而言，虽《矿业权出让转让管理暂行规定》第五十七条规定抵押合同签订后要报请国土资源主管部门备案，但并未明确非经备案不生效力；根据物权法第十五条及《最高人民法院关于适用〈中华人民共和国合同法〉若干问题的解释（一）》第九条的规定，矿业权抵押合同应自依法成立之日起生效，未办理登记备案不影响其效力。就矿业权抵押权的设立而言,根据物权法第九条、第一百八十七条的规定,矿业权抵押权应自依法登记时设立。由于现行法律、行政法规并未明确规定矿业权抵押的登记机构,国务院《不动产登记暂行条例》亦未将矿业权抵押权列入不动产统一登记范围。目前,各地多依据《矿业权出让转让管理暂行规定》办理矿业权抵押备案,或者依据地方性法规办理矿业权抵押登记或备案。从不动产物权公示的方法和效果来看,备案亦是将抵押事实记载在一定媒介之上,公众可根据需要进行查询。《解释》将实践中已经具备公示作用的矿业权抵押备案视为登记,作为矿业权抵押法定登记机构确定前的过渡措施。需要明确的是,将来矿业权抵押实行统一登记制后,备案应会予以取消,登记和备案不会同时作为矿业权抵押权的公示方法存在,故不存在登记和备案发生矛盾的问题。

记者: 越界开采侵权纠纷中什么情况下适用行政前置程序?探矿权人为何不能请求返还越界开采的矿产品及收益?

负责人:《中华人民共和国矿产资源法实施细则》《矿产资源勘查区块登记管理办法》《矿产资源开采登记管理办法》等行政法规,对勘查作业区和矿区范围都有相应规定。所谓越界勘查开采,是指超越批准的勘查作业区或者矿区范围进行矿产资源勘查开采的行为。因越界勘查开采矿产资源而引发的侵权责任纠纷,属人民法院主管范围。但是否构成越界勘查开采,涉及对勘查作业区、矿区范围的界定,属国土资源主管部门的行政职权。故若因国土资源主管部门批准的勘查、开采范围重复或者界限不清,当事人就是否越界产生争议的,应适用行政前置程序,由国土资源主管部门就是否越界先行处理。

矿业权作为用益物权,属侵权责任法第二条规定的依法应予保护的民事权益范畴。他人越界勘查开采,构成侵权的,应当依法承担侵权责任。根据侵权责任法第十五条的规定,结合矿业权的特殊属性,主要责任方式包括停止侵害、排除妨碍、返还财产、赔偿损失等。采矿权系在依法取得的采矿许可证规定的范围内,开采矿产资源和获得所开采的矿产品的权利,故侵权人越界开采所得矿产品及收益,采矿权人有请求返还的权利。而探矿权人仅享有按照勘查许可证规定的区域、期限、工作对象进行勘查以及优先取得勘查作业区内矿产资源的采矿权等权利,并不能进行开采并获得开采的矿产品,至多只能自行销售勘查中按照批准的工程设计施工回收的矿产品。探矿权的实质是"探"的权利，而非"采"的权利。探矿权人就勘查作业区范围内的矿产资源取得采矿权之前，侵权人越界开采的矿产品及其收益仍应归属国家所有，探矿权人对此无权主张返还。就侵权人越界开采行为，探矿权人有权向有关部门举报，人民法院也可依法向国土资源主管部门提出司法建议，由其依法处理。

记者：人民法院为何要对自然保护区、风景名胜区、国家重点生态功能区、生态敏感区和脆弱区等特别区域内矿业权合同效力进行特别司法审查？

负责人：矿产资源具有不同于一般财产的特殊属性，其既属于国家所有，是国民经济和社会发展的重要物质基础，同时又是环境要素的一部分，兼具经济价值和生态价值。矿产资源的开发利用必然会对生态环境造成一定损害，具有明显的环境负外部性。实践中，经济发展和环境保护之间的矛盾突出，有些地方为促进当地经济发展，罔顾国家相关法律规定和生态环境保护政策，在禁止或严格限制矿产资源勘查、开发的自然保护区、风景名胜区、国家重点生态功能区等区域内盲目批准矿产资源勘查开采；矿业权人明知或者应当知道上述特别区域内禁止或严格限制矿产资源的勘查开采，依然通过转让、租赁、承包或者合作等方式进行矿业权流转交易，严重背离绿色发展理念和生态文明建设要求。若允许此类合同继续履行，极易造成上述特别区域内水土流失、植被毁损、生物多样性减少等不可逆转、难以修复的生态破坏和环境污染，违反环境保护法、自然保护区条例、风景名胜区条例等相关法律、行政法规的强制性规定。而且，从国家发展战略和人民共同福祉考虑，在上述特别区域内，即便没有违反法律、行政法规的强制性规定，只要勘查开采行为造成该区域内生态破坏、环境污染，损害环境公共利益，人民法院亦应依法给予当事人所签矿业权流转合同以否定性法律评价。这既是对社会公众的一种政策宣示和行为引导，也符合当前绿色发展和生态文明建设的理念和要求。

需要说明的是，上述特别区域内矿业权流转合同效力的司法审查，系针对先有自然保护区等特别区域的设定，后有合同签订行为的情形，不违反法不溯及既往原则。在矿业权设定在先、自然保护区等特别区域设定在后的情况下，即使矿业权合法性不受影响，实践中也多采取逐渐退出机制，矿业权人亦不得再做扩大性经营行为。

记者： 最高人民法院已经制定专门的环境民事公益诉讼司法解释，本解释又规定了涉矿环境公益诉讼，是否有其特殊性？

负责人：《最高人民法院关于审理环境民事公益诉讼案件适用法律若干问题的解释》（以下简称《环境民事公益诉讼司法解释》）第一条明确规定对已经损害社会公共利益或者具有损害社会公共利益重大风险的污染环境、破坏生态的行为，法律规定的机关和有关组织可依据民事诉讼法第五十五条、环境保护法第五十八条等法律的规定提起环境民事公益诉讼。矿产资源既具有财产属性，同时亦是环境要素的一部分。矿产资源的勘查开采所具有的环境负外部性，往往导致矿区及周边区域的水体、土壤污染和水土流失、植被破坏、地面塌陷、生物多样性减少等生态损害。而矿产资源开发利用领域大量存在的无证勘查开采、乱采滥挖、破坏性开采等违法违规现象，更进一步加剧了矿区及周边区域环境污染和生态破坏的严重性，符合环境民事公益诉讼的起诉条件。《环境民事公益诉讼司法解释》主要针对环境污染类公益诉讼进行的规定，而涉矿环境公益诉讼除涉及环境污染外，更多涉及矿区的生态破坏、生态修复，有其特殊性。

实践中，包括政府、矿山企业在内的相关主体对矿产资源勘查开采导致的环境问题，尤其矿区的生态破坏问题并未给予足够重视。2015年7月1日，全国人大常委会《关于授权最高人民检察院在部分地区开展公益诉讼试点工作的决定》中，将"生态环境和资源保护"作为检察机关可提起公益诉讼试点的领域之一。2017年6月27日，全国人大常委会审议通过《关于修改〈中华人民共和国民事诉讼法〉和〈中华人民共和国行政诉讼法〉的决定》，正式确定检察机关可针对"生态环境和资源保护"提起民事公益诉讼和行政公益诉讼。本《解释》专门规定涉矿环境公益诉讼，既与现行民事诉讼法、行政诉讼法、环境保护法等法律和司法解释关于环境公益诉讼的规定相契合，亦与环境公益诉讼审判实践和检察机关提起公益诉讼工作联系密切，有助于强化各方生态环境保护意识，具有积极的制度宣示和社会指引作用。

记者： 人民法院在审理矿业权纠纷案件中是否存在与国土资源、环境保护等主管部门进行协调衔接的问题？

负责人： 在现有法律框架内，矿业权兼具民事物权和行政许可双重属性，其作为自然资源物权，又呈现出公共物品和生态特性，矿产资源领域还存在政策先行、立法滞后等现象。人民法院在审理矿业权纠纷案件时，应正确处理行政监管和市场配置、政策指引和法律解释、公法规制和私法调整、行政判断和司法裁判之间的关系，积极推动建立环境资源司法和行政执法之间的衔接、协调机制。人民法院在判决当事人履行报批义务或者协助报批义务前，可就矿业权是否符合转让条件、受让人是否具备资质条件，或者在拍卖、变卖矿业权或者裁定以矿业权抵债前，针对矿业权人矿山地质环境治理恢复保证金（履约金、备用金、计提基金等）处置情况等事项征求国土资源部门的意见；人民法院受理和审理涉矿环境公益诉讼或者依法认定自然保护区等特别区域内矿业权合同无效的，可根据案件具体情况向负有监督管理职责的国土资源、环境保护主管部门通报；人民法院审理矿业权纠纷案件中，发现无证勘查开采、未履行生态环境修复义务等违法情形的，还可向国土资源、环境保护主管部门发送司法建议，由其依法处理；涉嫌犯罪的，依法移送侦查机关处理，等等。

第三部分　条文解读

引言　为正确审理矿业权纠纷案件，依法保护当事人的合法权益，根据《中华人民共和国物权法》《中华人民共和国合同法》《中华人民共和国矿产资源法》《中华人民共和国环境保护法》等法律法规的规定，结合审判实践，制定本解释。

【条文主旨】

本部分是关于本解释制定目的和法律依据的规定。

一、关于矿业权的界定

矿业权作为专门的法律术语，并未出现在我国法律、行政法规中，更无具体的界定，《矿产资源法》《物权法》《矿产资源法实施细则》等法律法规采用的称谓是探矿权、采矿权，而非"矿业权"的表述。不过，基于学界通说，矿业权作为一类涉及矿产资源开发利用的财产权，包括探矿权和采矿权，并已经在社会实践中得到广泛认可。我国自2001年国民经济与社会发展第十个五年规划一直到2016年通过的第十三个五年规划中，均有关于矿业权的明确表述。如《中华人民共和国国民经济和社会发展第十个五年规划纲要》第十四章"节约保护资源，实现永续利用"中就有"深化矿产资源使用制度改革，规范和发展矿业权市场"的规定；《中华人民共和国国民经济和社会发展第十三个五年规划纲要》第十二章"建立现代产权制度"中规定："深化矿业权制度改革。建立健全生态环境性权益交易制度和平台"；第三十章"建设现代能源体系"中规定："加强陆上和海上油气勘探开发，有序开放矿业权，积极开发天然气、煤层气、页岩油（气）"。党的十八大之后，国家陆续颁发的一系列相关政策性文件，如《中共中央、国务院关于加快推进生态文明建设的意见》《生态文明体制改革总体方案》《国务院关于全民所有自然资源资产有偿使用制度改革的指导意见》等规定中多处涉及矿业权的内容；中央全面深化改革领导小组第三十一次会议审议通过的《矿业权出让制度改革方案》《矿产资源权益金制度改革方案》更是直接针对矿业权出让、矿业权流转税费等制度改革事宜发布的文件。

国土资源部作为矿产资源开发利用的行政主管部门，也发布了大量直接以矿业权为题的规章、规范性文件，如2000年制定的《矿业权出让转让管理暂行规定》第三条规定："探矿权、采矿权为财产权，统称为矿业权，适用于不动产法律法规的调整原则。依法取得矿业权的自然人、法人或其他经济组织称为矿业权人。矿业权人依法对其矿业权享有占有、使用、收益和处分权"；2017年修订实施的《矿业权交易规则》第二条规定："本规则所称矿业权是指探矿权和采矿权，矿业权交易是指县级以上人民政府国土资源主管部门（以下简称国土资源主管部门）出让矿业权或者矿业权人转让矿业权的行为。矿业权出让是指国土资源主管部门根据矿业权审批权限，以招标、拍卖、挂牌、申请在先、协议等方式依法向探矿权申请人授予探矿权和以招标、拍卖、挂牌、探矿权转采矿权、协议等方式依法向采矿权申请人授予采矿权的行为。矿业权转让是指矿业权人将矿业权依法转移给他人的行为。"此外，国土资源部还发布了大量涉及探矿权、采矿权监管的规范性文件。

至于探矿权、采矿权的含义，国务院《矿产资源法实施细则》第六条作了明确规定，即"探矿权，是指在依法取得的勘查许可证规定的范围内，勘查矿产资源的权利。取得勘查许可证的单位或者个人称为探矿权人。采矿权，是指在依法取得的采矿许可证规定的范围内，开采矿产资源和获得所开采的矿产品的权利。取得采矿许可证的单位或者个人称为采矿权人"。

实际上，不少域外国家和地区涉矿法律均明确对矿业权作了相应规定。如日本《矿业法》第五条规定："本法律所谓之'矿业权'，系指在业经登记注册的特定土地区域（以下简称矿区）内，采掘及获得业经登记注册的矿物及该矿床中伴生的其他矿物的权利"；第十一条规定："矿业权分为钻探权和采掘权"。韩国《矿业法》第五条规定："本法所称'矿业权'，指的是在注册的一定区域（下称矿区）探掘和获得注册的矿物和储存在同一矿床的其他矿物的权利"。我国台湾地区"矿业法"第四条规定："探矿权和采矿权均为矿业权"。

基于上述法律、法规、规章及政策性文件的规定，结合社会实践的交易惯例，并参照域外立法例，本解释采用了矿业权以及矿业权人的概念。在本解释初期条文中，曾有矿业权及矿业权人界定的专项条文，即"本解释所称矿业权包括探矿权和采矿权，依法取得矿业权的民事主体为矿业权人"。但是，在进一步研究讨论过程中，考虑到该界定已经成为一般性常识，专门规定的必要性不大，故将"矿业权包括探矿权和采矿权"的内容浓缩、体现在本解释第一条条文中，即将第一条中原"人民法院审理矿业权纠纷案件"一句调整为"人民法院审理探矿权、采矿权等矿业权纠纷案件"。据此，矿业权可理解为探矿权人、采矿权人基于勘查许可证或者采矿许可证勘查、开采矿产资源，取得勘查成果或者矿产品并排除他人干涉的权利。矿业权包括探矿权和采矿权两类具体权利，依法获得矿业权的民事主体为矿业权人。

二、关于矿业权的法律属性

《矿产资源法》第三条规定第三款中规定："勘查、开采矿产资源，必须依法分别申请、经批准设定探矿权、采矿权，并办理登记"；《矿产资源法实施细则》第五条第一款规定："国家对矿产资源的勘查、开采实行许可证制度。勘查矿产资源，必须依法申请登记，领取勘查许可证，取得探矿权；开采矿产资源，必须依法申请登记，领取采矿许可证，取得采矿权"。《物权法》第一百二十三条明确规定"依法取得的探矿权、采矿权……受法律保护"。由此，在我国现行法律框架内，矿业权（探矿权、采矿权）是一种矿产资源用益物权，但其设立须经政府审批、行政许可，具有强烈的公法性，作为矿业权物权凭证的矿产资源勘查许可证和采矿许可证，同时亦是国土资源主管部门作出行政许可的法律文书。正是基于矿业权兼具民事物权与行政许可双重属性，有学者将矿业权称之为"特别物权"或者"准物权"。[1]

而且，矿业权作为矿产资源国家所有权基础上派生出来的用益物权，在权利客体等方面与典型用益物权差异巨大。矿产资源作为国家所有权的客体具有稀缺性、耗竭性、不可再生性等自然属性，为确保国家资源、能源以及

---

[1] 崔建远：《准物权研究》，法律出版社2012年版，第26页。

生态的安全，矿产资源的开发利用必须体现国家的意志，国家作为所有权人基于矿产资源开发利用统一规划，以行政许可的方式赋予市场主体勘查开采矿产资源的权利。因此，矿业权自设立之初就具有行政赋权的特性，不同于典型用益物权，典型用益物权是指用益物权人对他人所有的不动产或者动产依法享有占有、使用和收益的权利，不包括处分权能；而就矿业权尤其采矿权而言，权利的行使过程同时也包含甚至就是对矿产资源的处分过程，当许可矿区的储量开采完毕后，不仅作为用益物权的采矿权灭失，矿产资源所有权也因客体不存在而相应灭失。

矿业权的特殊法律属性成为构建矿业权交易和裁判规则的理论基础，这也是本解释起草中所遵循的逻辑起点，更是矿业权纠纷审理裁判中的重要关注点。

三、本解释规范的矿业权纠纷

矿业权纠纷，一般理解可指民事主体因矿业权发生的各类纠纷，包括但不限于因矿业权权属争议引发的确权纠纷，因矿业权出让、转让、出租、承包、合作、抵押等流转产生的合同纠纷，因越界勘查开采、矿床压覆等导致的侵权纠纷，以及涉矿环境公益诉讼纠纷，等等，其中最主要的就是矿业权流转合同纠纷。

按照最高人民法院审管办《关于确定环境资源审判庭受理案件范围和具体案由的通知》（法审管〔2014〕13号）规定，最高人民法院环境资源审判庭可受理的案件包括涉及环境类民事案件的案由共有4个三级案由和11个四级案由，涉及资源类民事案件的案由共有31个三级案由和4个四级案由，其中与矿业权纠纷有关的案由有四个，即采矿权纠纷、探矿权纠纷、采矿权转让合同纠纷及探矿权转让合同纠纷。但审判实践中各级法院审理的涉及矿业权民事纠纷案件的类型是多元化的，并不局限于上述四个案由，很多矿业权纠纷案件，如矿业权承包纠纷、租赁纠纷、合作纠纷、矿山企业股权转让纠纷、越界勘查开采纠纷、矿床压覆纠纷等等，往往以合同、侵权等形式出现，并以其他案由立案审理。但无论以何种案由立案，凡是涉及矿业权纠纷的案件，基于"同案同判""类似案件类似处理"的基本裁判规则，理应一体适用涉及矿业权的法律规则。但现有涉矿法律规则的缺失或滞后，严重影响了矿业权纠纷案件裁判尺度的统一，进而影响到法律的威严和公平正义的实现。因此，统一矿业权纠纷案件的裁判尺度就成为本解释制定最重要的初衷。

本解释制定之初，曾拟考虑将涉及矿业权的纠纷一并作出相应的规定。但是，由于涉及矿业权的纠纷类型繁多，往往标的巨大、法律关系复杂、利益纠葛多，有些问题尚存在诸多争议，短期内难以解决，故将所有的涉及矿业权纠纷的问题试图在一个司法解释中解决并不现实，也导致解释可能过于冗长，影响其理解与适用。故经研究讨论，决定根据矿业权纠纷相关问题的轻重缓急，分步骤、分阶段予以解决。本解释主要针对当前司法实践中亟需明确适用规则、统一裁判尺度的矿业权流转过程中的重大问题进行的解释，包括矿业权出让、转让、租赁、承包、合作、抵押等合同的效力、履行、责任承担等，以及与矿业权流转密切相关的矿业权设立、无证勘查开采、越界勘查开采、涉矿环境公益诉讼、司法建议等事项。其他矿业权纠纷问题的解释，如矿业权确权纠纷、矿山企业股权或财产份额转让纠纷、矿山地质灾害治理纠纷、矿山压覆纠纷、资源整合产生的纠纷等，将留待未来的司法解释作出进一步的规定。

四、本解释制定的法律依据

基于上述对矿业权的界定及矿业权纠纷的初步分析，本解释的制定不仅涉及到《矿产资源法》《物权法》《合同法》《侵权责任法》，还涉及到《煤炭法》《环境保护法》等特别法律法规，以及《民事诉讼法》等程序性法律，甚至与《行政许可法》等行政法律法规也有密切关联。而对于司法解释制定的法律依据是否要一一列举的问题，实践中存在不同认识。基于之前制定司法解释的惯例，将司法解释所依据的重要的法律、行政法规予以说明有其必要性，但若罗列过多法律依据，可能会冲淡司法解释的重点。故在法律层面，根据法律效力的层级和与矿业权纠纷案件适用的紧密程度，列举了《物权法》《合同法》《矿产资源法》和《环境保护法》，而对于其他涉矿法律和国务院制定的众多涉矿行政法规，如《矿产资源法实施细则》《探矿权采矿权转让管理办法》《矿产资源勘查区块登记管理办法》《矿产资源开采登记管理办法》等，均没有在此一一罗列，一并囊括在"等法律法规"之中。

【问题解答】

问题：本解释是否仅适用于矿业权民事纠纷案件？

本解释最初名称为"最高人民法院关于审理矿业权民事纠纷案件适用法律若干问题的解释"，由于矿业权兼具民事物权和行政许可双重特性，矿业权争议也不仅仅涉及民事诉讼，还会出现在行政诉讼中，有些问题在理论和司法实践中还存在较大争议。如矿业权出让合同是民事合同还是行政协议，相关纠纷系民事案件还是行政案件；在民事纠纷案件中能否直接对矿业权作出确权裁判等等，均需进一步研究。故本解释对相关条文及表述采取了一定的模糊处理，删除了标题及主文中"民事"二字，以保持本解释在适用上的弹性。

因此，人民法院在审理矿业权纠纷案件中，不仅仅涉矿民事纠纷案件可适用本解释的规定，涉矿行政诉讼案件亦可根据案情需要予以适用。

【法规链接】

《矿产资源法》

第三条 矿产资源属于国家所有，由国务院行使国家对矿产资源的所有权。地表或者地下的矿产资源的国家所有权，不因其所依附的土地的所有权或者使用权的不同而改变。

国家保障矿产资源的合理开发利用。禁止任何组织或者个人用任何手段侵占或者破坏矿产资源。各级人民政府必须加强矿产资源的保护工作。

勘查、开采矿产资源，必须依法分别申请、经批准取得探矿权、采矿权，并办理登记；但是，已经依法申请取得采矿权的矿山企业在划定的矿区范围内为本企业的生产而进行的勘查除外。国家保护探矿权和采矿权不受侵犯，保障矿区和勘查作业区的生产秩序、工作秩序不受影响和破坏。

从事矿产资源勘查和开采的，必须符合规定的资质条件。

《矿产资源法实施细则》

第六条 《矿产资源法》及本细则中下列用语的含义：

探矿权，是指在依法取得的勘查许可证规定的范围内，勘查矿产资源的权利。取得勘查许可证的单位或者个人称为探矿权人。

采矿权，是指在依法取得的采矿许可证规定的范围内，开采矿产资源和获得所开采的矿产品的权利。取得采矿许可证的单位或者个人称为采矿权人。

国家规定实行保护性开采的特定矿种，是指国务院根据国民经济建设和高科技发展的需要，以及资源稀缺、贵重程度确定的，由国务院有关主管部门按照国家计划批准开采的矿种。

国家规划矿区，是指国家根据建设规划和矿产资源规划，为建设大、中型矿山划定的矿产资源分布区域。

对国民经济具有重要价值的矿区，是指国家根据国民经济发展需要划定的，尚未列入国家建设规划的，储量大、质量好、具有开发前景的矿产资源保护区域。

《物权法》

第一百二十三条 依法取得的探矿权、采矿权、取水权和使用水域、滩涂从事养殖、捕捞的权利受法律保护。

第一条 人民法院审理探矿权、采矿权等矿业权纠纷案件，应当依法保护矿业权流转，维护市场秩序和交易安全，保障矿产资源合理开发利用，促进资源节约与环境保护。

【条文主旨】

本条是关于矿业权纠纷案件审判理念的规定。结合矿业权的法律属性以及矿业权纠纷案件的特点等，审理该类案件应遵循以下审判理念：

一、依法保护矿业权流转

财产权的一项本质特征是可转让性，矿业权的物权属性得以确立后，应允许其作为一种商品在市场上自由流转，努力消除阻碍其流转的制度障碍，使矿业权在流动中增益价值，提高矿业权开发利用效率，并最终实现市场在矿产资源配置中的决定性作用。

第一，承认矿业权多种流转方式的法律效力。矿业权流转分为一级市场和二级市场，一级市场即矿业权出让，目前出让方式已从无偿申请取得为主发展为招标、拍卖、挂牌为主，协议出让、批准申请为辅的模式，不同方式虽有不同特点，但均应承认出让合同的效力。二级市场上，除较为典型的矿业权转让出售外，实践中还出现了矿业权作价出资、合作以及矿山企业重组改制等导致的矿业权属变动方式以及矿业权出租、承包、抵押等流转方式。审判实践中不应轻易否认这些合同的效力，以使当事人在意思自治的基础上作出不同的利益安排。

第二，减少矿业权流转合同的无效情形。为对矿业权流转市场进行国家干预，《矿产资源法》中包含很多强制性规范，特别是对矿业权流转的条件、主体、程序以及方式等均作出了严格限制，但是应根据规范目的慎重认定这些强制性规范的性质，尽量通过行政手段对非法转让行为进行处罚，而非否定矿业权流转合同在私法上的效力，这也是突出矿业权物权属性的题中之义。

第三，正确认定行政审批对矿业权流转合同效力的影响。行政审批是国家维护矿业权流转秩序的重要手段，在国务院《探矿权采矿权转让管理办法》明确规定将国土资源主管部门对矿业权转让的批准作为转让合同生效条件的前提下，可通过认定合同依法成立后即具有法律约束力，非依法律规定或者取得对方同意，任何一方均不得擅自变更或者解除，赋予合同相应的拘束力和确定力，矿业权转让未经批准的，合同不具有实现力。

二、维护市场秩序和交易安全

如果从权利保护的角度来看，《矿产资源法》应当注重对物权效力的确认与保障，充分尊重市场主体的意思自治，对市场交易应尽量予以较少的限制；而如果从秩序维护的角度看，《矿产资源法》则应当加强市场秩序方面的管理，强化行政机关在维护市场秩序方面的主导地位，以通过公法来保障"契约自由、意思自治"的商品交易秩序。具体就我国的矿产资源开发管理秩序而言，加强对矿业权人合法权益的维护本身就是私法范畴的应有之义。因此，国家作为行政管理者，在矿产资源的勘查、开发过程中，基于对社会公共利益的整体考量，要依法对于矿产资源的勘查开采行为进行必要的行政监管，但是这与凸显矿业权物权属性、保护矿业权依法流转等价值取向并不矛盾，而是相辅相成的。

审判实践中，第一，根据现行涉矿法律、行政法规通过行政审批控制矿业权转让的规范目的，在国务院《探矿权采矿权转让管理办法》关于矿业权转让经批准后、转让合同生效的规定未废止前，人民法院在裁判矿业权转让合同纠纷案件时应给予相应的尊重，但为防止不诚信一方的恶意毁约或悔约，应采取一定的应对措施惩戒恶意毁约或悔约的一方，保护守约一方的合法利益，以维护诚信公平的市场秩序。第二，对名为出租、承包合同，但约定矿业权人仅收取租金、承包费，放弃对矿山的管理，不履行安全生产、环境保护等法定义务、不承担相应法律责任的，双方当事人规避国家行政监管的意图明显，可依法确定合同无效，以发挥司法裁判支持依法行政的政策导向作用。第三,以国土资源主管部门颁发的采矿许可证、勘查许可证作为矿业权人享有矿业权的法定依据,并以此为基础确立矿业权变动的公示公信原则,以保护善意第三人的合法利益及交易安全。第四,对于矿业权转让申请未经批准时矿业权转让合同的效力认定,应从保护矿业权依法流转和维护市场秩序、保护交易安全的双重价值取向出发,确立统一的效力认定规则,消除个案裁判中的分歧,以给参与矿业权交易的当事人以明确预期,构建和谐稳定的交易秩序。

三、保障矿产资源合理开发利用

矿产资源的稀缺性、耗竭性、不可再生性等特性决定了矿产资源开发利用必须走可持续发展的道路,审判实践中也应该坚持保障矿产资源合理开发利用的原则,具体表现为:第一,没有勘查许可证或采矿许可证而将矿产资源出售、出租、发包给他人或与他人合作勘查开采的,应依法认定此类合同无效。因为这涉及到国家在矿产资源领域最根本的许可证管理制度,此类行为严重侵犯国家矿产资源所有权和矿产资源监管秩序,极易造成矿产资源的乱采滥挖、生态环境的破坏,并使国家对矿业市场进行调控和监管的目的落空。第二,人民法院在审理涉及矿业权纠纷案件过程中,如果发现无证勘查开采,勘查资质、地质资料造假,或者勘查开采未履行生态环境修复义务等违法情形的,可通过司法建议提请有关行政主管机关依法处理;涉嫌犯罪的,依法移送侦查机关处理,最终通过环境资源司法与行政执法的联动实现保障矿产资源合理开发利用的目的。

四、促进资源节约与环境保护

矿产资源作为一项重要的自然资源,具有耗竭性和不可再生性,而且矿产资源的勘查开采具有必然的环境负外部性,会对矿区及周边环境造成不利影响,因此在个案审理中既要保障矿业权人的合法利益,促进矿产资源合理开发利用,也要注意促进资源节约和生态环境的保护。

第一,在审理涉及矿业权纠纷案件中,矿业权流转即便经过了国土资源主管部门的审批,但如果存在违反法律、行政法规的强制性规定或者损害环境公共利益等存在法定无效事由的情况下,人民法院依然可以认定合同无效,对该矿业权流转行为给予否定性评价。如在禁止设立矿业权的自然保护区内签订的矿业权流转合同，即便通过了当地国土资源主管部门的转让审批，人民法院依然不宜认定合同有效。

第二，落实环境民事公益诉讼制度。因勘探、开采行为造成环境破坏，或者导致地质灾害、植被毁损、景观破坏、生物多样性减少等生态破坏的，法律规定的机关和有关组织可以根据《民事诉讼法》《环境保护法》及相关司法解释提起环境民事公益诉讼，请求行为人承担消除危险、排除妨碍、恢复原状、赔偿损失等责任，通过公众参与倒逼行为人在勘查开采过程中保护生态环境，以及在矿山关闭后及时履行修复区域生态环境的义务。

第三，探索检察机关提起环境民事和行政公益诉讼制度。中央全面深化改革领导小组审议通过的《检察机关提起公益诉讼改革试点方案》，明确提出充分发挥检察机关的监督职能，促进依法行政、严格执法，抓住公益这个核心，重点对生态环境和资源保护、国有资产保护等领域造成国家和社会公共利益受到侵害的案件提起民事或行政公益诉讼。2017年6月全国人大常委会通过关于修改《民事诉讼法》和《行政诉讼法》的决定，在法律层面确立了检察机关可针对"破坏生态环境和资源保护"提起行政或民事公益诉讼。人民法院应利用这个契机尽快完善环境行政公益诉讼的各项实体性和程序性制度，鼓励和监督相关行政机关依法对破坏矿区生态环境的行为予以处罚，及时公开相关的环境信息，防止其不作为和乱作为。

第四，根据相关规定，采矿权申请人申请采矿权时需编制矿山地质环境保护与治理恢复方案，报国土资源主管部门审批，并交一定数额的环境生态恢复治理保证金；2017年4月13日国务院发布《矿产资源权益金制度改革方案》进一步规定，在矿山环境治理恢复环节，取消矿山环境治理恢复保证金，建立矿山环境治理恢复基金，建立动态化监管机制，推进环境治理成本内部化，使矿山企业真正履行矿山环境治理与生态修复责任。对矿业权人未达到环境保护与治理恢复方案要求，国土资源主管部门可请求解除出让合同、收回矿业权，人民法院应予支持。

【问题解答】

问题一：遵循矿业权纠纷案件审判理念需正确处理哪些关系？

一、正确处理行政监管与市场配置的关系

这是矿业权纠纷案件法律适用的基本功能。矿产资源对于国民经济和国家安全具有重要的战略价值，其开发利用一直处于国家强力监管之下。随着我国改革开放的不断深入、市场经济体制的确立完善，矿产资源开发利用经历了由严格限制到逐步放松的过程，并逐步引入比较成熟的市场机制。党的十八大提出要在更大程度、更广范围发挥市场在资源配置中的决定性作用。2015年4月《中共中央、国务院关于加快推进生态文明建设的意见》要求"进一步深化矿产资源有偿使用制度改革""全面推进矿业权市场建设"。2015年9月中共中央、国务院发布《生态文明体制改革总体方案》，强调"坚持资源公有、物权法定，清晰界定全部国土空间各类自然资源资产的产权主体"。十二届全国人大四次会议审议通过的"十三五"规划纲要明确"加快构建自然资源资产产权制度，确定产权主体，创新产权实现形式。保护自然资源资产所有者权益，公平分享自然资源资产收益。深化矿业权制度改革"。2016年11月27日，中共中央、国务院发布《中共中央、国务院关于完善产权保护制度依法保护产权的意见》，强调"建立健全归属清晰、权责明确、监管有效的自然资源资产产权制度，完善自然资源有偿使用制度，逐步实现各类市场主体按照市场规则和市场价格依法平等使用土地等自然资源"。2017年2月27日，中共中央办公厅、国务院办公厅发布《矿业权出让制度改革方案》，明确：以招标拍卖挂牌方式为主，全面推进矿业权竞争性出让，严格限制协议出让，调整矿业权审批权限，强化出让监管服务。上述政策文件为进一步发挥矿业权的财产属性，完善产权保护制度，规范矿业权出让、转让等市场交易，改革、完善行政监管方式确立了明确的方向和路径。人民法院审理涉及矿业权纠纷案件，必须紧紧围绕党和国家工作大局，准确把握矿产资源管理、配置改革的方向，依法促进行政监管，充分发挥市场配置资源的决定性作用。

二、正确处理政策指引与法律解释的关系

这是矿业权纠纷案件法律适用的基本思路。现行涉矿法律、行政法规多制定在计划经济或计划经济向市场经济过渡阶段,行政管理色彩浓厚,市场交易规则匮乏。1996 年修订后的《矿产资源法》虽删除了"采矿权不得买卖、出租,不得用作抵押"的内容,增加允许有条件转让的规定,但依然有"禁止将探矿权、采矿权倒卖牟利""买卖、出租或者以其他形式转让矿产资源的,没收违法所得,处以罚款"等限制市场流转的条文。《矿产资源法实施细则》《探矿权采矿权转让管理办法》等行政法规虽然为矿业权流转提供了初步市场交易规则,但却将矿业权的取得、流转与行政审批许可绑定在一起。特别是在《物权法》已经将矿业权定性为用益物权的情况下,现行矿产资源法律、法规应根据经济社会发展的需要,尽快予以修改和完善。法律适用以解释现行法律为要义。面对经济社会发展需要和政策先行、立法滞后的现实,人民法院需要准确领会矿产资源管理改革的方针、政策与目标、措施,充分运用各种法律解释方法,完善矿业权纠纷法律适用规则。特别是在法律规定不明确或者存在法律冲突的情况下,充分发挥政策对法律适用的指引功能,运用政策明确价值判断或利益衡量的方向,进而实现法律漏洞填补之功能。

三、正确处理公法规制与私法调整的关系

这是矿业权纠纷案件法律适用的基本观点。矿业权是一种自然资源物权,在立法理念上与传统物权存在较大区别。传统物权注重对物的直接支配性和绝对保护性,其价值取向在于维护私人对物的支配和利用。自然资源的公共物品和生态属性,决定资源物权制度设计的最终目的不是为了实现私人或团体的利益,而是站在社会的立场上,增进公共利益与公众福祉,实现资源的可持续利用和社会的可持续发展,这是传统物权不能涵盖的。因此,除《物权法》《合同法》《侵权责任法》等传统民事规范外,国家还专门制定《矿产资源法》及一系列行政法规、部门规章,对矿业权的许可、运作、监督、行政责任等作出诸多规定,使得矿业权成为私法与公法共同规范的权利类型,体现出较为浓厚的国家干预色彩。这就要求人民法院在审理相关案件时,不能仅从民法寻找规则,还应遵循以矿产资源法为代表的公法规定。公法的关

注重点往往是资源的合理开发利用和生态环境保护，私法的关注重点则倾向于资源物权的确认、保护与流转秩序的维护；而矿产资源经济价值和生态价值的最大化，自应是两者的共同追求。因此，处理民事案件要观照当事人公法义务的履行情况，处理行政案件要兼顾当事人产权的保护与交易秩序的维护。

四、正确处理司法裁判和行政判断的关系

这是矿业权纠纷案件法律适用的基本规矩。在现行法律框架下，矿业权既是一种用益物权，也是一种基于行政许可而获得的权利；既表现为一种民事财产权，又展现为一种特许经营权或行业准入资格。矿业权这种公法、私法上的双重属性决定了司法裁判的边界和限度。司法应当充分尊重行政权，尽量避免作出与行政判断相冲突的裁判。比如，传统民法坚持主体平等原则，但《矿产资源法》明确规定"从事矿产资源勘察和开采的，必须符合规定的资质条件"，《矿产资源法实施细则》规定了申请个体采矿应当具备的条件，《探矿权采矿权转让管理办法》规定了矿业权转让之受让人的条件；《矿业权出让转让管理暂行规定》则要求采矿权申请人应为企业法人，个体采矿的应依法设立个人独资企业。可见，矿业权的主体具有与一般民事主体所不同的特殊要求，是否具备矿业权主体资格是国土资源主管部门的行政判断范畴。人民法院如果在矿业权确权纠纷中直接判决实际投资人享有矿业权，或者在执行中直接裁定将矿业权过户给申请执行人，而国土资源主管部门认为相关当事人不具有矿业权主体资格时，将会使司法权和行政权同时陷入尴尬境地。因此，人民法院需要加强与国土资源主管部门的信息沟通和工作联动，妥当协调处理好司法裁判和行政判断的关系，以充分尊重行政判断权，保障司法裁判的权威性。

问题二：如何理解本解释特别突出矿业权的物权属性？

矿业权纠纷案件是当前人民法院审判工作面临的一类较为复杂的环境资源类案件。基于我国现行法律规范，矿业权本身系民事财产权、特许经营权以及实际开发权等多种权利的结合体，矿产资源勘查、开采过程中所应履行的合理开发利用、保护生态环境等法定义务亦被纳入其中，使矿业权主体、客体、权利义务内容及其设立、流转、行使、消灭均具有一定的特殊性。

但是，由于受历史条件及立法技术的制约，我国现行《矿产资源法》强调公法管制，通过限制矿业权的取得、行使以及追究违法者公法责任保护国家矿产资源所有权，忽略了矿业权的私法保护。《物权法》明确将矿业权界定为用益物权，系对矿产资源立法理念的革新，对于强化矿业权保护，建立产权明晰、高效有序的矿业权流转市场，具有重要意义。在《矿产资源法》尚未修改的情况下，人民法院在个案审理中应进一步突出矿业权的物权属性，将矿业权的财产属性和行政许可属性适当分离，尽量消除阻碍矿业权流转的不合理因素，弱化公法规范及行政审批对矿业权流转合同效力的影响。

第一，以矿业权用益物权属性为基础。虽然在现行制度框架内矿业权仍是财产权和特许权的结合，但占主导地位的应是物权属性，这也决定着矿业权人能够通过行政许可的方式获得实际勘查、开采的权利。第二，国家作为平等主体与受让人签订的矿业权出让合同本质上属于用益物权设立行为，既是以行政许可为基础，也同时具有民事合同的性质，政府及其部门不能利用公权力随意限制甚至剥夺矿业权人的财产权利。第三，矿业权适用不动产法的调整原则，理论上应遵循不动产物权登记的公示公信原则，但矿业权两权结合的特殊性，决定了确认权属时应主要以勘查许可证、采矿许可证的记载为依据。第四，依法支持矿业权人运用返还原物、排除妨碍、消除危险等物权请求权保护自身权利；行为人越界勘查开采或者压覆矿区等给矿业权人造成损害的，还应承担侵权损害赔偿责任。

【法规链接】

《矿产资源法》

第七条 国家对矿产资源的勘查、开发实行统一规划、合理布局、综合勘查、合理开采和综合利用的方针。

第十七条 国家对国家规划矿区、对国民经济具有重要价值的矿区和国家规定实行保护性开采的特定矿种，实行有计划的开采；未经国务院有关主管部门批准，任何单位和个人不得开采。

第二十一条 关闭矿山，必须提出矿山闭坑报告及有关采掘工程、不安全隐患、土地复垦利用、环境保护的资料，并按照国家规定报请审查批准。

第三十二条 开采矿产资源，必须遵守有关环境保护的法律规定，防止污染环境。

开采矿产资源，应当节约用地。耕地、草原、林地因采矿受到破坏的，矿山企业应当因地制宜地采取复垦利用、植树种草或者其他利用措施。

开采矿产资源给他人生产、生活造成损失的，应当负责赔偿，并采取必要的补救措施。

《环境保护法》

第四条 保护环境是国家的基本国策。

国家采取有利于节约和循环利用资源、保护和改善环境、促进人与自然和谐的经济、技术政策和措施，使经济社会发展与环境保护相协调。

第三十条 开发利用自然资源，应当合理开发，保护生物多样性，保障生态安全，依法制定有关生态保护和恢复治理方案并予以实施。

引进外来物种以及研究、开发和利用生物技术，应当采取措施，防止对生物多样性的破坏。

《矿产资源法实施细则》

第二条第一款 矿产资源是指由地质作用形成的，具有利用价值的，呈固态、液态、气态的自然资源。

第五条第一款 国家对矿产资源的勘查开采实行许可证制度。勘查矿产资源，必须依法申请登记，领取勘查许可证，取得探矿权；开采矿产资源，必须依法申请登记，领取采矿许可证，取得采矿权。

第二条 县级以上人民政府国土资源主管部门作为出让人与受让人签订的矿业权出让合同，除法律、行政法规另有规定的情形外，当事人请求确认自依法成立之日起生效的，人民法院应予支持。

【条文主旨】

本条是关于矿业权出让合同生效时间的规定。

一、关于矿业权出让制度

根据我国《宪法》《物权法》《矿产资源法》的规定，矿产资源（矿藏）属于国家所有。矿业权出让，实质上是在国家保留矿产资源所有权的基础上，将矿产资源勘查开采的权利赋予一定的市场主体行使，是所有权和使用权的适当分离。国家对矿产资源的所有权是矿业权出让的权利之源。矿业权出让作为市场经济条件下逐步实现矿产资源有偿使用的国家政策目标和建立矿业权交易市场的重大举措，属于矿业权流转的一级市场。

从域外情况看，矿产资源勘查开采制度各有特点。1. 美国。根据土地、海域的权属性质，联邦政府、州政府和私人分别只对属于各自土地上的矿产开发进行管理，征收各自土地上的矿地租金和权利金，在管理上权限明确。根据《美国通用矿业法》等涉矿规定，按照矿种不同存在不同的出让方式：（1）包括金属矿产在内的大部分矿产作为可标定矿产，靠申请获得矿业权，取得权利不需要缴纳费用，国家在开采过程中从征收的矿地租金和权利金中得到利益补偿；（2）石油，天然气、煤、肥料矿（硫、磷、钾）及沥青等，采取出租方式出让矿业权，并一律采用竞标方式出让，确保政府利益；（3）建筑材料的矿物原料，采取一次性出售的方式出让采矿权。2. 澳大利亚。

《西澳大利亚采矿法案》（又称1978~1981年矿业法）第五条第一款规定："本法案中的任何规定不得影响任何被批准或被认可的国家作为缔约一方当事人的协议开始生效，以及在这种协议中一方当事人被授权或被要求依照协议规定进行的采矿活动"。3. 法国。《法国矿业法典》（1985年公布）第二条规定："含有下列物质的矿床视为矿山：煤、褐煤……"。第七条规定："旨在发现矿山的勘探工作只能在下列情况下进行：经向省长申报后，由地表主人或征得他的同意而进行；未经地表主人同意的，在公共行政规定的情况下，地表主人被催告表示其意见之后，得依矿业部长的批准而进行；依排他性勘探许可证而进行。在开采许可证、特许权和国家开采的区域内，持证人、特许权享有人和国家（除包括地表主人在内的任何其他人），对作为许可证、特许权和国家区域标的的某种或多种矿物享有勘探权"；第二十二条规定："除下面第二十三条（注：原子能工业所需物质的开采）的规定以外，矿山的开采，即使是地表主人的开采也只能是依特许权或开采许可证而进行，或由国家开采"；第二十三条规定："如果是原子能工业所需物质，经原子能委员会同意，征得矿业委员会的同意，矿业部长的命令可以批准一采场在一定吨位限度内自由提取……"；第二十四条规定："矿山的开采被视为商业行为。本条规定适用于现有的民事公司，而不必为此变更其章程"。4. 印度尼西亚。根据1967颁布的《印度尼西亚采矿法》和1970年修订的《印度尼西亚外国资本投资法》的规定，政府创设了矿产资源开发利用的工作合同制度，通过合同明确政府与投资者的权利义务关系；《印度尼西亚矿产标准工作合同》中规定："公司被印尼政府制定为合同区的唯一合同人。公司享有在合同区内勘探矿产的合法权利，享有对采矿区内所发现的矿床进行开采的权利，享有以任何方式加工、储存和运输矿石的权利，享有在印尼境内外销售和处分在采矿和加工中所获产品的权利。"

在我国，《矿产资源法》对矿业权出让并没有作出明确规定。2000年12月26日发布、2001年1月1日实施的《国务院关于实施西部大开发若干政策措施的通知》提出，"制定促进探矿权、采矿权依法出让和转让的政策办法，培育矿业权市场"；2006年1月20日《国务院关于加强地质工作的决定》，2012年12月25日《国务院关于土地管理和矿产资源开发利用及保护工作情况的报告》以及2015年9月21日中共中央、国务院发布的《生态文明体制改革总体方案》等政策性文件中均对矿业权出让作了相应规定。国土资源部2000年11月1日颁布实施的《矿业权出让转让暂行规定》，2003年6月1日发布、8月1日实施的《探矿权采矿权招标拍卖挂牌管理办法（试行）》，2006年1月24日发布实施的《关于进一步规范矿业权出让管理的通知》，以及《矿业权交易规则》（2017年9月6日发布实施，系对2011年12月31日发布、2012年3月1日实施的《矿业权交易规则（试行）》的修订）等规范性文件，对矿业权出让进行了比较具体详细的规定。2011年全国人大制定的"十二五"规划纲要附件中对"矿产资源有偿使用制度"的解释明确："主要包括矿业权有偿取得制度和矿产资源有偿开采制度。矿业权有偿取得制度通过征收矿业权使用费和矿业权价款实现，其中，矿业权使用费按面积征收；矿业权价款的实质是国家勘查投资的收益，特指国家将其出资勘查形成的矿产地的矿业权出让给他人，或者矿业权人将国家出资勘查形成的矿产地的矿业权转让给他人，按规定向矿业权人或受让人收取的款项。矿产资源有偿开采制度通过征收矿产资源补偿费实现，矿产资源补偿费按照矿产品销售收入的一定比例以及矿山开采回采率计征，是国家作为矿产资源所有者收取的财产收益，是采矿权人对矿产资源消耗的经济补偿。通过推进矿产资源有偿使用制度，可以充分发挥市场配置资源的基础性作用，促进矿产资源勘查开发，建立珍惜利用资源的经济机制"。2015年9月21日，中共中央、国务院发布《生态文明体制改革总体方案》明确要求"探矿权采矿权出让方式，原则上实行市场化出让"，而市场化出让主要是指以招标、拍卖和挂牌的方式出让。2016年全国人大制定的"十三五"规划纲要规定："深化矿业权制度改革。建立健全生态环境性权益交易制度和平台""加强陆上和海上油气勘探开发，有序开放矿业权，积极开发天然气、煤层气、页岩油（气）"。2017年2月27日，中共中央办公厅、国务院办公厅发布的《矿业权出让制度改革方案》提出，以矿产资源规划为基础，以市场化出让为主线，以创新出让方式为重点，突出问题导向，坚持试点先行，全面推进矿业权竞争性出让，严格限制协议出让行为，调整矿业权审批权限，强化出让监管服务，确保"放得下、接得住、管得好"，建立符合市场经济要求和矿业规律的矿业权出让制度。2017年4月13日，国务院发布《矿产资源权益金制度改革方案》，规定了矿产资源权益金制度框架和主要内容，以及配套改革政策。此外，很多地方性法规、规章、规范性文件中也涉及矿业权出让的规定。

根据现有涉矿法律法规,由国土资源主管部门代表国家在法律、行政法规赋予的行政管理权限范围负责矿业权的出让。其中探矿权出让由国土资源部和省级国土资源主管部门两级负责,采矿权出让由国土资源部和省、地、县四级国土资源主管部门负责。根据《矿业权出让制度改革方案》的规定,矿业权出让将进一步下放审批权限,强化监管服务。其中,国土资源部负责石油、烃类天然气、页岩气、放射性矿产、钨、稀土6种矿产的探矿权采矿权审批,负责资源储量规模10亿吨以上的煤以及资源储量规模大型以上的煤气层、金、铁、铜、铝锡、锑、钼、磷、钾11种矿产的采矿权审批,其他原由国土资源部审批的下放省级国土主管部门;对国土资源部下放给省级国土资源主管部门的审批权限原则上不得再行下放。

二、矿业权出让的方式

国土资源部《矿业权出让转让管理暂行规定》第十五条规定:"矿业权出让是指登记管理机关以批准申请、招标、拍卖等方式向矿业权申请人授予矿业权的行为"。《矿业权交易规则》第二条第二款进一步明确规定,矿业权出让是指国土资源主管部门根据矿业权审批权限,以招标、拍卖、挂牌、申请在先、协议等方式依法向探矿权申请人授予探矿权和以招标、拍卖、挂牌、探矿权转采矿权、协议等方式依法向采矿权申请人授予采矿权的行为。即出让探矿权和出让采矿权各有五种主要的方式。

(一)以招标、拍卖、挂牌方式出让矿业权

基于现有规定,通过"招标拍卖挂牌"方式出让矿业权的大致程序如下:

1. 国土资源主管部门根据矿产资源规划、矿产资源勘查专项规划、矿区总体规划、国家产业政策以及市场供需情况,按照颁发勘查许可证、采矿许可证的法定权限,编制探矿权采矿权招标拍卖挂牌年度计划,报上级主管部门备案。

2. 根据探矿权采矿权招标拍卖挂牌年度计划和《外商投资产业指导目录》,编制招标拍卖挂牌方案,县级以上地方主管部门可以根据实际情况将招标拍卖挂牌方案报同级人民政府组织审定。

3. 国土资源主管部门按照各自的审批管理权限,委托依法设立的矿业权交易机构并与矿业权交易机构签订委托合同,由矿业权交易机构组织交易。

4. 矿业权交易机构依据出让人、转让人提供的相关材料发布出让公告,编制招标拍卖挂牌相关文件。

5. 竞买人或投标人应提供其符合矿业权受让人主体资质的有效证明材料,经矿业权交易机构审核合格,按照交易公告缴纳交易保证金,取得交易资格。

6. 矿业权交易机构按公告确定的时间、地点组织"招标拍卖挂牌"。

7. 成交后,矿业权交易平台应当在确定中标人的当天发出中标通知书或者当场签订成交确认书,"成交确认书具有合同效力"[《探矿权采矿权招标拍卖挂牌管理办法(试行)》第二十条],成交确认书应包含"矿业权出让(转让)合同的签订时间"(《矿业权交易规则》第二十四条)。

8. 根据中标通知书或者成交确认书签订矿业权出让合同(《矿业权交易规则》第二十六条)。

9. 矿业权交易平台应当在发出中标通知书或者签订成交确认书后5个工作日内,矿业权出让合同签订之日起5个工作日内,同时在国土资源部门户网站、同级国土资源主管部门门户网站、矿业权交易机构交易大厅以及有必要采取的其他方式进行信息公示。

10. 出让成交相关信息公示无异议的,中标人或竞得人履行缴纳矿业权出让收益等相关手续后,持中标通知书或者成交确认书、矿业权出让合同等相关材料,向有审批权限的国土资源主管部门申请办理矿业权登记手续。

11. 领取勘查或者采矿许可证。

以拍卖方式进行矿业权竞争性出让的,流拍后可实行挂牌方式出让;以挂牌方式出让的,应有一定的公示期,存在竞争的,以最高报价确定竞得人;以招标方式出让的,依据招标条件综合择优确定竞得人,并将报价金额确定为矿业权出让收益。

(二)以其他方式出让矿业权

《矿业权交易规则》第三十二条中规定,"申请在先、探矿权转采矿权(含划定矿区范围申请和采矿权登记申请)、以协议方式出让矿业权(协议出让采矿权的含划定矿区范围申请和采矿权登记申请)申请登记的,在国土资源主管部门受理后,应当将相关信息对外公开"。应当公开的主要内容包括:

(1) 申请人名称；(2) 项目名称或者矿山名称；(3) 申请矿业权的取得方式；(4) 申请矿业权的范围（含坐标、采矿权的开采标高、面积）及地理位置；(5) 勘查开采矿种、开采规模；(6) 协议出让矿业权（划定矿区范围申请除外）的，所需缴纳的矿业权出让收益总额及缴纳方式；(7) 应当公开的其他内容。公示无异议的，申请人持相关文件向有审批权限的国土资源主管部门申请办理矿业权登记手续。

从矿业权出让制度改革的方向来看，矿业权协议出让将受到严格限制，协议出让范围限于在国务院确定的特定勘查开采主体和批准的重点建设项目，以及大中型矿山已设采矿权深部；协议出让须经审批登记管理机关同级地方政府同意，国土资源部审批的，须先经省级政府同意，涉及的矿产资源储量评审备案、矿业权价款评估、出让收益管理等，由省级国土资源主管部门负责；以协议出让方式取得的矿业权，10年内原则上不得转让，确需转让的，按协议出让矿业权的登记程序办理；协议出让矿业权，其出让收益不得低于基准价水平，基准价由地方国土资源主管部门参照类似市场条件定期制定，经省级政府同意后公布执行。随着《矿业权出让制度改革方案》逐步落实，"招标拍卖挂牌"市场化出让将成为原则，协议出让为例外，而通过申请审批出让矿业权的方式是否还保留，需要法律法规或者国土资源主管部门予以进一步明确。

三、矿业权出让合同的性质

国家对矿业权出让实施合同管理。管理机关在矿业权出让前，应对勘查开采条件作出规定并予以公告。对探矿权应以合同方式明确勘查矿种与范围，以及综合勘查要求、优先依法取得采矿权、矿业权出让收益缴纳计划、法定义务等相关事宜；对采矿权应以合同方式明确开采矿种、范围、规模，以及矿产资源综合利用、矿山地质环境保护与土地复垦、矿业权出让收益缴纳计划、法定义务等相关事宜。竞得人应按要求编制方案，履行相关手续，与管理机关签订合同，经批准后取得勘查开采许可。

实践中，对于矿业权出让合同的性质究竟属于民事合同的范畴，还是应归于行政协议的范畴，存在不同的看法。

一种观点认为，基于《民法通则》《物权法》《矿产资源法》等规定，矿业权包括探矿权、采矿权在内,属于民事财产范畴,矿业权人对该项财产权依法应享有用益物权的所有权能。矿业权出让合同是受让人在矿业权流转一级市场上通过市场交易方式有偿取得矿业权的契约基础,也是出让矿业权的国土资源主管部门向受让人授予矿业权、办理矿业权登记的基础法律文件。但是,尽管矿业权的出让具有浓重的行政管理色彩,其仍属于一种特殊用益物权的设立,而且矿业权出让和矿业权转让均被国土资源部明确界定为"矿业权交易",并确定了相应的交易规则,因此,将矿业权出让合同界定为民事合同,因出让合同的效力、履行、解除等问题而发生的纠纷纳入民事诉讼更为适当。另外,矿业权出让合同与土地使用权出让合同纠纷具有同质性,最高人民法院《国有土地使用权纠纷解释》和《民事案件案由规定》已将建设用地使用权出让合同纠纷确定为民事案件,经过多年的审判实践,社会公众对于自然资源出让合同系民事合同已经习以为常并产生了稳定的行为预期,若再调整为行政协议、通过行政诉讼程序处理,恐造成认识上的混乱。

另一种观点则认为,最高人民法院《关于适用〈中华人民共和国行政诉讼法〉问题的解释》(以下简称《行政诉讼法解释》)[①] 第十一条已经对"行政协议"作出明确定义,即"行政机关为实现公共利益或者行政管理目标,在法定职责范围内,与公民、法人或者其他组织协商订立的具有行政法上权利义务内容的协议,属于行政诉讼法第十二条第一款第十一项规定的行政协议。"行政协议的主要类型包括政府特许经营协议以及土地、房屋等征收征用补偿协议等。在矿业权出让过程中,政府主管部门需要对竞拍人、受让人的主体资质进行审查,并履行颁发、变更、撤销勘查许可证、采矿许可证等行政监管职责,这些均应归属到行政许可行为的范围,因此发生的纠纷也应当属于行政诉讼受理的范围。如果用民事合同代替行政协议,合同中本来应当追求的社会公共利益必将被当事人双方之间的意思自治所架空和规避,其结果极有可能导致国有资产的流失和社会公共利益的虚化。将涉及国有自然资源出让的协议纳入行政诉讼的范围,可以将出让行为与缔约行为一并审理,既可以对出让行为的合法性进行审查,同时又对协议的有效性进行审查,足

---

① 该解释已被最高人民法院《关于适用〈中华人民共和国行政诉讼法〉的解释》(2018年2月8日,法释〔2018〕1号)废止,新的司法解释未就"行政协议"做出规定。

以克服民事诉讼无法审查公法行为之不足。①

还有观点认为，在国有自然资源使用权出让合同的语境下，行政主管部门的合同权利和义务，实际上同时具有行政权和行政职责的性质；一些看似仅为合同权利的内容，在某些情况下，具有了"质变"为行政权的潜能。正是这些双面的义务和权利，将国有自然资源使用权出让合同染上了极其浓重的行政性，而不仅仅是因为受到前置行政行为的"波及"而具有了行政法的成分。相反，其本身就可能兼具行政行为与民事行为的双重属性。民事成分与行政成分的交融，在此类行政协议中获得了最大程度的体现。②

基于学界矿业权出让合同的性质尚未完全形成共识，本解释未对矿业权出让合同进行明确界定，以保持本解释的包容性和开放性。

四、矿业权出让合同效力的认定

如前所述，矿业权出让主要包括批准申请、招标、拍卖、挂牌以及协议出让五种形式。其中，以"招标拍卖挂牌"方式出让矿业权的，受让人须与作为出让人的国土资源主管部门签订书面矿业权出让合同，经公告公示程序无异议，受让人可在履行付款等义务后，持出让合同、中标确认书及相关材料向有审批权限的国土资源主管部门申请办理矿业权登记手续，领取许可证证书。目前，法律、行政法规并未明确规定这些合同需要行政审批才能生效。从"招标拍卖挂牌"的程序来看，在实施"招标拍卖挂牌"之前，国土资源主管部门需要按照颁发勘查许可证、采矿许可证的法定权限，编制探矿权采矿权招标拍卖挂牌年度计划，报上级主管部门备案。因此，可以认为矿业权出让合同签订前，已经履行过相关的审批手续。至于协议出让矿业权，尽管根据2012年发布《国土资源部关于严格控制和规范矿业权协议出让管理有关问题的通知》（国土资发〔2012〕80号）的规定，需要经由省级国土资源厅或者国土资源部审批，但2015年5月10日颁布的《国务院关于取消非行政许可审批事项的决定》明确规定取消了该非行政许可审批，并在2015年8月24日发布的《国土资源部关于严格控制和规范矿业权协议出让管理有关问题

---

① 贺小荣：《行政协议：跨越公司法界限的意思自治》，载《中国法律评论》2017年第1期。
② 韩宁：《行政协议判断标准之重构——以"行政法上权利义务"为核心》，载《华东政法大学学报》2017年第1期。

的通知》中，删除了前述"探矿权、采矿权协议出让实行国土资源部和省级国土资源主管部门两级审批"的相关规定；而且，国土资源部的规范性文件亦不能作为认定合同效力的法定依据。至于以"批准申请"等方式出让的矿业权的，往往国土资源主管部门与受让人并不签订出让合同，所以不适用本解释的规定。因此，除法律、行政法规另有规定的除外，应根据《合同法》第四十四条第一款的规定，认定矿业权出让合同自依法成立之日起生效。

【问题解答】

问题一：为何对矿业权出让合同效力作出例外规定？

矿业权出让合同作为一种重要自然资源开发利用的合同形式，现有法律、行政法规尚不完善，不排除未来国家会基于经济战略或者环境保护的需要，对某些矿产资源的开发利用作出特别规定进而影响出让合同的效力，故本条解释对于矿业权出让合同的生效时间作了但书规定。实践中，人民法院在审查认定矿业权出让合同效力时，应考虑案涉出让的矿产资源是否属于对国家具有战略意义的特定矿种或者存在于自然保护区等特殊区域，法律、行政法规对该矿产资源的出让是否有特别的审批程序。在法律、行政法规对矿业权出让有特别规定的情况下，合同的效力需要根据相应的规定以及具体案件事实依法作出相应的裁判。

至于当事人约定合同生效的情形，由于《解释》在起草过程中对于出让合同的性质存有争议，故本解释条文中未对此作明确例外规定。但基于一般法理，在法律、行政法规没有特别规定的情况下，若当事人另行约定了合同的生效时间，人民法院应予以尊重。

问题二：矿业权分级审批监管原则是否对出让合同效力产生影响？

我国对矿业权出让采取分级审批监管的原则。其中，探矿权出让由国土资源部和省级国土资源主管部门两级负责，采矿权出让由国土资源部和省、地、县四级国土资源主管部门负责。审判实践中，应当对县级以上人民政府国土资源主管部门作为出让人与受让人签订矿业权出让合同是否符合分级审批监管的原则进行审查。对于上级国土资源主管部门行使下级主管部门职权签订的出让合同，原则上应认定其效力，合同自依法成立之日起生效；对于下级国土资源主管部门超越其职责权限范围进行矿业权出让的情况下，根据现有规定，上级主管部门对因此颁发的勘查许可证、采矿许可证应予撤销，出让合同亦因具体出让的国土资源主管部门超越权限而应认定无效。

问题三：如何处理矿业权纠纷案件不同审判程序的选择？

鉴于对矿业权出让合同究竟属于民事合同，还是行政协议存在一定争议，导致实践中有关矿业权纠纷案件中审判程序的选择也作法不一。但不管是适用民事诉讼程序，还是适用行政诉讼程序审理案件，均应充分保障双方当事人的合法权益。人民法院一方面要监督行政机关依法行政，防止发生"黑箱"操作，避免以公用物寻租的情形；另一方面要注意保护自然人、法人和其他组织的合法财产权益，践行诚实信用、契约严守、契约正义等法律原则。

若将矿业权出让合同作为民事合同对待的，自然应该选择适用民事诉讼程序。在审查出让合同效力时，要充分考虑矿产资源国家所有权的实现是合同签订的重要动因和目的；对国土资源主管部门与受让人缔约的法定职权、法定程序、公平竞争、审批环节等系列行为的合法性也应根据具体案情进行必要的审查，以堵塞矿业权出让合同签订、履行过程中可能存在的权力寻租、内部交易、消极腐败等诸多漏洞。

若将矿业权出让合同作为行政协议处理，则应该选择适用行政诉讼程序。在处理矿业权纠纷案件中，要注意关注行政协议的合同属性，消除行政诉讼可能带来的对相对人保护不力的弊端。依据相关规定及一般法理，可以适用合同法有关违约损失赔偿、缔约过失等权利救济规定，确保对相对人的保护程度不低于民事合同保护的程度。同时，要兼顾国土资源行政主管部门合法利益的保护，特别是单方变更、单方解除权的行使；对国土资源主管部门合法行使行政优益权造成相对人损失的，应给予补偿，而对违法行使行政优益权构成违约的，则由国土资源主管部门承担相应的违约责任。

【法规链接】

《民法通则》

第八十一条第二款 国家所有的矿藏，可以依法由全民所有制单位和集体所有制单位开采，也可以依法由公民采挖。国家保护合法的采矿权。

《物权法》

第四十六条 矿藏、水流、海域属于国家所有。

第一百二十三条 依法取得的探矿权、采矿权、取水权和使用水域、滩涂从事养殖、捕捞的权利受法律保护。

《合同法》

第四十四条 依法成立的合同，自成立时生效。

法律、行政法规规定应当办理批准、登记等手续生效的，依照其规定。

《矿产资源法》

第三条 矿产资源属于国家所有，由国务院行使国家对矿产资源的所有权。地表或者地下的矿产资源的国家所有权，不因其所依附的土地的所有权或者使用权的不同而改变。

国家保障矿产资源的合理开发利用。禁止任何组织或者个人用任何手段侵占或者破坏矿产资源。各级人民政府必须加强矿产资源的保护工作。

勘查开采矿产资源，必须依法分别申请、经批准取得探矿权、采矿权，并办理登记；但是，已经依法申请取得采矿权的矿山企业在划定的矿区范围内为本企业的生产而进行的勘查除外。

国家保护探矿权和采矿权不受侵犯，保障矿区和勘查作业区的生产秩序、工作秩序不受影响和破坏。

从事矿产资源勘查和开采的，必须符合规定的资质条件。

第十七条 国家对国家规划矿区、对国民经济具有重要价值的矿区和国家规定实行保护性开采的特定矿种，实行有计划的开采；未经国务院有关主管部门批准，任何单位和个人不得开采。

《招标投标法》

第四十六条第一款 招标人和中标人应当自中标通知书发出之日起三十日内，按照招标文件和中标人的投标文件订立书面合同。招标人和中标人不得再行订立背离合同实质性内容的其他协议。

《矿产资源勘查区块登记管理办法》

第四条 勘查下列矿产资源，由国务院地质矿产主管部门审批登记，颁发勘查许可证：

（一）跨省、自治区、直辖市的矿产资源；

（二）领海及中国管辖的其他海域的矿产资源；

（三）外商投资勘查的矿产资源；

（四）本办法附录所列的矿产资源。

勘查石油、天然气矿产的，经国务院指定的机关审查同意后，由国务院地质矿产主管部门登记，颁发勘查许可证。

勘查下列矿产资源，由省、自治区、直辖市人民政府地质矿产主管部门审批登记，颁发勘查许可证，并应当自发证之日起10日内，向国务院地质矿产主管部门备案：

（一）本条第一款、第二款规定以外的矿产资源；

（二）国务院地质矿产主管部门授权省、自治区、直辖市人民政府地质矿产主管部门审批登记的矿产资源。

《矿产资源开采登记管理办法》

第三条 开采下列矿产资源，由国务院地质矿产主管部门审批登记，颁发采矿许可证：

（一）国家规划矿区和对国民经济具有重要价值的矿区内的矿产资源；

（二）领海及中国管辖的其他海域的矿产资源；

（三）外商投资开采的矿产资源；

（四）本办法附录所列的矿产资源。

开采石油、天然气矿产的，经国务院指定的机关审查同意后，由国务院地质矿产主管部门登记，颁发采矿许可证。

开采下列矿产资源，由省、自治区、直辖市人民政府地质矿产主管部门审批登记，颁发采矿许可证：

（一）本条第一款、第二款规定以外的矿产储量规模中型以上的矿产资源；

（二）国务院地质矿产主管部门授权省、自治区、直辖市人民政府地质矿产主管部门审批登记的矿产资源。

开采本条第一款、第二款、第三款规定以外的矿产资源，由县级以上地方人民政府负责地质矿产管理工作的部门，按照省、自治区、直辖市人民代表大会常务委员会制定的管理办法审批登记，颁发采矿许可证。

矿区范围跨县级以上行政区域的，由所涉及行政区域的共同上一级登记管理机关审批登记，颁发采矿许可证。

县级以上地方人民政府负责地质矿产管理工作的部门在审批发证后，应当逐级向上一级人民政府负责地质矿产管理工作的部门备案。

《自然保护区条例》

第二十六条　禁止在自然保护区内进行砍伐、放牧、狩猎、捕捞、采药、开垦、烧荒、开矿、采石、挖沙等活动；但是，法律、行政法规另有规定的除外。

第二十七条　禁止任何人进入自然保护区的核心区。因科学研究的需要，必须进入核心区从事科学研究观测、调查活动的，应当事先向自然保护区管理机构提交申请和活动计划，并经省级以上人民政府有关自然保护区行政主管部门批准；其中，进入国家级自然保护区核心区的，必须经国务院有关自然保护区行政主管部门批准。

第三条 受让人请求自矿产资源勘查许可证、采矿许可证载明的有效期起始日确认其探矿权、采矿权的，人民法院应予支持。

矿业权出让合同生效后、矿产资源勘查许可证或者采矿许可证颁发前，第三人越界或者以其他方式非法勘查开采，经出让人同意已实际占有勘查作业区或者矿区的受让人，请求第三人承担停止侵害、排除妨碍、赔偿损失等侵权责任的，人民法院应予支持。

【条文主旨】

本条是关于矿业权取得时间及矿业权人占有利益保护的规定。

一、矿业权出让人与受让人间的双重法律关系

矿产资源作为一种非常重要的自然资源，既是社会和经济发展的重要物质基础，也是法律关系构建的重要客体。根据《宪法》《物权法》《矿产资源法》等法律法规的规定，矿产资源（矿藏）属于国家所有。而关于矿产资源国家所有权性质，争论已久，且多是围绕矿产资源所有权是否是民法上的所有权展开。反对者认为，矿产资源所有权是公法上的所有权，具体表现为矿产资源所有权主权论、宪法所有权论、行政法所有权论以及国家管理权力论等；[1] 而赞成者认为，包括矿产资源在内的自然资源国家所有权具有多重性质，民法上自然资源国家所有权是经由宪法上自然资源国家所有权的转化而来，[2] 可以说，宪法上的矿产资源所有权与民法上的所有权并不排斥。

---

[1] 李显冬主编：《中国矿业立法理论与实务》，中国政法大学出版社2015年版，第11~13页。
[2] 单平基：《自然资源国家所有权性质界定》，载《求索》2010年第12期。

对矿产资源等自然资源国家所有权的争论，"实质是对于国家所有的自然资源应该如何利用的问题"，① 也是试图解决在矿产资源国家所有权基础上配置给市场主体的矿业权的属性问题。国家作为矿产资源的所有权人，集经济、政治权力于一身的法律实体，但并不具有企业、劳动者那样直接创造财富的能力，不能直接进行勘查开采矿产资源的活动。国家通过将矿产资源国家所有权的部分权能赋予一定的市场主体行使，设置相应的矿业权（探矿权、采矿权），主旨就是为了使矿产资源的财产价值得以尽可能充分实现，以服务于经济与社会的发展进步。在社会主义市场经济大背景下，国家作为矿产资源的所有权人，通过缔结契约将相关权益出让给受让人，并经政府主管部门的审批和登记，国家就以所有人的身份与受让人形成私法关系即矿业权出让法律关系，出让的矿产资源即具有商品或资产属性，国家可以通过收取出让对价和相关税费实现国家所有者权益。同时，国家以行政管理人的身份与受让人之间形成公法关系，由矿产资源主管部门对矿产资源的开发利用进行监督和管理，维护国家作为矿产资源管理者的利益。这两种关系同时产生、相互结合、密不可分，形成了由公法和私法共同调整的法律关系。②

二、矿业权的设立、取得

根据现有法律规定，国家通过出让的方式将矿业权授予一定的市场主体，但矿业权何时设立、受让人何时取得矿业权并没有具体的规定。在矿业权出让过程中，有出让合同签订日期、批准日期、登记日期、许可证签发日期、许可证载明权利有效起止日期等，应以何者为准，多有争议。根据《矿产资源法》等涉矿法律、行政法规的规定，探矿权、采矿权须经国土资源主管部门审批登记、取得勘查许可证或采矿许可证后才依法设立，故受让人是否获得矿产资源勘查许可证、采矿许可证，是其是否拥有矿业权的权利外观；除矿业权保留等特殊情形外，矿业权应遵循"有证即有权、无证则无权"的确权原则，这也是目前国土资源主管部门对该问题的基本意见。矿业权作为一种特殊的用益物权，除适用《物权法》外，还受《矿产资源法》以及《行政

---

① 李显冬主编：《中国矿业立法理论与实务》，中国政法大学出版社2015年版，第16页。

② 李显冬：《法经济学视角下矿业权公法管理之私权制约》，载王卫国主编：《21世纪中国民法之展望——海峡两岸民法研讨会论文集》，中国政法大学出版社2008年版。

许可法》等法律法规的规范，其权利载体——矿产资源勘查许可证、采矿许可证并非仅仅是矿业权的物权凭证，同时也是行政许可的法律文书。房屋所有权、土地使用权等不动产登记属于确权性登记，在程序上由当事人主导，登记机构将当事人物权设立、变动的意思表示予以确认并公之于众；而取得矿业权许可证除了当事人申请外，还需要经过国土资源主管部门的实质性审查和批准，较充分体现了国家的意志，故矿业权的取得、登记往往被理解为是一种许可性登记。故在现有法律框架内，矿业权登记与物权法上具有确权意义的不动产登记并不完全一致，此亦为目前国家不动产统一登记暂未将矿业权登记纳入其中的重要原因。鉴于此，本解释将受让人取得矿业权的时间确定为矿产资源勘查许可证或者采矿许可证载明的有效期的起始时间，当事人据此请求确认的，人民法院应予以支持。

三、矿业权人占有利益的保护

因矿业权出让合同生效时间往往早于许可证的颁发时间，存在一定时间差。在矿业权出让实践中，出让矿业权的国土资源主管部门有时为确保受让人分期支付的矿业权出让价款能及时缴纳，或者基于其他种种考虑，在出让合同签订生效后较长的一段时间内，都没有向受让人颁发许可证书，但允许受让人进入勘查作业区或者矿区进行前期作业；而有时候，当事人拥有勘查许可证或者采矿许可证，但在许可证期满后未及时续期或者申请延续但至期限届满时尚未获批延续，经过一段时间后原已届满的许可证才获准延续或者颁发了新的许可证。若在受让人尚未得到许可证或者许可证届满后尚未获准续延前的这段时间内，第三人越界或者其他方式非法勘查开采，此时经出让人同意已经实际占有该出让勘查地块或者矿区的受让人能否向侵权人主张权利，主张的权利基础是什么，争议较大。

我们认为，基于"有证即有权、无证则无权"的矿业权确权的一般原则，受让人在没有合法有效勘查或者采矿许可证期间，不享有矿业权，侵权人侵害的亦不是受让人的矿业权，受让人不能基于事后取得矿业权向侵权人直接主张权利。但是，受让人基于出让合同已经实际占有勘查作业区或者矿区，并支付了相应对价，对该勘查地块或者矿区依法享有相应的占有利益；第三人未经其同意，擅自越界或者采取其他方式到该勘查地块或者矿区勘查开采，显然对其合法的占有利益形成威胁、造成了妨碍，甚至直接造成受让人的经济损失，因此，对于受让人应该给予相应的法律救济。

尽管学理上对于占有系一种权利还是一种事实尚存在一定争议，但占有已经被纳入《物权法》的情况下，给予占有相应的法律救济和保护应是学界共识。当事人基于占有享有的占有保护请求权，作为一种救济性权利系法律的特别赋予，以使物的现实占有人能继续保持其占有状态，维护社会秩序的稳定。它的功能仅仅在于恢复占有人对物的占有，而不涉及占有物的权利归属问题。而一般意义上的物权请求权是与物权的支配性、排他性联系在一起的，权利人享有物权自然就享有了物权请求权，不需要法律的特别赋予，而是物权的效力或权能的自然体现。它的功能表现为物权圆满状态的恢复，使物之权利归属得以确定，因而一般具有终局性和确定性。根据《物权法》第二百四十五条第一款关于"占有的不动产或者动产被侵占的，占有人有权请求返还原物；对妨害占有的行为，占有人有权请求排除妨害或者消除危险；因侵占或者妨害造成损害的，占有人有权请求损害赔偿"的规定，占有保护请求权具体可以分为占有物返还请求权、占有妨害排除请求权、占有危险消除请求权以及损害赔偿请求权。

综上，经出让人同意已经实际进入勘查作业区或者矿区的受让人，在第三人越界或者以其他方式非法勘查开采时，有权基于占有请求第三人停止侵害、排除妨碍、赔偿损失等侵权责任。司法实践中，受让人多在取得许可证后始向第三人主张权利，此时其矿业权处于圆满状态，自可追溯至其合法、有权占有勘查作业区或者矿区之时受法律保护。

【问题解答】

问题一：如何适当选择矿业权登记瑕疵的救济路径？

有学者认为，矿业权的客体是一定的矿区或者工作区内的地下土壤和其中赋存在其中的矿产资源，此处所谓矿产资源不是指一国领土内乃至全球范围内、抽象的、整个的矿产资源，而是局部的矿产资源。[①] 根据《矿产资源

---

① 崔建远：《准物权研究》，法律出版社2012年版，第33页。

法》及其实施细则的规定，国家对矿产资源的勘查、开采实行许可证制度；勘查开采矿产资源，必须依法申请登记，领取勘查许可证或者采矿许可证，取得探矿权、采矿权。据此，矿业权（探矿权、采矿权）作为《物权法》确认的用益物权，系基于行政许可而获得的权利，不同于一般不动产物权。现行矿业立法的公私法杂糅，以及矿业权许可制度未区分权利取得与权利行使、一体规制的特点，使得矿业权本身成为民事财产权、特许经营权以及实际开发经营权等权利的结合体。矿业权登记同时具有表征物权权属和行政许可的双重作用，依据具体行政行为的公定力原理和不动产登记的公示公信力，矿产资源勘查许可证、采矿许可证一经颁发即具有相应的法律效力。

"无救济即无权利"。如矿业权登记存在瑕疵，权利人如何实现权利救济尤为重要。实践中，造成矿业权登记瑕疵的原因和情形很复杂，其中主要涉及国土资源主管部门将矿产资源勘查许可证或者采矿许可证登记在申请人名下，但申请人并非真正权利人，其只是接受权利人委托代为办理许可证申请、登记事宜等情形。此种登记瑕疵的产生，与下面三种情形有关：一是申请人作为受托人未尽忠实履行义务，采取欺诈手段，擅自篡改资料，将许可证登记在了自己名下；二是国土资源主管部门未对申请人认真审核，因工作失误导致许可证登记错误；三是国土资源主管部门违法作出行政许可，授权给申请人并进行了登记。

鉴于矿业权登记具有的物权确认和行政许可双重属性，登记错误时，真正权利人，即实际出资人或主要出资人可遵循行政管理、行政诉讼和民事诉讼等不同路径获得权利救济：

（一）权利人可以作为利害关系人向行政机关提出申辩

《行政许可法》第三十六条规定："行政机关对行政许可申请进行审查时，发现行政许可事项直接关系他人重大利益的，应当告知该利害关系人。申请人、利害关系人有权进行陈述和申辩。行政机关应当听取申请人、利害关系人的意见"；第六十九条规定："有下列情形之一的，作出行政许可决定的行政机关或者其上级行政机关，根据利害关系人的请求或者依据职权，可以撤销行政许可：（一）行政机关工作人员滥用职权、玩忽职守作出准予行政许可决定的；（二）超越法定职权作出准予行政许可决定的；（三）违反法定程序作出准予行政许可决定的；（四）对不具备申请资格或者不符合法定条件的申请人准予行政许可的；（五）依法可以撤销行政许可的其他情形。被许可人以欺骗、贿赂等不正当手段取得行政许可的，应当予以撤销。依照前两款的规定撤销行政许可，可能对公共利益造成重大损害的，不予撤销。依照本条第一款的规定撤销行政许可，被许可人的合法权益受到损害的，行政机关应当依法给予赔偿。依照本条第二款的规定撤销行政许可的，被许可人基于行政许可取得的利益不受保护。"据此，权利人可以利害关系人的身份向国土资源主管部门提出申辩，请求撤销或变更许可证，并对所涉矿业权归属依法作出处理。同时，根据《行政许可法》第七十九条规定："被许可人以欺骗、贿赂等不正当手段取得行政许可的，行政机关应当依法给予行政处罚；取得的行政许可属于直接关系公共安全、人身健康、生命财产安全事项的，申请人在三年内不得再次申请该行政许可；构成犯罪的，依法追究刑事责任。"行政机关有权对原申请人，即恶意欺诈骗取登记的原被许可人施以行政处罚，依法追究责任。此种救济路径属行政机关的主动纠错程序，可以及时解决矿业权登记的形式瑕疵。

（二）权利人可以提起行政诉讼，请求人民法院对国土资源主管部门的相关具体行政行为进行司法审查

《行政许可法》第七条规定："公民、法人或者其他组织对行政机关实施行政许可，享有陈述权、申辩权；有权依法申请行政复议或者提起行政诉讼；其合法权益因行政机关违法实施行政许可受到损害的，有权依法要求赔偿。"《最高人民法院关于审理行政许可案件若干问题的规定》第一条规定："公民、法人或者其他组织认为行政机关作出的行政许可决定以及相应的不作为，或者行政机关就行政许可的变更、延续、撤回、注销、撤销等事项作出的有关具体行政行为及其相应的不作为侵犯其合法权益，提起行政诉讼的，人民法院应当依法受理。"因行政诉讼在证据规则上采用举证责任倒置，对于权利人获得救济具有诉讼便利。

（三）权利人可以提起民事诉讼，请求人民法院确认其实际出资人身份，或者请求受托人承担违约责任

真正权利人和申请人之间是委托合同法律关系，权利人可以依据委托合同追究申请人的违约责任。委托人应当提供前期手续、投资证明、委托合同、违约事实等证据证明自己的主张。需要注意的是，目前，矿业权登记的物权

确认和行政许可属性合二为一，勘查许可证和采矿许可证的颁发、变更、有效期延续等，属国土资源主管部门行政管理事项，人民法院在审理民事纠纷时要注意司法裁判与行政判断的边界，不宜在民事判决中直接确定矿产资源勘查许可证或者采矿许可证的归属。需要说明的是，理论界和实务界已经提出重构或者解构矿业权的观点，适度区分民事权利和行政许可，将作为财产权的探矿权、采矿权和作为市场准入资格的行政许可剥离，并在此基础上区别作为不动产权利设定的物权登记证书与作为行政许可结果的许可证照。如果此种制度得以确立，矿业权的登记瑕疵，自可通过民事诉讼程序获得救济。

问题二：矿业权人取得矿业权前占有利益的保护须注意哪些法律适用问题？

本条解释实质是对矿业权人利益保护的延伸，即其合法权益的保护并非始于取得矿产资源勘查许可证或者采矿许可证的时间，而是自其实际合法占有勘查作业区或者矿区时即给予相应的法律保护；但是，这种保护也有一定的限制条件，仅属于适当延伸保护。在司法实践中适用本条规定时应该注意以下三方面问题：

（一）矿业权出让合同已经签订并已生效

国家在矿业权出让法律关系中的身份首先是矿产资源所有人，而不是社会公共事务管理者。在矿业权出让时，国土资源主管部门是以民事主体参与其中的，是在法律法规允许的范围内，与受让人协商一致，就特定区块矿产资源勘查或者开采事宜达成共识，签订矿业权出让合同，不能将一方的意志强加于另一方当事人。矿业权出让合同同样应当遵循合同的基本准则和履行规则，双方当事人均应认真履行合同约定的义务，恪守承诺、讲求信用、不得损害他人利益和社会公共利益。在无法律、行政法规特别规定或者当事人另有约定的情况下，矿业权出让合同应自依法成立之日起生效。《合同法》第八条第二款规定："依法成立的合同，受法律保护"；《物权法》第二百四十一条规定"基于合同关系等产生的占有，有关不动产或者动产的使用、收益、违约责任等，按照合同约定；合同没有约定或者约定不明确的，依照有关法律规定"。因此，依法成立、生效的矿业权出让合同是权利人请求占有法力保护的基础。

（二）经出让人同意受让人已实际占有勘查作业区或者矿区

矿业权出让合同生效后，受让人经出让人同意可以进入勘查作业区或者矿区进行勘查开采的前期准备工作。这也可以视为合同上的交付行为，受让人依据合同占有标的物。此时，受让人对合同标的物的占有既有宣示作用，也有合法管领自己财产的权利和义务。矿业权人经出让人同意对于勘查作业区或者矿区的占有属于有权占有，其占有利益应获得法律保护。受让人依据生效的出让合同，已经具备了取得权利的债权基础，对出让合同约定的矿业权及矿产资源享有预期利益，且其实际占有及缴纳相应费用的行为进一步增强了取得矿业权的可能性，这种期待权也应受到保护。即使最终受让人未能取得矿产资源勘查许可证或者采矿许可证，如非基于其自身原因也享有对合同约定的矿业权的期待利益。

本条解释规定之所以强调须经出让人同意，实为此期间出让人对受让人申请颁发或者续延矿产资源勘查许可证或者采矿许可证的申请材料，还存在一定的审核、批准的过程，也可能会有第三人提出异议，若不经出让人同意，受让人擅自进入勘查作业区或者矿区会破坏矿产资源开发利用管理秩序，也可能损害潜在权利人的合法权益。故，若未经出让人同意，擅自进入勘查作业区或矿区，甚至直接勘查开采的，不受本条解释规定的保护。

（三）第三存在越界或者非法勘探开采的实际侵害行为

受让人通过出让合同取得矿产资源所有权的部分权能，经出让人同意受让人已实际占有勘查作业区或者矿区时，赋予其排除他人干涉的权利，对于保护矿产资源具有重要意义，可以有效弥补国家作为管理者的不足，减少行政成本，这也是全面保护受让人合法权益的应有之义。人民法院在拟适用本条解释规定对受让人占有利益予以保护时，须要确认第三人确实已经越界或者采取其他非法方式在已经出让的勘查区块或者矿区进行勘查开采，实际侵害了受让人基于合法占有享有的权益，毕竟没有侵害就无所谓救济。第三人越界或其他方式非法勘查开采，有时候是显而易见的，有时候还需要依据将来受让人取得的矿产资源勘查许可证或者采矿许可证载明的矿区范围加以确定。人民法院在审理此类案件时，要准确界定是否越界，及时制止侵权行为。有的法院采取令状的方式要求第三人立即停止非法开采和勘探行为，有的法院采取诉前保全的方式固定相关证据。

对于赔偿损失的范围，要综合考虑直接损失和间接损失，同时还要考虑受让人系受让的探矿权还是采矿权，因为探矿权人与采矿权人的权利内容存在差异，救济方式和救济内容也不完全一样。例如，作为采矿权人对于其签订出让合同后至取得采矿许可证前的占有期间，第三人擅自越界开采的矿产品损失，有权请求侵权人予以赔偿，而探矿权人则无权请求该项赔偿，因为探矿权人仅有对矿产资源"探"的权利，并无"采"的权利，但可以据此向相关主管机关举报，请求行政机关依法处理；至于由于第三人越界勘查开采，造成的未来勘查开采的成本增加而形成的损失，无论受让人受让的是探矿权还是采矿权均可予以主张。更详细的解读可参阅本解释第二十条的释义。

【法规链接】

《物权法》

第八条 其他相关法律对物权另有特别规定的，依照其规定。

第九条第一款 不动产物权的设立、变更、转让、消灭，经依法登记，发生效力；未经登记，不发生效力，但法律另有规定的除外。

第十四条 不动产物权的设立、变更、转让和消灭，依照法律规定应当登记的，自记载于不动产登记簿时发生效力。

第十六条 不动产登记簿是物权归属和内容的根据。不动产登记簿由登记机构管理。

第十七条 不动产权属证书是权利人享有该不动产物权的证明。不动产权属证书记载的事项，应当与不动产登记簿一致；记载不一致的，除有证据证明不动产登记簿确有错误外，以不动产登记簿为准。

第一百二十三条 依法取得的探矿权、采矿权、取水权和使用水域、滩涂从事养殖、捕捞的权利受法律保护。

第二百四十一条 基于合同关系等产生的占有，有关不动产或者动产的使用、收益、违约责任等，按照合同约定；合同没有约定或者约定不明确的，依照有关法律规定。

第二百四十三条 不动产或者动产被占有人占有的，权利人可以请求返还原物及其孳息，但应当支付善意占有人因维护该不动产或者动产支出的必要费用。

第二百四十五条 占有的不动产或者动产被侵占的，占有人有权请求返还原物；对妨害占有的行为，占有人有权请求排除妨害或者消除危险；因侵占或者妨害造成损害的，占有人有权请求损害赔偿。

占有人返还原物的请求权，自侵占发生之日起一年内未行使的，该请求权消灭。

《矿产资源法》

第三条第三款 勘查开采矿产资源，必须依法分别申请、经批准取得探矿权、采矿权，并办理登记；但是，已经依法申请取得采矿的矿山企业在划定的矿区范围内为本企业的生产而进行勘查的除外。

《行政许可法》

第十二条 下列事项可以设定行政许可：

（一）直接涉及国家安全、公共安全、经济宏观调控、生态环境保护以及直接关系人身健康、生命财产安全等特定活动，需要按照法定条件予以批准的事项；

（二）有限自然资源开发利用、公共资源配置以及直接关系公共利益的特定行业的市场准入等，需要赋予特定权利的事项；

（三）提供公众服务并且直接关系公共利益的职业、行业，需要确定具备特殊信誉、特殊条件或者特殊技能等资格、资质的事项；

（四）直接关系公共安全、人身健康、生命财产安全的重要设备、设施、产品、物品，需要按照技术标准、技术规范，通过检验、检测、检疫等方式进行审定的事项；

（五）企业或者其他组织的设立等，需要确定主体资格的事项；

（六）法律、行政法规规定可以设定行政许可的其他事项。

第三十九条第一款 行政机关作出准予行政许可的决定，需要颁发行政许可证件的，应当向申请人颁发加盖本行政机关印章的下列行政许可证件：

（一）许可证、执照或者其他许可证书；

（二）资格证、资质证或者其他合格证书；

（三）行政机关的批准文件或者证明文件；

（四）法律、法规规定的其他行政许可证件。

《矿产资源法实施细则》

第五条第一款 国家对矿产资源的勘查开采实行许可证制度。勘查矿产资源，必须依法申请登记，领取勘查许可证，取得探矿权；开采矿产资源，必须依法申请登记，领取采矿许可证，取得采矿权。

《矿产资源勘查区块登记管理办法》

第四条 勘查下列矿产资源，由国务院地质矿产主管部门审批登记，颁发勘查许可证：

（一）跨省、自治区、直辖市的矿产资源；

（二）领海及中国管辖的其他海域的矿产资源；

（三）外商投资勘查的矿产资源；

（四）本办法附录所列的矿产资源。

勘查石油、天然气矿产的，经国务院指定的机关审查同意后，由国务院地质矿产主管部门登记，颁发勘查许可证。

勘查下列矿产资源，由省、自治区、直辖市人民政府地质矿产主管部门审批登记，颁发勘查许可证，并应当自发证之日起10日内，向国务院地质矿产主管部门备案：

（一）本条第一款、第二款规定以外的矿产资源；

（二）国务院地质矿产主管部门授权省、自治区、直辖市人民政府地质矿产主管部门审批登记的矿产资源。

《矿产资源开采登记管理办法》

第三条 开采下列矿产资源，由国务院地质矿产主管部门审批登记，颁发采矿许可证：

（一）国家规划矿区和对国民经济具有重要价值的矿区内的矿产资源；

（二）领海及中国管辖的其他海域的矿产资源；

（三）外商投资开采的矿产资源；

（四）本办法附录所列的矿产资源。

开采石油、天然气矿产的，经国务院指定的机关审查同意后，由国务院地质矿产主管部门登记，颁发采矿许可证。

开采下列矿产资源，由省、自治区、直辖市人民政府地质矿产主管部门审批登记，颁发采矿许可证；

（一）本条第一款、第二款规定以外的矿产储量规模中型以上的矿产资源；

（二）国务院地质矿产主管部门授权省、自治区、直辖市人民政府地质矿产主管部门审批登记的矿产资源。

开采本条第一款、第二款、第三款规定以外的矿产资源，由县级以上地方人民政府负责地质矿产管理工作的部门，按照省、自治区、直辖市人民代表大会常务委员会制定的管理办法审批登记，颁发采矿许可证。

矿区范围跨县级以上行政区域的，由所涉及行政区域的共同上一级登记管理机关审批登记，颁发采矿许可证。

县级以上地方人民政府负责地质矿产管理工作的部门在审批发证后，应当逐级向上一级人民政府负责地质矿产管理工作的部门备案。

第四条 出让人未按照出让合同的约定移交勘查作业区或者矿区、颁发矿产资源勘查许可证或者采矿许可证，受让人请求解除出让合同的，人民法院应予支持。

受让人勘查开采矿产资源未达到国土资源主管部门批准的矿山地质环境保护与治理恢复方案要求，在国土资源主管部门规定的期限内拒不改正，或者因违反法律法规被吊销矿产资源勘查许可证、采矿许可证，或者未按照出让合同的约定支付矿业权出让价款，出让人请求解除出让合同的，人民法院应予支持。

【条文主旨】

本条是关于矿业权出让合同解除的规定。

根据《矿产资源法》《物权法》等涉矿法律法规，国家基于其矿产资源所有权人的地位，将矿产资源所有权这一民事权利中的部分权能，即占有、使用、收益的权利通过收取一定的对价，让渡给其他市场主体，故设立矿业权这种用益物权的行为，应属于国家作为民事主体与其他民事主体之间的一种市场交易行为。《物权法》第三条第三款规定，国家实行社会主义市场经济，保障一切市场主体的平等法律地位和发展权利。上述规定，确立了《物权法》上的平等保护原则：1. 法律地位的平等性。一切进入市场的主体，在法律地位上都是平等的，即使是国家所有权也不例外。2. 适用规则的平等性。除法律有特别规定外，任何物权主体在取得、设定和转移物权时，都应当遵循共同的规则。即使是在国家所有权的基础上设定担保物权和用益物权，也应当遵循物权法的规则。3. 保护的平等性。物权归属发生争议后，针对各个主体都应当适用平等的规则解决纠纷，在物权受到侵害时，各个物权主体都应当受到平等保护。① 因此，在矿业权出让法律关系中，作为矿产资源所有权人的国家以及其代理人国土资源主管部门，与作为受让人的矿业权人一样，应属于平等的民事主体，具有平等的法律地位。矿业权的用益物权属性和物权的平等保护原则，决定了矿业权出让合同属于平等民事主体之间订立的民事合同，对出让人和受让人应予平等保护的原则，本条解释据此赋予了双方合同解除权。

《合同法》第九十四条规定："有下列情形之一的，当事人可以解除合同：（一）因不可抗力致使不能实现合同目的；（二）在履行期限届满之前，当事人一方明确表示或者以自己的行为表明不履行主要债务；（三）当事人一方迟延履行主要债务，经催告后在合理期限内仍未履行；（四）当事人一方迟延履行债务或者有其他违约行为致使不能实现合同目的；（五）法律规定的其他情形"。一方当事人履行合同过程中存在违约行为，但不必然导致另一方享有合同解除权。只有在一方当事人的违约行为构成根本性违约致使双方不能实现合同订立目的时，另一方当事人才享有法定解除权，否则，其解除合同的诉讼请求将不被支持。因合同目的不能实现而解除合同适用于迟延履行、不能履行、不适当履行、拒绝履行等各种违约形态，而且无需进行催告。在实务中，判断某一违约行为是否属于合同目的不能实现，需要根据违约的具体形态，结合案件情况，通过一定的因素和标准进行斟酌判断。一般需要综合考虑以下因素：违约部分的价值或金额与整个合同金额之间的比例；违约部分对合同目的实现的影响程度；在迟延履行中，时间因素对合同目的的影响程度；违约后果及损害能否得到修补；在合同不能继续履行的情况下，当事人期待通过合同而达到的交易目的无法实现。

当事人订立矿业权出让合同的目的，作为出让人的国土资源主管部门是依法收取出让对价，保障矿产资源的合理开发利用以及开发利用过程中的环境保护等；作为受让人是依法占有勘查作业区或者矿区，及时获取矿产资源勘查许可证或者采矿许可证，进行勘探、开采并获取收益。出让人未按照出让合同的约定移交勘查作业区或者矿区、颁发矿产资源勘查许可证或者采矿许可证，致使受让人合同目的不能实现，应属于根本违约，此时应当赋予受

---

① 王利明：《物权法研究》（上卷），中国人民大学出版社2007年版，第147～150页。

让人合同解除权。

对于出让人而言，若受让人未按出让合同约定支付出让价款（合同交易对价），自然可以依据合同约定或者《合同法》第九十四条规定请求解除合同。本条解释第二款重点内容在于前两种出让人可请求解除出让合同的情形：

（一）受让人勘查开采矿产资源未达到国土资源主管部门审查批准的矿产地质环境保护与治理恢复方案要求，在国土资源主管部门规定的期限内拒不改正

在此情形下赋予出让人的合同解除权主要考虑：一是矿产资源勘查开采依法须制定矿山地质环境保护与治理恢复方案，如《环境保护法》第三十条第一款就明确规定"开发利用自然资源，应当合理开发，保护生物多样性，保障生态安全，依法制定有关生态保护和恢复治理方案并予以实施"；二是现实中，大量存在未按照环境保护与治理恢复方案要求对矿山地质环境进行保护和治理恢复的勘查开采行为，导致矿山地质生态环境的严重破坏，严重损害环境公共利益。在矿业权人出现未按照矿产地质环境保护与治理恢复方案要求履行其法定义务的情况下，除国土资源主管部门可依法采取行政处罚外，在民事上亦应有权采取解除出让合同、收回矿业权的措施。此种情形规定的初衷是希望通过赋予国土资源主管部门的合同解除权，达到既支持行政主管部门依法对矿山地质环境的行政监管，也有利于保护矿山地质生态环境的目的实现，最终有利于我国的生态文明建设并契合绿色发展的时代主题；而且受让人编制并报由国土资源主管部门审查批准的地质环境保护与治理恢复方案是受让人取得矿业权的必要基础法律文件，依照方案的要求执行亦是其受让矿业权的法定义务，出让人在受让人未履行其义务并经催告后仍拒不履行的，请求解除出让合同亦符合《合同法》第九十四条第四项的规定。当然，国土资源主管部门解除出让合同、收回矿业权并不影响原矿业权受让人就对矿山地质环境治理恢复义务的履行，国土资源主管部门依然可根据《合同法》第九十七条的规定，请求矿业权原受让人"恢复原状、采取其他补救措施并有权要求赔偿损失"，也可以依据《矿山地质环境保护规定》《财政部、国土资源部、环境保护部关于取消矿山地质环境治理恢复保证金建立矿山地质环境治理恢复基金的指导意见》等规定，要求矿业权原受让人承担矿山地质环境治理恢复责任，并负担治理费用。

(二) 受让人因违反法律法规被吊销勘查许可证、采矿许可证

在此情形下赋予出让人的合同解除权主要考虑：国土资源主管部门基于受让人在勘查开采矿产资源过程中发生的违法违规行为，依法吊销矿产资源勘查许可证或者采矿许可证，系对受让人作出的具体行政行为，并不当然产生出让合同自动解除的法律后果。但由于受让人违法违规被吊销许可证，已经丧失了继续履行出让合同的法律基础，若出让人基于勘查许可证或者采矿许可证被吊销的事实请求解除出让合同，人民法院应予支持。此项规定既体现了人民法院在国土资源主管部门依法行政的支持和尊重，也符合矿产资源合理开发利用和环境保护的生态文明建设要求。

【问题解答】

问题一：如何全面理解、谨慎把握矿业权出让合同的解除情形？

一、关于受让人解除出让合同的情形

在审理矿业权出让合同纠纷案件中，出让人是否构成根本违约，主要是指以下两个方面：第一，出让人未按照出让合同的约定移交勘查作业区或者矿区。出让人依照合同约定移交勘查作业区或者矿区是受让人实际占有合同标的物，行使勘查或者开采矿产资源权利的前提和基础。出让人迟延履行、不全面履行交付义务，要从时间上、区块位置、面积、市场变化等因素，综合考虑是否造成受让人的合同目的不能实现，而不应过于简单机械的进行审查认定。第二，出让人未按照出让合同约定颁发矿产资源勘查许可证或者采矿许可证。这里主要是指出让人迟延履行和拒绝履行的情况，如在出让合同生效后出让人拒不颁发许可证自然构成根本违约，如出让人迟延发证导致受让人无法行使本应享有的收益、处分权能，造成受让人无法继续经营或者经营严重困难，合同目的无法实现的，可视为出让人根本违约，受让人亦有权解除出让合同。

二、关于出让人解除合同的情形

在审理矿业权纠纷案件中，受让人是否构成根本违约，主要是指以下三

个方面：第一，受让人勘查开采矿产资源未达到国土资源主管部门批准的矿山地质环境保护与治理恢复方案要求，在国土资源主管部门规定的期限内拒不改正。国土资源主管部门既是出让合同的民事主体，同时还具有管理者的身份，对矿产资源的保护始终是其一项基本职责。受让人不按照合同约定采取有效措施保护矿山地质环境，不积极恢复治理矿区环境，国土资源主管部门有要求其限期改正的权力。矿产资源有偿使用制度与生态补偿机制的完善可以促使矿业权人增强环境保护意识，根据"谁破坏、谁恢复"和"谁投资、谁受益"的原则，更好实现"以管促防、以督促治"的方针。对限期内拒不改正的，从保护优先的原则出发，才赋予出让人解除合同的权利。第二，受让人因违反法律法规被吊销矿产资源勘查许可证、采矿许可证的。矿产资源勘查许可证、采矿许可证是受让人合法占有、使用矿产资源的权利凭证，因其违法而被吊销，一般系因失去了继续履行合同的相应资质和能力，也是对诚实信用原则的违背，出让人据此请求解除合同，人民法院应予支持。但是，若受让人已经针对许可证吊销事宜提起行政复议或者行政诉讼，正在审理的矿业权出让合同纠纷案件应根据具体情况中止审理，待行政复议或者行政诉讼审结后再根据具体结果决定如何处理。第三，受让人未按照出让合同的约定支付矿业权出让价款的。收取矿业权出让价款是国土资源主管部门代表国家行使所有者权利的主要内容，更是受让人的主要义务；受让人严重迟延或者拒绝支付出让价款，出让人的合同目的即已落空，此时出让人请求解除出让合同的，人民法院应予支持；当然，若受让人延付出让价款并不必然导致出让人的合同目的不能实现，则在受让人愿意支付也能够履行欠付出让价款的情况下，人民法院可根据具体案件的实际情况综合考虑处理。

至于在具体个案中出现上述规定之外的情形，若符合出让合同约定或者《合同法》第九十四条等法律规定的解除情形，出让人或受让人亦可主张解除合同，人民法院可根据具体案件事实依法作出认定。此外，在具体个案中存在的可阻却对方合同解除权行使的情形，如政策变化、对方过错等，依然可在涉及矿业权出让合同解除案件中依法主张，至于阻却事由是否成立则由审理法院根据具体案情依法予以确认。

问题二：矿业权出让合同解除后的责任应如何承担？

基于对矿业权出让合同性质的不同理解，出让合同解除后责任的承担是本条解释适用的难点，也是实务中争议较多的地方，下面结合一个案例进行分析说明。

2007年9月15日，某市国土资源局（以下简称市国土局）对包括案涉建筑石料用灰岩矿区第一矿段在内的三处矿区的采矿权进行公开挂牌出让。后张某以665000元对建筑石料用灰岩矿区第一矿段竞标成功，于2007年10月22日与市国土局签订了采矿权挂牌出让成交确认书，该确认书规定张某需按成交价的20%向市国土局交付履约定金。2007年10月30日，张某与市国土局签订了采矿权出让合同，约定：市国土局将案涉建筑石料用灰岩矿区第一矿段的采矿权出让给张某，张某在合同签订后当日须交付133000元作为履行合同的定金，定金抵作采矿权出让金；合同签订后7日内，一次性交纳采矿权出让金；该采矿权的期限为2年；如张某未按时交付出让金，从滞纳之日起张某按日加付迟延支付款项的2‰的滞纳金；迟延付款超过6个月，出让人有权解除合同，收回采矿权，定金不予返还。

2007年11月22日，该市孔山工业集聚区管理委员会下发《关于孔山内采石类企业设定采矿权的建议》：按照市有关部署精神，根据孔山工业集聚区规划和开发建设情况，结合实际，就孔山工业集聚区内采石类企业设定采矿权有关事宜提出如下建议，具体设定由具有该项行政审批权的部门决定：（一）区内的所有洞采企业，全部关停；（二）不再新设采矿权，不再审批新上采石类企业；……张某竞标的建筑石料用灰岩矿区第一矿段位于孔山工业集聚区。2008年7月11日，该市人民政府办公室下发了《关于加强工业集聚区规划建设管理的通知》，规定：孔山工业集聚区规划控制范围内，除符合规划的项目外，不得再审批新建扩建续建采矿、采石类项目。根据该文件，张某竞标的建筑石料用灰岩矿区第一矿段位于孔山工业集聚区规划控制范围内。

2008年7月23日，张某因该两份文件的下发，向市国土局提出解除采矿权出让合同申请，市国土局的法定代表人在该申请书上，批注"请……局长阅，开发科克井局落实"。后市国土局未退还张某的履约定金。张某向一审法院提起诉讼，请求判令解除采矿权出让合同，并由市国土局返还履约定金133000元。

一审法院认为：市国土局通过挂牌出让的方式将案涉采矿权转让给张某，并与张某签订了采矿权出让合同，该合同的签订程序合法，内容不违反法律的禁止性规定，系有效合同。该合同签订后，因政府修建孔山工业集聚区，致使合同签订时的情势发生了重大变更，导致该合同无法履行，现张某要求解除该合同，符合法律规定，予以准许。虽双方在2007年10月30日签订的合同中约定张某应当在合同签订后7日内一次性缴纳全部出让金，但合同签订后不到一个月，孔山工业集聚区管理委员会及市人民政府办公室就下发文件，明确孔山工业集聚区规划控制范围内，除符合规划的项目外，不得再审批新建扩建续建采矿、采石类项目，不再设立采矿权；而张某竞标的建筑石料用灰岩矿区第一矿段位于孔山工业集聚区规划控制范围内。上述该两份政府文件使张某有充足的理由相信，如继续履行该合同，将给自己造成重大损失，张某未全额缴纳出让金，系行使合同法规定的不安抗辩权，故对市国土局辩称张某没有依约按时交纳出让金，根据合同约定及法律规定，该合同已经解除，其单位有权收回采矿权，并不再退还保证金的理由，不予采纳。因该合同签订后有关情况出现重大变更，致使合同无法履行，双方均不存在过错，故该合同解除后，市国土局应当返还张某交纳的133000元履约定金。一审法院判决：1.解除采矿权出让合同；2.市国土局于判决生效后10内返还张某履约定金133000元。市国土局不服一审判决，提起上诉。

二审法院认为：张某与市国土局于2007年10月30日签订的采矿权出让合同，系双方真实意思表示，内容不违反法律的禁止性规定，属有效合同。现张某要求解除双方签订的合同，市国土局表示同意，予以采纳。因在双方合同签订后不到一个月，孔山工业集聚区管理委员会即于2007年11月22日下发了《关于孔山内采石类企业设定采矿权的建议》，市人民政府办公室又于2008年7月11日下发《关于加强工业集聚区规划建设管理的通知》，且张某竞标的建筑石料用灰岩矿区第一矿段位于孔山工业集聚区规划控制范围内，故双方所签合同不能履行的根本原因是因政府修建孔山工业集聚区，致使合同签订时的情势发生了重大变更，导致该合同无法履行。因双方所签合同不能履行并非双方当事人的过错所致，故张某要求市国土局返还其交纳的133000元履约定金，理由正当，应予支持。二审判决：驳回上诉、维持原判。

本案对于案涉采矿权出让合同解除后的法律后果作出的规定可作类似案件的参考。首先，出让合同一经解除，受让人即不再承担支付剩余出让价款的义务，出让人也不再承担为受让人办理相关手续并保障其获得采矿权的义务；其次，双方应承担恢复原状的义务，本案中应主要是相互返还财产的义务，即出让人应将已经收取的履约定金返还给受让人；其三，定金罚则的适用以当事人违约为前提，若不能认定支付定金一方违约，则收取定金一方不能适用定金罚则并没收定金。

【法规链接】

《合同法》

第九十四条 有下列情形之一的，当事人可以解除合同：

（一）因不可抗力致使不能实现合同目的；

（二）在履行期限届满之前，当事人一方明确表示或者以自己的行为表明不履行主要债务；

（三）当事人一方迟延履行主要债务，经催告后在合理期限内仍未履行；

（四）当事人一方迟延履行债务或者有其他违约行为致使不能实现合同目的；

（五）法律规定的其他情形。

第九十七条 合同解除后，尚未履行的，终止履行；已经履行的，根据履行情况和合同性质，当事人可以要求恢复原状、采取其他补救措施、并有权要求赔偿损失。

《环境保护法》

第三十条 开发利用自然资源，应当合理开发，保护生物多样性，保障生态安全，依法制定有关生态保护和恢复治理方案并予以实施。

引进外来物种以及研究、开发和利用生物技术，应当采取措施，防止对生物多样性的破坏。

《矿山地质环境保护规定》

第十二条 采矿权申请人申请办理采矿许可证时，应当编制矿山地质环境保护与治理恢复方案，报有批准权的国土资源行政主管部门批准。

矿山地质环境保护与治理恢复方案应当包括下列内容：

（一）矿山基本情况；

（二）矿山地质环境现状；

（三）矿山开采可能造成地质环境影响的分析评估（含地质灾害危险性评估）；

（四）矿山地质环境保护与治理恢复措施；

（五）矿山地质环境监测方案；

（六）矿山地质环境保护与治理恢复工程经费概算；

（七）缴存矿山地质环境保护与治理恢复保证金承诺书。

依照前款规定已编制矿山地质环境保护与治理恢复方案的，不再单独进行地质灾害危险性评估。

第十五条　采矿权人应当严格执行经批准的矿山地质环境保护与治理恢复方案。矿山地质环境保护与治理恢复工程的设计和施工，应当与矿产资源开采活动同步进行。

第十八条　采矿权人按照矿山地质环境保护与治理恢复方案的要求履行了矿山地质环境治理恢复义务，经有关国土资源行政主管部门组织验收合格的，按义务履行情况返还相应额度的矿山地质环境治理恢复保证金及利息。

采矿权人未履行矿山地质环境治理恢复义务，或者未达到矿山地质环境保护与治理恢复方案要求，经验收不合格的，有关国土资源行政主管部门应当责令采矿权人限期履行矿山地质环境治理恢复义务。

第二十四条　以槽探、坑探方式勘查矿产资源，探矿权人在矿产资源勘查活动结束后未申请采矿权的，应当采取相应的治理恢复措施，对其勘查矿产资源遗留的钻孔、探井、探槽、巷道进行回填、封闭，对形成的危岩、危坡等进行治理恢复，消除安全隐患。

第五条 未取得矿产资源勘查许可证、采矿许可证，签订合同将矿产资源交由他人勘查开采的，人民法院应依法认定合同无效。

【条文主旨】

本条是关于无证勘查开采合同效力认定的规定。

无证勘查开采行为多发生在农村集体土地上或"以探代采"场合中，前者表现为农村集体经济将本集体土地上尚未取得许可证的矿产资源交由他人勘查开采，并获取利益；后者表现为探矿权人将其勘查许可证项下勘查作业区内的矿产资源交由他人开采并获取利益。根据国家对矿产资源开发利用的管理制度，取得矿产资源勘查许可证、采矿许可证是矿业权人行使勘查开采权利的前提和基础。未取得勘查许可证、采矿许可证或者仅有勘查许可证而无采矿许可证，将矿产资源交由他人勘查开采的，损害国家和社会公共利益，造成严重后果：第一，侵害国家对矿产资源的所有权，造成矿业权出让过程中的税费流失，损害国家应依法征收的矿业权出让收益；第二，极易造成乱采滥挖、破坏矿产资源，进而导致使国家对矿业市场的监管调控目的落空；第三，因勘查开采行为未经过法定的审批手续，也未缴纳环境治理恢复、生产安全保证金，引发环境污染、生态破坏、矿难事故等风险，损害发生后缺乏强制性治理和救济手段。故人民法院应当对无证勘查开采行为给予否定性评价。

一、法律法规的强制性规范与合同效力

《合同法》第五十二条第五项规定，违反法律、行政法规强制性规定的合同无效，这是关于合同无效的一般条款。但如何理解和适用其中的"强制性

规定",成为困扰审判实践的难题。《合同法解释（二）》第十四条对"强制性规定"作了限缩性解释，即合同法第五十二条第（五）项规定的"强制性规定"是指"效力性强制性规定"，排除了纯粹管理性强制性规定对合同效力的影响。

民事活动强调私法自治，当事人有根据自己的意志订立合同的权利和自由，但当事人之间就某项民事行为达成的合意还须符合国家意志才能得以实现，如果不符合国家意志，法律将会对该民事行为作出否定性的评价，从而阻却该民事行为法律效果的实现，国家意志通常通过法律、行政法规的强制性规定体现出来。所谓强制性规定，系与任意性规定相对，是指直接规范行为人的意思表示或者事实行为，不允许行为人依其自由意思而加以改变或者排除适用，否则，将受到法律制裁的法律规定。考察法律、行政法规中的强制性规定，具有多种情形：有些严格禁止任何人在任何时候从事某种行为，有的仅规范一方当事人的资格、行为等，有的则完全出于行政管理之需要，等等。由于不同的强制性规定的规范意旨和欲实现的目的不同，使得强制性规定与合同效力之间的关系变得复杂和难辨。

效力性规范和管理性规范的划分，最初起源于德国、日本，后由史尚宽先生介绍到我国，逐渐被我国学者和司法实践所接受。史尚宽先生认为，强行法得分为效力规定和取缔规定（即纯粹管理规范），前者着重行为之法律行为价值，以否认其法律行为效力为目的；后者着重行为之事实行为价值，以禁止其行为为目的，即指对于违反者加以制裁，以防止其行为，非以之为无效者。[①] 在史尚宽先生这一学说的基础上，后来的学者普遍认为，效力性强制性规范与管理性强制性规范是根据强制性规范是否对私法上行为的法律效力有影响而作出的划分，所谓效力性强制性规范，是指对违反强制性规范的私法上的行为，在效力后果上以私法的方式予以一定制裁的强制规范。当事人所预期的私法上的法律效果因此会受到一定消极影响，或者无效，或者效力待定等。纯粹管理性规范则相反，是指对于违反行为，当事人所预期的私法上的效果不会受到私法上的制裁的强制规范，但并不排除可能受到刑事上或

---

① 史尚宽：《民法总论》，中国政法大学出版社2000年版，第330页。

者行政上的制裁后果。①

尽管在理论上有明确的区分,但在司法实践中如何区分效力性强制性规范与管理性强制性规范,仍然缺乏一个具体、明确、统一的标准。实际上,这种划分自被传到我国之时,就引起理论上的争议。观点一认为,该类区分只有概念和学理上的区分意义,本身并不包含区分标准,不具有判断强制性规范对合同效力影响的功能,司法适用价值非常有限。观点二认为,这种区分方法从概念逻辑上讲是一种循环论证,不是违反了效力规范合同才无效,而是导致合同无效的强制性规范,才被称之为效力规范,效力规范是判断的结果而不是原因,是判断的结论而不是判断的手段。为了在具体案件中准确识别效力性强制性规定,统一裁判标准,理论和实务界都作出了积极的努力。如王利明教授提出三分法:第一,法律、法规规定违反该规定,将导致合同无效或不成立的,为当然的效力性规定;第二,法律、法规虽然没有规定违反该规定,将导致合同无效或不成立,但违反该规定若使合同继续有效将损害国家利益和社会公共利益,也应属于效力性规定;第三,法律、法规没有规定违反该规定,将导致合同无效或不成立,违反该规定若使合同继续有效并不损害国家利益和社会公共利益,而只是损害当事人利益的,属于取缔性规定。②朱庆育教授以强制性规范的规范意旨作为判断标准,认为,若某项法律禁令未直接给出违反后果,在判断该规范对于合同有效性的影响时,需要回答的问题是:违反禁令的合同,若为有效,是否势将导致规范意旨落空?如果答案肯定,合同即应归于无效;否则无妨听其有效。③也有学者认为生效管制型(禁止当事人不得为某一类型的合同)多为效力性强制性规定,市场准入资格的规定为管理性效力性规定。司法实务界多从效力性强制性规定的类型化着手,试图提炼出具有可操作性的识别方法。④

《合同法解释(二)》出台后,为了准确区分效力性强制性规范和管理性强制性规范,最高人民法院在《关于当前形势下审理民商事合同纠纷案件若

---

① 耿林:《强制性规范与合同效力》,中国民主法制出版社2009年版,第85页。
② 王利明:《合同法新问题研究》,中国社会科学院出版社2003年版,第320~322页。
③ 朱庆育:《〈合同法〉第52条第5项评注》,载《法学家》2016年第3期。
④ 刘贵祥:《合同效力研究》,人民法院出版社2012年版,第41页;张华:《效力性强制性规定的类型化识别》,载《人民司法》2013年第23期。

干问题的指导意见》中作出规定："人民法院应当综合法律法规的意旨，权衡相互冲突的权益，诸如权益的种类、交易安全以及其所规制的对象等，综合认定强制性规定的类型。如果强制性规范规制的是合同行为本身即只要该合同行为发生即绝对地损害国家利益或者社会公共利益的，人民法院应当认定无效"。结合上述指导意见的精神，可以从正反两个方面来识别效力性强制性规定。在肯定性识别上，首先的判断标准是该强制性规定是否明确规定了违反的后果是合同无效，如果规定了违反的后果是导致合同无效，该规定属于效力性强制性规定。其次，法律、行政法规虽然没有规定违反将导致合同无效的，但违反该规定如使合同继续有效将损害国家利益和社会公共利益的，也应当认定该规定是效力性强制性规定。在否定性识别上，应当明确法律、行政法规的强制性规定仅关系当事人利益的，法律、行政法规的强制性规定仅是为了行政管理或者纪律管理需要的，一般都不属于效力性强制性规定。从强制性规定的立法目的进行判断，若仅是为了实现管理的需要而设置，并非针对行为内容本身，则可认为并不属于效力性强制性规定；从强制性规定的调整对象来判断，效力性强制性规定针对的都是行为内容，管理型强制性规定单纯限制的是主体行为资格。①值得注意的是，《民法总则》第一百五十三条第一款规定："违反法律、行政法规的强制性规定的民事法律行为无效，但是该强制性规定不导致该民事法律行为无效的除外"，亦采取了效力认定上区分效力性强制性规定和管理性强制性规定的态度。

二、未取得勘查开采许可证而将矿产资源交由他人勘查开采所签合同的效力认定

矿产资源的勘查开采事关国计民生和生态环境保护，国家在该领域实施严格的行政许可证管理制度。

（一）矿产资源勘查、开采的强制性规定

矿产资源勘查开采，不仅具有经济价值、交换价值，还涉及环境保护、国家资源战略和社会公共利益，所以，矿产资源的开发利用需要实行市场机

---

① 沈德咏主编：《最高人民法院关于合同法司法解释（二）理解与适用》，人民法院出版社2009年版，第112页。

制和国家管制相结合，并受国家政策的调整。《矿产资源法》第三条规定："矿产资源属于国家所有，由国务院行使国家对矿产资源的所有权。……禁止任何组织或者个人用任何手段侵占或者破坏矿产资源。……勘查、开采矿产资源，必须依法分别申请、经批准取得探矿权、采矿权，并办理登记"；第三十九条规定："违反本法规定，未取得采矿许可证擅自采矿的，擅自进入国家规划矿区、对国民经济具有重要价值的矿区范围采矿的，擅自开采国家规定实行保护性开采的特定矿种的，责令停止开采、赔偿损失，责令停止开采、赔偿损失，没收采出的矿产品和违法所得，可以并处罚款；拒不停止开采，造成矿产资源破坏的，依照刑法有关的规定对直接责任人员追究刑事责任。"《矿产资源法实施细则》第五条规定："国家对矿产资源的勘查、开采实行许可证制度。勘查矿产资源，必须依法申请登记，领取勘查许可证，取得探矿权；开采矿产资源，必须依法申请登记，领取采矿许可证，取得采矿权。"《刑法》第三百四十三条规定："违反矿产资源法的规定，未取得采矿许可证擅自采矿，擅自进入国家规划矿区、对国民经济具有重要价值的矿区和他人矿区范围采矿，或者擅自开采国家规定实行保护性开采的特定矿种，情节严重的，处三年以下有期徒刑、拘役或者管制，并处或者单处罚金；情节特别严重的，处三年以上七年以下有期徒刑，并处罚金。违反矿产资源法的规定，采取破坏性的开采方法开采矿产资源，造成矿产资源严重破坏的，处五年以下有期徒刑或者拘役，并处罚金。"

可见，国家对矿产资源勘查、开采实行严格的许可证管理制度，未经取得勘查许可证、采矿许可证的，不得勘查、开采矿产资源。若有违反，轻则受到行政处罚，重则受到刑事惩罚。

（二）未取得许可证，将矿产资源交由他人勘查开采所签的合同违反了效力性强制性规定

根据《矿产资源法》《矿产资源法实施细则》《矿产资源开采登记管理办法》《矿产资源勘查区块登记管理办法》等涉矿法律法规的规定，国家对勘查、开采自然资源实行严格的管制制度，勘查、开采自然资源，必须依法分别申请登记，领取勘查许可证、采矿许可证，获得探矿权、采矿权。对于没有取得矿产资源勘查许可证、采矿许可证，将矿产资源交由他人勘查开采所签订的合同，虽然可能是当事人的真实意思表示，但由于违反国家对矿产资

源的上述强制性管理规定，合同当事人所预期的"转让勘查、开采权"之私法上的法律效果因此会受到消极影响，民事行为无疑会遭到否定性评价。从肯定性识别来讲，该规定虽然没有明确违反规定则合同无效，但无证开采行为不仅会侵害国家的矿产资源所有权、政府对矿业市场的监管，而且还极易引发环境污染、资源破坏，危害国家和社会公共利益，因此该条款应属于效力性强制性规定。从否定性识别来讲，上述规定关系到的不仅仅是当事人的利益，还涉及到通过对无证转让行为的否定，可起到规范矿业权市场流通的作用。所以，上述关于矿产资源勘查、开采的法律法规的规定应属效力性强制性规定，未取得勘查、开采许可证，不仅自己不能从事勘查、开采行为，亦不能将矿产资源交由他人勘查、开采，因此所签订的合同应当认定为无效合同。

（三）无证勘查开采合同的特点

无效合同是指合同已经成立，但因其在内容上违反了法律、行政法规的效力性强制性规定或者社会公共利益而无法律效力的合同。就无证勘查、开采矿产资源合同的无效来讲，主要具有如下特点：其一，违法性。即违反了涉矿法律、行政法规的效力性强制性规定，损害了社会公共利益，此类合同不符合国家意志，不能使之发生法律效力。其二，国家干预性。由于上述违法性，人民法院或者仲裁机构不以当事人请求合同无效为条件，可以职权主动审查合同是否具有无效的情形，若发现合同存在无效事由，便可依法确认合同无效。其三，不得履行性。即当事人在订立无效合同后，不得依据合同实际履行，也不得使该无效合同因实际履行而变有效。其四，自始无效性。合同一旦被确认无效，将产生溯及力，使合同自订立之时起就不具有法律效力，以后也不能因勘查、开采许可证的嗣后补办而转化为有效合同。此外，人民法院对勘查、开采矿产资源合同效力的认定，不影响国土资源、环境保护主管部门对勘查开采中违法行为依法行使监督管理职权。

【问题解答】

问题一：无证勘查开采是否属于合同法上的无权处分？

合同法上的无权处分是指无处分权人处分他人财产，并与相对人订立转让财产的合同。无权处分行为本质上是处分人在无权处分的情况下处分了权利人的财产，处分合同的效力必须经过本人追认或者行为人事后取得处分权。而未取得矿产资源勘查许可证、采矿许可证，签订合同将矿产资源交由他人勘查开采的，从表象上看也属于一种未取得权利即处分他人财产的行为，但与合同法上的无权处分存在着本质的区别：

其一，侵害利益不同。无权处分仅损害特定主体的利益，一般不损害国家或者社会公共利益。而未取得勘查许可证或者采矿许可证即将矿产资源交由他人勘查开采，侵害的则是国家对矿产资源的所有权，损害国家利益和社会公共利益，情节严重的还可能触犯刑律、构成犯罪。

其二，处理结果不同。无权处分合同在经过权利人追认或者无权处分人取得处分权的，合同是有效的。若未经权利人追认或者无权处分人在订立合同后未取得处分权的，则合同无效，但是权利人拒绝追认亦不得排除善意取得制度的适用、不得对抗善意第三人。而无证勘查开采合同自始无效、当然无效，并不存在权利人事后追认或无证之人嗣后取得勘查许可证、采矿许可证而使合同有效的问题，也不存在受让人是否是善意第三人的问题。所谓国家作为矿产资源所有人的"事后追认"问题，因颁发矿产资源勘查许可证或者采矿许可证的行为性质属行政许可，涉及行政机关审批管理权限、申请人资质条件审查等事项，不同于单纯的民法上作出同意或者追认他人无权处分行为的意思表示。

问题二：无证勘查开采合同与无权代理的法律后果是否相同？

在民法上，无代理权而以他人名义实施法律行为且欲将行为效果直接归属于该他人，称无权代理。无权代理包括行为人自始没有代理权、超越代理权或者代理权终止三种情形。在法律效果上，原则上代理行为"未经被代理人追认，对被代理人不发生效力，由行为人承担责任"或者"经被代理人追认后，由被代理人承担责任"。无权代理在矿产资源勘查开采中往往体现在，在没有代理权的情形下，将本属于他人的探矿权或者采矿权，以他人的名义交由第三人勘查、开采。需注意的是：1. 无权代理转让或处置他人探矿权、采矿权，是指他人已经实际取得了矿产资源的探矿权、开采权，与本条解释规制的未取得矿产资源勘查许可证、采矿许可证，将矿产资源交由他人勘查开采属于两种不同性质的情形，故无权代理转让或者处置他人探矿权、采矿权的情形不属于本条规制的范围。2. 在无权代理转让或者处置他人探矿权、采矿权的情形下，若经探矿权人或者采矿权人追认，可以转化成有权代理，并由探矿权人或者采矿权人享受权利、承担义务；追认既包括作出追认的意思表示并到达相对人，也包括探矿权人或者采矿权人已经开始履行合同义务而视为对合同的追认。3. 冒用探矿权人或者采矿权人名义转让探矿权、采矿权的情形下，各方当事人的利益状况与无权代理相似，在"冒名行为"无明确的法律规范的情况下，可以类推适用无权代理规则。

问题三：无证勘查开采合同确认无效后应如何处理？

审判实践中，无证勘查开采合同被认定为无效后，受让方一般会请求转让方返还已支付的价款，转让方则会请求受让方返还其开采出的矿产品以及收益。我们认为，在合同认定无效的情况下，转让方收取的价款原则上应予返还，但该款项是否属于非法转让矿业权的违法所得，是否应予没收，尚值得进一步探讨，人民法院可根据个案情况予以处理。而未取得采矿许可证即进行开采的行为属于非法（无证）开采，是非常明确的。《矿产资源法》第三十九条规定："违反本法规定，未取得采矿许可证擅自采矿的，擅自进入国家规划矿区、对国民经济具有重要价值的矿区范围采矿的，擅自开采国家规定实行保护性开采的特定矿种的，责令停止开采、赔偿损失，没收采出的矿产品和违法所得，可以并处罚款；拒不停止开采，造成矿产资源破坏的，依照刑法有关规定对直接责任人员追究刑事责任。"根据这一规定，无证开采的，应由行政机关依法进行处罚，采出的矿产品和违法所得均予以没收，情节严重的，非法开采人还应承担刑事责任。因此，转让方请求返还矿产品及收益的，人民法院不应予以支持，否则相当于变相承认转让方可以无偿取得国家所有的矿产资源及其收益，使得非法开采行为合法化。当然，如果不判决返还已经采出的矿产品及其收益，受让人就存在非法获益的问题，尤其在判决转让人返还收取的价款情况下，更存在利益失衡的问题。由此，人民法院在案件审理中发现这种行为的，应及时通过司法建议的方式向负有监管职责的行政机关提出，由其依据《矿产资源法》的规定进行处理，涉嫌犯罪的，依法移送有关机关处理。

故在本解释原起草条文中有第二款的规定，即"合同因前款情形被认定为无效，当事人请求返还矿产品及收益的，人民法院不予支持，人民法院可以司法建议提请地质矿产主管部门依法处理"的规定。但在研究讨论中，对于如何根据《合同法》第五十八条进行财产返还上存在不同意见：一种观点认为合同无效后，应根据合同法第五十八条的规定，相互返还，转让款（或承包金、租金）收取一方应将款项返还，获取开采的矿产品及收益的一方亦将该利益返还对方，否则就会导致利益失衡；第二种观点认为，转让款可以返还，毕竟该款是对方支付的，而获取的矿产品及收益不应返还，应由行政机关依法收缴；第三种观点认为既然是非法开采，属于行政违法、甚至涉嫌刑事犯罪，转让款和非法开采的矿产品及收益均属于违法所得，均应由行政机关或刑事追诉中依法予以没收。

对第一种观点的顾虑是，如果在《矿产资源法》明确规定非法开采所得矿产品及收益应予没收的情况下，再判决返还存在违法之嫌；对第二种观点主要顾虑是，若法院仅判决返还转让款，而采出的矿产品及收益不返还，如果行政机关不作为亦不没收，将导致严重利益失衡，变相保护了实际上的非法开采人；对第三种观点，担心的是均由法院认定为涉嫌刑事犯罪移送其他司法机关并不现实，毕竟是否构成非法采矿罪尚需大量的证据予以支持。而司法实践中，此类民事行为的无效认定，实际按有效处理的并不鲜见，即不再相互返还，或者扣除所得采矿收益后返还。但如此无效认定、有效处理与现行《矿产资源法》的规定相悖，亦会带来比较负面的社会效果，并不值得提倡。

综合讨论的结果，本解释仅对此类无证勘查开采所签合同给予否定性法律评价，未规定具体的处理规则，合同无效的法律后果和责任承担由具体承办法院根据个案实际情况进行处理。至于就此项违法行为涉及的人民法院向行政机关出具司法建议的问题，本解释第二十二条专门作了规定，本条就不再赘述。

问题四：合同签订后当事人取得许可证的情形应该如何处理？

在本解释征求意见过程中，曾有部门建议增加第二款："人民法院立案受理以前，当事人取得矿业权证的，人民法院应认定合同有效。立案后裁决以前取得矿业权证的，人民法院可根据具体情况和相关法律法规予以处理。"这一问题涉及到合同签订后当事人取得勘查许可证、采矿许可证的情形下合同效力的认定问题。

在实践中，因资质或许可的欠缺导致的合同效力瑕疵，有可能因嗣后取得资质或许可而有效，这一法律现象在最高人民法院相关司法解释中已有体现。如最高人民法院《商品房买卖纠纷解释》第二条规定："出卖人未取得商品房预售许可证明，与买受人订立的商品房预售合同，应当认定无效，但是在起诉前取得商品房预售许可证明的，可以认定有效"。最高人民法院《建设工程纠纷解释》第五条规定"承包人超越资质等级许可的业务范围签订建设工程施工合同，在建设工程竣工前取得相应资质等级，当事人请求按照无效合同处理的，不予支持"。最高人民法院《国有土地使用权纠纷解释》第九条规定："转让方未取得出让土地使用权证书与受让方订立合同转让土地使用权，起诉前转让方已经取得土地使用权证书或者有批准权的人民政府同意转让的，应当认定合同有效。"

上述司法解释都涉及到合同效力因资质、许可的缺乏而无效，又因资质、许可的嗣后治愈而有效的问题。应该认识到，某些行业设置资质和资格的特殊要求，考虑的是某些职业和行业的公共服务性，当事人对某类资质或者资格的单位或者专业人员的选择，实际上是对公共服务的选择。对公共服务有需求的当事人有权按照自己的判断标准来选择自己信赖的服务提供者。国家对特定人员资质或资格的管理只是为服务需求方更方便地寻找合格的服务者提供一个便利条件。从这个意义上说，资质和资格对合同效力的影响要考虑保护合同相对人的利益。所以，一般的对于资格和资质要求的违反与合同效力之间，应从合同相对人的利益出发进行考量，一概认定合同无效，有时候会对合同相对人的利益造成直接损害。故在不损害社会公共利益的情况下，若合同有效对相对人更有利，应允许资质和资格的补正。从法律保护的利益来看，《商品房买卖纠纷解释》《国有土地使用权纠纷解释》维护的是交易秩序和安全，对转让行为的效力认定鼓励当事人通过事后行为积极弥补，因此放宽了无权处分行为事后追认的期间，符合当时经济社会发展的需要。

但是，未取得矿产资源勘查许可证、采矿许可证，将矿产资源交由他人勘查开采，虽然也涉及到行政许可的资质和资格问题，但矿产资源勘查、开采所要求的许可证与商品房开发、建设工程施工所要求的资质相比，并不存在公共服务性的特点，不存在相对人选择公共服务的问题，而是涉及国家对矿产资源的管制问题。因此，未取得矿产资源勘查许可证、采矿许可证，将矿产资源交由他人勘查开采所签订的合同，由于违反国家对矿产资源勘查开采的许可管制，涉及市场准入、税费缴纳、劳动安全、环境污染等公法秩序，甚至在特定矿区勘查开采或者勘查开采特定矿种，还具有重要的国防安全价值和战略作用，而无证勘查开采将造成国家利益、社会公共利益的损害，不能因嗣后取得矿产资源勘查许可证、采矿许可证而追认合同有效。另一方面，从法律行为的性质看，无证勘查开采并不等同于一般性的无权处分，不存在事后追认的问题。若在合同签订后当事人取得了勘查许可证或采矿许可证，可重新签订相应的合同；若当事人未签订新的合同，而是按原签订合同履行，则获取许可证后双方当事人可参照原合同约定的权利义务条款执行，但依然不改变之前所签合同无效的法律认定，其目的就是引导当事人必须依法获取许可证并在获取许可证后才能依法在许可的范围作相应的处分，否则法律不予保护其利益。

【法规链接】

《合同法》

第五十二条　有下列情形之一的，合同无效：

（一）一方以欺诈、胁迫的手段订立合同，损害国家利益；

（二）恶意串通，损害国家、集体或者第三人利益；

（三）以合法形式掩盖非法目的；

（四）损害社会公共利益；

（五）违反法律、行政法规的强制性规定。

第五十八条　合同无效或者被撤销后，因该合同取得的财产，应当予以返还；不能返还或者没有必要返还的，应当折价补偿。有过错的一方应当赔偿对方因此所受到的损失，双方都有过错的，应当各自承担相应的责任。

《矿产资源法》

第三条　矿产资源属于国家所有，由国务院行使国家对矿产资源的所有权。地表或者地下的矿产资源的国家所有权，不因其所依附的土地的所有权或者使用权的不同而改变。

国家保障矿产资源的合理开发利用。禁止任何组织或者个人用任何手段侵占或者破坏矿产资源。各级人民政府必须加强矿产资源的保护工作。

勘查、开采矿产资源，必须依法分别申请、经批准取得探矿权、采矿权，并办理登记；但是，已经依法申请取得采矿权的矿山企业在划定的矿区范围内为本企业的生产而进行的勘查除外。

国家保护探矿权和采矿权不受侵犯，保障矿区和勘查作业区的生产秩序、工作秩序不受影响和破坏。

从事矿产资源勘查和开采的，必须符合规定的资质条件。

第三十九条 违反本法规定，未取得采矿许可证擅自采矿的，擅自进入国家规划矿区、对国民经济具有重要价值的矿区范围采矿的，擅自开采国家规定实行保护性开采的特定矿种的，责令停止开采、赔偿损失，没收采出的矿产品和违法所得，可以并处罚款；拒不停止开采，造成矿产资源破坏的，依照刑法有关规定对直接责任人员追究刑事责任。

《矿产资源法实施细则》

第五条第一款 国家对矿产资源的勘查开采实行许可证制度。勘查矿产资源，必须依法申请登记，领取勘查许可证，取得探矿权；开采矿产资源，必须依法申请登记，领取采矿许可证，取得采矿权。

《刑法》

第三百四十三条 违反矿产资源法的规定，未取得采矿许可证擅自采矿，擅自进入国家规划矿区、对国民经济具有重要价值的矿区和他人矿区范围采矿，或者擅自开采国家规定实行保护性开采的特定矿种，情节严重的，处三年以下有期徒刑、拘役或者管制，并处或者单处罚金；情节特别严重的，处三年以上七年以下有期徒刑，并处罚金。

违反矿产资源法的规定，采取破坏性的开采方法开采矿产资源，造成矿产资源严重破坏的，处五年以下有期徒刑或者拘役，并处罚金。

第六条 矿业权转让合同自依法成立之日起具有法律约束力。矿业权转让申请未经国土资源主管部门批准，受让人请求转让人办理矿业权变更登记手续的，人民法院不予支持。

当事人仅以矿业权转让申请未经国土资源主管部门批准为由请求确认转让合同无效的，人民法院不予支持。

【条文主旨】

本条是关于矿业权转让与转让合同效力的规定。

一、矿业权转让与转让审批

随着我国矿业权有偿使用制度的确立和完善，矿业权流转一级市场和二级市场亦逐渐形成。矿业权流转一级市场，即矿业权出让，是指"国土资源主管部门根据矿业权审批权限，以招标、拍卖、挂牌、申请在先、协议等方式依法向探矿权申请人授予探矿权和以招标、拍卖、挂牌、探矿权转采矿权、协议等方式依法向采矿权申请人授予采矿权的行为"。[①] 或者简单地说，"矿业权出让是指登记管理机关以批准申请、招标、拍卖等方式向矿业权申请人授予矿业权的行为"。[②] 矿业权流转的二级市场，是指已经获得探矿权或者采矿权的矿业权人将其享有的矿业权让与其他市场主体而进行的交易，包括矿业权转让、租赁、承包、合作等，其中矿业权转让系矿业权流转二级市场主要的交易模式。

[①] 国土资源部《矿业权交易规则》第二条第二款。
[②] 国土资源部《矿业权出让转让管理暂行规定》（国土资发〔2000〕309号）第十五条。

矿业权转让是指矿业权人将矿业权依法转移给他人的行为，其核心特征在于矿业权主体的变更。只要所述矿业权交易需要变更矿业权主体，即可认定为矿业权转让，若矿业权交易不涉及矿业权主体的变更，则原则上不属于矿业权转让。只有在特殊情况下，尽管没有约定或不办理矿业权变更登记手续，但已经具备实质矿业权转让的要件，也可能被认定为实质矿业权转让。在实践中，矿业权转让除直接出售外，更多发生在矿山企业合并、分立，与他人合资、合作经营，或者出售企业资产以及兼并重组过程中。

我国立法对矿业权转让的态度经历了从完全禁止到有限度放开以及正在逐步市场化的过程，应该说这样的立法趋势符合社会主义市场经济发展的基本规律。1986年全国人大常委会颁布实施的《矿产资源法》第三条第四款曾规定："采矿权不得买卖、出租，不得用作抵押"；尽管没有禁止探矿权的转让，"但实践中探矿权的转让也是被禁止的。这其中很大的一个原因是在于，虽然矿产资源确立了有偿开采制度，但是矿业权本身的取得还是无偿的，如果将从国家无偿获得的矿业权进行有偿转让，不但在理论上存在权利与义务的不平等的问题，实践中亦担心转卖寻租牟利"。① 1996年全国人大常委会对原矿产资源法中严格禁止矿业权流转的相关条文进行了修改，删除了"采矿权不得买卖、出租，不得用作抵押"的内容，增加了允许有条件转让，即第六条："除按下列规定可以转让外，探矿权、采矿权不得转让：（一）探矿权人有权在划定的勘查作业区内进行规定的勘查作业，有权优先取得勘查作业区内矿产资源的采矿权。探矿权人在完成规定的最低勘查投入后，经依法批准，可以将探矿权转让他人。（二）已取得采矿权的矿山企业，因企业合并、分立，与他人合资、合作经营，或者因企业资产出售以及有其他变更企业资产产权的情形而需要变更采矿权主体的，经依法批准可以将采矿权转让他人采矿。前款规定的具体办法和实施步骤由国务院规定。禁止将探矿权、采矿权倒卖牟利"的规定，但其中依然包含"禁止将探矿权、采矿权倒卖牟利"等限制市场流转的内容。

为适用社会主义市场经济体制下矿业权流转的市场需求，充发挥矿产资源的财产属性，国务院在《矿产资源法实施细则》之外，又在1998年2月14

---

① 李显冬主编：《矿业权法律实务问题及应对策略》，中国法制出版社2012年版，第57页。

日同时发布《矿产资源勘查区块登记管理办法》《矿产资源开采登记管理办法》《探矿权采矿权转让管理办法》三个行政法规。两个登记管理办法确立了探矿权和采矿权作为财产权利依审批登记设立的基本原则，而转让管理办法则是为探矿权和采矿权的市场化转让提供了初步的市场交易规则。此外，国土资源部还制定了《矿业权出让转让管理暂定规定》《探矿权采矿权招标拍卖挂牌管理办法（试行）》《矿业权交易规则（试行）》等部门规章或规范性文件，对矿业权转让、尤其市场化转让确立了更为具体的规则。但是，上述行政法规、规章或者规范性文件更多是基于行政监管的需要，行政管理色彩浓厚，矿业权的取得、转让与行政审批许可混合一起，并未作具体区分。

根据《矿产资源法》第六条和国务院《探矿权采矿权转让管理办法》第三条规定，矿业权人在符合规定转让条件下"经依法批准"可以转让矿业权；《矿产资源法实施细则》第五条中规定："国家对矿产资源的勘查、开采实行许可证制度。勘查矿产资源，必须依法申请登记，领取勘查许可证，取得探矿权；开采矿产资源，必须依法申请登记，领取采矿许可证，取得采矿权"；《探矿权采矿权转让管理办法》第十条同时规定："申请转让探矿权、采矿权的，审批管理机关应当自收到转让申请之日起40日内，作出准予转让或者不准转让的决定，并通知转让人和受让人。准予转让的，转让人和受让人应当自收到批准转让通知之日起60日内，到原发证机关办理变更登记手续；受让人按照国家规定缴纳有关费用后，领取勘查许可证或者采矿许可证，成为探矿权人或者采矿权人。批准转让的，转让合同自批准之日起生效。不准转让的，审批管理机关应当说明理由"。据此，矿业权转让依法需经国土资源主管部门批准，办理矿业权变更登记，换领新的矿产资源勘查许可证或者采矿许可证，之后受让人才能取得相应的探矿权或者采矿权。

同时，根据《行政许可法》第十二条关于"有限自然资源开发利用、公共资源配置以及直接关系公共利益的特定行业的市场准入等，需要赋予特定权利的事项"可以设定行政许可的规定以及该法第三十九条："行政机关作出准予行政许可的决定，需要颁发行政许可证件的，应当向申请人颁发加盖本行政机关印章的下列行政许可证件：（一）许可证、执照或者其他许可证书；……"等规定，矿业权转让申请的审批、矿业权的变更登记及换领矿产资源勘查许可证或者采矿许可证的过程，亦属于国土资源主管部门依法实施行政许可的过程。

十八大之后,中共中央、国务院陆续出台《中共中央、国务院关于加快推进生态文明建设的意见》《生态文明体制改革总体方案》等一系列推进生态文明建设的政策性文件,强调进一步深化矿产资源有偿使用制度改革,全面推进矿业权市场建设,构建自然资源资产产权制度,推动自然资源资产所有权和使用权相分离,明确自然资源所有权、使用权等产权归属关系和权责等。国务院亦开始新一轮行政审批制度改革,简政放权,创新政府配置资源方式,发挥市场在资源配置中的决定性作用,已取消或者正在取消诸多可由市场调节或者政府可事后监管的前置审批和许可事项。上述政策性文件为进一步规范矿业权市场交易明确了方向,但尚需细化为更具操作性的具体规范。

二、矿业权转让合同及内容

国务院《探矿权采矿权转让管理办法》第八条规定:"探矿权人或者采矿权人在申请转让探矿权或者采矿权时,应当向审批管理机关提交下列资料:(一)转让申请书;(二)转让人与受让人签订的转让合同;(三)受让人资质条件的证明文件;(四)转让人具备本办法第五条或者第六条规定的转让条件的证明;(五)矿产资源勘查或者开采情况的报告;(六)审批管理机关要求提交的其他有关资料。国有矿山企业转让采矿权时,还应当提交有关主管部门同意转让采矿权的批准文件"。国土资源部《矿业权出让转让管理暂行规定》第四十六条第一款规定:"矿业权转让的当事人须依法签订矿业权转让合同。依转让方式的不同转让合同可以是出售转让合同、合资转让合同或合作转让合同";《矿业权交易规则》规定的矿业权交易明确包括矿业权出让和转让,第三条明确规定"矿业权出让适用本规则,矿业权转让可参照执行,铀矿等国家规定不宜公开矿种的矿业权交易不适用本规则"。基于上述规定,矿业权人无论采取招标、拍卖、挂牌等市场化交易方式,还是采取协议方式转让其名下矿业权,均需与受让人签订书面的转让合同,该转让合同亦是申请矿业权转让审批、矿业权变更登记时须提交的基础资料。概括而言,矿业权转让合同即指矿业权人将其名下的矿业权让与他人而签订的约定当事人权利义务的协议。

对于矿业权转让合同应包括的基本内容,国土资源部《矿业权出让转让管理暂行规定》《矿业权交易规则》等规范性文件作了具体的规定。《矿业权出让转让管理暂行规定》第四十七条规定:"矿业权转让合同应包括以下基本内容:(一)矿业权转让人、受让人的名称、法定代表人、注册地址;(二)申请转让矿业权的基本情况包括当前权属关系、许可证编号、发证机关、矿业权的地理位置坐标、面积、许可证有效期限及勘查工作程度或开采情况等;(三)转让方式和转让价格付款方式或权益实现方式等;(四)争议解决方式(五)违约责任"。当然,实践中的矿业权转让合同千差万别,在不具备上述条款规定的内容或合同约定的内容不明确时,可根据《合同法》的相关规定进行相应的补充完善。

三、矿业权转让合同的效力

(一)矿业权转让合同效力认定的理论观点与实践做法

司法实践中,对于矿业权转让申请已经国土资源主管部门批准后,矿业权转让合同的效力认定比较一致,歧见最大的矿业权转让未经国土资源主管部门批准时,转让合同的效力应如何认定的问题。该问题涉及《物权法》第十五条、《合同法》第四十四条以及《探矿权采矿权转让管理办法》第十条的理解适用问题。对此,有无效说、生效说、成立未生效说、整体未生效但部分条款生效说等多种理论观点和实践做法。其中无效说认为,《矿产资源法》第六条、《探矿权采矿权转让管理办法》第三条、第十条关于矿业权转让行政审批的规定属效力性强制性规定,未经批准的矿业权转让合同因违反上述规定;依照《合同法》第五十二条第五项之规定,应认定为无效。生效说认为,根据"新法优于旧法"的法律冲突规则,在《物权法》第十五条与《合同法》第四十四条之间,应依照前者确定转让合同的效力,转让合同的效力应与矿业权物权的变动相区分;《探矿权采矿权转让管理办法》系行政法规,不属于《物权法》第十五条"法律另有规定"的但书条款,故矿业权转让合同应自成立之日生效。成立未生效说认为,解释论上,法律、行政法规中关于行政审批的规定在规范性质上可认定为管理性强制性规定,但《合同法》已就行政审批对合同效力的影响作出特别规定,故未经批准且不存在法定无效情形的矿业权转让合同,应根据《合同法》第四十四条第二款认定为未生效,而不能根据《合同法》第五十二条第五项认为未无效。整体未生效但部分条款生效说认为，矿业权转让合同未经批准整体未生效，但未生效合同所欠缺的，是当事人按照约定履行义务的效力，即合同的履行效力，其中关于报批义务条款以及与履行报批义务条款相关的条款根据双方约定的目的及诚实信用原则应不受行政审批的影响，否则会产生悖论。

综合上述观点和实践做法，无效说容易诱发当事人的道德风险，尤其在矿业权市场价格波动时，难以对当事人故意拖延履行报批手续并在发生纠纷时主张合同无效的不诚信行为予以规制。生效说虽在解释论上有一定道理，但《物权法》第十五条、《合同法》第四十四条以及《探矿权采矿权转让管理办法》第十条是否存在矛盾，学理界和实务界尚未形成共识。成立未生效说，仅为对合同效力的现状表述，在《合同法》及相关法律中欠缺相应的效力类型，亦与合同成立后即具有法律约束力、当事人不得擅自变更或者解除的法理相悖，最终易导致与认定合同无效基本相同的法律后果。整体未生效但部分生效说，是目前司法实践中采用较多的一种处理方法，[①] 但该说未能彻底解决问题，在报批义务条款以及与履行报批义务相关条款独立性的法理基础、违反该义务的责任承担等方面亦有待于进一步论证。而且，根据《探矿权采矿权转让管理办法》第八条、第十条，《矿业权出让转让管理暂行规定》第四十六条第二款关于"转让申请被批准之日起，转让合同生效"等规定以及国土资源主管部门的意见，矿业权转让审批的对象系矿业权转让申请，而非矿业权转让合同，转让合同仅仅是该项行政审批须提交的基础资料之一；矿业权转让申请获批后办理的亦是矿业权变更登记，而非矿业权转让合同登记，外商投资企业股权转让合同审批与矿业权转让审批亦存在明显差异。因此，矿业权纠纷案件中涉及的转让审批、变更登记与上述观点和学说所依据的合同审批、登记的基本事实并不完全相符，矿业权转让合同的效力认定并不能当然参照适用最高人民法院《外商投资企业纠纷规定（一）》的规定。

（二）矿业权转让合同效力的认定逻辑

基于合同法的一般原理，矿业权转让合同的效力可从成立、有效、生效三个层面予以分析认定。

[①] 《最高人民法院关于外商投资企业纠纷案件若干问题的规定（一）》第一条即采此种观点。

1. 矿业权转让合同的成立

合同成立是指签约当事人就合同的主要条款达成合意，当事人、标的、意思表示系合同成立的基本要件。要约承诺作为合同成立的基本规则，也是合同成立须经过的两个阶段。《合同法》第二十五条规定"承诺生效时合同成立"；第三十二条规定"当事人采用合同书形式订立合同的，自双方当事人签字或者盖章时合同成立"。

就矿业权转让合同而言，矿业权人作为转让人与受让人就拟交易矿业权的转让方式、转让价格、付款方式、变更过户、违约责任等主要条款达成一致，双方当事人在书面转让合同上签字或者盖章时，合同即告成立。合同成立后对当事人是否具有法律约束力尚需进一步审查合同是否依法成立，即判断合同是否具有适法性，只有合法有效成立的合同才对当事人产生法律约束力，矿业权转让合同亦是如此。

2. 矿业权转让合同的有效

已经成立的合同有效与否，是司法机关或者仲裁机构依法对该合同做出的价值判断和法律评价。合同的有效要件一般包括行为人具有相应的民事行为能力，意思表示真实，不违反法律或者社会公共利益。对符合有效要件的合同，按当事人的合意赋予相应的法律效果，对不符合有效要件的合同，则区分情况，分别按无效，可撤销、可变更或效力待定处理。

矿业权转让合同成立后，经审查签约主体适格，具有民事行为能力；意思表示真实，不存在欺诈、胁迫或者乘人之危情形；内容合法，不违反法律、行政法规的强制性规定，未损害社会公共利益，亦不存在其他法定无效情形，合同即可认定为合法有效成立。根据《合同法》第八条："依法成立的合同，对当事人具有法律约束力。当事人应当按照约定履行自己的义务，不得擅自变更或者解除合同。依法成立的合同，受法律保护"的规定，矿业权转让合同依法成立后，双方当事人即受合同的约束，应依约履行自己的合同义务，包括合同中约定的履行或者协助履行报批、变更登记等法定义务。

至于本解释规定当事人仅以矿业权转让申请未经国土资源主管部门批准为由主张转让合同无效的，人民法院应不予支持，主要理由在于：此种合同无效说认为《矿产资源法》第六条、《探矿权采矿权转让管理办法》第三条、第十条关于矿业权转让审批的规定系效力性强制性规范，矿业权转让合同违反上述规定依法应认定无效。如上文所述，合同无效说存在的最大问题在于容易诱发当事人的道德风险，转让人可在矿业权价值升高或其他对己不利情况下故意拖延提交报批材料，受让人亦可在矿业权贬值或其他对己不利情况下故意拖延履行协助报批义务，并在发生纠纷时主张合同无效。这无疑违反了合同法最基本的诚信原则，也不利于维护正常的交易秩序和交易安全。而且，上述关于矿业权转让审批的法律规范并没有规定如违反该规定将导致转让合同无效，因此上述法律规定宜认定为管理性强制性规范，而非效力性强制性规范，当事人据此主张矿业权转让合同无效，应不予支持。此种处理方式也符合《物权法》第十五条关于债权合同效力与不动产物权变动相区分的规定精神及当前我国行政审批制度改革发展的趋势。

3. 矿业权转让合同的生效

合同的生效，是指合同效力的产生。合同是否生效，是基于交易情况和法律规定对合同效力做出的事实判断，合同效力并不完全等同于法律约束力。合同效力包括拘束力、确定力与实现力三方面的内容，不同的效力内容，发生效力的时间点并不一定是同时的，效力可逐步"释放"，不同的效力内容可以分步产生；即便是同一种效力内容，如实现力，若属性不同也可以分步实现。① 依法成立的合同，一般自成立时即生效，也可能由于需要办理审批、登记手续或者当事人约定了附生效条件、附生效期限而延迟生效，但并不意味着此时的合同不具有任何法律约束力。实际上，此时合同已经具有相应的拘束力、确定力，签约当事人依约享有相应的权利并负担相应的义务。《合同法》第八条明确规定关于"依法成立的合同，对当事人具有法律约束力"的规定中并没有除外情形或但书规定。因此，即便法律、行政法规规定合同办理审批后才生效，但依法成立的合同对当事人已经产生了法律约束力，当事人仅以未经行政审批为由主张合同无效或者不生效、对其不具有法律约束力，进而拒绝履行报批或者协助报批等义务，显然是在逃避其应承担的合同法律责任，不符合《合同法》第八条的规定，也有违诚实信用的法律原则。

尽管根据《探矿权采矿权转让管理办法》及《矿业权出让转让管理暂行规定》等相关规定，国土资源主管部门行政审批的对象系矿业权转让申请，

---

① 江必新：《法律行为效力制度的重构》，载《法学》2013年第4期。

而非矿业权转让合同，且《物权法》第十五条已将债权合同效力与不动产物权变动进行了区分处理，但由于上述行政法规、部门规范性文件明确将矿业权转让合同的效力与矿业权转让申请审批密切关联在一起，且现行有效，故在认定矿业权转让合同效力时仍应给予尊重和适用。矿业权转让合同依法成立后，矿业权人应向国土资源主管部门办理矿业权转让审批手续，受让人亦应履行协助报批义务。尽管在国土资源主管部门批准矿业权转让申请前，根据《探矿权采矿权转让管理办法》第十条的规定，转让合同尚未"生效"，但若认定此时的合同不具有任何效力、对当事人不具有法律约束力，当事人则有正当理由拒绝履行报批或者协助报批义务，合同也将永远不会"生效"。如此，依法成立的矿业权转让合同也就失去了其签订的意义，对已依约履行先期义务、诚信守约一方当事人将造成极大的利益失衡，并助长恶意悔约和不诚信行为的不断发生。

因此，矿业权转让申请依法获得批准前，依法成立的转让合同尽管不能直接认定为已"生效"，但可以认定为对当事人已具有法律约束力，转让人或者受让人无正当理由不履行报批或者协助报批义务，有权要求违约方继续履行义务并承担违约责任，此时的矿业权转让合同只是不具有实现力，不产生矿业权转让的物权变动效力，受让人请求转让人办理矿业权变更登记手续的，人民法院不予支持；矿业权转让申请获批后，转让合同效力全部产生，合同处于完全"生效"状态，受让人据此有权请求办理矿业权变更登记手续，最终实现矿业权转让的合同目的。

本条解释规定与2017年3月15日十二届全国人大会五次会议通过、2017年10月1日起施行的《民法总则》第一百一十九条关于"依法成立的合同，对当事人具有法律约束力"的规定精神相吻合，亦符合党的十八大后国家关于行政审批制度改革简政放权、尽可能减少事前审批的发展趋势。

【问题解答】

问题一：矿业权主体资质和转让条件是否影响转让合同效力？

矿产资源具有稀缺性、耗竭性、不可再生性等特征，事关国计民生，为提高矿产资源开发利用效率，防止私挖滥采，防止矿业权囤积炒卖，《矿产资源法》除规定矿业权转让须经批准外，对矿业权的主体资质和转让条件亦作出了明确的限制性规定。

一、矿业权转让的主体资质对转让合同效力的影响

《矿产资源法》第三条第五款规定："从事矿产资源勘查和开采的，必须符合规定的资质条件"。《矿产资源法实施细则》第十一条、第十三条、第十四条分别对申请开办国有矿山企业、集体所有制矿山企业或者私营矿山企业以及申请个体采矿规定了相应的条件。《探矿权采矿权转让管理办法》第七条亦规定："探矿权或者采矿权转让的受让方，应当符合《矿产资源勘查区块登记管理办法》或者《矿产资源开采登记管理办法》规定的有关探矿权申请人或者采矿权申请人的条件"。《矿产资源开采登记管理办法》第五条规定"采矿权申请人申请办理采矿许可证时，应当向登记管理机关提交下列资料：……（二）采矿权申请人资质条件的证明；……（四）依法设立矿山企业的批准文件……"。可见相关法律行政法规将采矿权的主体主要限于矿山企业。2000年国土资源部《矿业权出让转让管理暂行规定》第十九条第二款明确，采矿权申请人应为企业法人，个体采矿的应依法设立个人独资企业。2011年《国土资源部关于进一步完善采矿权登记管理有关问题的通知》[①] 第二条中曾规定"申请采矿权应具有独立企业法人资格，企业注册资本应不少于经审定的矿产资源开发利用方案测算的矿山建设投资总额的百分之三十"。2017年《国土资源部关于完善矿产资源开采审批登记管理有关事项的通知》进一步作出最新规定："采矿权申请人原则上应当为营利法人。外商投资企业申请限制类矿种采矿权的，应当出具有关部门的项目核准文件。申请放射性矿产资源采矿权的，应当出具行业主管部门的项目核准文件"。针对矿产资源的勘查主体资格，2009年《国土资源部关于进一步规范探矿权管理有关问题的通知》[②] 第一条第三项曾规定："探矿权申请人应是企业法人或事业单位法人。本通知下发之前，探矿权人不具备法人资格的，应当依法办理成为企业法人或事业

[①] 该规范性文件已由2017年12月29日发布实施的《国土资源部关于完善矿产资源开采审批登记管理有关事项的通知》（国土资规〔2017〕16号）废止。

[②] 该规范性文件已由2017年12月14日发布实施的《国土资源部关于进一步规范矿产资源勘查审批登记管理的通知》（国土资规〔2017〕14号）废止。

单位法人后,方可再申请办理探矿权延续、保留和变更等手续"。2017年《国土资源部关于进一步规范矿产资源勘查审批登记管理的通知》进一步规定:非油气探矿权人原则上应当为营利法人或者非营利法人中的事业单位法人。油气(包含石油、天然气、页岩气、煤层气、天然气水合物,下同)探矿权人原则上应当是营利法人。探矿权申请人的资金能力必须与申请的勘查矿种、勘查面积和勘查工作阶段相适应,以提供的银行资金证明(国有大型石油企业年度项目计划)为依据,不得低于申请项目勘查实施方案安排的第一勘查年度资金投入额。

由此,随着国家经济与社会的发展进步,国土资源主管部门的监管实践已经逐步将矿业权的主体限缩于具有独立法人资格的企(事)业单位,甚至限于营利法人。目前,对于矿产资源的勘查资质,国务院2008年已颁布《地质勘查资质管理条例》[①],国土资源部2010年亦制定了《地质勘查资质监督管理办法》,规定从事地质勘查活动的单位应当依法取得相应的地质勘查资质证书;而对于矿产资源的开采资质,尚没有明确具体的规定。

司法实践中,关于自然人作为受让方签订矿业权转让合同效力如何认定,有不同的观点:一种观点认为此类合同违反了法律、行政法规的强制性规定应认定为无效;另一种观点则认为是否具备法定资质不影响合同效力。综合考虑,第二种观点应更符合法律对矿业权转让规制的精神以及社会实践发展进步的方向。

首先,相关法律、行政法规并未明确否认自然人采矿权的主体资格。如《矿产资源法实施细则》第十四条规定了申请个体采矿应具备的条件,即自然人或个体工商户只要具有与采矿规模相适应的资金、设备和技术人员,有相应的矿产勘查资料和经批准的开采方案等,依法也能成为采矿权的主体,而国土资源部《矿业权出让转让管理暂行规定》等规范性文件并不能作为否认合同效力的依据。其次,在监管实践中,虽然对矿业权主体资格的限制确有逐步缩紧的趋势,但暂且不论这种仅从主体形式而不从实质条件上限制矿业权主体的做法是否合理。在解释论上,国土资源主管部门对矿业权人的主体

[①] 该条例已于2018年4月4日被"国务院关于修改和废止部分行政法规的决定"(国务院令698号)废止。

资质作出一定要求,主要是为了防止矿产资源无序开发利用以及试图控制矿业权炒卖现象的发生,并不直接涉及矿业权转让合同的效力问题,且矿业权受让人的资质主要是由国土资源主管部门在行政审批时予以监督和控制的事项,若嗣后发现受让人不具备相应资质条件可依法予以取缔或给予处罚,属于行政管理的范畴,故上述法律规定应属于管理性强制性规定而非效力性强制性规定,不宜据此认定转让合同无效。其三,《矿产资源开采登记管理办法》等规定只是要求申请人在办理采矿许可证时须提交设立矿山企业的批准文件,自然人作为采矿权转让合同的签订主体,完全可以在合同签订并确定采矿权范围后再依法申请设立矿山企业,或者将原采矿企业直接变更登记到自己名下,这也符合一般的交易习惯。其四,认定自然人签订的采矿权转让合同有效,不会损害国家和社会公共利益,因为如果其不设立矿山企业,不符合相关矿业权转让的监管规定,国土资源主管部门对转让矿业权的申请可不予批准。所以,在现行法律框架下无须通过否定此种合同效力的方式来实现维护国家或社会公共利益的目的。

至于不具有矿产资源勘查资质的市场主体签订的探矿权转让合同的效力如何认定问题,实质上与上述自然人签订的矿业权转让合同效力认定的内在原理是一致的。在矿业权监管实践中,鉴于探矿权仅系对许可的勘查作业区内矿产资源进行勘探的权利,而勘查探矿具有相当大的投资风险,是否能获得收益具有很大不确定性,国土资源主管部门对作为探矿权主体的资格条件也在灵活处理。实践中,若探矿权申请人自身不具备矿产资源勘查资质,但如有一家具备勘查资质条件的单位与其合作勘查,则国土资源主管部门也可以授予其探矿权。在此情况下,人民法院在审查认定矿业权转让合同效力时,再将受让人的资质条件与转让合同效力进行绑定,以探矿权受让人不具有勘查资质为由否定转让合同的效力法理依据不足,亦不符合目前矿业权转让的交易和监管实践。

二、矿业权转让条件对合同效力的影响

针对矿业权转让,除《矿产资源法》第六条、《探矿权采矿权转让管理办法》第三条规定了探矿权须"完成规定的最低勘查投入",采矿权需符合"采矿权人因企业合并、分立,与他人合资、合作经营,或者因企业资产出售以及

其他变更企业资产产权的情形"的条件外；《探矿权采矿权转让管理办法》进一步规定了探矿权、采矿权转让的具体条件，其中第五条规定："转让探矿权，应当具备下列条件：（一）自颁发勘查许可证之日起满2年，或者在勘查作业区内发现可供进一步勘查或者开采的矿产资源；（二）完成规定的最低勘查投入；（三）探矿权属无争议；（四）按照国家有关规定已经缴纳探矿权使用费、探矿权价款；（五）国务院地质矿产主管部门规定的其他条件"；第六条规定："转让采矿权，应当具备下列条件：（一）矿山企业投入采矿生产满1年；（二）采矿权属无争议；（三）按照国家有关规定已经缴纳采矿权使用费、采矿权价款、矿产资源补偿费和资源税；（四）国务院地质矿产主管部门规定的其他条件。国有矿山企业在申请转让采矿权前，应当征得矿山企业主管部门的同意"。对于违反这些转让条件签订的矿业权转让合同的效力如何认定，是否必然导致合同无效，在司法实践中存在极大争议，裁判结果差异很大。

具体说，审判实践中存在三种观点：一是认为违反上述规定任何一项者，矿业权转让合同即为无效，目的在于禁止不符合转让条件的矿业权进入市场流转，实现规范矿业权流转市场，防止矿业权炒买炒卖的目的。上述规定虽然没有明确表述若违反，合同则无效，但在违反这些规定的情况下，依然认定转让合同有效，会损害国家利益和社会公共利益，不利于矿产资源的合理开发利用，故应属于效力性的强制性规定。二是认为只有违反《矿产资源法》第六条、《探矿权采矿权转让管理办法》第三条规定的转让条件的合同才应认定为无效，即转让的探矿权需要满足"完成规定的最低勘查投入"，采矿权需符合"采矿权人因企业合并、分立，与他人合资、合作经营，或者因企业资产出售以及其他变更企业资产产权的情形"，而《探矿权采矿权转让管理办法》第五条和第六条规定的其他条件不宜作为转让合同无效的依据。三是认为违反上述关于矿业权转让条件的规定均不导致转让合同无效，对矿业权转让过程中涉及行政违法事宜，国土资源主管部门可依法处理，人民法院也可以司法建议的方式提请其依法处理，但不影响转让合同的效力认定。

本解释采纳了上述第三种观点。主要理由在于：第一，从突出矿业权物权属性、依法保护矿业权流转的审判理念出发，应尽量消除矿业权转让的制度障碍。《矿产资源法》最初制定时，对待矿业权转让的态度是严格禁止的；

1996年修改后允许有条件转让，但对于矿业权转让的原因和方式依然限制过死，不符合社会主义市场经济条件下以市场手段为主配置矿产资源勘查开采的发展趋势。因此，上述规定可作为行政机关进行行政监管和处罚的依据，但不宜成为否定矿业权转让合同私法效力的依据。第二，人民法院作为司法裁判机关，与国土资源主管部门相比，缺乏判断矿业权是否具备上述转让条件的专业知识和经验，实践中也难以一一查实，即便要查实也容易在判断上出现失误，导致同案不同判的情况发生，而将矿业权是否符合转让条件交由国土资源主管部门审查、认定和处理，应该更符合国家机关职能分工的要求，并提高处理效率，也避免司法权越界介入到行政权行使的范围。第三，人民法院不以上述规定作为认定矿业权转让合同无效的依据，并不代表承认损害国家利益或者社会公共利益的转让合同有效，若矿业权转让合同符合《合同法》第五十二条规定的无效情形，人民法院依法应认定合同无效。第四，上述法律规范并没有明确规定矿业权转让合同若违反了即无效，且违反了这些规定也并不当然会损害国家利益、社会公共利益，因此将上述这些规范界定为管理性强制性规定更为适宜。第五，人民法院可发挥司法能动作用，在具体涉及矿业权转让的个案审理过程中发现违法违规行为的，可通过司法建议的方式提请行政机关依法处理，这同样亦可达到保护矿产资源、促进矿产资源合理开发利用的目的。第六，由于上述规范多制定在计划经济向市场经济过渡时期，行政管理色彩较浓，而十八大之后中共中央、国务院进一步推动行政审批制度改革，积极创新政府资源配置方式，发挥市场在资源配置中的决定性作用，强化事中事后监管，弱化甚至正逐步取消诸多前置审批和监管措施，因此不以上述法律规范作为认定矿业权转让合同无效的依据亦与整个社会发展进步的趋势相吻合。

此外，《矿产资源法》第六条第三款规定的"禁止将探矿权、采矿权倒卖牟利"亦可视为矿业权转让的消极条件。该规定系1996年修改的《矿产资源法》有条件允许矿业权转让而附加的限制性条件，符合当时国家对矿产资源开发利用的管控强度及矿业权转让的监管实践。随着我国社会主义市场体制的确立、完善，市场已经逐步从计划的辅助角色过渡到在资源配置中起基础性作用，尤其十八大以后，我国进一步明确要"使市场在资源配置中起决定性作用"。目前，除某些对国民经济和社会发展具有战略意义或需要特别保护的矿种外，多数矿产资源的开发利用已经逐步市场化。中共中央、国务院《关于加快推进生态文明建设的意见》《生态文明体制改革总体方案》等政策性文件，明确要进一步深化矿产资源有偿使用制度改革，矿业权出让原则上均实行市场化方式，并全面推进矿业权市场建设。矿业权（探矿权、采矿权）作为一种用益物权也已经在2007年被《物权法》正式予以确认，矿业权人作为用益物权人对矿业权享有的收益权应当包括通过转让矿业权获取相应收益。因此，基于我国社会经济发展的现状和矿产资源有偿使用制度改革的趋向，在法律、行政法规没有明确规定违反上述禁止矿业权倒卖牟利的规定将导致合同无效的情况下，不宜将该规定作为认定转让合同无效的法律依据，可将其理解为一种管理性强制性规定。

问题二：矿业权转让申请未经批准，当事人请求确认矿业权转让合同未生效应如何处理？

目前司法实践中，当事人签订矿业权转让合同但在将矿业权转让报请国土资源主管部门批准前，就合同的履行事宜发生纠纷，当事人往往基于《探矿权采矿权转让管理办法》第十条第三款："批准转让的，转让合同自批准之日起生效"；最高人民法院《关于适用〈中华人民共和国合同法〉若干问题的解释（一）》（以下简称《合同法解释（一）》）第九条："依照合同法第四十四条第二款的规定，法律、行政法规规定合同应当办理批准手续，或者办理批准、登记等手续才生效，在一审法庭辩论终结前当事人仍未办理批准手续的，或者仍未办理批准、登记等手续的，人民法院应当认定该合同未生效；法律、行政法规规定合同应当办理登记手续，但未规定登记后生效的，当事人未办理登记手续不影响合同的效力，合同标的物所有权及其他物权不能转移"等规定请求确认矿业权转让合同未生效，这也是目前司法实践中当事人经常提出的诉讼请求，认定此类合同未生效也是人民法院之前采取较多的处理方式。同时，具体审判实践中，也存在根据《物权法》第十五条关于合同效力与不动产物权变动相区分的规定直接认定矿业权转让合同自成立之日即生效的处理方式。

本解释在起草过程中，针对矿业权转让申请报请批准前的矿业权转让合同的效力，曾经提出二种思路和方案：（1）矿业权转让合同自依法成立之日起生效，但矿业权转让申请未经批准，矿业权不产生物权变动的效果；（2）矿业权转让申请未经国土资源主管部门批准，当事人签订的矿业权转让合同未生效，但合同中报批义务条款及与履行报批义务相关条款自合同成立时生效。

应该说，该两种起草思路和方案各有其利弊。第一种方案，主要是根据《物权法》第十五条关于合同效力与不动产物权变动相区分的法律规定，同时亦符合我国当前社会主义市场经济以及学界对该问题研究的发展趋势。该方案有利于矿业权纠纷案件实体问题的解决，有利于保护诚实守信当事人的利益，维护正常交易秩序和安全；该方案也具有一定的前瞻性和发展性，可应对一定时期内相关法律法规的修改。但是，该方案与国务院《探矿权采矿权转让管理办法》第十条第三款"批准转让的，转让合同自批准之日起生效"的规定存在一定的法律冲突，在《探矿权采矿权转让管理办法》第十条第三款没有修改或废止的情况下，直接规定矿业权转让合同自依法成立之日起生效缺乏法律的正当性基础；而且该方案也存在司法权过于侵入行政权领地、弱化行政审批及不利于环境资源保护的顾虑和担忧。

第二种方案，没有明显的法律冲突，从解释论的角度似更为通顺，而且《外商投资企业纠纷规定（一）》等相关司法解释已有类似规定作为先例，目前矿业权纠纷的实际裁判采用此种处理方案的亦较为常见。但是，第二方案与目前债权合同效力与不动产物权变动相区分理论与实践的发展趋势并不相符，与党的十八大以后提出"使市场在资源配置中起决定性作用"精神以及目前国务院正在力推的"放管服"行政审批制度改革，更好发挥政府作用的要求亦不符合，前瞻性不足。实际上，若采取第二方案，矿业权纠纷实体处理也会存在很多纠结之处，如基于该方案负有报批义务一方不履行合同义务承担缔约过失责任还是违约责任即存在较大争议：基于合同未生效，违反合同义务承担的应是缔约过失责任，而基于报批义务及与履行报批义务相关条款已生效的认定，违反该部分条款也可以承担违约责任，至于该违约责任系整个合同的违约责任抑或仅指违反报批义务而产生的违约责任亦有不同的理解；而且缔约过失责任仅包含信赖利益损失，不包括履行利益损失，守约一方尚需举证证明损失的存在以及损失具体数额，具有较大困难和不确定性。更为重要的是，在矿业权转让交易中，由拒不履行报批义务一方仅仅承担缔约过失责任往往不利于保护诚信一方当事人的合法利益，在很大程度上等于变相助长不诚信和恶意悔约行为的不断发生。此外，如上文所述，外商投资企业股权与矿业权的权利属性并不相同，法律、行政法规对外商投资企业股权转让与矿业权转让的规定亦存在明显区别。如根据《中外合资经营企业法实施条例》第十四条"合营企业协议、合同和章程经审批机构批准后生效，其修改时同"的规定，外商投资主管部门审批的就是外商投资企业股权转让合同本身，而根据《探矿权采矿权转让管理办法》第八条、第十条等规定，国土资源主管部门审批的则是矿业权转让申请，而非矿业权转让合同，"转让人与受让人签订的转让合同"仅仅是矿业权人在申请转让探矿权或者采矿权审批时应向审批管理机关提交的基础资料之一，故矿业权转让合同的效力认定并不当然可以参照适用外资企业股权转让合同效力认定的规则，与《合同法解释（一）》第九条系针对合同审批、登记的适用基础亦不完全一致。

因此，在征求国家有关机关和部门意见后，我们对上述两个方案作了折衷处理，矿业权转让申请未经国土资源主管部门批准前，人民法院可根据《合同法》第八条的规定，认定依法成立的矿业权转让合同具有法律约束力，当事人应遵循"有约必守"的原则，依约履行自己的合同义务，当事人请求确认转让合同未生效或不生效，据此拒绝履行报批义务或协助报批义务以及其他合同义务，甚至藉此主张合同无效或者解除合同的，人民法院应不予支持。当然，在国务院《探矿权采矿权转让管理办法》第十条第三项的规定未废止或修改前，人民法院亦不宜直接认定矿业权转让申请未批准前的转让合同已经生效。对于矿业权转让申请未经批准，当事人请求确认转让合同未生效的，人民法院可释明当事人变更诉讼请求，若当事人拒不变更的，可驳回当事人的该项诉讼请求。

问题三：矿业权转让申请获得批准，矿业权转让合同是否即合法有效？

司法实践中，矿业权将名下矿业权转让给他人并经过国土资源主管部门批准，根据《探矿权采矿权转让管理办法》第十条第三款"批准转让的，转让合同自批准之日起生效"的规定，矿业权人与受让人签订的矿业权转让合同即可认定为生效合同，但据此矿业权转让合同是否就可以认定为合法有效，尚需进一步讨论。"合同的有效，是指一个业已成立的合同因其符合法律的规定，获得了法律的肯定性评价，能够产生合同当事人预期的法律效果，对当事人具有法律约束力。合同是否有效，是代表国家意志的法律对体现个人意志的合同的审查和干预,当法律给予其肯定性评价时,合同有效;当法律给予其否定性评价时,合同无效。有效的合同受法律保护,无效的合同不受法律保护,甚至还要受到法律追究"。① "合同的成立和生效均为事实判断,合同的有效则为价值判断",② 且认定合同的有效与否是人民法院以职权行使的审查行为,即便当事人对合同的效力没有异议,人民法院亦应对合同是否合法有效进行司法审查并作出相应的认定。矿业权转让合同若符合《合同法》第五十二条规定的无效情形,则应认定为无效,反之,则应属合法有效。这些法定无效情形包括:"(一)一方以欺诈、胁迫的手段订立合同,损害国家利益;(二)恶意串通,损害国家、集体或者第三人利益;(三)以合法形式掩盖非法目的;(四)损害社会公共利益;(五)违反法律、行政法规的强制性规定"。

比如,根据本解释第十八条的规定,当事人约定在自然保护区、风景名胜区、重点生态功能区、生态环境敏感区和脆弱区等区域内勘查开采矿产资源签订的矿业权流转合同,即便矿业权转让申请已经过了国土资源主管部门的批准,但在不符合法律、行政法规可以豁免的情况下,可能会因违反《自然保护区条例》《风景名胜区条例》等行政法规的强制性规定,或者损害环境公共利益,而被人民法院认定为无效。又如,本解释第十一条关于"一矿二卖"的纠纷处理规则,尽管最终条文中没有规定矿业权人与第三人恶意串通损害受让人利益导致合同无效的内容,但根据《合同法》第五十二条以及参照《商品房买卖纠纷解释》对"一房二卖"的相关规定,矿业权人与受让人签订矿业权转让合同后,报请国土资源主管部门批准前,又将矿业权转让给第三人并经国土资源主管部门批准、登记,若受让人有证据证明矿业权人与第三人恶意串通,损害了其合法利益,可依法请求确认矿业权人与第三人签订的矿业权转让合同无效。

因此,矿业权转让申请获得国土资源主管部门的批准,只是认定矿业权转让合同是否完全生效的事实依据,并不当然意味着转让合同即合法有效,合同生效与合同有效系不同的两个法律概念,并非完全等同,而且合同是否

---

① 吴一平:《论合同的效力》,载《政治与法律》2005年第3期。
② 孙文桢:《论合同效力类型体系的重构》,载《北方法学》2015年第4期。

生效本来就应该在合同合法有效基础上进行认定，违法无效的合同并非依法成立的合同，不存在是否生效的问题。矿业权转让申请获批只是表明矿业权转让符合矿产资源法律、法规的相关规定，但矿业权转让合同是否合法有效尚需根据《合同法》第五十二条以及相关法律、行政法规、司法解释的规定予以审查认定。

【法规链接】

《民法通则》

第五十七条 民事法律行为从成立时起具有法律约束力。行为人非依法律规定或者取得对方同意，不得擅自变更或者解除。

《民法总则》

第一百一十九条 依法成立的合同，对当事人具有法律约束力。

《物权法》

第十五条 当事人之间订立有关设立、变更、转让和消灭不动产物权的合同，除法律另有规定或者合同另有约定外，自合同成立时生效；未办理物权登记的，不影响合同效力。

第一百一十七条 用益物权人对他人所有的不动产或者动产，依法享有占有、使用和收益的权利。

第一百二十三条 依法取得的探矿权、采矿权、取水权和使用水域、滩涂从事养殖、捕捞的权利受法律保护。

《合同法》

第八条 依法成立的合同，对当事人具有法律约束力。当事人应当按照约定履行自己的义务，不得擅自变更或者解除合同。

依法成立的合同，受法律保护。

第四十四条 依法成立的合同，自成立时生效。

法律、行政法规规定应当办理批准、登记等手续生效的，依照其规定。

第五十二条 有下列情形之一的，合同无效：

（一）一方以欺诈、胁迫的手段订立合同，损害国家利益；

（二）恶意串通，损害国家、集体或者第三人利益；

（三）以合法形式掩盖非法目的；

（四）损害社会公共利益；

（五）违反法律、行政法规的强制性规定。

《矿产资源法》

第六条　除按下列规定可以转让外，探矿权、采矿权不得转让：

（一）探矿权人有权在划定的勘查作业区内进行规定的勘查作业，有权优先取得勘查作业区内矿产资源的采矿权。探矿权人在完成规定的最低勘查投入后，经依法批准，可以将探矿权转让他人。

（二）已取得采矿权的矿山企业，因企业合并、分立，与他人合资、合作经营，或者因企业资产出售以及有其他变更企业资产产权的情形而需要变更采矿权主体的，经依法批准可以将采矿权转让他人采矿。

前款规定的具体办法和实施步骤由国务院规定。

禁止将探矿权、采矿权倒卖牟利。

《矿产资源法实施细则》

第十一条　开办国有矿山企业，除应当具备有关法律、法规规定的条件外，并应当具备下列条件：

（一）有供矿山建设使用的矿产勘查报告；

（二）有矿山建设项目的可行性研究报告（含资源利用方案和矿山环境影响报告）；

（三）有确定的矿区范围和开采范围；

（四）有矿山设计；

（五）有相应的生产技术条件。

国务院、国务院有关主管部门和省、自治区、直辖市人民政府，按照国家有关固定资产投资管理的规定，对申请开办的国有矿山企业根据前款所列条件审查合格后，方予批准。

第十三条　申请开办集体所有制矿山企业或者私营矿山企业，除应当具备有关法律、法规规定的条件外，并应当具备下列条件：

（一）有供矿山建设使用的与开采规模相适应的矿产勘查资料；

（二）有经过批准的无争议的开采范围；

（三）有与所建矿山规模相适应的资金、设备和技术人员；

（四）有与所建矿山规模相适应的，符合国家产业政策和技术规范的可行性研究报告、矿山设计或者开采方案；

（五）矿长具有矿山生产、安全管理和环境保护的基本知识。

第十四条 申请个体采矿应当具备下列条件：

（一）有经过批准的无争议的开采范围；

（二）有与采矿规模相适应的资金、设备和技术人员；

（三）有相应的矿产勘查资料和经批准的开采方案；

（四）有必要的安全生产条件和环境保护措施。

《探矿权采矿权转让管理办法》

第三条 除按照下列规定可以转让外，探矿权、采矿权不得转让：

（一）探矿权人有权在划定的勘查作业区内进行规定的勘查作业，有权优先取得勘查作业区内矿产资源的采矿权。探矿权人在完成规定的最低勘查投入后，经依法批准，可以将探矿权转让他人。

（二）已经取得采矿权的矿山企业，因企业合并、分立，与他人合资、合作经营，或者因企业资产出售以及有其他变更企业资产产权的情形，需要变更采矿权主体的，经依法批准，可以将采矿权转让他人采矿。

第五条 转让探矿权，应当具备下列条件：

（一）自颁发勘查许可证之日起满 2 年，或者在勘查作业区内发现可供进一步勘查或者开采的矿产资源；

（二）完成规定的最低勘查投入；

（三）探矿权属无争议；

（四）按照国家有关规定已经缴纳探矿权使用费、探矿权价款；

（五）国务院地质矿产主管部门规定的其他条件。

第六条 转让采矿权，应当具备下列条件：

（一）矿山企业投入采矿生产满 1 年；

（二）采矿权属无争议；

（三）按照国家有关规定已经缴纳采矿权使用费、采矿权价款、矿产资源补偿费和资源税；

（四）国务院地质矿产主管部门规定的其他条件。

国有矿山企业在申请转让采矿权前，应当征得矿山企业主管部门的同意。

第七条　探矿权或者采矿权转让的受让人，应当符合《矿产资源勘查区块登记管理办法》或者《矿产资源开采登记管理办法》规定的有关探矿权申请人或者采矿权申请人的条件。

第八条　探矿权人或者采矿权人在申请转让探矿权或者采矿权时，应当向审批管理机关提交下列资料：

（一）转让申请书；

（二）转让人与受让人签订的转让合同；

（三）受让人资质条件的证明文件；

（四）转让人具备本办法第五条或者第六条规定的转让条件的证明；

（五）矿产资源勘查或者开采情况的报告；

（六）审批管理机关要求提交的其他有关资料。

国有矿山企业转让采矿权时，还应当提交有关主管部门同意转让采矿权的批准文件。

第十条　申请转让探矿权、采矿权的，审批管理机关应当自收到转让申请之日起40日内，作出准予转让或者不准转让的决定，并通知转让人和受让人。

准予转让的，转让人和受让人应当自收到批准转让通知之日起60日内，到原发证机关办理变更登记手续；受让人按照国家规定缴纳有关费用后，领取勘查许可证或者采矿许可证，成为探矿权人或者采矿权人。

批准转让的，转让合同自批准之日起生效。

不准转让的，审批管理机关应当说明理由。

《外商投资企业纠纷规定（一）》

第一条　当事人在外商投资企业设立、变更等过程中订立的合同，依法律、行政法规的规定应当经外商投资企业审批机关批准后才生效的，自批准之日起生效；未经批准的，人民法院应当认定该合同未生效。当事人请求确认该合同无效的，人民法院不予支持。

前款所述合同因未经批准而被认定未生效的，不影响合同中当事人履行报批义务条款及因该报批义务而设定的相关条款的效力。

《合同法解释（一）》

第九条　依照合同法第四十四条第二款的规定，法律、行政法规规定合同应当办理批准手续，或者办理批准、登记等手续才生效，在一审法庭辩论终结前当事人仍未办理批准手续的，或者仍未办理批准、登记等手续的，人民法院应当认定该合同未生效；法律、行政法规规定合同应当办理登记手续，但未规定登记后生效的，当事人未办理登记手续不影响合同的效力，合同标的物所有权及其他物权不能转移。

第七条　矿业权转让合同依法成立后，在不具有法定无效情形下，受让人请求转让人履行报批义务或者转让人请求受让人履行协助报批义务的，人民法院应予支持，但法律上或者事实上不具备履行条件的除外。

人民法院可以依据案件事实和受让人的请求，判决受让人代为办理报批手续，转让人应当履行协助义务，并承担由此产生的费用。

【条文主旨】

本条是关于报批义务和协助报批义务强制履行的规定。

一、矿业权转让合同的强制履行力

本条解释涉及矿业权转让合同是否具有强制履行力的问题。"强制履行的规范基础在于契约严守原则，其不仅约束债务人，亦约束债权人，其目的在于增强债的约束力"。① 鉴于国务院《探矿权采矿权转让管理办法》第十条将矿业权转让申请的审批与转让合同的效力予以绑定，规定"批准转让的，转让合同自批准之日起生效"；国土资源部《矿业权出让转让管理暂行规定》第四十六条第二款也明确规定"转让申请被批准之日起，转让合同生效"。依照上述规定的字面理解，矿业权转让申请未获批准前，矿业权转让合同尚没有生效，既然合同尚没有生效，受让人能否根据合同约定请求转让人强制履行报批义务，就导致审判实践产生了不同的观点。一种观点认为此类合同由于尚没有生效，不能约束当事人，受让人不能请求人民法院强迫转让人办理报

---

① 王洪亮：《强制履行请求权的性质及其行使》，载《法学》2012年第1期。

批义务；另一种观点认为此类合同尽管由于转让申请尚没有经过批准，合同尚没有完全生效，但已经依法成立，对当事人即具有法律约束力，受让人有权请求转让人强制履行报批义务。

本条解释采纳了第二种观点，这也是接续本解释第六条关于"矿业权转让合同自依法成立之日起具有法律约束力"的规定精神。矿业权人作为转让人与受让人签订的矿业权转让合同依法成立后，合同即对当事人产生权利义务上的拘束力和确定力，其中就包括办理矿业权转让的报批义务和协助报批义务的履行。上述第一种观点最大的问题在于对受让方（请求转让方履行报批义务的一方）的利益保护明显不足。因为若不承认受让方有权请求转让方强制履行报批义务，则已经依法成立的合同与无效合同的法律后果即无明显差别，转让人可根据矿业权交易市场以及自身情况故意拖延或拒绝提交报批材料，而受让人却不能请求其履行任何义务，这无疑违反了合同法最基本的诚信原则，既不符合当事人的缔约目的，也不利于维护正常的市场秩序。相反，确认受让人在合同依法成立后即有权请求转让方强制履行报批义务，可更好的平衡双方利益，维护市场诚信和交易安全。由于矿业权转让报批义务的履行涉及合同双方当事人的协调配合，转让人（矿业权人）作为报批义务人在办理矿业权转让审批手续过程中，亦需要受让人必要的协助，受让人亦有义务给予协助，若受让人不履行协助报批义务，转让人亦有权请求法院判令其履行。

当然，合同的"强制履行力亦有其边界，对此不仅要在债的层面考虑排除强制履行的事由，还需在合同层面考虑排除强制履行之事由"。[①] 本条解释在深入分析研究的基础上，在两个层面确立了可不予强制履行的抗辩事由。

其一，合同无效的抗辩。若矿业权转让合同符合《合同法》第五十二条规定的无效情形，则合同因没有法律保护的合法利益，不具备强制履行力，故不存在当事人一方请求另一方强制履行报批或者协助报批义务的问题。根据《合同法》第五十六条中关于"无效的合同或者被撤销的合同自始没有法律约束力"的规定，当事人可以合同无效对抗对方当事人请求履行报批或者协助报批义务的强制履行请求，人民法院应根据案件事实和法律规定依法作

[①] 王洪亮：《强制履行请求权的性质及其行使》，载《法学》2012年第1期。

出认定。基于上述规定，除合同无效可阻却矿业权转让报批或者协助报批义务的强制履行外，合同被依法撤销亦会导致合同自始没有法律约束力，不具备请求人民法院强制履行的事实基础。但由于无效与可撤销系两种不同的合同效力状态，无效合同自签订之日始就没有法律约束力，且无论当事人是否请求，人民法院均可以依职权进行审查认定，而可撤销合同在没有被撤销之前系有效合同，而是否请求撤销系具有撤销权当事人的选择权，人民法院只能基于当事人的请求对合同是否符合可撤销情形进行审查认定，且超过法定的撤销权行使期限人民法院亦不再予以支持。因此，本条解释未将合同的可撤销列入可排除矿业权转让报批或者协助报批义务强制履行的情形，但若当事人提出撤销矿业权转让合同的诉求，人民法院可根据《合同法》的相关规定依法予以审查认定。在矿业权转让合同应予以撤销的情形下，亦不存在合同继续履行以及办理矿业权转让报批或者协助报批义务的问题。

其二，实质履行条件不具备的抗辩。矿业权转让报批或者协助报批义务作为一种非金钱债务，应遵循《合同法》关于非金钱债务履行的一般规定。《合同法》第一百一十条规定"当事人一方不履行非金钱债务或者履行非金钱债务不符合约定的，对方可以要求履行，但有下列情形之一的除外：（一）法律上或者事实上不能履行；（二）债务的标的不适于强制履行或者履行费用过高；（三）债权人在合理期限内未要求履行"。当矿业权转让合同在"法律上或者事实上不能履行"时，受让方即不能请求转让方强制履行报批义务，转让人亦不能请求受让人强制履行协助报批义务，当事人一方在此情况下诉求对方履行或者协助履行报批义务的，人民法院应不予支持。比如，拟转让的矿业权已被国土资源主管部门依法吊销、撤销或者国土资源主管部门已经对本次矿业权转让明确表示不予批准等情况下，矿业权转让报批或者协助报批义务即丧失了实际履行的基础，不存在继续强制履行义务的问题。而且申请矿业权转让审批不仅仅是当事人约定的合同义务，也是矿业权人（转让人）的法定义务。因此，尽管一般不存在《合同法》上述规定中"债务标的不适于强制履行或者履行费用过高"的问题，也不存在受让人在合理期限内未要求矿业权人履行就可以不履行的问题，但考虑到矿业权具有的公法属性以及矿业权转让较强的政策性，除"法律上或者事实上不能履行"的情形外，不排除在特定情况下还可能存在的其他阻却报批或协助报批义务履行的情形，故本条解释的但书规定为：法律上或者事实上不具备履行条件的除外。

人民法院经审查认定矿业权转让合同无效或者在法律上或者事实上不具备履行条件的，可向当事人释明变更诉讼请求，当事人拒不变更的，人民法院可对其请求判令对方履行报批或者协助报批义务的诉讼请求不予支持，驳回该项诉讼请求。

二、矿业权转让报批义务的代替履行

矿业权转让合同依法成立后，作为转让人的矿业权人依法应向国土资源主管部门申请矿业权转让审批，若转让人无正当理由拒不履行报批义务的情况下，受让人能否请求法院自行办理报批手续的问题，各方认识并不一致，司法实践中的做法也不尽相同。一种观点认为，在矿业权转让合同纠纷中，若转让人不履行报批义务，人民法院不能判决受让人自己办理有关审批手续；因为根据国务院《探矿权采矿权转让管理办法》第八条的规定，向审批管理机关提出矿业权转让申请的主体是矿业权人（转让方），并非受让方，而矿业权转让申请批准行为本身亦具有行政许可的法律属性，因之不具有可替代性，若法院作出受让人可自行办理报批的裁判，恐有超越行政权与司法权的权限划分边界之嫌。另一种观点认为，当事人依法签订矿业权转让合同后，尽管申请矿业权转让审批系转让人的法定义务，但由于受让人亦是申请矿业权转让审批的利害关系人，若转让人拒不履行其报批义务，必将损害受让人的权益，矿业权转让合同将不能全面生效，亦不能办理矿业权变更登记，受让人受让矿业权的合同目的将无法实现，因此允许受让人自行办理报批手续符合诚实信用的法律原则，也有利于保护诚实守信当事人的合法权益。

本条解释曾采纳上述第二种观点，规定"人民法院也可以根据案件的具体情况和相对人的请求，同时判决在报批义务人不履行报批义务时由相对人自行办理审批手续"。但经进一步研究认为，矿业权兼具民事物权和行政许可两重属性，在没有转让人（矿业权人）提供相关手续及资料的情况下，受让人难以自行办理矿业权转让报批手续，且依据《探矿权采矿权转让管理办法》第八条的规定，办理报批义务本就是转让人的法定义务。因此，尽管在转让人拒不履行报批义务时，受让人自行办理报批手续有其正当合理性，但基于矿业权转让申请审批本身所具有的行政许可特性，矿业权转让与《合同法解释（二）》第八条规定的自行办理合同批准或者登记的情形并不完全一样，毕竟矿业权转让合同仅仅是办理矿业权转让报批手续所需的基础材料之一，并非行政审批的对象，亦非矿业权变更登记的对象，由受让人自行办理矿业权转让报批手续并不现实。本解释在征求意见过程中，国土资源主管部门也亦不赞成由受让人自行办理报批手续。故最后上述两种方案均未被采纳。

同时，在司法实践中，又确实经常出现转让人（矿业权人）将报批所需证照、印章、文件等相关材料提前全部或部分移交给受让人，但依然约定由转让人负责办理转让审批或者由哪一方办理转让审批未作约定或约定不明确。在此情况下，应认定转让人依约或者依法负有申请矿业权转让审批的义务，仍然系矿业权转让报批义务人，转让人不能以已经将报批所需证照、公章、文件等资料移交给受让人为由推卸自己的报批义务，仍应主动及时办理矿业权转让报批手续，期间需要受让人加盖公章、提供相关证照等配合协助时，也有权要求受让人予以配合协助，受让人亦不得拒绝。若转让人未依约或依法履行矿业权转让报批义务，在受让人已合法持有矿业权转让审批的基础材料的情况下，受让人完全可以转让人的名义申请办理转让审批。此种方式在性质上可归属为替代履行的范畴，不违反法律、行政法规的强制性规定，人民法院可根据案件事实以及受让人的请求依法予以支持。在受让人主动以转让人的名义办理矿业权转让报批手续的过程中，转让人负有配合协助的义务，且在双方没有特别约定情况下还应承担因办理报批手续而产生的相关费用。当然，如果矿业权转让双方当事人在合同中明确约定转让人（矿业权人）将审批所需的公章、证照、文件等全部资料交予受让人并由受让人负责办理报批手续，可从其约定。

【问题解答】

问题一：人民法院裁判当事人履行报批或者协助报批义务前是否要征求国土资源主管部门意见？

矿业权合同依法成立后，当事人应根据合同的约定和法律规定履行各自的义务。转让人作为矿业权人负有向国土资源主管部门申请办理矿业权转让审批的义务，受让人则负有协助报批义务。但鉴于矿业权本身兼具民事物权与行政许可双重属性，矿业权转让除适用《物权法》《合同法》等一般民商事法律规定外，尚须适用《矿产资源法》《行政许可法》等相关法律法规。矿业权转让不仅仅关涉当事人的意思自治，也涉及国家对矿产资源开发利用秩序和矿业权流转的行政监管，有时还会涉及国家资源能源政策与战略。国家通过出让程序将矿业权配置给相应的市场主体，允许市场主体在经过行政审批后将矿业权对外转让，并在批准转让后向受让人颁发新的矿产资源勘查许可证或者采矿许可证。因此，国土资源主管部门是否批准矿业权转让申请，需要依法进行相应的实质审查，其中包括矿业权本身是否符合转让条件、受让人是否具备相应的资质条件、转让是否符合相关政策等相关事项。这些事项系国土资源主管部门行政裁量权的范畴，直接影响矿业权转让申请能否得到国土资源主管部门的批准。若人民法院根据矿业权转让合同的约定以及相关法律规定，直接裁判当事人向国土资源主管部门办理报批手续，但国土资源主管部门经审查认为申请转让审批的矿业权不符合转让条件，或者受让人不具有相应的资质，或者具有法律法规及政策规定的其他不能转让的情形，对当事人的矿业权转让申请不予批准。如此，将导致人民法院关于当事人履行报批义务的裁判丧失实际意义，当事人尚需通过新的诉讼解决其间的纠纷，既造成司法资源的浪费，也给当事人带来不必要的诉累，影响司法裁判的权威和效能。

因此，人民法院在审理矿业权转让合同纠纷案件中，若当事人一方请求另一方履行报批或者协助报批义务，人民法院在根据案件事实作出初步判断拟支持该项诉讼请求时，可结合个案情况就案涉矿业权是否符合转让条件、受让人是否具有相应的受让资质等事项征求颁发勘查许可证或者采矿许可证的国土资源主管部门的意见，并依据回馈的意见依法作出相应的裁决：如案涉矿业权转让没有法律上的障碍，或者有一定障碍但可以通过当事人的积极行为予以克服（如拟转让矿业权被司法查封，当事人可通过偿付欠款申请解除矿业权的查封），人民法院可依法支持当事人请求办理报批或协助报批义务的诉讼请求；否则，人民法院应向当事人释明变更诉讼请求，在当事人诉讼请求不变更的情况下，人民法院可依法驳回当事人的该项诉讼请求。

问题二：矿业权转让报批和协助报批义务应如何认定？

根据国务院《探矿权采矿权转让管理办法》第八条等相关法律、法规，申请矿业权转让审批的义务人为探矿权人和采矿权人。矿业权转让合同中一般也约定由矿业权人（转让人）负责办理矿业权转让报批以及矿业权变更登记手续，并往往作为支付相应转让款的付款条件。因此，一般情况下，转让人（矿业权人）系矿业权转让报批义务人，受让人则为协助报批义务人。但在司法实践中，不同案件的情况又非常复杂，人民法院在审理裁判具体个案时要注意区分如下几种情况：

1. 矿业权人签订矿业权转让合同后，未向受让人交付办理矿业权转让审批所需的证照、印章、文件等相关资料。此种情况下，矿业权人作为转让人依法承担向国土资源主管部门申请办理矿业权转让审批的义务，受让人负责协助；矿业权转让申请获批后双方当事人根据合同约定及相关规定办理矿业权变更登记，换领矿产资源勘查许可证或者采矿许可证。

2. 矿业权人签订矿业权转让合同后，向受让人交付申请办理矿业权转让审批所需的证照、印章、文件等相关资料，但约定仍由矿业权人（转让人）办理报批手续或者没有约定或约定不明确。此种情况下，无论基于合同约定或者法律规定，矿业权人仍属于报批义务人，受让人则系协助报批义务人。此类案件中，矿业权人往往认为自己已经将全部报批所需的证照、印章等手续交付给受让人，何时办理矿业权转让审批以及矿业权变更登记系受让人的事，自己只是配合办理审批以及变更登记即可，而受让人也往往基于种种考虑一直拖延办理，最后导致转让合同签订很长时间，但一直未办理或未完成矿业权转让审批以及矿业权变更登记，最后导致纠纷的发生。此类案件中，在认定矿业权人仍然属于报批义务人的基础上，应结合报批手续资料是否已全部移交给受让人、当事人对矿业权未申请办理或未完成转让审批、未办理矿业权变更登记是否有过错、过错大小以及是否催告过对方履行义务等案件事实判断是否应支持当事人的相关诉求。

3. 矿业权人签订矿业权转让合同后，向受让人交付申请办理矿业权转让审批所需的证照、印章、文件等所有相关资料，并约定由受让人办理报批手续。此种情况下，无论是否有合同约定，矿业权人作为转让人均不能免除其配合协助的义务，而受让人依约负有以转让人（矿业权人）名义主动办理矿业权转让审批的义务。此种特殊约定，不违反法律、行政法规的强制性规定，不损害国家和社会公共利益，人民法院应予尊重。在当事人就转让合同的履行发生纠纷时，人民法院应以此约定作为认定双方责任的基础，若受让人因自身原因未办理或未及时办理矿业权转让审批造成的法律后果，应自行承担。

4. 其他形式的矿权转让合同中报批义务与协助报批义务的认定。在矿业权纠纷审判实践中，除矿业权人直接与受让人签订矿业权转让合同外，尚有发生在矿山企业分立、合并、兼并重组以及个人独资矿山企业投资或者合伙矿山企业合伙财产份额转让等情形下导致的矿业权转让。这些合同在涉及矿业权主体变更的情况下，往往被认定为矿业权转让合同或包含矿业权转让条款内容的合同。此种合同无论从形式到内容均更为复杂，对于报批义务和协助报批义务的认定应更为慎重，应根据法律规定和合同约定，结合矿山及其证照、公章、文件等报批所需资料是否移交，是否需要另签订转让合同，当事人对未办理矿业权转让报批是否有有错、过错大小以及是否催告过对方履行义务等因素综合考虑是否支持当事人的相关诉求。

案例：张某投资拥有煤矿一座，并注册为个人独资企业，采矿权登记在企业名下并注明投资人为张某。2012年张某与任某签订转让合同，将该煤矿的所有资产及收益包括但不限于采矿权、矿井、设施、车辆等财产和该个人独资矿山企业出资全部转让给任某；合同约定任某支付80%转让款时，张某需将煤矿及其证照、公章、账务、文件等全部资料交付给任某，余20%转让款在张某将煤矿营业执照、采矿许可证变更登记到任某指定的主体名下后10日内一次性付清，并明确了张某的矿业权转让报批、矿业权变更登记义务。2015年，任某以张某一直未能履行将矿业权变更登记到其名下为由请求解除转让合同、返还已付转让款，而张某亦反诉要求任某支付20%的余款。

本案查明的主要事实：转让合同签订后，任某支付了80%转让款，张某移交了煤矿及其证照、公章、文件等资料；2013年根据国家煤矿资源整合政策，经该煤矿申请，国土资源厅批准同意该矿采矿权转让给具有兼并重组资格的L集团，后经L集团同意又退出；2015年1月，又经国土资源厅批准同意该矿采矿权转让给X公司，但未完成兼并重组手续，未办理采矿权变更登记；2014年、2015年该煤矿采矿权被法院司法查封，X公司也证明未能完成兼并重组手续是因为在办理手续过程中发现该煤矿对外欠付大量债务导致采矿权被查封。2015年11月，X公司亦丧失煤矿兼并重组主体资格。

法院认为：尽管转让合同的标的包括煤矿的全部资产及收益，但转让的实质资产系该煤矿名下的采矿权，故本案定性为采矿权转让合同纠纷有事实依据。转让合同自依法成立之日起具有法律约束力，双方当事人均应依约履行自己的义务，除法律规定或者当事人约定外，不得随意解除或者变更合同。本案中，张某作为个人独资矿山企业的投资人根据法律规定和合同约定负有申请矿业权转让审批、办理矿业权变更登记的义务，应系报批义务人。同时，根据相关法律规定，案涉采矿权的报批及变更登记均需以煤矿的名义申请，而煤矿及其证照、公章、文件等资料已经移交给任某控制或持有，在此意义上，受让人任某对于案涉采矿权转让何时申请报批、何时办理矿业权变更登记具有更大主动性，转让人张某更多的则是承担配合协助的义务。从合同签订的履行情况看，经该煤矿申请，已经两次经国土资源厅批准同意对外转让，也没有证据证明张某不履行配合协助义务。2015年煤矿未完成与X公司的兼并重组、采矿权未变更登记系因煤矿涉诉采矿权被司法查封所致，作为转让人的张某对此并无过错，且在一审诉讼过程中，张某也通过多种途径向任某催告履行其尽快解除采矿权查封、消除采矿权变更登记的法律障碍。任某亦提出本案符合情势变更的情形，并据此主张解除转让合同，理据不足。任某以张某违反报批、变更登记义务导致其合同目的不能实现为由请求解除合同、返还已付转让款，无事实和法律依据，不予支持。由于案涉采矿权尚未实际变更登记到任某或任某指定的主体名下，亦不符合20%尾款支付条件，张某关于支付该笔转让款的反诉请求亦不予支持。二审法院驳回任某上诉，维持原判。

【法规链接】

《合同法》

第八条 依法成立的合同，对当事人具有法律约束力。当事人应当按照约定履行自己的义务，不得擅自变更或者解除合同。

依法成立的合同，受法律保护。

第五十二条 有下列情形之一的，合同无效：

（一）一方以欺诈、胁迫的手段订立合同，损害国家利益；

（二）恶意串通，损害国家、集体或者第三人利益；

（三）以合法形式掩盖非法目的；

（四）损害社会公共利益；

（五）违反法律、行政法规的强制性规定。

第五十四条 下列合同，当事人一方有权请求人民法院或者仲裁机构变更或者撤销：

（一）因重大误解订立的；

（二）在订立合同时显失公平的。

一方以欺诈、胁迫的手段或者乘人之危，使对方在违背真实意思的情况下订立的合同，受损害方有权请求人民法院或者仲裁机构变更或者撤销。

当事人请求变更的，人民法院或者仲裁机构不得撤销。

第五十五条 有下列情形之一的，撤销权消灭：

（一）具有撤销权的当事人自知道或者应当知道撤销事由之日起一年内没有行使撤销权；

（二）具有撤销权的当事人知道撤销事由后明确表示或者以自己的行为放弃撤销权。

第五十六条 无效的合同或者被撤销的合同自始没有法律约束力。合同部分无效，不影响其他部分效力的，其他部分仍然有效。

第六十条 当事人应当按照约定全面履行自己的义务。当事人应当遵循诚实信用原则，根据合同的性质、目的和交易习惯履行通知、协助、保密等义务。

第一百一十条 当事人一方不履行非金钱债务或者履行非金钱债务不符合约定的，对方可以要求履行，但有下列情形之一的除外：

（一）法律上或者事实上不能履行；

（二）债务的标的不适于强制履行或者履行费用过高；

（三）债权人在合理期限内未要求履行。

《探矿权采矿权转让管理办法》

第八条 探矿权人或者采矿权人在申请转让探矿权或者采矿权时，应当向审批管理机关提交下列资料：

（一）转让申请书；

（二）转让人与受让人签订的转让合同；

（三）受让人资质条件的证明文件；

（四）转让人具备本办法第五条或者第六条规定的转让条件的证明；

（五）矿产资源勘查或者开采情况的报告；

（六）审批管理机关要求提交的其他有关资料。

国有矿山企业转让采矿权时，还应当提交有关主管部门同意转让采矿权的批准文件。

第十条 申请转让探矿权、采矿权的，审批管理机关应当自收到转让申请之日起40日内，作出准予转让或者不准转让的决定，并通知转让人和受让人。

准予转让的，转让人和受让人应当自收到批准转让通知之日起60日内，到原发证机关办理变更登记手续；受让人按照国家规定缴纳有关费用后，领取勘查许可证或者采矿许可证，成为探矿权人或者采矿权人。

批准转让的，转让合同自批准之日起生效。

不准转让的，审批管理机关应当说明理由。

《合同法解释（二）》

第八条 依照法律、行政法规的规定经批准或者登记才能生效的合同成立后，有义务办理申请批准或者申请登记等手续的一方当事人未按照法律规定或者合同约定办理申请批准或者未申请登记的，属于合同法第四十二条第（三）项规定的"其他违背诚实信用原则的行为"，人民法院可以根据案件的具体情况和相对人的请求，判决相对人自己办理有关手续；对方当事人对由此产生的费用和给相对人造成的实际损失，应当承担损害赔偿责任。

《外商投资企业纠纷规定（一）》

第一条第二款 前款所述合同因未经批准而被认定未生效的，不影响合同中当事人履行报批义务条款及因该报批义务而设定的相关条款的效力。

第六条第一款 外商投资企业股权转让合同成立后，转让方和外商投资企业不履行报批义务，受让方以转让方为被告、以外商投资企业为第三人提起诉讼，请求转让方与外商投资企业在一定期限内共同履行报批义务的，人民法院应予支持。受让方同时请求在转让方和外商投资企业于生效判决确定的期限内不履行报批义务时自行报批的，人民法院应予支持。

第八条 矿业权转让合同依法成立后，转让人无正当理由拒不履行报批义务，受让人请求解除合同、返还已付转让款及利息，并由转让人承担违约责任的，人民法院应予支持。

【条文主旨】

本条是关于转让人不履行报批义务法律后果的规定。

本解释第七条规定了矿业权转让合同依法成立后，若受让人不履行或迟延履行报批义务，转让人可以根据《合同法》第一百十一条的规定请求其履行该项义务。但是若受让人权衡利弊后不选择请求转让人实际履行，而是直接解除合同并请求转让人承担赔偿责任，是否可行？合同解除事由尤其是法定事由是否与《合同法》规定的一般合同解除事由一致？解除权如何行使？合同解除后产生何种法律后果，尤其是因转让人根本违约导致合同解除时，转让人承担赔偿责任的性质和范围如何确定，等等。因矿业权转让申请获批前，转让合同在不具备完整的法律效力，使得这些问题变得非常复杂，在理论和实践中均存在一定争议。本条解释即主要针对这些问题制定。

一、矿业权转让报批前转让合同能否解除

根据本解释第六条的规定，矿业权转让合同自依法成立之日起具有法律约束力，但是在矿业权转让申请未经国土资源主管部门批准前，该合同不具有实现力，即受让人不能直接请求转让人履行办理矿业权变更登记手续等合同义务。对于能否解除这种尚不具有完整法律效力的合同，存在不同的观点。

一种观点认为，能够解除的合同必须是合法有效的合同。① 合同的解除是合同权利义务终止的一个原因，它产生在合同生效之后尚未履行完毕之前。对于尚未经批准的合同，在控制流程上仍处于效力判断阶段，并未达到履行阶段，故可能存在撤销甚至宣告无效的问题，但不存在解除的问题。② 另一种观点则认为合同已经成立了，但尚未生效，此时一方当事人实施了严重的不法行为，致使对方当事人若继续固守该合同，等待生效，就会遭受重大损失。在这种情况下，该对方当事人主张解除该合同，应得到支持。③

我们原则同意第二种观点，但又有一定差异，主要理由在于：第一，《合同法》第八条规定："依法成立的合同，对当事人具有法律约束力。当事人应当按照约定履行自己的义务，不得擅自变更或者解除合同。依法成立的合同，受法律保护"，据文义解释，依法成立的合同虽不得擅自解除，但若当事人事后约定，或出现约定的解除事由，或具备法定的解决权时仍可解除，就此而言，合同解除仅与合同成立相关，而与合同是否生效并无必然联系。④ 因此，只要矿业权转让合同依法成立，即使矿业权转让尚未经审批，也存在解除的可能和需要。第二，据目的解释，合同解除制度设立的主要目的在于当合同无法继续履行或者合同继续履行对双方或一方无实际意义时，允许当事人通过协商或行使解除权的方式从合同中解放出来，以便其将有限的经济资源投入到另一交易之中，并产生更大的社会效益。故合同解除的主要功能在于"合同义务的解放"，以及由此派生的非违约方"交易自由的回复"及违约方"合同利益的剥夺"。⑤ 矿业权转让合同依法成立后，除具有形式上的约束力之外，还产生独立于审批之外的报批义务，该义务同样存在无法继续履行或继续履行无实际意义的情形，尤其是在转让人不履行报批义务时，若不允许受让人利用合同解除制度跳出合同的约束，其就始终负有给付价款的对待给付义务，也不能另行寻找交易对象，这样既不利守约方利益的保护，还会造

---

① 王利明：《合同法研究（第二卷）》，中国人民大学出版社2011年版，第286页。
② 万鄂湘主编：《最高人民法院关于审理外商投资企业纠纷案件若干问题的规定（一）条文理解与适用》，中国法制出版社2011年版，第20~21页。
③ 崔建远：《合同解除的疑问与释答》，载《法学》2005年第9期。
④ 刘贵祥：《论行政审批与合同效力——以外商投资企业股权转让为线索》，载《中国法学》2011年第2期。
⑤ 韩世远：《合同法总论》，法律出版社2015年版，第507页。

成社会资源的浪费，不符合诚实信用原则和效率原则。第三，既然已经发生法律效力的合同尚且可以解除，不再受合同严守原则的束缚，那么，举重明轻，尚不具备完整效力的合同，就更应当允许解除了，除非阻止此类合同生效履行且宜提前消灭的正当事由不存在。① 有基于此，《外商投资企业纠纷规定（一）》第五条、第六条均规定当事人可以在符合一定条件的情况下解除未经审批的外商投资企业股权转让合同。虽然根据本解释的规定，审批因素对矿业权转让合同效力与外商投资企业股权转让合同效力的影响存在一定差异，但在不具备完整法律效力的合同能够解除方面并无实质性区别，故本条解释规定在转让人无正当理由拒不履行报批义务时，受让人有权直接解除矿业权转让合同。

二、矿业权转让报批前转让合同的解除原因

合同解除按照不同的标准可以划分为多种类型。较为典型、在解释论上也较有意义的划分是按照解除权发生的原因，分为协议解除、约定解除与法定解除。《合同法》第九十三条和第九十四条分别对三种类型的合同解除作了规定。那么矿业权转让报批前尚不具有履行效力的矿业权转让合同，能否直接适用上述规定，还是存在特殊之处，需要明确。

（一）协议解除

协议解除是指合同成立以后，当事人双方通过协商解除合同，使合同效力消灭。协议解除是契约自由原则在合同消灭领域的自然延伸，是当事人意思自治的当然体现，其特点在于意思自治而非国家管制。我国《合同法》第九十三条第一款规定了协议解除制度，即"当事人协商一致，可以解除合同"。其实质在于双方当事人通过新的解除协议取代旧的合同关系，至于合同解除之后当事人权利义务的安排，也可在新的解除协议中一并解决。可见，协议解除能起到降低当事人纠纷解决成本和国家司法成本的作用。解除协议作为一新的合同，其成立、生效、履行、终止乃至违约责任等均可适用《合同法》的相关规定。若解除协议并未对合同解除的法律效果作出详细规定，则应依据合同解释的规则，结合原合同和解除协议，探究当事人的真实意思。

---

① 崔建远：《合同解除的疑问与释答》，载《法学》2005年第9期。

需要注意，因协议解除主要涉及当事人在意思自治的基础上对双方利益进行重新安排，其适用对象和适用条件最宽，既包括有效合同、未生效合同和效力待定的合同，也包括报批前尚不具有完整法律效力的合同。在金沙县高坪乡老虎石煤矿、刘肇坤、孙大明与贵州国能能源有限公司采矿权转让合同纠纷一案中，① 当事人通过签订补充协议的方式，解除了已经签订但矿业权转让申请尚未经审批的转让合同，法院即认可了该补充协议的效力。

（二）约定解除

约定解除是指当事人双方在合同中约定，在合同成立之后，由当事人一方在某种解除合同的条件成就时享有解除权，并可以通过行使合同解除权，使合同关系消灭。其特点在于当事人双方预先在合同中约定合同解除条件并确定有解除权的一方，若在合同履行过程中该条件出现，则由解除权人单方依约行使解除权。应该说，约定解除在一定程度上也体现了当事人的意思自治，唯体现该意思自治的时间（预先）、方式（在原合同中体现）等与协议解除截然有别，而与附解除条件的合同则较为类似。当然，合同是否能最终解除，仍取决于有约定解除权的一方是否实际行使该权利，在这一点上又与附解除条件的合同不同。我国《合同法》第九十三条第二款规定了约定解除制度，即"当事人可以约定一方解除合同的条件。解除合同的条件成就时，解除权人可以解除合同"。我们认为约定解除的对象亦包括报批前的合同，而且关于解约权的约定，原则上不以审批为生效要件，即解除约款在报批前已生效。如在实践中，当事人在矿业权转让合同中约定，"若在合同签订后的三个月内矿业权转让申请不能获得国土资源管理部门的批准，受让人有权解除合同"，在符合该约定的情形下受让人即有权直接解除合同。此外，当事人也可在矿业权合同中约定解约定金，并根据合同约定和最高人民法院《担保法解释》第一百一十七条关于"定金交付后，交付定金的一方可以按照合同的约定以丧失定金为代价而解除主合同，收受定金的一方可以双倍返还定金为代价而解除主合同"的规定来处理，而不论解除权行使时是否经过审批。

（三）法定解除

法定解除是指合同成立之后，当事人一方通过行使法定的解除权而使合

---

① 参见最高人民法院（2015）民一终字第151号《民事判决书》。

同效力消灭。法定解除与约定解除、协议解除最大的不同在于其体现了国家的干预，即立法者基于自身的价值判断和利益衡量，为合同解除预设条件。法定解除具体又可以分为两种，即一般法定解除与特种法定解除。前者规定于合同法总则、适用于各类合同的解除，后者一般规定于合同法分则、适用于具体的有名合同的解除，因矿业权转让合同不属于有名合同，相关法律法规也没有对其解除事由作出特殊规定，故应适用一般法定解除的规定。我国《合同法》第九十四条对于一般法定解除权的发生事由作了明确的规定，其中第一项为因客观原因的解除，第二、三、四项所规定的均为因违约行为的解除，其天然的与违反合同的救济发生关联，成为违约补救的一种方式。而对违约方而言，合同解除则具有惩罚性质，是对其合同利益的剥夺。

1. 因不可抗力发生的解除权。在审批之前，若因不可抗力导致报批义务不能继续履行或继续履行缺少实际意义时，双方均可依据《合同法》第九十四条第一项关于"因不可抗力致使不能实现合同目的"的规定解除合同。如因自然灾害、战争等原因导致矿产资源灭失或矿区遭受严重破坏，使得矿业权转让合同的目的不能实现等。此外，因矿业权本身属于国家管控较为严格的权利类型，其流转受国家法规、政策影响较大，且相关政策变动较为频繁，导致实践中出现一些因政策变化而无法继续履行转让合同的纠纷。如在国家大力推进煤矿企业兼并重组过程中，转让人因标的矿山被其他企业整合收购，从而不能履行报批义务，这种情况下当事人常以不可抗力或情势变更为由主张解除合同。法院则可在个案中根据其是否属于不能预见、不能避免、不能克服的客观情况，以及对合同履行的影响程度等因素，决定是否予以支持。[①]

2. 因拒绝履行发生的解除权。《合同法》第九十四条第二项规定："在履行期限届满之前，当事人一方明确表示或者以自己的行为表明不履行主要债务"，相对人可以解除合同，且没有催告要求。这一规定参考了英美法上的预期违约，显然又有所超越，即不仅有"期前"拒绝履行，也包括了"届期"拒绝履行；不仅有"明示"拒绝履行，还包括了"默示"拒绝履行。[②] 具体

[①] 相关案例可参见《最高人民法院（2014）民一终字第157号田祥柏与孔祥生等人采矿权转让合同纠纷案》，载江必新主编：《最高人民法院矿产资源案件审判思路与裁判方法》，中国法制出版社2016年版，第98页。

[②] 韩世远：《合同法总论（第三版）》，法律出版社2015年版，第515页。

到矿业权转让合同中，受让人能否以转让人拒绝履行报批义务为由解除合同，主要取决于报批义务是否属于上述规定中的"主要债务"。关于报批义务的性质，理论和实践中存在较大争议。有观点认为，报批义务属于法定义务，而非合同约定义务，《合同法解释（二）》第八条将当事人拒不履行报批义务的行为解释为《合同法》第四十二条第三项规定的"其他违反诚实信用原则的行为"，也表明报批义务属于附随义务。① 另有观点认为，报批义务属于合同义务中的从给付义务，能够独立诉请履行，该义务源于诚实信用原则，属于合同的默示条款，其并非先合同义务，因为先合同义务的违反仅导致缔约过失责任，无过错方并不能请求强制实际履行。② 《外商投资企业纠纷规定（一）》中关于报批义务可以强制履行以及违反后可以解除合同并由转让人承担违约赔偿责任的规定，即采纳了该观点。还有观点认为，附随义务、从给付义务的区分并无实益，关键是将实际履行以及违反后的损害赔偿范围务实的加以规定。③

我们认为，报批义务的特点和功能决定了其在性质上呈现出多样化、复合性的特征。一方面，报批义务产生于矿业权转让合同具有履行效力之前，其具有促成合同完全生效的意义，并作为合同继续履行的基础，这一点与《合同法》第六十条第二款"当事人应当遵循诚实信用原则，根据合同的性质、目的和交易习惯履行通知、协助、保密等义务"中的协助义务具有类似之处，故具有附随义务的特征。另一方面，转让人根据合同约定或者法律规定申请报批，也是其履行矿业权转让义务（权利变动义务）的第一个阶段，是其进一步办理矿业权变更登记等公示程序的基础。转让申请一经批准，变更登记和取得矿业权许可证也成为当然结果，这说明报批在本质上也属于矿业权转让的重要组成部分，是转让人履行合同的主要形式。而且根据本解释第七条的规定，报批义务是可以由受让人独立诉请强制履行的。从这方面看，报批义务又体现出主给付义务的特征。

---

① 崔建远、吴光荣：《中国法语境下的合同效力：理论与实践》，载《法律适用》2012年第7期。

② 刘贵祥：《论行政审批与合同效力——以外商投资企业股权转让为线索》，载《中国法学》2011年第2期。

③ 汤文平：《批准（登记）生效合同、"申请义务"与"缔约过失"》，载《中外法学》2012年第2期。

报批义务在法律属性上的双重性决定了其与矿业权转让合同的目的能否顺利实现密切相关，若转让人拒绝履行该义务，受让人获得矿业权的目的将确定不能实现，且是全部而非部分不能实现，故报批义务应属于能够产生解除权的"主要债务"，转让人拒不履行时构成根本违约，受让人有权解除合同。当然，如果转让人拒绝履行有正当理由，比如矿业权转让合同约定受让人支付全部或者部分转让款后才办理报批手续，或者约定申请报批与支付价款同时进行，转让人基于行使先履行抗辩权或同时履行抗辩权拒绝履行报批义务的，受让人不得解除合同。

3. 因迟延履行而产生的解除权。《合同法》第九十四条第三项、第四项分别规定了"须经催告的解除"和"无催告的即时解除"两种情况，对于未经审批的矿业权转让合同而言，这两种情况均有适用空间。第一，在普通的迟延履行场合，若矿业权转让合同中约定了转让人申请报批的期限，其在该期限届满时未履行报批义务，经受让人催告后在合理期限内仍未履行的，受让人有权解除合同。第二，转让人一方迟延履行报批义务导致不能实现合同目的的，受让人有权直接解除合同。这种情况多由当事人在合同中约定，如不在特定时日履行报批义务即发生解除权的情形。需要明确，本《解释》虽未明确规定转让人迟延履行报批义务时受让人的解除权，但是在经受让人催告后转让人仍未报批的，效果上等同于拒绝履行，受让人仍可依据《合同法》上述规定及本条解释规定行使解除权。

4. 因其他情形而产生的解除权。鉴于报批义务的特殊性，一般并不存在不完全履行的情形，但存在履行不能的情形。如依据本《解释》第十一条的规定，矿业权转让合同依法成立后、国土资源主管部门批准转让前，矿业权人又将矿业权转让给第三人并经国土资源主管部门批准、登记，转让人的报批义务即可能构成履行不能，受让人可请求解除转让合同。此外，在国土资源管理部门对报批申请明确不予批准的情况下，受让人可以报批义务不能履行而导致合同目的不能实现为由请求解除合同。如在"贵州肥矿光大能源有限公司（简称肥矿光大公司）与柳振金、马敏奎采矿权纠纷"[①]一案中，最高人民法院认为，贵州省国土资源厅针对肥矿光大公司提交的《关于是否审

---

① 参见最高人民法院（2015）民一终字第159号《民事判决书》。

批同意煤矿采矿权转让的请示》，于 2014 年 12 月 15 日作出《关于威宁县草海镇大宏山煤矿采矿权转让相关事宜的复函》，明确"涉及煤矿采矿权的转让，我厅根据《省人民政府办公厅关于进一步推进全省煤矿企业兼并重组工作的通知》的规定，按省能源局公示的名单和煤矿采矿许可证载明的现状，将煤矿采矿权过户到对应的兼并重组主体名下。即是只受理向兼并重组主体企业转让采矿权的申请"，而贵州省能源局公示的兼并重组主体名单中并没有肥矿光大公司。就此而言，案涉《协议》涉及的采矿权已经不能办理过户并登记到肥矿光大公司名下，肥矿光大公司以合同目的不能实现为由请求解除案涉《协议》，应予支持。

三、矿业权转让报批前转让合同解除的法律后果

（一）终止履行与恢复原状

《合同法》第九十七条规定："合同解除后，尚未履行的，终止履行；已经履行的，根据履行情况和合同性质，当事人可以要求恢复原状、采取其他补救措施，并有权要求赔偿损失。"受让人以转让人无正当理由拒不履行报批义务，请求解除矿业权转让合同后，原则上应适用该条关于合同解除后的处理规则。首先，受让人的付款义务与转让人的报批义务及后续变更登记等义务均终止履行。此所谓"终止履行"，宜理解为债务免除，并非受让人取得抗辩权。因为解除为终结合同关系的手段之一，转让人的付款义务如尚未履行，便因解除归于终结，这也是受让人解除合同所要追求的主要目的之一，也是解除制度最基本的功能的体现。① 同时，这也伴随着对违反报批义务之受让人合同利益的剥夺。

其次，若受让人已支付全部或部分转让价款，鉴于矿业权转让合同属于一时性合同而非继续性合同，则有恢复原状或采取其他补救措施的适用空间。受让人有权请求转让人返还已付转让款及相应利息。本解释征求意见过程中，有部门建议本条增加利息判项指引的内容，应当明确计算利息的基数、利率标准、起止时间等裁判要求。经研究，我们认为利息确实也是合同解除、返还已付款项时必须要考虑的问题，该建议有一定的现实意义，但考虑到本解

---

① 韩世远：《合同法总论》，法律出版社 2015 年版，第 528~529 页。

释的专业性特点以及每个案件具体情况的可能存在的差异，若利息事项规定过多，可能冲淡整个条文的重点，故在本条中不作展开阐述。司法实践中，可结合合同中约定的利息条款、受让人实际支付转让款数额、转让人违约性质及程度、贷款基准利率等因素综合考量，确定利息基数及标准等。至于起算时间，有约定的从其约定，没有约定的一般可以转让人受领款项时计算返还。再次，若转让人在办理报批手续前已将标的矿山或矿业权相关证照交付，则合同解除后转让人亦可请求受让人返还。最后，在转让人不履行报批义务导致合同解除的情况下，亦可能涉及损失赔偿问题，这也是本解释制定过程中争议较大的问题之一。

（二）损失赔偿

受让人以转让人无正当理由拒不履行报批义务，请求解除矿业权转让合同后，有权请求转让人承担赔偿责任，但是对损失赔偿的性质及范围，理论和实践中有不同的观点。第一种观点为缔约过失责任说，该说认为不履行报批义务的一方应承担缔约过失责任，赔偿范围限于信赖利益的赔偿。理由是在合同成立以后，负有办理批准或者登记手续的一方当事人故意不去或者拖延办理批准或登记手续，致使合同不能生效，往往给另一方当事人造成损失，但由于合同未生效，不能按照合同要求承担违约责任，只能按照缔约过失的规定处理。[①] 即报批义务人违背的只是诚实信用原则，属于《合同法》第四十二条第三项"其他违背诚实信用原则的行为"，赔偿范围是"对方当事人由此产生的费用和给相对人造成的实际损失"，《合同法解释（二）》第八条即是采纳了这种观点。

第二种为缔约过失责任与违约责任区分说，该说认为若受让人不经过诉讼直接以转让人不履行报批义务为由解除合同，则只能请求转让人承担缔约过失责任，赔偿范围为信赖利益而非履行利益；若是受让人通过诉讼请求转让人履行报批义务，且法院判决转让人履行该义务但在判决确定期限内仍未履行的，受让人可以另行起诉请求转让人承担违约责任，赔偿其可得利益或者履行利益的损失。这是因为法院的判决对审批机关、当事人均具有拘束力，

---

① 沈德咏主编：《最高人民法院关于合同法司法解释（二）理解与适用》，人民法院出版社2009年版，第73页。

因此可以准用《合同法》第四十五条关于"当事人为自己的利益不正当地阻止条件成就的,视为条件已成就;不正当地促成条件成就的,视为条件不成就"的规定,在转让方不履行报批义务时,视为不正当阻止生效条件成就,承担合同生效后的违约责任,赔偿范围自然包括期待利益,包括差价损失、受益损失以及其他可预见的损失等。① 《外商投资企业纠纷规定(一)》第五条、第六条即支持此种观点。

第三种观点为违约责任说,该说认为不应作类型化的区分,基于矿业权转让合同自依法成立即对双方当事人具有法律约束力,合同的拘束力、确定力即发生效力,矿业权转让申请未经国土资源主管部门审批,只是合同尚不具有实现力,即尚不能根据转让合同办理矿业权变更登记手续。因此不管是否经过法院判决,只要转让人作为报批义务人无正当理由拒绝或者拖延办理审批手续的,均应承担违约责任,以充分保护受让人的合法权益,惩戒转让人的不诚信行为。

第四种观点系缔约过失责任违约化说,该说在将该损失赔偿定性于缔约过失责任的基础上,又从加强守约方利益保护、弥补缔约过失责任赔偿范围不足的角度,进行的制度设计。如有的提出当事人并没有专门针对报批义务约定违约责任,则应当承担缔约过失责任,转让人仅承担受让人的信赖利益损失;但是如果当事人专门针对报批义务约定了违约责任,那么转让方因为违反该约定,应当承担的是违约责任。② 有的提出虽然违反报批义务属于缔约过失行为,但若非这一行为该法律行为就会按受害人期待的内容实际成立,或者受侵害义务的保护目的含相关要求的话,该损失赔偿请求权可例外地延伸至履行利益。③ 还有的提出,当负有报批义务的当事人违反报批义务时,可发生缔约过失责任与违约责任的竞合,应允许对方当事人选择其中一种责任予以主张。④

我们认为,在这一问题上的众说纷纭,集中凸显了在"合同成立→生效

---

① 万鄂湘主编:《最高人民法院关于审理外商投资企业纠纷案件若干问题的规定(一)条文理解与适用》,中国法制出版社2011年版,第87~88页。
② 杨永清:《批准生效合同若干问题探讨》,载《中国法学》2013年第6期。
③ 汤文平:《批准(登记)生效合同、"申请义务"与"缔约过失"》,载《中外法学》2012年第2期。
④ 吴光荣:《行政审批对合同效力的影响:理论与实践》,载《法学家》2013年第1期。

→义务不履行→违约责任"这一本来顺畅的链条上，增添行政审批一环后呈现出的复杂局面。关于违反报批义务的责任性质及赔偿范围，似难一概而论，而应结合各个具体领域中行政审批的目的与性质、审批背后的政策考量、对合同效力的影响、报批义务实际履行的可能性、当事人信赖程度与缔约自由间的衡量等因素综合考虑。在制定本条解释的过程中，起草组由最初的缔约过失责任，到缔约过失责任的违约化处理，再到直接表述为违约责任，可以说经历了比较艰难的思考与探索过程，既是矿业权转让领域审判经验不断提炼、总结和升华的结果，也得到了相关部门和一线法官的大力支持。本解释最后采取违约责任说的主要理由是：

第一，从体系解释的角度，本解释并未遵照《合同法解释（二）》及《外商投资企业纠纷规定（一）》的模式，将未经审批的合同规定为未生效合同，而是基于合同效力可分步产生的理论，明确规定矿业权转让合同自依法成立之日起具有法律约束力；矿业权转让尽管尚未审批，但转让合同对当事人已产生拘束力和确定力，当事人应依约履行各自的合同义务；报批义务不仅是促成合同完全生效的条件，亦是转让人履行转让矿业权义务的主要形式和重要部分，属于与实现合同目的密切相关的"主要债务"。就此而言，当转让方违反报批义务时，受让人主张违约责任有相应的合同依据，亦不存在未生效合同何以导致违约责任的逻辑矛盾。相反，在允许诉请报批义务实际履行的情况下，承认违反报批义务后的违约责任，在体系与逻辑上才能保持一致。

第二，矿业权转让合同依法成立后，若转让人无正当理由拒不履行报批义务导致受让人合同目的不能实现，若仅支持受让人解除合同、返还已付转让款及利息的诉求，相当于激励和支持转让人恶意悔约或毁约、惩罚善意守约人，即便受让人可请求转让人承担缔约过失责任，由于我国目前理论通说认为缔约过失责任的赔偿范围限于信赖利益的损失，而信赖利益一般不得超过履行利益，实践中对于缔约过失责任的赔偿范围也是严格把握，因此也难以有效保护受让方的利益，也容易成为转让方逃避责任的借口，与诚实信用原则相悖。

第三，根据《合同法》第八条的规定，依法成立的合同不得擅自解除，受让人请求解除的主要依据是《合同法》第九十四条第二项至第四项关于因转让人违约行为导致合同目的不能实现的规定，相当于报批义务人构成了根本违约，就此而言，转让人承担较缔约过失责任更重的违约责任，具有实体的正当性和相应的法理依据，符合公平正义的法律原则。第四，缔约过失责任违约化处理是在合同整体认定未生效，但将报批义务条款及与履行报批义务相关条款认定为不受审批影响而独立生效，进而赋予针对报批义务而确定的违约条款亦同时生效；但若合同并没有专门针对违反报批义务的违约条款时，如何让转让人承担违约责任、承担何种违约责任就产生了问题。这也就是本解释征求意见过程中有部门所指出的：矿业权转让人不履行报批义务承担"相应违约责任"仅是作为独立条款的履行报批义务违约责任还是整个合同违约责任，实践中会有争议。为此，我们在合同效力可分步产生的理论指导下，明确表述此种情形下，转让人承担的就是违约责任，且是整个合同的违约责任。

此外，本解释征求意见过程中，还有部门倾向于建议对本条规定的法律后果及赔偿基础应适用缔约过失责任的有关规则，主要理由除了上述已论证的未生效合同能否产生违约责任外，还提出合同解除之损失赔偿同违约责任的关系素有争议；在本条规定中，直接规定合同解除应承担违约责任，则其适用法律依据似直接指向了《合同法》第一百一十三条关于违约赔偿的规定，与合同解除应适用《合同法》第九十七条规定的损失赔偿不一致，从法律的体系解释角度来看是否妥当，建议进一步斟酌。我们认为，《合同法》第九十七条规定的"赔偿损失"与第一百一十三条规定的"损失赔偿额应当相当于因违约所造成的损失，包括合同履行后可以获得的利益"具有一致性，原因是：第一，在一方违约导致合同解除的情况下，非违约方请求损失赔偿的基础在于另一方的根本违约行为，《合同法》上述两个条款规定的损失赔偿均为一方构成违约的法律结果，合同解除是一方构成根本违约情形下对另一方的法律救济，并非违约方承担损失赔偿的内在原因。《德国民法典》对合同解除的后果原采"直接效果说"，规定合同解除与债务不履行之赔偿责任不能并存，但实践中为克服对非违约方利益保护不足的缺陷，遂发展出间接效果说、折衷说、债务关系转换说、清算了结说、契约关系拟制存在说等诸多缓和化的理论。2002年德国新债法修正时则彻底改弦更张，承认合同解除后债权人亦可请求债务人承担债务不履行之赔偿责任。

第二，从表面上看，合同解除与合同被撤销具有一致性，但解除权发生在合同有效成立之后，且是由一方的根本违约行为引起；后者则在合同签订时即已存在，是当事人意思表示不真实等情形导致合同根本未发生效力。这就决定了合同解除的后果不应是使当事人的利益结构简单的恢复到合同签订前的状态。非违约方行使合同解除权，往往是面对另一方根本违约的无奈之举，而绝非自愿放弃合同正常履行后的可得利益。且可得利益与可得利益的赔偿并非同一概念。前者虽然只有在合同完全履行时才有可能产生，但后者是一方违约而导致守约方该利益应该得到而实际未得到，其有权要求赔偿，该赔偿请求权并不以合同完全履行为条件。更何况在很多案件中，非违约方已经履行了大部分甚至全部的合同义务，这种情况下若不允许非违约方请求违约损害赔偿，有悖于民法的诚信与公平原则。第三，最高人民法院《买卖合同纠纷解释》第二十六条规定："买卖合同因违约而解除后，守约方主张继续适用违约金条款的，人民法院应予支持"。由于我国《合同法》规定的违约金原则上系对违约损失赔偿的预定，与损失赔偿在目的上是一致的，故《买卖合同纠纷解释》也肯定合同解除与违约责任可以并存，即在约定违约金的情况下，合同解除后守约方可主张合同约定的违约金；在未约定违约金的情况下，守约方可依据《合同法》第一百一十三条的规定请求可得利益的赔偿。

【问题解答】

问题一：受让人如何行使矿业权转让合同解除权？

根据《合同法》第九十六条第一款关于"当事人一方依照本法第九十三条第二款、第九十四条的规定主张解除合同的，应当通知对方。合同自通知到达对方时解除。对方有异议的，可以请求人民法院或者仲裁机构确认解除合同的效力"的规定，合同解除权的行使采取向对方当事人发出解除通知的方式，自通知到达时即发生合同解除的法律效果。据此，合同解除权作为一种形成权，其行使不必借助形成之诉，在这一点上与合同撤销权具有较大区别。《合同法》的上述规定亦适用于矿业权转让申请未经审批的矿业权转让合同，即受让人以转让人不履行报批义务为由解除合同时，只要通知转让人即可，无须提起诉讼。当然，若受让人对解除通知有异议，可请求人民法院或者仲裁机构确认解除合同的效力，该异议既可以是明确表示不同意解除合同的意思表示，亦可以是请求对方继续履行合同或不履行恢复原状的义务等与合同解除效果相悖的意思表示，但须通过法院或仲裁机构提出。在转让人仅以通知的方式提出异议且拒不履行恢复原状等义务时，解除权人可通过诉讼或仲裁的方式确认合同解除的效力，并请求对方承担恢复原状、赔偿损失等责任。合同解除一经被生效判决所确认，其效力应溯及至合同解除通知到达转让人之时发生。

需要注意，根据《外商投资企业纠纷规定（一）》第五条和第六条的规定，若转让人不履行报批义务，受让人有两种选择：一是催告转让人履行，若其在合理期限内仍未履行，受让人可直接解除合同，但只能请求转让人承担缔约过失责任；二是先起诉请求转让人履行报批义务，转让人拒不根据法院判决确定的期限履行报批义务的，受让人可另行起诉请求解除合同，并请求转让人承担违约责任。可见，两种选择下，受让人行使解除权的条件、程序及请求损害赔偿的范围均不相同。本《解释》未采取这种区分模式，而是统一规定在转让人拒不履行报批义务的情况下，受让人可依据《合同法》第九十六条第一款的规定直接解除合同，既不需要催告或转让人不履行生效判决确定的报批义务作为前置条件，亦不要求必须通过诉讼方式行使，且在损害赔偿范围上也未做区分，即转让人一律承担包括履行利益在内的违约责任。

问题二：转让人承担损失赔偿责任的范围如何认定？

转让人拒不履行报批义务致矿业权转让合同解除时，应承担违约赔偿责任，司法实践中，赔偿范围可根据以下规则确定：

1. 若转让合同中已明确约定了转让人不履行报批义务的违约金条款，则原则上应按约定确定赔偿数额。理由是：一方面，该违约金条款往往属于因报批义务而设定的相关条款，无论基于报批义务条款及与履行报批义务相关条款的独立性，或者合同自依法成立即具有法律约束力，该违约条款均具有相应的法律效力，当事人均应实际遵守，而不受矿业权转让是否审批的影响；另一方面，该违约金条款可理解为《合同法》第九十八条规定的结算和清理条款，根据《买卖合同纠纷解释》第二十六条关于"买卖合同因违约而解除后，守约方主张继续适用违约金条款的，人民法院应予支持"的规定，受让人在解除合同后仍可依据该条款请求转让人支付违约金。当然，如果存在

《合同法》第一百一十四条规定的违约金过高或过低的情形,法院可依当事人的请求予以调整。在贵州国能能源有限公司与贵州省朗月矿业投资有限公司金沙县高坪乡老虎石煤矿、刘肇坤等采矿权转让合同纠纷一案中,① 当事人在签订矿业权转让合同后,又签订三份补充协议,约定解除原合同及退款事宜,并约定了违约金及滞纳金的条款,最高人民法院认为,该条款是为排除办理煤矿收购和采矿权转让报批的障碍以及在不能排除障碍时如何处理的约定,属于与履行报批义务相关的条款,没有违反法律、行政法规的强制性效力性规定,应为合法有效。老虎石煤矿、刘肇坤、孙大明在不能排除办理采矿权转让障碍、进而办理采矿权转让审批的情况下,应据此承担相应的违约责任。此外,还基于本案实际和国能公司的损失情况,将案涉违约金进行了适当调低。

2. 在当事人没有约定违约金的情形下,可依据《合同法》第一百一十三条第一款关于"当事人一方不履行合同义务或者履行合同义务不符合约定,给对方造成损失的,损失赔偿额应当相当于因违约所造成的损失,包括合同履行后可以获得的利益"的规定请求赔偿损失。该损失主要包括受让人为履行合同所支付的相关费用损失,受让人若取得矿业权后的预期收益损失以及矿业权的升值损失等。但是,该损失一是受可预见性规则的限制,即不得超过违反合同一方订立合同时预见到或者应当预见到的因违反合同可能造成的损失;二是受损益相抵规则的限制,即受让人因合同解除而没有的支出的费用可以扣除;② 三是受过失相抵规则的限制,若是受让人对造成的损失亦有过错,可减轻或免除转让人的违约责任。

【法规链接】

《合同法》

第八条 依法成立的合同,对当事人具有法律约束力。当事人应当按照约定履行自己的义务,不得擅自变更或者解除合同。

---

① 参见最高人民法院(2015)民一终字第151号《民事判决书》。
② 王利明:《合同法研究(第2卷修订版)》,中国人民大学出版社2011年版,第327页。

依法成立的合同，受法律保护。

第四十二条　当事人在订立合同过程中有下列情形之一，给对方造成损失的，应当承担损害赔偿责任：

（一）假借订立合同，恶意进行磋商；

（二）故意隐瞒与订立合同有关的重要事实或者提供虚假情况；

（三）有其他违背诚实信用原则的行为。

第四十五条　当事人对合同的效力可以约定附条件。附生效条件的合同，自条件成就时生效。附解除条件的合同，自条件成就时失效。

当事人为自己的利益不正当地阻止条件成就的，视为条件已成就；不正当地促成条件成就的，视为条件不成就。

第九十四条　有下列情形之一的，当事人可以解除合同：

（一）因不可抗力致使不能实现合同目的；

（二）在履行期限届满之前，当事人一方明确表示或者以自己的行为表明不履行主要债务；

（三）当事人一方迟延履行主要债务，经催告后在合理期限内仍未履行；

（四）当事人一方迟延履行债务或者有其他违约行为致使不能实现合同目的；

（五）法律规定的其他情形。

第九十七条　合同解除后，尚未履行的，终止履行；已经履行的，根据履行情况和合同性质，当事人可以要求恢复原状、采取其他补救措施、并有权要求赔偿损失。

第一百零七条　当事人一方不履行合同义务或者履行合同义务不符合约定的，应当承担继续履行、采取补救措施或者赔偿损失等违约责任。

第一百一十三条第一款　当事人一方不履行合同义务或者履行合同义务不符合约定，给对方造成损失的，损失赔偿额应当相当于因违约所造成的损失，包括合同履行后可以获得的利益，但不得超过违反合同一方订立合同时预见到或者应当预见到的因违反合同可能造成的损失。

《合同法解释（二）》

第八条　依照法律、行政法规的规定经批准或者登记才能生效的合同成立后，有义务办理申请批准或者申请登记等手续的一方当事人未按照法律规定或者合同约定办理申请批准或者未申请登记的，属于合同法第四十二条第（三）项规定的"其他违背诚实信用原则的行为"，人民法院可以根据案件的具体情况和相对人的请求，判决相对人自己办理有关手续；对方当事人对由此产生的费用和给相对人造成的实际损失，应当承担损害赔偿责任。

《外商投资企业纠纷规定（一）》

第五条 外商投资企业股权转让合同成立后，转让方和外商投资企业不履行报批义务，经受让方催告后在合理的期限内仍未履行，受让方请求解除合同并由转让方返还其已支付的转让款、赔偿因未履行报批义务而造成的实际损失的，人民法院应予支持。

第六条 外商投资企业股权转让合同成立后，转让方和外商投资企业不履行报批义务，受让方以转让方为被告、以外商投资企业为第三人提起诉讼，请求转让方与外商投资企业在一定期限内共同履行报批义务的，人民法院应予支持。受让方同时请求在转让方和外商投资企业于生效判决确定的期限内不履行报批义务时自行报批的，人民法院应予支持。

转让方和外商投资企业拒不根据人民法院生效判决确定的期限履行报批义务，受让方另行起诉，请求解除合同并赔偿损失的，人民法院应予支持。赔偿损失的范围可以包括股权的差价损失、股权收益及其他合理损失。

第九条 矿业权转让合同约定受让人支付全部或者部分转让款后办理报批手续，转让人在办理报批手续前请求受让人先履行付款义务的，人民法院应予支持，但受让人有确切证据证明存在转让人将同一矿业权转让给第三人、矿业权人将被兼并重组等符合合同法第六十八条规定情形的除外。

【条文主旨】

本条是关于受让人先履行义务的规定。

实践中，矿业权转让合同当事人在约定报批义务时，有时会约定以受让方支付部分或全部转让款作为转让方履行报批义务的条件；或者约定先由受让人支付部分或者全部转让款、再由转让方履行报批义务，上述情形下，如受让方未按合同约定先行给付转让款，主张转让方办理报批义务的，是否应予支持？或者转让方在履行报批义务，促进矿业权转让合同完全生效前，能否依据上述约定请求受让方先向其支付全部或者部分转让款？

一、"先付款后办理报批手续"约定的效力认定

上述问题，首先涉及对矿业权转让合同中先由受让人付款再由转让人办理报批手续这一约定的效力认定。主要存在以下三种观点：第一种观点认为，给付转让款从性质上属于主合同义务，矿业权转让合同未经审批尚未生效，报批义务条款及与履行报批义务相关的条款尽管可作为独立生效条款，但由于作为报批义务前提条件的付款义务尚未生效，而导致报批义务亦因条件未成就而未生效。故转让方不能依据合同的约定请求受让方给付转让款，仅可以依据合同取得针对受让方请求其履行报批义务的抗辩权，以及在受让方拒

不履行或迟延履行付款义务时请求解除合同。《外商投资企业纠纷规定（一）》第八条关于"外商投资企业股权转让合同约定受让方支付转让款后转让方才办理报批手续，受让方未支付股权转让款，经转让方催告后在合理的期限内仍未履行，转让方请求解除合同并赔偿因迟延履行而造成的实际损失的，人民法院应予支持"的规定，即采纳了该观点。第二种观点认为，先给付转让款条款属于与报批义务相关的条款而独立于主合同，尽管主合同未经审批而尚未生效，但报批义务条款以及为履行该报批义务而约定的受让方预付款条款已经生效，转让方有权依据合同的约定，在办理报批义务前有权请求受让方按照合同的约定给付转让款。第三种观点认为，矿业权转让合同自依法成立即具有法律约束力，既然双方当事人基于真实意思表示，约定了受让人在转让人报批义务前先行支付全部或部分转让款，双方当事人均应全面诚实履行，转让人有权依据合同约定请求受让人先行支付转让款。

事实上，对本条所涉问题的理解和处理，与矿业权转让合同依法成立后、矿业权转让审批前，矿业权转让合同的效力认定密切相关。无效说、生效说、成立未生效说、合同整体未生效但部分条款生效说等关于转让合同效力的学说，在解释论上均面临不同程度的理论不足和实践困难。无效说使得未经批准的合同如同一纸空文，任何约定都不具备实体法上的请求权基础；生效说在《物权法》第十五条、《合同法》第四十四条、《探矿权采矿权转让管理办法》第十条之间难以自洽；成立未生效说因欠缺效力状态上的合法性依据，或者仍需借助依法成立的合同具有法律约束力的法理来解决问题，或者最终沦于无效说的窠臼；合同整体未生效但部分条款生效说，除报批义务条款及与履行报批义务相关条款的独立性缺乏法律基础外，受让人的预付款义务能否在性质上无障碍地界定为与履行报批义务相关的条款，仍不失疑问。鉴于上述分析，本解释从矿业权转让合同的成立、有效、生效三个层面，结合确定力、拘束力、实现力等合同效力内容逐步"释放"的法理分析，本解释第六条对矿业权转让申请未经批准的矿业权转让合同效力进行了最新的界定，"矿业权转让合同自依法成立之日起具有法律约束力。矿业权转让申请未经国土资源主管部门批准，受让人请求转让人办理矿业权变更登记手续的，人民法院不予支持。当事人仅以未经国土资源主管部门批准为由请求确认合同无效的，人民法院不予支持。"基于此种界定，对矿业权转让合同中关于先有受让方支付全部或者部分转让款后办理报批手续的约定，可分析如下：

第一，人民法院作为中立裁判机关，应充分尊重当事人的意思自治，尽管矿业权转让合同因转让申请未经国土资源主管部门批准而尚未完全生效，但已经依法成立，具有法律约束力；当事人既然在合同中约定了先付款、再办理审批登记，自愿承担批准不能等法律或者商业风险，应视为当事人自由处分自己的权利，人民法院似无主动干预的必要。第二，矿业权转让合同自依法成立之日起即具有法律约束力，当事人均应依约履行各自的义务。在双方约定将付款义务作为报批义务的前提下，人民法院支持当事人依约履行，也是维护社会诚信的具体体现，有相应的法理基础。第三，从利益考量的角度来看，在转让方未履行报批义务、能否获得批准尚未明确的情况下，对受让方付款义务的强制履行，可能存在易导致利益失衡的疑虑。实际上，利益是否失衡很大程度上是一个主观判断问题，表面看起来，支持先付款的约定似乎对受让人不利，但如果不支持，是否也会对转让人不利？尤其在受让人基于特定目的引诱转让人与其签订包含此类约定的转让合同，而后又以合同未生效为由拒绝履行导致转让人错过其他交易机会的情形下更是如此。因此，从保护诚信守约人的角度，人民法院亦应尊重当事人的约定，赋予当事人的该项约定的法律约束力和强制执行力。

二、转让人的先履行抗辩权

根据本解释第六条的规定，矿业权转让合同依法成立后、转让申请未经批准前，其合同效力内容尚未完全"释放"，不具备实现力。但基于依法成立的合同具有法律约束力，受让方仍得请求报批义务的强制履行。需要注意的是，合同的强制履行力有其边界，报批义务的强制履行，除本解释第七条规定的矿业权转让合同具有法定无效情形、法律上或者事实上不具备履行条件的抗辩事由外，转让人在符合相应条件的情况下，亦得对受让人主张先履行抗辩权。

（一）先履行抗辩权概述

先履行抗辩权，是指在双务合同中因合同约定或者合同本身的性质等原因使当事人履行他们之间的有关联性的合同义务有先后顺序，后履行一方在先履行一方未履行合同义务前可以拒绝履行自己合同义务的权利。传统民法上，并无先履行抗辩权的概念，其被包含在"不履行合同的抗辩"的概念之下，如德国《民法典》第三百二十条第一款规定："因双务合同而负有义务的人，在另一方当事人履行对待给付义务之前，可以拒绝履行自己的给付，但自己负有先行给付义务的除外。"我国台湾地区"民法"第二百六十四条第一款规定："因契约互负债务者，于他方当事人未为对待给付前，得拒绝自己之给付。但自己有先为给付之义务者，不在此限。"《国际商事合同通则》第7.1.3条第（2）款规定："凡当事人各方应相继履行合同义务的，后履行的一方当事人可在应先行履行的一方当事人完成履行之前拒绝履行"，并注释中指出"本条与救济方法有关，并且实际上与大陆法的不履行合同的抗辩的概念是一致的"。先履行抗辩权，是对我国《合同法》第六十七条的学理概括，① 该条规定："当事人互负债务，有先后履行顺序，先履行一方未履行的，后履行一方有权拒绝其履行要求。先履行一方履行债务不符合约定的，后履行一方有权拒绝其相应的履行要求。"

（二）转让人先履行抗辩权的要件分析

根据上述规定，先履行抗辩权的实质性构成要件为：当事人因同一双务合同互负债务，且所互负债务在时间上有先后履行顺序；先履行一方未履行或者其履行债务不符合约定。矿业权转让合同中转让人的先履行抗辩权的构成，则需分析以下两个问题：

1. 付款义务与报批义务是否得以构成对待给付义务。

先履行抗辩权，与同时履行抗辩权一样，学说上多基于双务合同的牵连性理论，构造其理论基础。就矿业权转让合同中受让人的付款义务与转让人的报批义务而言，先后履行顺序的问题，自可由当事人自由约定，但两者之间是否具有牵连性、是否足以构成对待给付义务，则需论证。争论主要来自于报批义务的性质界定。有观点认为，报批义务属于法定义务，而非合同约定义务，《合同法解释（二）》第八条将当事人拒不履行报批义务的行为解释

---

① 有学者认为，先履行抗辩权概念，是我国合同立法的创新，克服了对双务合同之牵连性的狭隘认识，弥补了片面理解同时履行抗辩权所造成的制度缺陷。参见崔建远主编：《合同法》，法律出版社2007年版，第136页；朱广新：《先履行抗辩权之探究》，载《河南省政法管理干部学院学报》2006年第4期等。亦有学者认为，先履行抗辩权的概念提出实属无益的"创新"，参见韩世远：《〈国际商事合同通则〉与中国合同法的发展》，载《环球法律评论》2015年第6期。

为《合同法》第四十二条第三项规定的"其他违反诚实信用原则的行为"，也表明报批义务属于附随义务。① 另有观点认为，报批义务属于合同义务中的从给付义务，能够独立诉请履行，该义务源于诚实信用原则，属于合同的默示条款，其并非先合同义务，因为先合同义务的违反仅导致缔约过失责任，无过错方并不能请求强制实际履行。②《外商投资企业纠纷规定（一）》中关于报批义务可以强制履行以及违反后可以解除合同并由转让人承担违约赔偿责任的规定，即采纳了该观点。还有观点认为，附随义务、从给付义务的区分并无实益，关键是将实际履行以及违反后的损害赔偿范围务实的加以规定。③

我们认为，报批义务具有复合性：一方面，报批义务产生于矿业权转让合同具有实现力之前，具有促成合同完全生效的功能，是合同得以继续履行的基础。符合《合同法》第六十条第二款"当事人应当遵循诚实信用原则，根据合同的性质、目的和交易习惯履行通知、协助、保密等义务"规定的协助义务的特征，具有一定的附随性。另一方面，转让人根据合同约定或者法律规定办理报批手续，是其履行矿业权转让义务的先期阶段，是办理矿业权变更登记、取得勘查许可证或者采矿许可证、发生物权变动效果的基础，报批义务在本质上也属于矿业权转让义务的重要组成部分。本解释第七条规定，报批义务可以由受让人独立诉请强制履行，体现出主给付义务的特征。本解释第八条规定，转让人无正当理由拒不履行报批义务的，将导致矿业权转让合同目的不能实现，构成根本违约，可产生解除矿业权转让合同并由转让人承担整个合同上违约责任的法律后果，更为有力地佐证了报批义务的主给付义务属性。基于上述分析，转让人的报批义务和受让人的付款义务，作为矿业权转让合同的主给付义务，足以作为对待给付义务，形成双务合同上的牵连关系。

2. 受让人部分履行时的抗辩权行使。受让人所负先履行义务为金钱债

---

① 崔建远、吴光荣：《中国法语境下的合同效力：理论与实践》，载《法律适用》2012年第7期。

② 刘贵祥：《论行政审批与合同效力——以外商投资企业股权转让为线索》，载《中国法学》2011年第2期。

③ 汤文平：《批准（登记）生效合同、"申请义务"与"缔约过失"》，载《中外法学》2012年第2期。

务，其完全未履行时转让人得主张先履行抗辩权，自不待言；但其为部分履行时，转让人是否仍得主张先履行抗辩而不履行报批义务，较为疑难。

《合同法》第六十七条未就部分履行时先履行抗辩权的行使作出规定，仅规定先履行一方履行债务不符合约定的，后履行一方有权拒绝其相应的履行要求。其中，部分履行尚可解释为"履行债务不符合约定"范围之内，但拒绝相应的履行要求，在报批义务的履行上，似难以对"相应的"作出界定。就可参照的立法例而言，德国《民法典》第三百二十条第二款规定："另一方当事人已履行部分给付的，根据情况，特别是因迟延履行部分无足轻重时，当事人一方如果拒绝履行对待给付有违诚实信用原则的，即不得拒绝履行。"我国台湾地区"民法"第二百六十四条第二款亦有类似规定："他方当事人已为部分之给付时，依其情形，如拒绝自己之给付有违背诚实及信用者，不得拒绝自己之给付。"根据上述规定，负有先履行义务一方当事人部分履行时，后履行义务一方当事人并非当然获得拒绝履行的权利，只有其拒绝履行对待给付义务不违反诚实信用原则时，方可拒绝履行，可资借鉴。

三、受让人的不安抗辩权

不安抗辩权，是指双务合同的后履行方于订约后财产显形减少，有难为对待给付之虞，于其未为对待给付或提供担保前，先履行方得拒绝履行的权利。《合同法》第六十八条对此作了规定："应当先履行债务的当事人，有确切证据证明对方有下列情形之一的，可以中止履行：（一）经营状况严重恶化；（二）转移财产、抽逃资金，以逃避债务；（三）丧失商业信誉；（四）有丧失或者可能丧失履行债务能力的其他情形。当事人没有确切证据中止履行的，应当承担违约责任。"依照通说观点，不安抗辩权是为先履行方提供的一种防止因对方财产状况、履约能力恶化等因素导致不必要损失的法律救济制度，被视为广义"情势变更"的具体适用。

就不安抗辩权的性质而言，不安抗辩权的发生以后履行一方请求权的提出为前提，其内容为否定后履行一方的履行请求权，使其请求权不获实现，故为抗辩权，且先履行一方行使不安抗辩权的目的并不在于使后履行一方的请求权归于消灭，而是使其效力延期，故为延缓的抗辩权或者一时的抗辩权。《合同法》第六十八条规定，"应当先履行债务的当事人，有确切证据证明对方有下列情形的,可以中止履行",第六十九条规定,"对方提供适当担保的,应当恢复履行",显然具有延缓抗辩权的性质。但《合同法》第六十九条同时又规定,"中止履行后,对方在合理期限内未恢复履行能力并且未提供适当担保的,中止履行的一方可以解除合同",即符合条件的情况下,先履行一方依其享有的不安抗辩权可以解除合同。

就不安抗辩权的效力而言,先履行一方当事人,在后履行一方当事人未为对待给付或者提出担保之前,有权中止自己的履行,后履行一方当事人在合理期限内未恢复履行能力,亦未提供适当担保的,可认为为拒绝履行,相应地发生拒绝履行的法律后果,后履行一方当事人在合理期限内恢复履行能力或者提供了适当担保的,不安抗辩权即归于消灭。

本条解释在起草过程中,关于受让人的不安抗辩权曾规定为"但受让人有确切证据证明转让人存在合同法第六十八条规定的情形除外"。在征求意见过程中,有部门针对该条受让人行使不安抗辩权的情形,建议"结合矿业权纠纷特点,采取列举方式予以规范",主要理由:合同法第六十八条所列情形,比较接近买卖合同。经营状况严重恶化、丧失商业信誉、转移财产、抽逃资金等,似与矿业权转让合同关联性不大。矿业权转让合同的特点是受行政干预大,安全事故多,矿产品价格变化剧烈。例如,矿业权人在停产情况下转让矿业权,某种矿业产品市场价格波动大等,均是实践中较为常见的情况;但此时受让人以前述情形属于经营状况严重恶化,并拒绝继续支付对价,人民法院若予以支持,似有失公允,而且存在当事人权利滥用的风险。经研究认为,不安抗辩权所要解决的是信用不安的问题,固然绝大多数表现为金钱债务场合丧失给付能力的情形,但并不以此为限,也包括其他丧失或者可能丧失履行债务能力的情形,且没有必要要求与财产具有牵连关系。故对上述建议予以采纳,基于矿业权转让纠纷中可能经常出现的中止事由,结合《合同法》第六十八条第一款第四项"有丧失或者可能丧失履行债务能力的其他情形",解释列举了存在"转让人将同一矿业权转让给第三人"(即俗称的"一矿二卖")、矿业权人将被兼并重组两种情形,并以"等符合合同法第六十八条规定的情形"作为兜底。

【问题解答】

问题一：不安抗辩权的行使应遵循哪些程序？

《合同法》第六十九条规定："当事人依照本法第六十八条的规定中止履行的，应当及时通知对方。对方提供适当担保时，应当恢复履行。中止履行后，对方在合理期限内未恢复履行能力并且未提供适当担保的，中止履行的一方可以解除合同。"根据上述规定，不安抗辩权的行使无需以诉讼的方式进行，权利人可径行行使，即当先履行一方当事人又确切证据证明对方有不安事由时，即可中止自己的履行。值得注意的是，《合同法》第六十八条关于不安抗辩权的规定，未像第六十六条、第六十七条那样，使用"有权拒绝履行"的表述，而是直接规定了"可以中止履行"。但"中止履行"与"拒绝履行"是有区别的，后者必须以请求为前提，前者则无须此前提，即使相对人未主动请求履行，也可以中止自己的履行。《合同法》关于不安抗辩权的规定，可以视为对严格意义上不安抗辩权的扩张，其效果不仅体现为拒绝履行，也包括了对自愿履行行为的中止。依"举轻以明重"规则，不安抗辩权的行使，当然包括被请求履行的情形下，不安抗辩权人可以拒绝相对方的履行要求。[①]

为平等保护双务合同中双方当事人的合法利益，基于诚实信用原则的要求，在赋予先履行一方当事人不安抗辩权的同时，课以其两项附随义务：一是举证义务。为防止先履行一方当事人滥用不安抗辩权，不允许任意以另一方不能履行或有难以履行之虞为借口而随意中止自己应先履行的义务，《合同法》课以不安抗辩权人举证义务，即须有确切证据证明对方具有丧失或者可能丧失履行债务能力情形时始得中止履行，否则应担承担违约责任。二是通知义务。即不安抗辩权人在中止履行后，应当及时通知对方，以避免对方因中止履行而遭受不必要的损害，也便于另一方当事人收到通知后及时提供适当担保或者积极促进履行能力的恢复，以消灭先履行一方当事人的不安抗辩权。

[①] 韩世远：《合同法总论》（第二版），法律出版社2008年版，第272页。

问题二：如何理解不安抗辩权与预期违约、法定解除权的关系？

《合同法》第一百零八条规定了预期违约制度，"当事人一方明确表示或者以自己的行为表明不履行合同义务的，对方可以在履行期限届满之前要求其承担违约责任"。预期违约与不安抗辩权在法律性质、适用条件和救济措施上均有不同，相比于不安抗辩权，预期违约制度更具有灵活性，尤其在以下两种情形下，只能适用预期违约制度获得救济：其一，因不安抗辩权发生的一个重要条件是后履行方丧失或者可能丧失履行能力，而当后履行方明确表示不履行合同时，先履行方无法援引不安抗辩权来保护自己的利益。其二，当先履行方已经履行完毕其义务后方发现后履行方丧失或者可能丧失履行能力情形时，先履行方已无行使不安抗辩权的可能。但两者亦有交叉重合之处，如矿业权转让合同纠纷中，转让人在其报批义务履行期限到来之前，将矿业权转让给第三人并办理了审批登记手续的，既符合行使不安抗辩权的要件，也符合预期违约中"当事人一方以自己的行为表明不履行合同义务"的规定，此种情形下，受让人一方可行使不安抗辩权，也可适用预期违约制度，无需再支付转让款并等待报批义务履行期限届满，即可要求转让人承担违约责任。

此外，根据《合同法》第六十九条的规定，不安抗辩权的第二层次的效力为合同解除权，即后履行一方当事人经通知在合理期间内未恢复履行亦未提供适当担保的，不安抗辩权人可以解除合同。此种情形与《合同法》第九十四条第二项关于"在履行期限届满之前，当事人一方明确表示或者以自己的行为表明不履行主要债务"会存在一定的重合现象。前已分析，报批义务构成矿业权转让合同中的主要债务，如矿业权转让合同约定受让人支付全部或者部分转让款后办理报批义务的，但转让人在办理报批手续之前，又将同一矿业权转让给第三人并办理审批登记手续的，既可以解释为以自己的行为表明不履行主要债务，也可以解释为不安抗辩权行使条件中的丧失或者可能丧失履行债务能力的情形，此种情形下，宜采取体系解释的方法，对于《合同法》第九十四条第二项中"以自己的行为表明将不履行主要债务"的情形，应参照第六十九条的规定，进一步要求解除权的发生应以"催告"为前提。

问题三：未约定付款义务和报批义务的先后履行顺序时如何处理？

矿业权转让合同未明确约定转让方报批义务和受让方付款义务先后履行顺序，转让方在办理报批义务前请求受让方支付转让款的，应如何处理？

实践中存在不同认识。

根据本解释第六条的规定，依法成立的矿业权转让合同具有法律约束力，双方当事人均应认真履约，诚实守信。但矿业权转让合同依法成立后、转让申请批准前，存在报批义务人拒不履行报批义务，或者报批义务履行后国土资源主管部门不予批准的可能，此时转让人请求受让人支付全部价款有失公平，且如果转让人收取转让款后拒不履行报批义务，或者将来矿业权转让申请未获批准，还会发生返还之诉，徒增当事人诉累。故在合同对于履行义务没有约定先后顺序的，转让人在办理报批义务前诉请受让人支付转让款的，人民法院可中止审理，指令转让人在一定期限内办理报批手续。若矿业权转让申请获得国土资源主管部门批准的，对转让人支付转让款的诉讼请求，人民法院应予支持；若转让人在人民法院指定的期限内未履行报批义务或者报批后国土资源主管部门不予批准转让的，人民法院应驳回转让人的该项诉讼请求。

【法规链接】

《民法通则》

第五十七条 民事法律行为从成立时起具有法律约束力。行为人非依法律规定或者取得对方同意，不得擅自变更或者解除。

《合同法》

第八条 依法成立的合同，对当事人具有法律约束力。当事人应当按照约定履行自己的义务，不得擅自变更或者解除合同。

依法成立的合同，受法律保护。

第六十条 当事人应当按照约定全面履行自己的义务。

当事人应当遵循诚实信用原则，根据合同的性质、目的和交易习惯履行通知、协助、保密等义务。

第六十七条 当事人互负债务，有先后履行顺序，先履行一方未履行的，后履行一方有权拒绝其履行要求。先履行一方履行债务不符合约定的，后履行一方有权拒绝其相应的履行要求。

第六十八条 应当先履行债务的当事人，有确切证据证明对方有下列情形之一的，可以中止履行：

（一）经营状况严重恶化；

（二）转移财产、抽逃资金，以逃避债务；

（三）丧失商业信誉；

（四）有丧失或者可能丧失履行债务能力的其他情形。

当事人没有确切证据中止履行的，应当承担违约责任。

第六十九条 当事人依照本法第六十八条的规定中止履行的，应当及时通知对方。对方提供适当担保时，应当恢复履行。中止履行后，对方在合理期限内未恢复履行能力并且未提供适当担保的，中止履行的一方可以解除合同。

《外商投资企业纠纷规定（一）》

第八条 外商投资企业股权转让合同约定受让方支付转让款后转让方才办理报批手续，受让方未支付股权转让款，经转让方催告后在合理的期限内仍未履行，转让方请求解除合同并赔偿因迟延履行而造成的实际损失的，人民法院应予支持。

第十条　国土资源主管部门不予批准矿业权转让申请致使矿业权转让合同被解除，受让人请求返还已付转让款及利息，采矿权人请求受让人返还获得的矿产品及收益，或者探矿权人请求受让人返还勘查资料和勘查中回收的矿产品及收益的，人民法院应予支持，但受让人可请求扣除相关的成本费用。

当事人一方对矿业权转让申请未获批准有过错的，应赔偿对方因此受到的损失；双方均有过错的，应当各自承担相应的责任。

【条文主旨】

本条是关于国土资源主管部门不予批准矿业权转让申请法律后果的规定。

实践中，矿业权转让合同当事人虽然向国土资源主管部门报请转让审批，履行了报批义务，但国土资源主管部门在受理矿业权转让申请后，可能因受让人资质、政策变更等各种原因不予批准。此种情形下，矿业权转让合同的效力认定和法律后果，亦为实践中争议较大的问题。

一、矿业权转让审批与转让合同效力的认定

基于《矿产资源法》第六条、《探矿权采矿权转让管理办法》第三条、第十条等规定，矿业权转让须报请国土资源主管部门审批，转让申请获得批准，转让合同生效；而矿业权转让申请未获批准时，关于转让合同的效力应如何认定，存在无效、生效、未生效、整体未生效部分部分条款有效等不同观点，而观点不同的核心在于对转让审批和转让合同效力关系存在不同认识。第一种观点认为，行政审批是矿业权转让合同的特别生效要件，未经批准的矿业权转让合同效力为未生效，此种效力未定状态，至转让人履行报批义务

后未获国土资源主管部门批准而确定不发生效力。虽《合同法》上未规定未生效、确定不生效的效力状态，但2017年10月1日即将施行的《民法总则》第一百五十七条规定了民事法律行为确定不发生效力的效力状态，使得这一观点在立法层面上获得了依据。就转让申请未获批准的法律后果而言，同样可以依据《民法总则》第一百五十七条规定："民事法律行为无效、被撤销或者确定不发生效力后，行为人因该行为取得的财产，应当予以返还；不能返还或者没有必要返还的，应当折价补偿。有过错的一方应当赔偿对方由此所受到的损失；各方都有过错的，应当各自承担相应的责任。法律另有规定的，依照其规定。"第二种观点认为，矿业权转让中的批准是一种行政许可，未获批准意味着矿业权转让交易行为不被许可，合同的法定特别生效条件无法具备且不能补救，是无生效可能的合同，合同应认定为全部无效。就法律后果而言，应根据《合同法》第五十八条规定："合同无效或者被撤销后，因该合同取得的财产，应当予以返还；不能返还或者没有必要返还的，应当折价补偿。有过错的一方应当赔偿对方因此所受到的损失，双方都有过错的，应当各自承担相应的责任。"第三种观点认为，矿业权转让审批只是影响合同实现力的产生，并不影响合同的拘束力、确定力。矿业权转让合同依法成立即具有法律约束力，矿业权转让申请获批前不具有实现力，合同效力内容未全部生效；国土资源主管部门对转让申请不予批准，转让合同实际上就丧失了完全生效的可能性，也丧失了继续履行的必要。矿业权转让的合同目的不能实现，处于法律上或者事实上履行不能的状态。此种情况下，当事人依据国土资源主管部门不予批准矿业权转让申请的具体原因，根据转让合同约定或者《合同法》第九十四条第一项"因不可抗力致使不能实现合同目的"或第四项"当事人一方迟延履行债务或者有其他违约行为致使不能实现合同目的"的规定，可请求解除合同。

经过研究，我们采纳了第三种观点。对于矿业权转让申请未经审批转让合同应按无效认定的观点，本解释第六条明确规定不予支持，条文说明中对不予支持的理由也有较详细的评述，在此不再赘述。至于合同确定不生效的观点，我们认为，《民法总则》中虽未明文规定确定不发生效力的民事法律行为自始没有法律约束力，但其第一百五十七条对民事法律行为确定不发生效力、无效、被撤销的法律后果一并作出的规定，依体系解释方法可以得出确定不发生效力合同,与无效或者被撤销合同均自始没有法律约束力的结论;但该结论与矿业权转让合同自依法成立即具有法律约束力的规定明显冲突,最终的法律效果将与合同无效无异,故此种观点并不可取。基于第三种观点,矿业权转让未经审批,转让合同并非没有任何效力,实际上自依法成立之日就具有了法律约束力,当事人除非根据法律规定、双方协议或者事前约定的解除条件,否则不能擅自解除合同;而且《合同法》中关于合同解除的规定中并无"自始没有法律约束力"的内容,合同解除不过是使遇到了障碍的合同借此制度而改变运行轨迹,解除制度的启用,并非使人一下子回到出发点,实际上是使既有的债之关系转换为清算关系,借此制度而使当事人既存的关系善始善终。[1] 基于上述分析,从矿业权转让合同自依法成立之日起具有法律约束力的逻辑起点出发,矿业权转让申请未获批准的转让合同借助合同目的不能实现时的合同解除制度,可获得逻辑自洽的解决,而自始不具有法律约束力的无效、确定不生效力制度,显然与前述立场具有解释论上的冲突,这种冲突又会为后续法律后果的处理上带来更大的困难。

二、矿业权转让申请未获批准的法律后果

就合同解除后的法律后果,根据《合同法》第九十七条规定:"合同解除后,尚未履行的,终止履行;已经履行的,根据履行情况和合同性质,当事人可以要求恢复原状、采取其他补救措施,并有权要求赔偿损失。"分述如下:

(一)尚未履行的,终止履行

解除是合同权利义务终止的原因之一,解除权人负有的债务如尚未履行,便因解除归于终结,这是解除权人所要追求的主要目的之一("合同义务的解放"),也是解除制度最基本的功能的体现。[2] 同样的,相对人所负的债务,尚未履行的,亦因合同解除而终止履行。

(二)恢复原状

广义上的恢复原状包括采取其他补救措施。合同解除场合的恢复原状是

---

[1] 韩世远:《合同法总论》(第二版),法律出版社2008年版,第482页。
[2] 韩世远:《合同法总论》(第二版),法律出版社2008年版,第471页。

指恢复到当事人之间原来的法律关系状态。其性质并非单纯地以不当得利为基础的债务，返还并非仅限于现存利益的返还，而应当是一种全面返还，即基于合同而受领的全部利益均须返还。故受让人可请求转让方返还其支付的转让价款及利息，但转让人的恢复原状请求权，因转让申请未获批准，尚未发生矿业权的物权变动效果，故矿业权仍由转让人享有，在合同解除情况下，因采矿权、探矿权具有不同的权利内容而有所不同：

1. 采矿权人的恢复原状请求权。根据《矿产资源法实施细则》第六条、第三十条规定，采矿权，是指在依法取得的采矿许可证规定的范围内，开采矿产资源和获得所开采的矿产品的权利，采矿权人享有按照采矿许可证规定的开采范围和期限从事开采活动、自行销售矿产品、在矿区范围内建设采矿所需的生产和生活设施、根据生产建设需要依法取得土地使用权等权利。故受让方在矿业权转让申请获得批准之前已实际进行开采活动的，作为转让方的采矿权人可以请求受让人返还获得的矿产品及收益，但相关成本费用应予扣除。

2. 探矿权人的恢复原状请求权。根据《矿产资源法实施细则》第六条、第十七条规定，探矿权，是指在依法取得的勘查许可证规定的范围内，勘查矿产资源的权利，探矿权人的权利内容包括：按照勘查许可证规定的区域、期限、工作对象进行勘查，在勘查作业区及相邻区域架设供电、供水、通讯管线，在勘查作业区及相邻区域通行，根据工程需要临时使用土地，优先取得勘查作业区内新发现矿种的探矿权，优先取得勘查作业区内矿产资源的采矿权，自行销售勘查中按照批准的工程设计施工回收的矿产品等。根据上述规定，作为探矿权人的转让人有权请求受让人返还勘查资料和勘查中按照批准的工程设计施工回收的矿产品及收益，受让人为此支出的相关成本费用应予扣除。

需要强调的是，基于现有法律规定，探矿权人仅有勘查、并无开采矿产资源的权利，故无论探矿权人或者探矿权人受让人均不能进行矿产资源的开采，否则就构成非法开采。故探矿权受让人非法开采情况下，探矿权转让合同解除的，探矿权人并无权请求受让人返还非法开采获得的矿产品及收益。但探矿权人有权向主管部门举报，请求对受让人的非法开采行为依法处理，人民法院亦可以司法建议的形式提请主管部门对开采出的矿产品及收益进行处理。

本条解释在征求意见过程中，有部门建议删除征求意见稿中"受让人返还在扣除相关成本费用后获得的矿产品及收益"的内容，其理由是：矿业权转让申请未获批准，未发生矿业权的物权变动，受让人并未取得采矿许可证，而擅自从事开采活动，属于违法行为，根据《矿产资源法》第三十九条的规定，应当没收采出的矿产品和违法所得。我们经研究认为，《矿产资源法》第三十九条关于"违反本法规定，未取得采矿许可证擅自采矿的，擅自进入国家规划矿区、对国民经济具有重要价值的矿区范围采矿的，擅自开采国家规定实行保护性开采的特定矿种的，责令停止开采、赔偿损失，没收采出的矿产品和违法所得，可以并处罚款；拒不停止开采，造成矿产资源破坏的，依照刑法有关规定对直接责任人员追究刑事责任。单位和个人进入他人依法设立的国有矿山企业和其他矿山企业矿区范围内采矿的，依照前款规定处罚"的规定，不能直接适用于采矿权转让合同交易，毕竟转让人属于合法拥有采矿权的一方当事人，对其名下的采矿权享有物权法规定的占有、使用、收益和处分权能，采矿权人依法应有权将其采矿权转让给其他市场主体，尽管需要办理审批手续；若此等情形一律适用《矿产资源法》第三十九条的规定，采矿权受让人将不仅仅可能面临行政处罚的问题，而且还有触犯刑律构成犯罪（非法采矿罪）的极大可能；若国家已经通过出让程序收取了转让人（采矿权人）出让价款情况下，仅仅因为采矿权人将采矿权转让给他人尚未办理审批手续，就将受让人开采的矿产品予以没收，似也显失公平，将损害权利人的合法利益。但探矿权转让合同交易中，确实存在适用《矿产资源法》第三十九条的空间和可能，毕竟探矿权人只有勘查、而无开采矿产资源的权利，无论是探矿权人还是受让人、也无论是否经过探矿权转让审批，均无权开采勘查作业区内的矿产资源，否则就属于无证开采。

不过，考虑探矿权人在权利内容上亦包括可以自行销售勘查中按照批准的工程设计施工回收的矿产品，一概否定探矿权人返还矿产品及收益的请求权，与其权利内容不符，且勘查活动形成的勘查资料，亦属基于合同取得的财产，应予返还，故条文表述上从正面规定探矿权人的恢复原状请求权，即"探矿权人请求受让人返还勘查资料和勘查中回收的矿产品及收益，人民法院应予支持"。

(三) 赔偿损失

合同解除场合下的恢复原状，仅为单纯地使当事人互负返还已受领的给付的义务，并没有涵盖履行利益，为了更为周全地保护解除权人的合法利益，除了赋予解除权人恢复原状请求权外，对因债务不履行而产生的损害，还可以请求赔偿损失，赔偿损失的范围不限于信赖利益，可以包括履行利益和因合同被解除而产生的其他损失。这也是在效力认定上未选择无效或者确定不生效的路径的重要原因之一。在合同无效、确定不生效情形下的赔偿损失，仅系对信赖利益的赔偿，不足以对解除权人的合法利益形成周全保护。本条解释第二款即是关于矿业权转让申请未能获得批准后双方的损失承担问题。在矿业权转让申请未获批准致使合同解除的情形下，人民法院应根据当事人对于矿业转让未获批准是否存在过错以及过错大小认定其是否承担赔偿责任及具体赔偿数额，过错方应赔偿无过错方因此造成的损失，若双方均有过错的，应各自承担相应的责任。

本解释征求意见过程中，有部门提出：受让人只能请求返还转让款及利息，而转让人则可以获得产品和收益，可能会产生显失公平的情形，建议参照《外商投资企业纠纷规定（一）》第十八条规定的精神，在双方均无过错的情况下，参考管理因素和资本因素，就双方之间的损益进行合理分配。经研究，《外商投资企业纠纷规定（一）》第十八条系针对自合同无效的情况下名义股东与实际投资者之间关于股权收益的分配，与本条所涉矿业权转让申请未获批准、受让人已实际经营矿山从事勘查开采活动不具有类似性。尤其矿业权转让申请未获批准、矿业权尚未发生物权变动时，转让人作为用益物权人享有占有、使用、收益等权能并无法律障碍，其在扣除相关成本费用后请求返还矿产品及收益，亦无显失公平之嫌。《外商投资企业纠纷规定（一）》中与本条类似的是该解释第十条的规定："外商投资企业股权转让合同成立后，受让方已实际参与外商投资企业的经营管理并获取收益，但合同未获外商投资企业审批机关批准，转让方请求受让方退出外商投资企业的经营管理并将受让方因实际参与经营管理而获得的收益在扣除相关成本费用后支付给转让方的，人民法院应予支持。"

【问题解答】

问题：迟延履行遇到政策变更导致转让不能获批责任应如何承担？

实践中，在矿业权转让合同签订后，可能因转让人迟延履行报批义务时遇有政策调整，使得原来符合政策要求的矿业权转让申请不符合调整后的政策而导致未获国土资源主管部门批准，属于典型的一方当事人对矿业权转让申请未获批准具有过错的情形。如贵州肥矿光大能源有限公司与柳振金、马敏奎采矿权纠纷一案中，①双方于2011年1月10日签订协议，转让威宁县大宏山煤矿采矿权，但直至2014年10月25日，贵州肥矿光大能源有限公司才向贵州省国土资源厅提交《关于是否审批同意煤矿采矿权转让的请示》，贵州省国土资源厅于2014年12月15日出具复函，载明"目前我省正开展煤矿企业兼并重组工作，涉及煤矿采矿权的转让，我厅根据《省人民政府办公厅关于进一步推进全省煤矿企业兼并重组工作的通知》的规定，按省能源局公示的名单和煤矿采矿许可证载明的现状，将煤矿采矿权过户到对应的兼并重组主体名下。即是只受理向兼并重组主体企业转让采矿权的申请。"贵州省能源局依法公示的兼并重组主体的名单中没有贵州肥矿光大能源有限公司。转让协议因未获国土资源主管部门批准而解除。但合同解除的主要原因是贵州肥矿光大能源有限公司怠于履行约定的义务，致提交审批时因政策调整而未获批准，故法院认定贵州肥矿光大能源有限公司应自行承担因此产生的损失，对因此给对方造成的损失，对方亦有权向其追偿。

【法规链接】

《民法总则》

第一百五十七条 民事法律行为无效、被撤销或者确定不发生效力后，行为人因该行为取得的财产，应当予以返还；不能返还或者没有必要返还的，应当折价补偿。有过错的一方应当赔偿对方由此所受到的损失；各方都有过

---

① 参见最高人民法院（2015）民一终字第159号《民事判决书》。

错的,应当各自承担相应的责任。法律另有规定的,依照其规定。

《合同法》

第五十八条 合同无效或者被撤销后,因该合同取得的财产,应当予以返还;不能返还或者没有必要返还的,应当折价补偿。有过错的一方应当赔偿对方因此所受到的损失,双方都有过错的,应当各自承担相应的责任。

第九十一条 有下列情形之一的,合同的权利义务终止:

(一)债务已经按照约定履行;

(二)合同解除;

(三)债务相互抵销;

(四)债务人依法将标的物提存;

(五)债权人免除债务;

(六)债权债务同归于一人;

(七)法律规定或者当事人约定终止的其他情形。

第九十四条 有下列情形之一的,当事人可以解除合同:

(一)因不可抗力致使不能实现合同目的;

(二)在履行期限届满之前,当事人一方明确表示或者以自己的行为表明不履行主要债务;

(三)当事人一方迟延履行主要债务,经催告后在合理期限内仍未履行;

(四)当事人一方迟延履行债务或者有其他违约行为致使不能实现合同目的;

(五)法律规定的其他情形。

第九十七条 合同解除后,尚未履行的,终止履行;已经履行的,根据履行情况和合同性质,当事人可以要求恢复原状、采取其他补救措施,并有权要求赔偿损失。

《矿产资源法》

第三十九条 违反本法规定,未取得采矿许可证擅自采矿的,擅自进入国家规划矿区、对国民经济具有重要价值的矿区范围采矿的,擅自开采国家规定实行保护性开采的特定矿种的,责令停止开采、赔偿损失,没收采出的矿产品和违法所得,可以并处罚款;拒不停止开采,造成矿产资源破坏的,依照刑法有关规定对直接责任人员追究刑事责任。

单位和个人进入他人依法设立的国有矿山企业和其他矿山企业矿区范围内采矿的,依照前款规定处罚。

《外商投资企业纠纷规定(一)》

第七条 转让方、外商投资企业或者受让方根据本规定第六条第一款的规定就外商投资企业股权转让合同报批,未获外商投资企业审批机关批准,受让方另行起诉,请求转让方返还其已支付的转让款的,人民法院应予支持。受让方请求转让方赔偿因此造成的损失的,人民法院应根据转让方是否存在过错以及过错大小认定其是否承担赔偿责任及具体赔偿数额。

第十一条 矿业权转让合同依法成立后、国土资源主管部门批准前，矿业权人又将矿业权转让给第三人并经国土资源主管部门批准、登记，受让人请求解除转让合同、返还已付转让款及利息，并由矿业权人承担违约责任的，人民法院应予支持。

【条文主旨】

本条是关于矿业权"一矿二卖"纠纷处理方式的规定。

矿业权流转交易实践中，矿业权人签订矿业权转让合同后、办理转让审批前，又将矿业权转让给第三人，即"一矿二卖"。此类纠纷发生的原因一般是在矿业权市场交易价格上涨背景下，矿业权人为谋求更大利益而不惜违反前一合同义务将矿业权另行转让给第三人，是严重违反诚实信用原则的行为。由此引发的纠纷涉及前后两个矿业权转让合同效力的认定和处理，受让人和第三人之间利益的平衡，转让人责任的性质和范围等问题。司法实践中，矿业权人实施"一矿二卖"恶意违约行为的情形较为常见，严重损害了买受人的利益。但在矿业权转让申请尚未办理审批手续情况下，对于转让合同的效力认识不一，导致对于"一矿二卖"情形下矿业权人应当承担缔约过失责任还是违约责任，赔偿的范围是受让人的信赖利益损失还是履行利益损失，是否应当赔偿受让人可得利益的损失，受让人是否可以请求对矿业权人和第三人签订的转让合同予以否定性评价等问题，存在诸多争议，裁判标准不一，亟待明确。本条在《解释》第六条规定"矿业权转让合同自依法成立之日起具有法律约束力"的基础上，参考了"一房二卖"的处理规则，兼顾矿业权转让的特殊性，规定受让人请求解除其转让合同、返还已付转让款及利息，由矿业权人承担违约责任的，人民法院应予支持。具体分述如下。

一、本条解释的规范对象

"一矿二卖"是一物数卖的表现形式之一，是指矿业权人就同一矿业权订立数个转让合同，分别转让给数个买受人的行为。具体可以分为三种情况，一是矿业权人与受让人签订的矿业权转让合同（以下简称前转让合同）在报请审批并办理矿业权过户登记前，矿业权人又与第三人另行签订矿业权转让合同（以下简称后转让合同），将矿业权转让给第三人，且后转让合同已经办理审批手续，矿业权已过户登记于第三人名下；二是前转让合同已经办理审批和矿业权过户登记，矿业权人又与第三人签订后转让合同将矿业权转让给第三人；三是矿业权人与受让人、第三人分别签订的前转让合同和后转让合同均尚未办理审批手续，矿业权也均未过户登记，仍在矿业权人名下。上述三种情况下的处理规则各有不同，本条所规范的是第一种情况，即前转让合同尚未办理审批和矿业权过户登记，后转让合同已经办理完毕审批和矿业权过户登记，第三人已经实际取得矿业权的情况。第二种情况下，前转让合同的受让人已经取得矿业权，实现了合同目的，原矿业权人再行将矿业权转让与第三人，构成无权处分，产生的是矿业权人如何向第三人承担违约责任的问题，不在本条规范之列。第三种情况下，前后受让人均未取得矿业权，亦不在本条规范之列，实际处理原则上可以依据合同签订的先后顺序，结合矿山是否实际交付等情况综合予以判断。

二、"一矿二卖"的法律后果

本条解释明确规定了矿业权受让人在矿业权人又将矿业权向第三人转让并经过国土资源主管部门批准办理变更登记的情况下的合同解除权。在矿业权人"一矿二卖"的情况下，受让人因矿业权人的恶意违约行为不能实现合同目的，即可认定矿业权人构成根本违约，受让人可依据合同约定或法律规定请求解除双方所签转让合同，并有权请求矿业权人将收到的转让款及利息全部返还，同时承担违约责任，包括赔偿合同履行后的可得利益损失。

（一）解除矿业权转让合同

矿业权流转实践中，在矿业权人已将矿业权过户登记到第三人名下的情况下，买受人受让矿业权的合同目的无法实现，根据《合同法》第九十四条第四项"当事人一方迟延履行债务或者有其他违约行为致使不能实现合同目的"的规定，矿业权人行为已经构成了根本违约，买受人可以请求解除矿业权转让合同。合同解除，是指合同有效成立后，当具备解除条件时，因当事人双方或者一方的意思表示而使合同关系自始消灭或者向将来消灭的行为，包括协议解除、约定解除、法定解除三种方式。协议解除是双方当事人在合同履行过程中，协商一致使合同归于消灭的行为，只要协议内容不违反法律规定，不损害国家、集体、他人和社会公共利益，即为有效。约定解除，是双方当事人事先在合同中约定一方解除合同的条件，在约定的条件成就时，享有解除权的人即可解除合同的行为。法定解除是指在合同有效成立后，没有履行或者尚未全部履行之前，当法律规定的合同解除事由出现时，当事人一方依据法律规定解除合同的行为。其特点在于由法律直接规定合同解除的条件，当该条件出现时，当事人可以依据法律直接行使解除权将合同解除，而无需征得对方同意。

根据《合同法》第九十四条规定，合同解除的法定事由有5种情形：因不可抗力致使不能实现合同目的；在履行期限届满之前，当事人一方明确表示或者以自己的行为表明不履行主要债务；当事人一方迟延履行主要债务，经催告后在合理期限内仍未履行；当事人一方迟延履行债务或者有其他违约行为致使不能实现合同目的；法律规定的其他情形。据此，当事人一方的根本违约行为是导致合同法定解除的主要原因。参照《联合国国际货物销售合同公约》第25条规定，所谓根本违约，是指一方当事人违反合同的结果，使另一方当事人蒙受损失，以至于实际上剥夺了他依据合同有权期待得到的利益。《国际商事合同通则》第7.3.1条第（2）款列举了5种根本不履行的情况，如不履行实质性地剥夺了另一方期待的利益；不履行的是合同的实质内容；不履行是违约方的故意；不履行使受害方因此不能信任另一当事人的未来履行；如合同终止，不履行方当事人会因已准备或已履行而遭受不相称的损失等。

我国《合同法》借鉴上述规定，将根本违约的判断标准限定为：违约方的违约行为是否违反了合同的主要义务；违约行为是否使另一方订立合同的目的不能实现。法定解除事由的确定，不仅体现《合同法》保护合同当事人权益的功能，也体现鼓励当事人从事自愿交易行为的鼓励交易功能。如果矿业权人在签订合同后，又将矿业权另行转让并变更登记到第三人名下，则受让人的合同目的无法实现，矿业权人行为构成根本违约，受让人可以依据《合同法》第九十四条第四项的规定解除合同。当然，如果矿业权转让合同约定的办理审批和过户登记手续的期间尚未届满，在矿业权人已将矿业权转让并过户登记给第三人的情况下，自当构成《合同法》第九十四条第二项规定的预期违约情形，受让人亦可依据《合同法》第九十四条第二项的规定主张解除合同。

（二）返还转让款及利息

《合同法》第九十七条规定："合同解除后，尚未履行的，终止履行；已经履行的，根据履行情况和合同性质，当事人可以要求恢复原状、采取其他补救措施，并有权要求赔偿损失。"据此，合同解除后的责任形式包括恢复原状、采取其他补救措施、赔偿损失，具体采取何种责任形式要结合合同的履行情况和合同性质而定。根据履行情况，是指根据履行部分对债权的影响。如果债权人的利益不是必须通过恢复原状才能得到保护，不一定采取恢复原状。当然如果债务人已经履行的部分，对债权人根本无意义，可以请求恢复原状。根据合同性质，是指根据合同标的的属性。根据合同的属性不可能也不容易恢复原状的，不必适用恢复原状。例如连续供应水、电、热、气合同，对于已经履行的部分不可能恢复原状；以行为为标的的合同，如劳务合同，对于已经付出的劳务也难以恢复原状；涉及第三人利益的合同，如委托合同，已经基于委托合同履行的委托行为如果涉及第三人利益，也不适用于恢复原状。恢复原状旨在使权利义务恢复到订立合同之前的状态。如果有原物，则应当返还原物。如果原物是种类物，可以用同类物返还。恢复原状还包括返还财产所产生的孳息以及返还财产产生的必要费用。

对于矿业权转让合同当事人而言，矿业权人的主要合同义务是办理审批登记、将矿业权交付给受让人，受让人的主要合同义务是交付转让款。在矿业权人不履行办理审批和矿业权过户登记义务，而将矿业权转让第三人的情形下，受让人当然可以请求矿业权人承担恢复原状的责任，包括返还已经支付的转让款和利息，从而使权利义务恢复到订立前的状态。关于利息的计算标准，如果当事人有约定且不违反法律和司法解释规定的，可以按照当事人约定计算；如果超过法律和司法解释规定的利息标准上限的，可以根据当事人的申请适当予以调整；如果没有约定，一般可以按照中国人民银行同期贷款利率计算。

(三) 承担违约责任

1. 关于矿业权人承担责任的性质

依据本解释第六条的规定，矿业权转让合同自依法成立之日起具有法律约束力。其法律约束力体现在合同当事人应当遵守诚实信用原则，全面履行合同约定义务，不得任意违反合同约定，否则应当承担相应的违约责任。在因矿业权人"一矿二卖"根本违约行为导致合同被解除的情况下，由于矿业权转让合同已经依法成立具有法律约束力，赋予受让人对转让人的违约责任请求权，由矿业权人向诚实履行合同义务的受让人承担违约责任，有利于更充分地救济受让人合法权益，减轻受让人在损失证明上的举证困难，以体现制裁恶意悔约的违约一方，保护诚信守约方的价值取向。

本条解释在起草过程中，关于矿业权人应承担责任的性质和范围经历了缔约过失责任、缔约过失责任违约化和违约责任三个研究探索过程。关于矿业权人应承担缔约过失责任的观点，系认为未经审批的矿业权转让合同尚未生效，矿业权人实施"一矿二卖"行为仅为缔约过程中违反诚实信用原则行为，并非违反生效合同义务的行为，应依据《合同法》第四十二条的规定承担缔约过失责任，其赔偿范围限于信赖利益的损失。研究过程中，多数观点认为对于"一矿二卖"根本违约行为仅承担缔约过失责任过轻，不利于充分保障守约方利益，不利于督促矿业权人诚实履行审批和过户登记合同义务。

为体现保护守约方，适当加重矿业权人责任的取向，本条起草过程中曾参照《外商投资企业纠纷规定（一）》第六条第二款"转让方和外商投资企业拒不根据人民法院生效判决确定的期限履行报批义务，受让方另行起诉，请求解除合同并赔偿损失的，人民法院应予支持。赔偿损失的范围可以包括股权的差价损失、股权收益及其他合理损失"的规定，提出过了第二方案"矿业权转让合同成立后，国土资源主管部门批准前，矿业权人又将矿业权转让给第三人并办理了审批登记，受让人请求解除其与矿业权人签订的转让合同、返还已付转让款及利息、赔偿损失的，人民法院应予支持。赔偿损失的范围包括合同履行后受让人可以获得的合理利益。"该方案未规定矿业权人承担的是违约责任，而规定为赔偿损失责任，并进一步明确赔偿损失的范围包括合同履行后受让人可以获得的合理利益，体现了缔约过失责任违约化的处理思路，主要考虑是鉴于国土资源主管部门批准行为对于矿业权转让合同效力的影响，在转让申请尚未获得批准的情况下，明确规定矿业权人承担违约责任存在一定障碍，但矿业权人在已经签约转让的情况下又将矿业权转卖第三人，违反诚实信用原则，应当适当加重其责任，赔偿受让人因此遭受的损失，包括受让人合理的可得利益损失，此种处理具有一定的法律正当性。不过，在进一步研究过程中，基于合同效力内容可分步产生的理论，对于矿业权转让合同自依法成立时具有法律约束力的观点达成一致，转让审批仅影响合同的实现力，未经审批不能实现矿业权物权变动的效力，并不意味着合同不具有任何法律效力，合同依法成立后非依法律规定或者当事人约定不能随意变更或解除，违反了合同约定的义务亦应承担违约责任。故为督促矿业权人全面履行合同义务，减少"一矿二卖"行为，维护矿业权二级市场的秩序，全面保护守约方当事人的利益，本条将矿业权人责任明确规定为违约责任。

2. 关于违约责任的承担方式

《合同法》第一百零七条规定："当事人一方不履行合同义务或者履行合同义务不符合约定的，应当承担继续履行、采取补救措施或者赔偿损失等违约责任。"所谓继续履行，是指非违约方请求违约方按照合同约定的标的履行合同义务。在"一矿二卖"甚至"一矿数卖"的情况下，因数个转让合同的标的均为同一矿业权，无法多次履行，矿业权过户登记于第三人，原则上使得受让人实际取得矿业权成为法律上和事实上的履行不能。对于此种情况，《合同法》第一百一十条规定，当事人不履行非金钱债务或者履行非金钱债务不符合约定的，对方可以要求履行，但法律上或者事实上不能履行的除外。据此，"一矿二卖"情况下，矿业权人一般无法承担继续履行的责任，特别是在受让人请求解除合同情况下，自当不能适用继续履行的责任形式。采取补救措施是指在当事人一方不适当履行合同情况下，相对方可以依据合同选择要求其承担修理、更换、重作的责任。"一矿二卖"情况下，因合同标的为特定矿业权，一般亦难以通过采取补救措施实现合同目的。矿业权人承担违约责任的最重要方式是赔偿损失，即对因其"一矿二卖"违约行为而给受让人造成的损失，按照约定或者法律规定承担赔偿责任。

3. 关于赔偿损失的范围

《合同法》第一百一十三条规定：“当事人一方不履行合同或者履行合同不符合约定，给对方造成损失的，损失赔偿额应当相当于因违约所造成的损失，包括合同履行后可以获得的利益，但不得超过违反合同一方订立合同时预见到或者应当预见到的因违反合同可能造成的损失。”据此，《合同法》确立的违约损失赔偿的范围是守约方实际遭受的全部损失，包括订立、履行合同支出的费用和可得利益的损失，以使守约方在经济上得到相当于合同得到正常履行时的同等收益。实际遭受的损失无法确定的，可参照违约方因违约所获得的收益确定。具体到矿业权转让合同，由于"一矿二卖"行为一般是在矿业权市场价格波动之时发生，是矿业权人为获取更高的转让收益而违反诚实信用原则实施的恶意违约行为，对其赔偿损失的违约责任适用全面赔偿原则，令其不仅赔偿受让人订立、履行合同支出的费用，同时赔偿受让人在合同正常履行情况下的预期收益，有利于督促矿业权人诚实履行转让合同，预防"一矿二卖"行为的发生，更为周全地保障受让人的合法利益，规范矿业权转让二级市场的法律秩序。

4. 关于可得利益损失的确定

由于矿业权市场变化较大，不同类别矿产资源的性质以及开发流转各有其规则和特点，具体案件中的可得利益损失应当在结合矿业权市场特点及个案情况的基础上，综合运用可预见规则、减损规则、损益相抵规则以及过失相抵规则等，从受让人主张的可得利益赔偿总额中扣除矿业权人不可预见的损失、受让人不当扩大的损失、受让人因违约获得的利益、受让人过失所造成的损失以及必要的交易成本，并适当兼顾矿业权市场风险情况合理确定。

【问题解答】

问题一：受让人是否可以请求确认后转让合同无效、继续履行前转让合同？

本条解释在起草过程中，除规定受让人请求解除合同外，曾考虑规定受让人请求确认后转让合同无效而继续履行前转让合同的救济方式，并作为本条第二款内容，"受让人以矿业权人与第三人恶意串通，另行签订矿业权转让合同并经国土资源主管部门批准、登记，导致其转让合同无法办理报批手续为由，请求确认矿业权人与第三人订立的转让合同无效的，人民法院应予支持"。但征求意见过程中，多个部门均对原第二款提出删除或者修改的建议，认为该款规定突破了合同相对性，有违合同法理；合同无效的后果将影响已经审批并变更登记矿业权转让行政许可行为的效力，法律关系处理起来过于复杂，且就善意受让人而言，请求确认他人合同无效和依据自己合同追究转让人违约责任均可起到保护其合法权益的效果。经研究，考虑到后转让已经国土资源主管部门批准、变更登记，若通过确认后转让合同无效或者撤销的方式救济受让人，可能影响行政审批行为的效力和稳定性，使行政审批权和民事裁判的关系复杂化，进而影响矿业权管理秩序，为慎重起见，本条解释中未再规定受让人可请求确认矿业权人与第三人所签转让合同（后转让合同）无效的救济方式。如实践中遇到矿业权与第三人恶意串通损害受让人合法利益的情况下，可以根据合同法第五十二条的规定根据案件具体情况进行裁判。如果有充分证据证明矿业权人和第三人存在恶意串通损害受让人合法权益的事实，可以判决确认后转让合同无效，继续履行前转让合同，但要注意该事实的证明标准应当达到《民事诉讼法解释》第一百零九条规定的排除合理怀疑的程度。薛梦懿、薛梦蛟、王如生、薛云琦与西藏国能矿业发展有限公司及西藏龙辉矿业有限公司股权转让合同纠纷案，法院就是根据个案情况依法认定已经过转让审批并办理了矿业权变更登记的后转让合同无效。[①]

问题二：受让人是否可以请求矿业权人承担惩罚性赔偿责任？

根据《商品房买卖纠纷解释》的规定，在"一房二卖"情形下，买受人可以请求出卖人承担不超过已付购房款一倍的赔偿责任。在本解释起草过程中，曾有意见认为可以借鉴《商品房买卖纠纷解释》的上述规定，明确"一矿二卖"适用惩罚性赔偿。但考虑到商品房购买者可归入到消费者的范畴，《商品房买卖纠纷解释》在2003年出台时，当时生效施行的《消费者权益保护法》（1994年1月1日施行）第四十九条明确规定"经营者提供商品或者服务有欺诈行为的，应当按照消费者的要求增加赔偿其受到的损失，增加赔

[①] 江必新主编：《最高人民法院矿产资源案件审批思路与裁判方法》，法制出版社2016年版，第359~369页。

偿的金额为消费者购买商品的价款或者接受服务的费用的一倍";2013年修订的《消费者权益保护法》第五十五条进一步规定"经营者提供商品或者服务有欺诈行为的,应当按照消费者的要求增加赔偿其受到的损失,增加赔偿的金额为消费者购买商品的价款或者接受服务的费用的三倍;增加赔偿的金额不足五百元的,为五百元。法律另有规定的,依照其规定。经营者明知商品或者服务存在缺陷,仍然向消费者提供,造成消费者或者其他受害人死亡或者健康严重损害的,受害人有权要求经营者依照本法第四十九条、第五十一条等法律规定赔偿损失,并有权要求所受损失二倍以下的惩罚性赔偿"。显然,"一房二卖"行为适用惩罚性赔偿有上位法的依据。相比较而言,矿业权买受人似难以归入消费者范畴,在矿业权流转领域规定惩罚性违约赔偿缺乏明确的上位法依据,且矿业权价值一般远远大于普通商品房的价值,采用惩罚性赔偿也恐导致利益严重失衡,故本解释未参照"一房二卖"解释确立惩罚性违约赔偿的规定。若矿业权受让人在实际案件中提起惩罚性赔偿的诉讼请求,应不予支持,毕竟本解释通过支持守约一方可得利益损失的制度设计,一定程度上体现对于矿业权人恶意违约行为的制裁和守约行为合法利益的保护,故不宜在实务中再让矿业权人承担惩罚性赔偿责任。

【法规链接】

《合同法》

第九十四条 有下列情形之一的,当事人可以解除合同:

(一)因不可抗力致使不能实现合同目的;

(二)在履行期限届满之前,当事人一方明确表示或者以自己的行为表明不履行主要债务;

(三)当事人一方迟延履行主要债务,经催告后在合理期限内仍未履行;

(四)当事人一方迟延履行债务或者有其他违约行为致使不能实现合同目的;

(五)法律规定的其他情形。

第九十七条 合同解除后,尚未履行的,终止履行;已经履行的,根据履行情况和合同性质,当事人可以要求恢复原状、采取其他补救措施,并有权要求赔偿损失。

《商品房买卖纠纷解释》

第八条 具有下列情形之一，导致商品房买卖合同目的不能实现的，无法取得房屋的买受人可以请求解除合同、返还已付购房款及利息、赔偿损失，并可以请求出卖人承担不超过已付购房款一倍的赔偿责任：

（一）商品房买卖合同订立后，出卖人未告知买受人又将该房屋抵押给第三人；

（二）商品房买卖合同订立后，出卖人又将该房屋出卖给第三人。

第九条 出卖人订立商品房买卖合同时，具有下列情形之一，导致合同无效或者被撤销、解除的，买受人可以请求返还已付购房款及利息、赔偿损失，并可以请求出卖人承担不超过已付购房款一倍的赔偿责任：

（一）故意隐瞒没有取得商品房预售许可证明的事实或者提供虚假商品房预售许可证明；

（二）故意隐瞒所售房屋已经抵押的事实；

（三）故意隐瞒所售房屋已经出卖给第三人或者为拆迁补偿安置房屋的事实。

第十二条 当事人请求确认矿业权租赁、承包合同自依法成立之日起生效的,人民法院应予支持。

矿业权租赁、承包合同约定矿业权人仅收取租金、承包费,放弃矿山管理,不履行安全生产、生态环境修复等法定义务,不承担相应法律责任的,人民法院应依法认定合同无效。

【条文主旨】

本条是关于矿业权租赁、承包合同效力的规定。

矿业权纠纷案件的审理,涉及审判权和行政权界限的把握,法律关系复杂,处理难度较大。[①] 尤其是近年来,因矿产品市场价格出现波动,开采企业的利润受到较大影响,矿业权行使、转让产生的纠纷日渐增多,其中矿业权承包、租赁合同纠纷中对合同性质和效力的规定争议较大、法律规定不明,且常常与矿业权转让合同混淆,影响了当事人对合同及交易的预期判断,冲击了矿业权市场的有序健康发展,对矿产资源开发利用及监督管理亦造成不利影响;同时,人民法院对于矿业权租赁、承包合同性质和效力认识上的不同已经影响到裁判尺度的统一,导致同案不同判现象,损害了司法公正和权威。因此,明晰产权、依法认定矿业权承包、租赁合同的性质和效力,成为环境资源司法审判实践中亟待解决的一个问题。

一、矿业权租赁、承包合同

租赁、承包作为两种经营管理方式,普遍存在于社会的生产经营过程中。

---

① 杜万华:《当前环境资源审判的重点和难点问题》,载《法律适用》2016年第2期。

租赁重点在于出租人将自己拥有的某种物品或财产交与承租人使用收益，自己收取相应的租金；而承包则倾向于发包人将自己拥有的物品或财产交由承包人经营管理并获取相应的收益，自己收取承包费。租赁、承包尽管各有侧重，但共同点则是出租人和发包人均不放弃对该物品或者财产的所有权或用益物权，只是将自己享有的部分权能让渡给承租人、承包人使用或经营管理，并在租赁、承包期满后依约将物品或者财产收回。在权能让渡的意义上，租赁、承包亦被理解为物品或者财产的流转方式。

在矿产资源开发利用过程中，亦大量存在矿业权租赁、承包的经营模式或者流转方式，其中主要是指采矿权的租赁和承包。关于矿业权租赁，国土资源部《矿业权出让转让管理暂行规定》专章作了规定，其中第四十九条第一款规定，"矿业权出租是指矿业权人作为出租人将矿业权租赁给承租人，并向承租人收取租金的行为"；矿业权租赁合同即指当事人就矿业权租赁事宜约定各自的权利义务而签订的合同。至于矿业权承包，目前尚无规范性文件予以明确界定，学者也多从采矿权承包的角度进行研究，"采矿权承包合同是指发包方在一定期限内，将其拥有的采矿权承包给他人，由他人实际开采，双方按约定分享利润的协议"。[①] 但在矿业权实际租赁、承包过程中，两种经营或者流转方式往往难以区分，实际上予以严格区分的意义亦不大，故本解释将矿业权租赁、承包作为一类流转方式进行规定，适用共同的法律规则。

矿业权租赁、承包是在保持矿业权主体不变的基础上，按照矿业权和矿山经营权分离的原则，以合同的形式约定出租人、发包人和承租人、承包人的权利义务，出租人、发包人监督承租人、承包人依约合理开发利用矿产资源，承租人、承包人则支付租金、承包费并自主经营、自负盈亏。矿业权租赁、承包最为显著的特征是矿业权不发生转移，矿业权主体无须办理变更登记。出租人、发包人根据合同约定收取租金、承包费，而承租人、承包人基于合同通过实际投入、组织生产经营等获取一定的收益。应该说，矿业权租赁、承包合同在一定程度上丰富了矿产资源开采利用的方式和途径，有利于合同双方当事人优势互补，缓解矿产资源勘查、开采过程中存在的融资、技术等实际困难，对促进矿产资源经济效用的最大化和社会的发展进步，具有

---

① 陈坚：《矿产资源纠纷裁判精要》，人民法院出版社2013年版，第176页。

积极意义。

二、矿业权租赁、承包合同的效力

在矿业权流转交易中,往往基于《矿产资源法》第六条、第四十二条,《矿产资源法实施细则》第四十二条第三项,《探矿权采矿权转让管理办法》第十五条等规定,将矿业权租赁、承包作为一种变相转让矿业权或倒卖牟利行为处理,并根据合同法第五十二条第三项"以合法形式掩盖非法目的"和(或)第五项"违反法律、行政法规的强制性规定"之规定,对矿业权租赁、承包合同直接给予"无效"的否定性法律评价。

但是,随着我国改革开放的逐步深入,尤其我国在面临经济发展"新常态"的形势下,既要加强对包括矿产资源在内的自然资源的保护力度、维持生态环境的良性功能,同时也要充分利用市场机制的力量,盘活矿业权市场资源,发挥市场主体合理开发利用矿产资源的积极能动性,以服务于我国社会经济发展的总体战略部署。为此,人民法院在涉及矿业权的司法审判中,就要尽可能将政府行政主管部门对矿业权的行政管理权与矿业权人对矿业权享有的财产权区分开来。矿业权出租、承包与矿业权转让作为不同的矿业权流转交易模式,在没有法律明确规定的情况下,不能当然将矿业权出租、承包视为矿业权的变相转让或者非法倒卖牟利。矿业权人作为受物权法保护的用益物权人,有依法处分自己财产权的权利和自由。矿业权人在不转移矿业权属的情况下将矿业权的部分权能让渡给他人使用,自己为此获取一定的收益,承租人、承包人通过付出一定的代价(支付租金、承包金并投入人力、物力)有限制的行使矿产资源的勘查开采权并因此获取自己的收益,并不具有天然的违法性,矿业权人以及承租人、承包人获取收益的目的也并非具有当然的"非法性"。由此,以"合法形式掩盖非法目的"为由认定矿业权租赁、承包合同无效并不妥当。

至于《矿产资源法》第六条、第四十二条,《矿产资源法实施细则》第四十二条第三项,《探矿权采矿权转让管理办法》第三条、第十五条等涉及矿业权出租、承包的法律法规,多制定或修订于上个世纪八九十年代有计划商品经济向市场经济过渡或者社会主义市场经济体制建立初期,具有浓厚的行政管理色彩,对于包括矿业权转让在内的所有流转均严格限制,但上述规定并没有明确若违反则就导致合同无效。而且，若严格按照文义解释的规则，《矿产资源法》第四十二条规制的应是"出租……形式转让矿产资源"，《探矿权采矿权转让管理办法》第十五条规制的亦应是"以承包等形式擅自将采矿权转给他人"，规制重点是"转让""转给他人"，即以出租、承包的形式转让矿业权，俗称"名为出租、实为转让"或者"名为承包、实为转让"，并不能由此得出上述法律规定对矿业权出租、承包一律禁止的结论。因此，上述规定更符合管理性强制性规定的特征，不宜认定为效力性强制性规定并据此认定矿业权租赁、承包合同无效。

实际上，1986年颁布实施的《矿产资源法》第三条第四款曾明确规定："采矿权不得买卖、出租，不得用作抵押"；第四十二条第二款规定："买卖、出租采矿权或者将采矿权用作抵押的，没收违法所得，处以罚款，吊销采矿许可证"。但1996年修改《矿产资源法》时将上述内容予以删除，保留原第四十二条第一款"买卖、出租或者以其他形式转让矿产资源的，没收违法所得，处以罚款"。显然，现行《矿产资源法》第四十二条限定的是"买卖、出租或者其他形式转让矿产资源"（第一款）以及将矿业权倒卖牟利的情形（第二款），1986年矿产资源法原规制的"采矿权不得买卖、出租"等情形早在1996修改时就已经删除，也显示出《矿产资源法》修改的立法趋向。由此，若以《矿产资源法》第四十二条规定作为否定矿业权租赁、承包合同的效力显然与该条的立法原意和规范目的并不相符。此外，国土资源部2000年颁行的《矿业权出让转让管理暂行规定》专节规定了矿业权出租，对矿业权出租时须向主管部门报送的材料、租赁合同的主要内容以及矿业权转租等相关事宜作了明确规定，显示至少在实际监管层面也是允许矿业权出租的。

基于上述分析，本解释认为矿业权租赁、承包合同应自依法成立时生效，当事人请求确认的，人民法院应予支持。目前，司法实践中很多法院，包括最高人民法院在审理矿业权租赁、承包合同纠纷案件时已经作出了相应裁判。（具体可参见本书附录案例）

三、以租赁、承包名义擅自转让矿业权的合同及效力认定

对于实践中以租赁、承包名义擅自转让矿业权，也即"名为出租、实为转让"或者"名为承包、实为转让"行为的甄别及合同效力的认定，比较复

杂。有些情况相对比较好辨别，但很多情形下区分的难度很大。对于以租赁、承包形式的实质矿业权转让的认定，人民法院应结合具体案情，重点审查矿业权租赁、承包合同是否约定：矿业权人仅收取租金、承包费，放弃对矿山的监督管理，不履行安全生产、生态环境修复等法定义务，不再对矿山的勘查开采承担法律责任，等等。若合同约定的内容符合矿业权转让的实质特征，尽管未发生名义矿业权主体的变更、不需要办理矿业权变更登记，但应认定此种合同系以租赁或者承包形式变相转让矿业权的行为。

针对此种合同的处理及效力认定，司法实践中存在两种不同的观点：一种观点认为，此种情形属于民法上的隐藏行为，应依据被隐藏的法律行为，即矿业权转让的规定认定此类合同的效力；另一种观点认为，该合同规避国家行政监管的意图明显，系以合法形式掩盖非法目的，应直接认定为无效。本条解释采用了第二种处理方式，主要考虑到在现行法律框架下，矿业权兼具民事物权和行政许可两重属性，矿业权纠纷的审理除涉及私权利益的保障之外，还存在司法权对行政权给予必要尊重和支持的问题。就矿业权流转而言，当事人可以根据实际情况选择采取报请行政审批、变更登记的矿业权转让形式，也可以选择不办理变更登记的矿业权租赁、承包形式，但若在选择租赁、承包形式时，却在合同中约定采矿权人仅收取租金、承包费，放弃对矿山的管理，不再履行安全生产、生态环境修复等法定义务、不再承担相应法律责任，则就构成变相转让矿业权的行为，具有明显规避国土资源主管部门行政监管，规避办理采矿权转让的行政审批许可，逃避国家相关税费缴纳的意图。基于支持行政主管部门依法行政、保护矿产资源合理开发利用的司法考量，人民法院应根据合同法第五十二条第三项"以合法形式掩盖非法目的"以及第五项"损害社会公共利益"的规定，认定此类合同无效。

【问题解答】

问题一：如何认定"名为租赁、承包，实为转让矿业权"？

鉴于本条解释对以租赁、承包方式擅自转让矿业权的合同给予否定性法律评价，人民法院在审理具体涉及矿业权租赁、承包纠纷中应慎重适用该条款的规定，以避免导致在认定"名为租赁、承包，实为转让"以及合同无效上的随意性，形成负面的法律指引。

1. 应全面理解"名为租赁、承包，实为转让矿业权"的主要特征。人民法院在处理矿业权租赁、承包纠纷案件过程中，应遵循矿业权租赁、承包合同自依法成立之日起即生效的一般原则，只是对于以租赁、承包形式擅自转让矿业权，构成实质转让的合同，才依法给予否定性法律评价。《解释》第十二条中列明了合同约定的矿业权人具备的四种情形：（1）仅收取租金、承包费；（2）放弃矿山管理；（3）不履行安全生产、生态环境修复等法定义务；（4）不承担相应法律责任。在没有特别规定的情况下，原则上须同时具备上述四种情形时，才可以认定构成以租赁、承包形式的实质矿业权转让，不能仅以其中一、二种情形即认定构成"名为租赁、承包，实为转让矿业权"。此种处理，实质上为实质矿业权转让合同无效设置了较高的认定标准，避免动辄无效的合同认定干扰，影响交易安全和交易秩序，这也符合在市场交易过程中尽可能维持合同效力的司法理念。

2. 应注意合同约定与实际履行不一致的情形。"名为租赁、承包，实为转让矿业权"的认定主要基于对合同约定具体内容的理解和判断，若当事人在合同中并没有作出上述约定或者仅作出部分相关约定，但在实际履行过程中却按上述约定内容履行的；人民法院经审查确认实际履行内容符合本条解释所规定的关于以租赁、承包形式擅自转让矿业权的四种情形，可视为当事人以实际行为变更了原合同约定的内容，并据此认定合同的效力。此外，在具体矿业权纠纷案件中，其他案件事实，出租、承包期限，出租、承包的矿区范围等亦可作为认定案涉矿业权流转是否构成实质矿业权转让的参考因素。

3. 关于矿业权出租的审批对合同效力认定的影响。根据国土资源部《矿业权出让转让管理暂行规定》第三十六条第二款："矿业权的出租、抵押，按照矿业权转让的条件和程序进行管理，由原发证机关审查批准"的规定，矿业权出租被按照矿业权转让进行管理，要求经颁发许可证的国土资源主管部门审查批准，但是由于矿业权出租与矿业权转让并不具有同质性，二者具有明显的区别，除符合本条解释第二款规定的情形可认定为实质矿业权转让外，正常的矿业权出租不宜与矿业权转让完全等同对待；而且《矿业权出让转让管理暂行规定》仅是国土资源部颁发的规范性文件，根据《行政许可法》的规定，除法律、行政法规、地方性法规、规章外，其他规范性文件不得设立行政许可，显然对矿业权出租行政审批的适法性亦值得研究。更为重要的，《矿业权出让转让管理暂行规定》作为部门规范性文件，不符合《合同法解释（一）》第四条"合同法实施以后，人民法院确认合同无效，应当以全国人大及其常委会制定的法律和国务院制定的行政法规为依据，不得以地方性法规、行政规章为依据"的规定。因此，对于矿业权租赁合同，除符合本条解释第二款构成实质矿业权转让的情形外，不能以矿业权出租是否得到国土资源主管部门审查批准为由认定矿业权租赁合同具有效力瑕疵。

问题二：如何理解安全生产、生态环境修复等法定义务及相应责任的承担？

根据《矿产资源法》《安全生产法》《矿山安全法》以及相应的涉矿行政法规，矿业权人在勘查开采矿产资源过程中负有安全生产、土地复垦、水土保持、环境保护等法定义务，这些义务尽管可以通过合同约定由其他市场主体，如承租人、承包人实际履行，但他人的履行并不能当然消灭或者转移矿业权人应负的上述法定义务，如承租人、承包人在承租、承包过程中，没有依约履行这些法定义务或者履行未达到法律法规规定的要求，则矿业权人依法要承担相应的法律责任，而不能以矿业权已经出租、承包为由推卸或免除自己的责任和义务。

本条解释将矿业权人不履行安全生产、生态环境修复等法定义务、不承担相应法律责任作为认定矿业权人以出租、承包形式擅自转让矿业权的特征，只是从矿业权租赁、承包合同约定的角度解决如何确定实质矿业权转让的问题，并不影响矿业权人对上述法定义务所负的法定责任。在矿业权纠纷案件处理过程中，人民法院根据具体案件事实无论认定矿业权租赁、承包合同是否生效、是否有效，矿业权人基于上述法律法规规定所应承担的安全生产、水土保持、土地复垦、环境保护等义务均须切实履行，不存在削弱、减少甚至灭失的问题。

【法规链接】

《合同法》

第五十二条 有下列情形之一的，合同无效：

（一）一方以欺诈、胁迫的手段订立合同，损害国家利益；

（二）恶意串通，损害国家、集体或者第三人利益；

（三）以合法形式掩盖非法目的；

（四）损害社会公共利益；

（五）违反法律、行政法规的强制性规定。

《矿产资源法》

第六条 除按下列规定可以转让外，探矿权、采矿权不得转让：

（一）探矿权人有权在划定的勘查作业区内进行规定的勘查作业，有权优先取得勘查作业区内矿产资源的采矿权。探矿权人在完成规定的最低勘查投入后，经依法批准，可以将探矿权转让他人。

（二）已取得采矿权的矿山企业，因企业合并、分立，与他人合资、合作经营，或者因企业资产出售以及有其他变更企业资产产权的情形而需要变更采矿权主体的，经依法批准可以将采矿权转让他人采矿。

前款规定的具体办法和实施步骤由国务院规定。

禁止将探矿权、采矿权倒卖牟利。

第二十一条 关闭矿山，必须提出矿山闭坑报告及有关采掘工程、不安全隐患、土地复垦利用、环境保护的资料，并按照国家规定报请审查批准。

第三十二条 开采矿产资源，必须遵守有关环境保护的法律规定，防止污染环境。

开采矿产资源，应当节约用地。耕地、草原、林地因采矿受到破坏的，矿山企业应当因地制宜地采取复垦利用、植树种草或者其他利用措施。

开采矿产资源给他人生产、生活造成损失的，应当负责赔偿，并采取必要的补救措施。

第四十二条 买卖、租赁或者以其他形式转让矿产资源的，没收违法所得，处以罚款。

违反本法第六条的规定将探矿权、采矿权倒卖牟利的，吊销勘查许可证、采矿许可证，没收违法所得，处以罚款。

《矿山安全法》

第三条 矿山企业必须具有保障安全生产的设施，建立、健全安全管理制度，采取有效措施改善职工劳动条件，加强矿山安全管理工作，保证安全生产。

《矿产资源法实施细则》

第十七条 探矿权人应当履行下列义务：

（一）在规定的期限内开始施工，并在勘查许可证规定的期限内完成勘查工作；

（二）向勘查登记管理机关报告开工等情况；

（三）按照探矿工程设计施工，不得擅自进行采矿活动；

（四）在查明主要矿种的同时，对共生、伴生矿产资源进行综合勘查、综合评价；

（五）编写矿产资源勘查报告，提交有关部门审批；

（六）按照国务院有关规定汇交矿产资源勘查成果档案资料；

（七）遵守有关法律、法规关于劳动安全、土地复垦和环境保护的规定；

（八）勘查作业完毕，及时封、填探矿作业遗留的井、硐或者采取其他措施，消除安全隐患。

第三十一条 采矿权人应当履行下列义务：

（一）在批准的期限内进行矿山建设或者开采；

（二）有效保护、合理开采、综合利用矿产资源；

（三）依法缴纳资源税和矿产资源补偿费；

（四）遵守国家有关劳动安全、水土保持、土地复垦和环境保护的法律、法规；

（五）接受地质矿产主管部门和有关主管部门的监督管理，按照规定填报矿产储量表和矿产资源开发利用情况统计报告。

第四十二条 依照《矿产资源法》第三十九条、第四十条、第四十二条、第四十三条、第四十四条规定处以罚款的，分别按照下列规定执行：

（一）未取得采矿许可证擅自采矿的，擅自进入国家规划矿区、对国民经济具有重要价值的矿区和他人矿区范围采矿的，擅自开采国家规定实行保护性开采的特定矿种的，处以违法所得百分之五十以下的罚款；

（二）超越批准的矿区范围采矿的，处以违法所得百分之三十以下的罚款；

（三）买卖、出租或者以其他形式转让矿产资源的，买卖、出租采矿权的，对卖方、出租方、出让方处以违法所得一倍以下的罚款；

（四）非法用采矿权作抵押的，处以5000元以下的罚款；

（五）违反规定收购和销售国家规定统一收购的矿产品的，处以违法所得一倍以下的罚款；

（六）采取破坏性的开采方法开采矿产资源，造成矿产资源严重破坏的，处以相当于矿产资源损失价值百分之五十以下的罚款。

《探矿权采矿权转让管理办法》

第三条 除按照下列规定可以转让外，探矿权、采矿权不得转让：

（一）探矿权人有权在划定的勘查作业区内进行规定的勘查作业，有权优先取得勘查作业区内矿产资源的采矿权。探矿权人在完成规定的最低勘查投入后，经依法批准，可以将探矿权转让他人。

（二）已经取得采矿权的矿山企业，因企业合并、分立，与他人合资、合作经营，或者因企业资产出售以及有其他变更企业资产产权的情形，需要变更采矿权主体的，经依法批准，可以将采矿权转让他人采矿。

第十条 申请转让探矿权、采矿权的，审批管理机关应当自收到转让申请之日起40日内，作出准予转让或者不准转让的决定，并通知转让人和受让人。

准予转让的，转让人和受让人应当自收到批准转让通知之日起60日内，到原登记管理机关办理变更登记手续；受让人按照国家规定缴纳有关费用后，领取勘查许可证或者采矿许可证，成为探矿权人或者采矿权人。

批准转让的，转让合同自批准之日起生效。

不准转让的，审批管理机关应当说明理由。

第十五条 违反本办法第三条第（二）项的规定，以承包等方式擅自将采矿权转给他人进行采矿的，由县级以上人民政府负责地质矿产管理工作的部门按照国务院地质矿产主管部门规定的权限，责令改正，没收违法所得，处10万元以下的罚款；情节严重的，由原发证机关吊销采矿许可证。

《土地复垦条例》

第十条 下列损毁土地由土地复垦义务人负责复垦：

（一）露天采矿、烧制砖瓦、挖沙取土等地表挖掘所损毁的土地；

（二）地下采矿等造成地表塌陷的土地；

（三）堆放采矿剥离物、废石、矿渣、粉煤灰等固体废弃物压占的土地；

（四）能源、交通、水利等基础设施建设和其他生产建设活动临时占用所损毁的土地。

《合同法解释（二）》

第十四条 合同法第五十二条第（五）项规定的"强制性规定"，是指效力性强制性规定。

《矿业权出让转让管理暂行规定》

第三十八条 采矿权人不得将采矿权以承包等方式转给他人开采经营。

第四十九条 矿业权租赁是指矿业权人作为租赁人将矿业权租赁给承租人，并向承租人收取租金的行为。

矿业权租赁应当符合国务院规定的矿业权转让的条件。

矿业权人在矿业权租赁期间继续履行矿业权人法定的义务并承担法律责任。

第六十二条 矿业权承租人违反本规定的，矿业权人将矿业权承包给他人开采、经营的，由登记管理机关按照《探矿权采矿权转让管理办法》第十五条的规定予以处罚。

第十三条　矿业权人与他人合作进行矿产资源勘查开采所签订的合同，当事人请求确认自依法成立之日起生效的，人民法院应予支持。

合同中有关矿业权转让的条款适用本解释关于矿业权转让合同的规定。

【条文主旨】

本条是关于矿业权合作合同效力的规定。

一、矿业权合作的规制背景

由于矿产资源的稀缺性、耗竭性、不可再生性，世界各国多采用矿产资源国家所有的制度设计，并通过行政许可的方式设定矿业权，赋予矿业权私权和公权的双重属性，由公法和私法共同予以调整，使其在法律构造上成为跨越公法域和私法域的一项复合性权利。从经济和社会发展的角度看，矿产资源作为经济和社会发展中重要物质基础日愈举足轻重，面临着如何使这一重要的自然资源获得合理开发利用以及如何在不同利益主体之间进行合理分配的问题；同时，它还承担着解决如何使宝贵的矿产资源在更大范围内通过宏观调控以及政治、外交等手段达到保障国家经济安全、维护生态环境、保障经济发展需求的重任。

我国作为世界上最早开发利用矿产资源的国家之一，关于矿业的法律也有着十分悠久的历史。尤其是中华人民共和国成立后，矿业有了很大的发展，在国民经济中发挥了十分重要的作用。矿业法律法规也在这一过程中逐步形成体系，成为一个重要的法律部门。在矿业权的流转问题上，也由最初的严格限制到允许有条件流转。随着社会主义市场经济体制的建立和逐步完善，市场在配置资源过程中逐步由辅助地位过渡到决定性作用,尤其党的十八大以来,生态文明建设已经成为国家"五位一体"总体战略布局的重要组成部分,并发布了一系列包括矿产资源有偿使用制度在内的生态文明体制改革的政策性文件,放松行政管制、依法有序流转矿业权成为矿产资源有偿使用制度改革的发展趋势。同时,由于矿产资源的勘查、开采投入大、风险大且周期长,尤其探矿勘查,有可能投入后完全没有收益,而且随着矿产资源勘查开采难度的增加和规模的扩大,单一矿业主体往往难以有足够的资金、技术独自开展矿产资源探采工作。因此,在矿产资源勘查、开采实际运作中,合作探矿、采矿就成为分散投资风险、共享收益的一种经营策略,而利用不同市场主体在资金、技术或管理上的优势和作用,实现矿业投资方式多元化,也有助于矿业市场的发展,有利于矿业权作为财产权利属性的充分发挥,并更好地服务经济和社会的发展。

我国针对矿产资源合作勘查开采,为解决资金和技术问题,在改革开放之初就开始与境外投资者合作勘查开采海洋石油和陆上石油。国务院就此分别在1982年1月30日和1993年10月7日发布实施《对外合作开采海洋石油资源条例》《对外合作开采陆上石油资源条例》两个行政法规,专门对中外合作勘查开采石油资源进行了专门规定。1998年2月12日公布实施的《矿产资源勘查区块登记管理办法》第三十八条、《矿产资源开采登记管理办法》第二十九条对中外合作勘查开采矿产资源作出了原则规定;2000年10月31日国土资源部颁布实施《矿业权出让转让管理暂行规定》,将矿业权合作规定为矿业权转让的一种方式,并明确"合作勘查或合作开采经营是指矿业权人引进他人资金、技术、管理等,通过签订合作合同约定权利义务,共同勘查、开采矿产资源的行为"。[①] 2009年12月31日《国土资源部关于进一步规范探矿权管理有关问题的通知》进一步规定:"探矿权申请人不具备地质勘查资质的,应依法委托具有相应地质勘查资质的勘查单位编制勘查实施方案并开展地质勘查工作"。2017年12月14日颁布实施的《国土资源部关于进一步规范矿产资源勘查审批登记管理的通知》明确废止了上述2009年的规范性文件,

---

[①] 参见国土资源部《矿业权出让转让管理暂行办法》第三十六条、第四十二条、第四十四条的规定。

但依然明确规定"探矿权申请人可按要求自行编制或者委托有关机构编制勘查实施方案"。据此不具有勘查资质的探矿权申请人与具有勘查资质的勘查单位可以采取合作、合伙等形式共同勘查矿产资源,而探矿权人本身并不一定具有勘查资质。

显然,矿业权合作作为矿业权流转的一种方式,既有相应的规范依据,也有相应的交易实践,但由于现有规定的原则性、滞后性,各地法院对于如何认识矿业权合作,矿业权合作合同的性质和效力如何认定等问题,理解差异较大,导致案件的裁判标准不一,影响到司法公平正义的实现,亟需给予统一的规制。

二、矿业权合作的两种模式及合作合同的效力认定

根据国土资源部《矿业权出让转让管理暂行规定》第四十二条、第四十四条的规定,合作勘查、开采的基本特征是合作各方收益分享、风险共担;在共同探矿、采矿过程中,合作各方往往以合资、合伙、联营等各种自认为适当的方式进行合作;关于合作的模式,以是否成立法人矿山企业大致分为两类:设立合作、合资法人和不设立合作、合资法人,前者可称为实体性合作,后者可称之为契约性合作。

(一)实体性合作

矿业权实体性合作,是指矿业权人以矿业权作价出资,引进他人资金、技术、管理等,与他人合作设立新的法人企业勘查开采矿产资源。《物权法》第一百二十三条明确将探矿权、采矿权作为用益物权给予法律保护,因此将矿业权作价作为法人企业的出资并无法律上的障碍。再根据《公司法》第二十八条"股东应当按期足额缴纳公司章程中规定的各自所认缴的出资额。股东以货币出资的,应当将货币出资足额存入有限责任公司在银行开设的账户;以非货币财产出资的,应当依法办理其财产权的转移手续"的规定,矿业权人将自己所有的矿业权作价出资,与他人合作成立法人矿山企业,共同勘查开采矿产资源的,应将矿业权转移变更登记在新设立的法人企业名下,此种情形下的矿业权合作,实质是矿业权作价出资,需要变更矿业权主体,应适用矿业权转让的相关规定。对此,国务院《探矿权采矿权转让管理办法》第十条、第十四条以及国土资源部《矿业权出让转让暂行管理规定》第四十四

条第一款等均有相应规定。

值得注意的是，尽管实体性合作的实质是作价出资，依法须将矿业权变更登记至新的法人企业名下，是矿业权主体发生变更的矿业权转让方式之一，但此种情形下的矿业权合作合同与单纯的矿业权转让并非完全等同，其签订主体是合作各方，其内容除对矿业权人与新设立的法人企业之间的矿业权变更登记事项作出约定之外，还包括新的法人企业的设立、出资、经营管理、收益分配、风险负担等合作事项，故应对其中所涉的合作勘查开采与矿业权转让两种法律关系予以剥离，区分认定。但不宜以合作合同中涉及的矿业权转让未经审批为由，否定合作合同的整体效力。实践中以矿业权转让未经批准为由认定合作合同存在效力瑕疵的情形并不鲜见，故有必要对矿业权合作合同中涉及合作勘查开发与矿业权转让的条款内容予以区分认定。

(二) 契约性合作

矿业权契约性合作，相对于设立新的法人矿山企业的实体性合作则简便的多，合作各方的权利义务通过协议约定进行安排，不需要变更矿业权主体，不存在矿业权转让问题，无需经国土资源主管部门审批，合作合同应自依法成立时即发生法律效力。尽管 2014 年修定后《矿产资源勘查区块登记管理办法》第三十八条、《矿产资源开采登记管理办法》第二十九条明确规定：中外合作勘查开采矿产资源的，中方合作者应当在签订合同后，将合同向原发证机关备案；① 国土资源部《矿业权出让转让管理暂行规定》第四十四条第二款亦规定"不设立合作、合资法人勘查或开采矿产资源的，在签订合作或合资合同后，应当将相应的合同向登记管理机关备案"。但《矿业权出让转让管理暂行规定》仅系部门规范性文件，不符合《合同法解释（一）》第四条关于"合同法实施以后，人民法院确认合同无效，应当以全国人大及其常委会制定的法律和国务院制定的行政法规为依据，不得以地方性法规、行政规章为依据"的规定；至于《矿产资源勘查区块登记管理办法》第三十八条、《矿产资源开采登记管理办法》第二十九条虽属于行政法规，但并没有明确规定未办理备案则导致合同无效，上述行政法规的规定认定为管理性规定更为

---

① 参见 2014 年 7 月 9 日国务院第 54 次常务会议通过《国务院关于修改部分行政法规的决定》（国务院令 653 号）第五条、第六条的规定。

适宜，是否办理备案手续不应影响对中外合作勘查开采矿产资源合同效力的认定。

至于《对外合作开采海洋石油资源条例》《对外合作开采陆上石油资源条例》规定的中外合作开采石油资源问题，由于其中并无双方设立合作、合资法人进行勘查开发的规定内容，基于文义理解中外双方所签合作合同应属于契约性合作（如合同中涉及双方设立具有法人资格的中外合资或中外合作经营企业进行勘查开采石油资源，则按照实体性合作处理）。根据上述两个行政法规的原有规定，中外合作勘查开采石油、天然气、煤层气合作合同，需报请国家商务部批准后才能"成立"或者"有效"，但2013年5月15日国务院决定已取消商务部审批该项行政许可。[1] 上述条例亦据此作了相应修改，删除了原有审批的规定，只是要求"签订合作开采石油合同或者其他合作合同，并向中华人民共和国商务部报送合同有关情况"。[2]

综上，矿业权合作合同应自依法成立起生效，当事人请求确认的，人民法院应予支持；但若合同中涉及矿业权转让的条款，应依法办理行政审批及矿业权变更登记，该部分内容按矿业权转让认定其效力，适用矿业权转让合同的相关规定。

【问题解答】

问题：矿业权合作合同的约定与实际履行不一致时应如何处理？

人民法院在处理矿业权合作合同纠纷案件过程中，往往遇到合同约定与实际履行不一致的情况。具体说，当事人在合作合同中约定矿业权人以矿业权作价出资，双方合作设立项目公司（法人企业），并由项目公司负责具体的勘查开采活动；但在合同实际履行过程中，项目公司根本没有成立，或者仅由合作勘查开采的一方以现金注资设立，矿业权人并未将矿业权变更登记至新设的法人企业名下，新成立的法人企业并不参与具体的勘查开采，或者仅

---

[1] 参见2013年5月15日《国务院关于取消和下放一批行政审批项目等事项的决定》（国发〔2013〕19号）附件目录第53项的规定。

[2] 参见2013年7月18日国务院发布实施《国务院关于废止和修改部分行政法规的决定》（国务院令638号）附件国务院决定修改的行政法规第一项和第四项的规定。

参与一些辅助性的经营管理活动。在此情况下，此类合作合同是按实体性合作处理还是按契约性合作处理，在司法实践中存在一定的争议。

人民法院在审理具体矿业权合作纠纷案件中，是否设立新的法人企业仅是区分确认实体性合作抑或契约性合作的外观之一，其实质性判断要件仍在于"矿业权主体是否发生变更"、矿业权是否需要办理变更登记。即便当事人约定了要设立新的法人企业进行合作勘查开采，但若在实际履行过程中没有设立新的法人企业或者虽设立了新的法人企业但矿业权并未变更登记到新法人企业名下，则此情况仍系契约性合作模式，在发生纠纷中，人民法院应按契约性合作认定合同的效力，即矿业权合作合同自成立之日起生效，并据此依法作出相应的裁判。在已经设立新的法人企业的情况下，尽管矿业权人未将矿业权作为出资财产注入到其中，案涉纠纷按照契约性合作处理，但若新设立的法人企业实质性参与了合作勘查开采的活动，享有一定的权利并履行了一定的义务，则在处理具体纠纷时可根据案件具体情况允许其作为实质合作方参与诉讼。至于在合作合同被认定无效、被撤销、被解除等终止履行的情形下，双方新设立的合作、合资法人企业的遗留问题，可依据《公司法》的相关规定另行处理。

【法规链接】

《对外合作开采海洋石油资源条例》

第七条　中国海洋石油总公司就对外合作开采石油的海区、面积、区块，通过组织招标，确定合作开采海洋石油资源的外国企业，签订合作开采石油合同或者其他合作合同，并向中华人民共和国商务部报送合同有关情况。

《对外合作开采陆上石油资源条例》

第八条　中方石油公司在国务院批准的对外合作开采陆上石油资源的区域内，按划分的合作区块，通过招标或者谈判，确定合作开采陆上石油资源的外国企业，签订合作开采石油合同或者其他合作合同，并向中华人民共和国商务部报送合同有关情况。

《矿产资源勘查区块登记管理办法》

第三十八条　中外合作勘查矿产资源的，中方合作者应当在签订合同前，将合作的勘查区块、矿种等有关文件资料报原发证机关复核并签署意见；在签订合同后，向原发证机关备案。

《矿产资源开采登记管理办法》

第二十九条 中外合作开采矿产资源的，中方合作者应当在签订合同后，将合同向原发证机关备案。

《矿业权出让转让管理暂行规定》

第三十六条第一款 矿业权转让是指矿业权人将矿业权转移的行为，包括出售、作价出资、合作、重组改制等。

第四十二条 合作勘查或合作开采经营是指矿业权人引进他人资金、技术、管理等，通过签订合作合同约定权利义务，共同勘查开采矿产资源的行为。

第四十四条 出售矿业权或者通过设立合作、合资法人勘查开采矿产资源的，应申请办理矿业权转让审批和变更登记手续。

不设立合作、合资法人勘查或开采矿产资源的，在签订合作或合资合同后，应当将相应的合同向登记管理机关备案。

采矿权申请人领取采矿许可证后，因与他人合资、合作进行采矿而设立新企业的，可不受投入采矿生产满一年的限制。

第十四条　矿业权人为担保自己或者他人债务的履行，将矿业权抵押给债权人的，抵押合同自依法成立之日起生效，但法律、行政法规规定不得抵押的除外。

当事人仅以未经主管部门批准或者登记、备案为由请求确认抵押合同无效的，人民法院不予支持。

【条文主旨】

本条是关于矿业权抵押合同效力的规定。

一、矿业权抵押的适法性

矿业权抵押是指以矿业权作为抵押财产而设定抵押权，以担保债务人履行债务的行为。我国基于须对矿产资源流转严格管控思想指导，长期对矿业权抵押亦采取了禁止或者严格限制的政策。1986年3月19日发布、10月1日施行的《矿产资源法》第三条第四款曾明确规定："采矿权不得买卖、出租，不得用作抵押。"上述规定虽然仅对采矿权的抵押作了规定，而对探矿权能否进行抵押未予明确，但总体上来看，当时我国矿产资源法对于矿业权（包括采矿权和探矿权）抵押持否定态度。

矿产资源作为一种重要的自然资源，随着经济和社会的发展，矿产资源在国民经济中的地位愈显重要。矿业权作为矿山企业最重要的一项财产权利，尤其在《物权法》正式确立矿业权（探矿权、采矿权）的用益物权地位后，其融资功能日益得到肯定；矿业权人以矿业权作为抵押标的向银行等金融机构融资贷款的愿望日益强烈，利用矿业权为自己或者他人债务提供抵押担保的实践也逐渐丰富，但是相关的配套制度并不完善，导致实践中矛盾比较突出。《矿产资源法》在1996年修订时，删除了原第三条第四款"采矿权不得买卖、出租，不得用作抵押"；和第四十二条第二款"买卖、出租采矿权或者将采矿权用作抵押的，没收违法所得，处以罚款，吊销采矿许可证"的规定，保留了第四十二条第一款"买卖、出租或者以其他形式转让矿产资源的，没收违法所得，处以罚款"的规定。显然，1996年修改后的《矿产资源法》将"抵押"的情形排除在应承担法律责任的范围之外，也显示了矿产资源法修法的发展趋势，为矿业权抵押在交易实践中的逐步确立、发展清除了根本的法律障碍。因此，1996年修订后的《矿产资源法》虽未明文规定矿业权可以抵押，但基于删除禁止采矿权抵押明文规定的宣示以及私权利"法无明文禁止即允许"的理念，事实上为矿业权抵押消除了法律障碍，使矿业权有了抵押交易实践的可能，而不再是被明文禁止抵押的财产权了。为顺应这一趋势，2000年，国土资源部颁行《矿业权出让转让管理暂行规定》，其中第六条第三款规定："矿业权人可以依照本规定出租、抵押矿业权"；第五十五条规定："矿业权抵押是指矿业权人依照有关法律作为债务人以其拥有的矿业权在不转移占有的前提下，向债权人提供担保的行为。以矿业权作抵押的债务人为抵押人，债权人为抵押权人，提供担保的矿业权为抵押物"；并在其他条文中对矿业权抵押评估、抵押备案、抵押权实现等作了相应规定。上述规定将矿业权抵押明确地纳入国家政策、法制规范化的轨道，为矿业权抵押实践提供了基本的交易规则和规范依据，保障了矿业权抵押的基本交易安全。此外，一些地方性法规、规章或者规范性文件也对矿业权抵押作了相应的规定。

矿业权（探矿权、采矿权）作为《物权法》明确确认的用益物权，尽管是否属于《物权法》第一百八十四条第一项规定的"其他土地附着物"的范畴尚存在一定争议，但即便不不属于"其他土地附着物"，矿业权亦可基于该条第七项"法律、行政法规未禁止抵押的其他财产"的规定，成为可以进行抵押的财产。因此，在矿业权上设定抵押并没有法律层面的障碍。实际上，对于矿产资源以及矿业权的定性尽管尚没有法律、行政法规层面的明确界定，但国家相关主管部门的规章或规范性文件中已经有了相应的规定。财政部、国家税务总局《增值税暂行条例实施细则》《关于固定资产进项税额抵扣问题的通知》明确将矿产资源确定为不动产中的"其他土地附着物"；国土资源部《矿业权出让转让管理暂行规定》第三条则规定，矿业权适用不动产法律法规的调整原则。参照上述规定，矿产资源可定性为不动产，矿业权适用不动产法律法规予以调整，可依法设定矿业权抵押。

综上，矿业权作为用益物权进行抵押符合《物权法》《担保法》的规定精神，且矿业权抵押本身亦是矿业权作为一类财产权进入市场流转的必然产物。

二、矿业权抵押规范解释的必要性

对于矿业权抵押，虽然有《物权法》《担保法》的原则依据，也有国土资源部《矿业权出让转让管理暂行规定》等规范性文件的具体规范，但这些规定既不明确，亦不完全统一，相互之间甚至存在一定矛盾，且具体规范立法层级较低，法律效力较弱，直接影响到了对矿业权抵押纠纷案件的法律适用。而且在司法实践中，规章等规范性文件并不能作为案件裁判的依据而仅能作为参照，使得与矿业权抵押纠纷有关的争议不能得到有效解决。

针对包括矿业权抵押在内的矿业权流转问题，尽管国家陆续出台了一些涉矿的政策性文件，但随着市场经济形势的深入和经济的多元化发展，政策"不管用、不好用、不够用"的状况日益突出。作为矿产资源开发利用的基本法律，《矿产资源法》尽管列入修法规划多年，但由于学界和主管部门内部对于一些基础性法律问题尚未完全达成共识，《矿产资源法》及相关涉矿行政法规的修订尚无确切路线图和时程表。而经济与社会的不断发展，使得矿山企业以及其他经济实体以矿业权融资的需求巨大，但法律法规依据的缺失导致市场交易主体无法获得合理的预期，直接影响到矿业权抵押交易实践安全有序的进行。在此情况下，社会对于通过司法解释的方式对矿业权抵押作出相应的规范抱有很大期待。因此，有必要对矿业权抵押问题以及与此相关的登记、备案制度在司法解释中作出明确规定，以进一步统一认识，更好地发挥矿业权的融资功能，服务于社会经济的发展。

三、矿业权抵押的类型与范围

（一）探矿权亦可设立抵押

实践中，对于采矿权进行抵押争议不大，但对于探矿权是否可作为抵押财产，存在一定的争议。从现实来看，由于矿山开采大多在地下，环保要求也越来越高，金融机构很难了解到具体情况，也很难对其市场价值做出判断，而矿业权抵押资料的专业性极强，往往造成抵押人与金融机构之间信息不对称的状况，导致金融机构一般仅接受采矿权进行抵押，我国台湾地区"矿业法"就明确规定矿业权抵押仅限于采矿权；① 同时，也确实存在着探矿权抵押的情况，尤其对于一些信用程度较高的矿山企业，金融机构往往也接受已经过详查的探矿权抵押，尽管数量较少，而对于普查和预查阶段的探矿权由于风险极大、不确定性因素较多，金融机构通常不会接受其抵押。

综合学界和实务部门的意见，我们认为，探矿权作为《物权法》已经确认的一项用益物权，尽管其价值存在很大的不确定性，但毕竟具有相应的财产属性，将其完全排除在抵押标的之外并不符合《物权法》第一百八十条关于抵押物财产的规定。而且，关于抵押物的价值判断并非一个法律问题，抵押权人是否愿意接受一个风险较大的财产设立抵押，是抵押权人（债权人）自身价值判断的选择，应属于其意思自治的范畴，法律无需为其作出选择。如果抵押权人自己愿意接受探矿权作为抵押财产，则法律就没有必要予以禁止；若法律禁止探矿权抵押，反而剥夺了抵押权人的选择权，限制了市场交易主体的意思自治。探矿权能否作为抵押财产，应由市场交易主体自己判断。故本解释对矿业权抵押的规定未区分探矿权和采矿权，一概可以设定抵押。

（二）矿业权抵押担保的范围

根据国土资源部《矿业权出让转让管理暂行规定》第五十五条的规定，矿业权人只能为担保自己的债务在矿业权上设定抵押，亦即，矿业权人仅可将其拥有的矿业权用于为自身债务进行担保。这种规定对矿业权抵押的界定并不周延。首先，这样的界定不具有法理基础。根据我国《物权法》《担保法》规定，债务可由第三人提供抵押担保，上述规定与物权法及担保法规定的内容及精神并不相符；其次，当矿业权人是债务人的债务人时，并不能排除矿业权人为债务人的利益，向债务人的债权人提供抵押担保的情形；最后，从现实状况来看，矿业权为他人债务提供抵押担保，一方面可以为他人融资提供方便，充分发挥矿业权的融资功能，实现物尽其用，繁荣矿业经济，另

---

① 我国台湾地区"矿业法"第十四条规定："矿业权除继承、让与、抵押、信托及强制执行外，不得为权利之标的。前项矿业权之抵押，以采矿权为限。"

一方面也有利于第三人与债权人之间的交易安全,且又不危害社会公共利益和他人利益。因而,以矿业权为他人的债务提供抵押担保,并没有禁止和反对的正当性基础。2014年7月16日,国土资源部以国土资发〔2014〕89号文发出通知,明令停止《矿业权出让转让管理暂行规定》第五十五条规定的执行。在本条解释中,明确规定矿业权人可以矿业权为自己或他人债务提供抵押担保。自此,矿业权抵押的范围回归到了其原本应有的领域,既可为矿业权人自身债务,亦可为他人债务的履行提供抵押担保。

四、矿业权抵押的法律限制

现行法律、行政法规虽对矿业权作为抵押物提供了原则性规范,并未有过多限制性规定,但以矿业权进行抵押担保,须符合法律、行政法规规定的要求。《物权法》第一百八十四条及《担保法》第三十七条对不得进行抵押的财产分别作了规定,与矿业权抵押相关的是上述两条中第四项、第五项、第六项内容:所有权、使用权不明或者有争议的财产,依法被查封、扣押、监管的财产以及其他依法不得抵押的财产不得进行抵押。因而,用于抵押的矿业权须满足几个条件:一是矿业权权属清晰,不存在争议,抵押人为矿业权合法权利人;二是矿业权不存在被司法机关查封、扣押、冻结等强制措施的情形,亦即,该矿业权不存在权利瑕疵;三是矿业权不存在其他不得抵押的情形。对于前两种情形,比较容易把握,对于第三种情形,属于立法者为法律适用留出的弹性空间,有待于在司法实践中不断发现和探索。总之,在考察矿业权抵押问题时,须同时考虑上述几个方面的问题,如果用于抵押的矿业权存在上述某种情形,就属于不得进行抵押的范畴,当事人以此类矿业权为标的物签订的抵押合同应认定为无效。

目前争议较多的问题是已经出租的矿业权能否进行抵押?《矿业权出让转让管理暂行规定》第五十条第二款规定:"已出租的采矿权不得出售、合资、合作、上市和设定抵押。"据此,有人主张已经出租的采矿权不得设定抵押。该规定在学界及实务界引起广泛争议。事实上,对于已经出租的财产能否进行抵押的问题,早在2000年颁布的《担保法解释》中就已经有了明确规定,该解释第六十五条规定:"抵押人将已出租的财产抵押的,抵押权实现后,租赁合同在有效期内对抵押物的受让人继续有效。"而且,已经出租的财产不能进行抵押的规定也不符合我国《合同法》《物权法》的相关规定精神。首先，《合同法》第二百二十九条规定："租赁物在租赁期间发生所有权变动的，不影响租赁合同的效力。"这就是业界所称的"买卖不破租赁"的原则。因为矿业权的抵押可能会导致矿业权变动的法律效果，同理，已经出租的矿业权在出租期间是可以进行抵押的，抵押对矿业权上负担的租赁权没有任何影响。其次，根据物权法原理，一物之上可以设立多个互不冲突的物权。由于抵押权和租赁权分别着眼于物的交换价值和使用价值，两者并不冲突，可以在同一物上并存竞合。《物权法》第一百九十条规定："订立抵押合同前抵押财产已出租的，原租赁关系不受该抵押权的影响。"据此，我国《物权法》对抵押权和租赁权的竞合是持肯定态度的。其三，用已经出租的矿业权进行抵押，不仅不会导致矿业权市场秩序混乱，相反却可以充分发挥矿业权的用益物权功能，促进矿业权市场繁荣；如果抵押权人明知矿业权出租的事实，但其在能够承担风险范围之内同意抵押，法律并无禁止或限制的必要，是否同意接受已经出租矿业权作为抵押物，选择权可由抵押权人来行使。故而，已经出租的矿业权可以进行抵押不仅有充分的法理基础，而且有相应的法律依据。

五、矿业权抵押合同的效力认定

本条解释遵循了《物权法》第十五条关于合同效力与不动产物权变动相区分的规定，在民法学中也称为物权变动与其基础关系或者说原因关系的区分原则。抵押合同成立以及生效与否应该依据《合同法》来判断，民法将这种合同看成是物权变动的原因行为。设立抵押权的合同和抵押权的设立本身是两个应当加以区分的概念，除非法律有特别规定，抵押合同一经成立，只要不违反法律、行政法规的强制性规定和社会公共利益，就可以发生效力。合同只是当事人之间的一种合意，并不必然与登记联系在一起。登记是与物权的变动联系在一起的，是针对物权的变动所采取的一种公示方法，如果当事人之间仅就物权的变动达成合意，而没有办理登记，并不影响合同的效力。例如，当事人双方订立了房屋买卖合同之后，合同就已经生效，如果没有办理登记手续，房屋所有权不能发生移转，但违约的合同当事人一方应该承担违约责任，依不同情形，买受人可以请求债务人实际履行合同，即请求出卖人办理不动产转让登记，或者请求债务人赔偿损失。

我国《物权法》尽管没有明确接受物权行为理论，但《物权法》第十五条关于合同效力不受不动产物权是否办理登记的影响的规定体现了债权行为与物权行为区分原则的精神。实际上，《物权法》颁布之前，我国的立法及大部分司法实践对合同效力与物权登记并不区分，学界对这个问题也有不同的认识。《担保法》第四十一条规定就是该现象的突出典型，该条规定中"抵押合同自登记之日起生效"的内容，既包含了抵押合同效力的认定，又包含了抵押权设立的认定，办理了抵押登记，抵押合同生效、抵押权亦相应设立。换句话说，该条规定将抵押权的物权变动与其原因关系混在一起，未作明确区分。对于这种状况，民法学界普遍认为，区分两种效力不但是科学的，而且被民法实践证明对分清物权法和债权法的不同适用范围，区分当事人的不同法律责任，保障原因合同当事人的合法利益也是非常必要和行之有效的原则。因而，《物权法》第十五条对合同效力与不动产物权变动的区分作了明确规定，实质改变了《担保法》关于"抵押合同自登记之日起生效"的规定。基于《物权法》第一百七十八条关于"《担保法》与本法的规定不一致的，适用本法"的规定，矿业权抵押合同应根据《合同法》第四十四条第一款和《物权法》第十五条的规定，自依法成立之日起生效。

根据上文所述，矿业权属不动产用益物权，矿业权抵押合同属设立不动产物权的合同。由于我国现行法律、行政法规并未规定矿业权抵押合同须经国土资源主管部门批准或登记备案才能生效，是否经过国土资源主管部门批准、登记或备案均非抵押合同生效的法定要件。尽管《矿业权出让转让管理暂行规定》第三十六条第二款规定"矿业权的出租、抵押，按照矿业权转让的条件和程序进行管理，由原发证机关审查批准"；第五十七条规定"矿业权设定抵押时，矿业权人应持抵押合同和矿业权许可证到原发证机关办理备案手续"，但上述规定并未明确矿业权抵押合同须经批准、备案或者登记后始生效，未经批准、登记或者备案则合同无效；且《矿业权出让转让管理暂行规定》本身也仅仅是国土资源主管部门颁发的规范性文件，并非人民法院认定合同效力的法定依据。矿业权抵押合同，所反映的法律关系是矿业权人（作为抵押人为自己或他人债务提供抵押担保）与债权人之间的债权债务关系，是市场经济条件下矿业权抵押融资当事人之间平等、自愿的经济行为，该行为应与政府国土资源主管部门的审查、监管职能相区分。因此，本条解释明确规定如果当事人仅以矿业权抵押合同未经主管部门批准或者登记、备案为由请求确认抵押合同无效的，人民法院应不予支持。

此外，基于矿产资源有偿使用制度以及自然资源确权登记制度的改革趋向，未来矿业权抵押登记不排除转由专门的自然资源登记部门或者不动产登记部门负责登记，为保持解释条文具有一定的前瞻性，本条解释规定的主管部门未限于国土资源主管部门。

【问题解答】

问题：审查认定矿业权抵押合同效力应注意哪些法律协调适用问题？

本条解释旨在对矿业权抵押合同的效力作出规定，其法律依据主要来源于《物权法》第十五条，《合同法》第四十四条、第五十二条以及《合同法解释（一）》第九条等相关规定，在司法实践中，在认定矿业权抵押合同效力时应考虑上述规定的衔接与配合问题。

第一，《物权法》第十五条规定："当事人之间订立有关设立、变更、转让和消灭不动产物权的合同，除法律另有规定或者合同另有约定外，自合同成立时生效；未办理物权登记的，不影响合同效力"；《合同法》第四十四条规定："依法成立的合同，自成立时生效。法律、行政法规规定应当办理批准、登记等手续生效的，依照其规定。"《物权法》第十五条规定的"法律另有规定"指的是其他法律规定合同须经有关行政主管部门批准或者办理登记后生效的规定，与《合同法》第四十四条第二款的规定相衔接，而《合同法》第四十四条第二款中包括"行政法规"在内。不过，针对矿业权抵押合同而言，无论法律还是行政法规，目前均没有规定需要批准或者登记才生效的规定，且根据《探矿权采矿权转让管理办法》等规定以及国土资源主管部门的意见，行政机关审批的对象是矿业权转让或转让申请，而非矿业权转让合同。因此，《物权法》第十五条但书中的"除法律另有规定"以及《合同法》第四十四条第二款规定的情形，对矿业权抵押合同的效力认定并不适用。

第二，《物权法》第十五条规定的但书内容，除"法律另有规定"外，还包括"合同另有约定"的内容，故人民法院在审理矿业权抵押纠纷案件时需要注意合同是否存在另有约定的情形。换句话说，虽从法定的角度看，矿业权抵押合同的效力不以国土资源主管部门批准、登记或者备案为要件，但如果当事人在合同中约定抵押合同的生效条件为国土资源主管部门批准、登记或者备案的，该合同即属于附生效条件的合同类型，只有在根据约定办理了矿业权转让的批准、登记或者备案手续，合同才正式生效。在此情况下，矿业权抵押权合同效力的认定须同时考虑法定条件和约定条件两方面的要件是否得到满足。

第三，《物权法》第十五条以及《合同法解释（一）》第九条均规定："未办理登记的，不影响合同效力。""不影响合同效力"的表述，在理解时应作辩证考量——是指不影响合同依法发生效力并成为有效合同，亦即，除非存在法律另有规定或当事人另有约定的情形，人民法院应当认定合同有效并已经生效。这里包含了两方面的问题，一是合同是否生效问题，二是合同是否有效问题。本条解释第一款从正面规定了矿业权抵押合同自依法成立之日起生效，而第二款则从反面规定了如当事人以未经主管部门批准或者未经登记、备案为由请求确认抵押合同无效，人民法院不予支持的情形。但矿业权抵押合同是否有效尚需根据《合同法》第五十二条以及其他相关规定，审查能否排除法定无效的情形，并据此依法相应的认定和裁判。

【法规链接】

《矿产资源法》（1986年制定）

第三条第四款　采矿权不得买卖、出租，不得用作抵押。

第四十二条　买卖、出租或者其他形式转让矿产资源的，没收违法所得，处以罚款。

买卖、出租采矿权或者将采矿权用作抵押的，没收违法所得，处以罚款，吊销采矿许可证。

《矿产资源法》（1996年修改）

第四十二条　买卖、出租或者以其他形式转让矿产资源的，没收违法所得，处以罚款。

违反本法第六条的规定将探矿权、采矿权倒卖牟利的，吊销勘查许可证、采矿许可证，没收违法所得，处以罚款。

《物权法》

第十五条 当事人之间订立有关设立、变更、转让和消灭不动产物权的合同，除法律另有规定或者合同另有约定外，自合同成立时生效；未办理物权登记的，不影响合同效力。

第一百二十三条 依法取得的探矿权、采矿权、取水权和使用水域、滩涂从事养殖、捕捞的权利受法律保护。

第一百八十条 债务人或者第三人有权处分的下列财产可以抵押：

（一）建筑物和其他土地附着物；

（二）建设用地使用权；

（三）以招标、拍卖、公开协商等方式取得的荒地等土地承包经营权；

（四）生产设备、原材料、半成品、产品；

（五）正在建造的建筑物、船舶、航空器；

（六）交通运输工具；

（七）法律、行政法规未禁止抵押的其他财产。

抵押人可以将前款所列财产一并抵押。

第一百八十四条 下列财产不得抵押：

（一）土地所有权；

（二）耕地、宅基地、自留地、自留山等集体所有的土地使用权，但法律规定可以抵押的除外；

（三）学校、幼儿园、医院等以公益为目的的事业单位、社会团体的教育设施、医疗卫生设施和其他社会公益设施；

（四）所有权、使用权不明或者有争议的财产；

（五）依法被查封、扣押、监管的财产；

（六）法律、行政法规规定不得抵押的其他财产。

《担保法》

第三十四条 下列财产可以抵押：

（一）抵押人所有的房屋和其他地上定着物；

（二）抵押人所有的机器、交通运输工具和其他财产；

（三）抵押人依法有权处分的国有的土地使用权、房屋和其他地上定着物；

（四）抵押人依法有权处分的国有的机器、交通运输工具和其他财产；

（五）抵押人依法承包并经发包人同意抵押的荒山、荒沟、荒丘、荒滩等荒地的土地使用权；

（六）依法可以抵押的其他财产。

抵押人可以将前款所列财产一并抵押。

第三十七条 下列财产不得抵押：

（一）土地所有权；

（二）耕地、宅基地、自留地、自留山等集体所有的土地使用权，但本法第三十四条第（五）项、第三十六条第三款规定的除外；

（三）学校、幼儿园、医院等以公益为目的的事业单位、社会团体的教育设施、医疗卫生设施和其他社会公益设施；

（四）所有权、使用权不明或者有争议的财产；

（五）依法被查封、扣押、监管的财产；

（六）依法不得抵押的其他财产。

《合同法解释（一）》

第九条 依照合同法第四十四条第二款的规定，法律、行政法规规定合同应当办理批准手续，或者办理批准、登记等手续才生效，在一审法庭辩论终结前当事人仍未办理批准手续的，或者仍未办理批准、登记等手续的，人民法院应当认定该合同未生效；法律、行政法规规定合同应当办理登记手续，但未规定登记后生效的，当事人未办理登记手续不影响合同的效力，合同标的物所有权及其他物权不能转移。

合同法第七十七条第二款、第八十七条、第九十六条第二款所列合同变更、转让、解除等情形，依照前款规定处理。

《矿业权出让转让管理暂行规定》

第六条 矿业权人可以依照本规定，采取出售、作价出资、合作勘查或开采、上市等方式依法转让矿业权。

转让双方应按规定到原登记发证机关办理矿业权变更登记手续。但是受让方为外商投资矿山企业的，应到具有外商投资矿山企业发证权的登记管理机关办理变更登记手续。

矿业权人可以依照本规定出租、抵押矿业权。

第三十六条 矿业权转让是指矿业权人将矿业权转移的行为，包括出售、作价出资、合作、重组改制等。

矿业权的出租、抵押，按照矿业权转让的条件和程序进行管理，由原发证机关审查批准。

第五十五条 矿业权抵押是指矿业权人依照有关法律作为债务人以其拥有的矿业权在不转移占有的前提下，向债权人提供担保的行为。

以矿业权作抵押的债务人为抵押人，债权人为抵押权人，提供担保的矿业权为抵押物。

第五十七条 矿业权设定抵押时，矿业权人应持抵押合同和矿业权许可证到原发证机关办理备案手续。矿业权抵押解除后 20 日内，矿业权人应书面告知原发证机关。

第十五条 当事人请求确认矿业权之抵押权自依法登记时设立的,人民法院应予支持。

颁发矿产资源勘查许可证或者采矿许可证的国土资源主管部门根据相关规定办理的矿业权抵押备案手续,视为前款规定的登记。

【条文主旨】

本条是关于矿业权抵押权设立的规定。在本《解释》第十四条规定了矿业权抵押合同效力的基础上,本条又对矿业权抵押权的设立作出进一步规定。

一、矿业权之抵押权设立的标准

通常认为,不动产抵押是在不动产上设定负担,直接关系交易第三人及顺位抵押权人的利益。因此,为了便于第三人与抵押人进行交易时作出合理预期,避免遭受不必要的损害,也为了方便债权人查看抵押财产的权属关系以及抵押权的优先顺位,以决定是否接受该财产进行抵押担保,设定不动产抵押应当办理登记。从域外法的经验来看,大部分国家的法律也都规定以矿业权进行抵押必须办理登记,登记后才能使抵押权生效。例如,《巴西矿业法典》规定,只有在开采特许登记簿上登记备案后,矿业权的转让或者抵押才会有效。澳大利亚及加拿大的《矿业法》当中,亦作出了类似的规定。我国《担保法》对不动产抵押登记作了明确规定,该法第四十一条规定:"当事人以本法第四十二条规定的财产抵押的,应当办理抵押物登记,抵押合同自登记之日起生效。"但《担保法》的这种规定在法理上却饱受诟病,因为既然抵押合同要生效须先进行登记,但登记的时候又要以该尚未生效的合同作为依据;既然合同尚未生效,又如何能作为物权登记的依据呢?显然这样的规定存在逻辑上的悖论。在《物权法》立法过程中，有人提出，《担保法》要求抵押办理登记是正确的，但规定"抵押合同自登记之日起生效"混淆了债权行为与物权行为的不同效力。抵押合同的订立是以发生物权变动为目的的原因行为，属于债权关系范畴，其成立、生效应当依据《合同法》确定，而抵押权的设立及效力，除要求抵押合同合法有效这一要件外，还必须符合物权法的公示公信原则。将抵押合同的效力和抵押权的效力混为一谈，不利于保护抵押合同当事人的合法权益，亦不利于充分发挥矿业权内在的财产属性，作到物尽其用。以房屋的抵押为例，如某甲与某乙订立了房屋抵押合同，但是拖着不与某乙办理抵押登记，随后又将该房屋抵押给了某丙，与某丙办理了抵押登记。根据《担保法》第四十一条规定，当某甲不履行债务时，由于某丙办理了登记享有抵押权，可以优先受偿；而某乙没有办理登记，不仅不享有抵押权，抵押合同亦未生效，连追究某甲违约责任的权利都丧失了。这种情形不仅对某乙不公平，也会助长恶意损害他人权益的行为，不利于社会经济秩序的维护。

《物权法》在立法过程中将合同效力和物权变动效力进行了区分处理，并将《担保法》第四十一条规定的内容分拆为《物权法》第九条、第十五条和第一百八十七条，分三个层次进行规范：第一个层次为第九条规定内容——设立不动产物权（包括不动产抵押权）经依法登记发生效力；第二个层次为第十五条——设立不动产物权的合同自成立时生效，未办理物权登记的，不影响合同效力；第三个层次为第一百八十七条——不动产抵押权自登记时设立。以上规定表明，原则上登记是不动产抵押权的法定公示手段，是不动产抵押权设立的生效要件，也是不动产抵押权依法获得承认和保护的依据。当然，例外也是有的，《物权法》第九条第一款就规定："法律另有规定的除外"；第二款同时规定："依法属于国家所有的自然资源，所有权可以不登记。"也就是说，依法属于国家所有的自然资源就是一个例外，对这部分不动产的所有权可以不登记，国家取得自然资源所有权亦不是基于登记取得。① 不过，该款内容仅限于国家所有的"自然资源所有权"本身可以不登记，而在国家所有的土地、森林、海域、矿产等自然资源上设立用益物权、担保物权，并不属上述规定可以不登记的例外情况，依然需要依法登记才能生效。矿业权系基于矿产资源国家所有权基础上设立的用益物权，以矿业权作为抵押物则属于设立担保物权的情形，依法应当进行办理抵押权登记，矿业权之抵押权自依法登记时设立。

二、登记对矿业权之抵押权设立的影响

关于登记对不动产物权的设立、变更及消灭等情形的效力影响，基本有两种立法体例。一种是登记生效主义，另一种是登记对抗主义。所谓登记生效主义，是指不动产抵押权都必须登记，不登记者不生效，德国、我国台湾地区等采纳此种立法体例。例如，德国《民法典》规定，为在土地上设立一项物权以及转让该项物权或者在该物权上设立其他权利，如法律没有另行规定时，必须有权利人和因该权利变更而涉及的其他人的合意，以及权利变更在不动产登记簿上的登记；我国台湾地区"民法"规定，不动产物权，依法律行为而取得、设定、丧失即变更者，非经登记，不生效力。按照这种体例，不动产的变动（包括抵押）不仅需要当事人的法律行为（签订合同），也需要依法进行登记，法律行为和登记的双重法律事实决定不动产物权变动的效力。登记对抗主义，即，不动产物权的变动（包括抵押），仅仅以当事人的法律行为（订立合同的行为）作为生效的必要充分条件，登记与否不决定物权变动的效力，但是为交易安全的考虑，法律同时规定不经登记的不动产物权不得对抗第三人。日本即采纳这种体例——日本《民法典》规定："不动产物

---

① 自然资源国家所有权不登记的政策目前亦在调整中，2015年中共中央、国务院印发的《生态文明体制改革总体方案》（中发〔2015〕25号）明确："建立统一的确权登记系统。坚持资源公有、物权法定，清晰界定全部国土空间各类自然资源资产的产权主体。对水流、森林、山岭、草原、荒地、滩涂等所有自然生态空间统一进行确权登记"；国土资源部、中央编办、财政部、环境保护部、水利部、农业部、国家林业局制定的《自然资源统一确权登记办法（试行）》（国土资发〔2016〕192号）规定："国家建立自然资源统一确权登记制度。自然资源确权登记坚持资源公有、物权法定和统一确权登记的原则""对水流、森林、山岭、草原、荒地、滩涂以及探明储量的矿产资源等自然资源的所有权统一进行确权登记"。

权的取得、丧失及变更，除非依登记法规定进行登记，不得以之对抗第三人。"我国民法学界一般认为，对于不动产来说，不论是从法理上还是从实践效果上看，登记生效主义更为合理。在法理上，因物权的本质特征就是排他性，如果不进行登记，权利人获得的物权不能产生排他效果，就不能认为其是物权，因此而发生的物权变动自然应该无效。从实践意义上讲，不经登记的不动产物权变动对权利人和相对人均具有极大的风险，对交易的安全非常不利。在不动产登记效力问题上，我国《物权法》基于上述两种立法模式采取了折中的方案：房屋所有权、建设土地使用权等采用的登记生效主义，而土地承包经营权、宅基地使用权等则采用的登记对抗主义；就抵押担保而言，《物权法》亦采用了折中方案，即对于不动产抵押权的设立采用登记生效主义，而对于动产抵押权的设立则采用登记对抗主义。①

基于通常理解，矿产资源系不动产范畴，属于"其他土地附属物"，矿业权以及矿业权抵押权应适用不动产的法律法规。根据《物权法》规定精神，矿业权抵押权应采用登记生效主义确定抵押权的设立。故本条解释明确了矿业权抵押权设立和取得的条件是依法进行登记，当事人请求确认矿业权抵押权自依法登记时设立的，人民法院应予支持。

三、矿业权抵押备案的法律效果

实践中，国土资源部曾颁布实施《探矿权采矿权评估管理暂行办法》第五条规定，以探矿权、采矿权设定抵押的，应经登记管理机关审查登记；而国土资源部《矿业权出让转让管理暂行规定》第五十七条则规定："矿业权设定抵押时，矿业权人应持抵押合同和矿业权许可证到原发证机关办理备案手续。矿业权抵押解除后20日内，矿业权人应书面告知原发证机关。"上述二规定虽仅为国土资源部规范性文件的内容，且前者已由2009年10月31日发布的《国土资源部关于停止执行部分地质和矿产勘查开发相关规范性文件的

---

① 《中华人民共和国物权法》第一百八十七条规定："以本法第一百八十条第一款第一项至第三项规定的财产或者第五项规定的正在建造的建筑物抵押的，应当办理抵押登记。抵押权自登记时设立"；第一百八十八条规定："以本法第一百八十条第一款第四项、第六项规定的财产或者第五项规定的正在建造的船舶、航空器抵押的，抵押权自抵押合同生效时设立；未经登记，不得对抗善意第三人"。

通知》明确对其停止执行而已经失效，但上述规定内容事实上指引着我国矿业权抵押的设立要件形成了登记制和备案制两种不同的实际做法，且各地不一。经调研，在矿业权抵押实践中，各地多依据国土资源部《矿业权出让转让管理暂行规定》的规定办理矿业权抵押备案手续，如2009年《安徽省矿业权出让转让管理办法》第五十三条规定："抵押矿业权的，矿业权抵押双方应持抵押合同和矿业权许可证到登记管理机关办理备案手续。矿业权抵押解除后20日内，矿业权人当持相关证明材料到登记管理机关办理抵押备案注销手续"；2010年甘肃省国土资源厅颁发的《矿业权抵押备案管理暂行办法》也有相关矿业权备案的规定；但也有地方将备案与登记一并规定的，如安徽省国土资源厅颁发的《关于进一步完善矿业权管理有关问题的通知》（皖国土资〔2013〕200号）第三十七条规定："矿业权登记管理机关应严格执行国土资源部有关规定办理本级发证权限内的矿业权抵押备案登记，不得越权办理抵押备案登记；不得受理非金融机构贷款类的矿业权抵押备案申请"等。那么，备案与登记是否可归属为相同的概念？能否产生同样的法律效果？在矿业权抵押问题上是否都可以作为设立抵押权的条件？

  这些问题在学界及实务界均存在不同意见。一种观点认为，从不动产物权公示的方式和效果来看，如备案系面对不特定公众将抵押事实记载在一定媒介之上，公众可根据需要进行查询，则可将备案与登记作同一理解；另一种观点认为，将备案等同于登记，并赋予其可产生矿业权抵押权设立的法律效果，似有违"物权法定"原则。本条解释采纳了第一种观点，认为基于登记与备案实质功能的一致性以及物权法定原则相对弱化的发展趋势，将实践中已经具备公示作用的备案视为登记，一并作出规定有其合理性。而且，我国矿产资源实际管理过程中已经形成了矿业权抵押登记和抵押备案两种具体做法，且当事人多办理的抵押权备案手续，在目前尚无法律法规明确规定矿业权抵押登记机构的情况下，如果不赋予备案以相应的法律效果，就会导致本条解释规定与实践严重脱节，也难以有效处理大量涉及矿业权抵押备案的纠纷。因此，本条解释根据《物权法》的规定以及现实状况，明确规定了矿业权抵押权自登记时设立的基本原则，但同时将实际中国土资源主管部门基于现有规定为当事人办理的矿业权抵押备案视为登记，赋予备案与登记相同的法律效果，若当事人就矿业权抵押在国土资源主管部门办理了备案手续，则应视同办理了抵押权登记。

总之,矿业权抵押权的设立以登记制为原则、备案制为补充,当事人请求确认矿业权之抵押权自国土资源主管部门办理抵押登记或者备案时设立的,人民法院均应予以支持。当然,备案仅是作为矿业权抵押法定登记机构确定前的过渡性措施,若将来法律或者行政法规确立了矿业权抵押权登记机构,自应适用本条解释第一款规定,以是否登记作为确立矿业权之抵押权是否设立的根本依据,备案制度应会予以取消,登记和备案不会同时作为矿业权抵押权的公示方法而存在。

关于矿业权抵押权的具体备案办理机构问题,本条解释延续《矿业权出让转让管理暂行规定》第五十七条规定的精神,将具体办理备案的机构界定为矿业权的发证机关,即颁发矿产资源勘查许可证或者采矿许可证的国土资源主管部门。当事人只有向矿产资源勘查许可证或者采矿许可证的颁证机关办理矿业权抵押备案手续的,才能视同为对矿业权抵押权进行了登记,否则,抵押权并不能发生效力,亦无抵押权的设立。

【问题解答】

问题一:备案条件是否影响矿业权抵押权的设立?

目前,对于矿业权抵押权备案的具体规定,主要体现在国土资源部《矿业权出让转让管理暂行规定》《关于进一步完善采矿权登记管理有关问题的通知》等规范性文件中,其中《矿业权出让转让管理暂行规定》第五十七条规定:"矿业权设定抵押时,矿业权人应持抵押合同和矿业权许可证到原发证机关办理备案手续。矿业权抵押解除后20日内,矿业权人应书面告知原发证机关。"《关于进一步完善采矿权登记管理有关问题的通知》进一步规定:"采矿权人申请抵押备案的,应向登记管理机关提交以下资料:抵押备案申请书、抵押合同、贷款合同、采矿权有偿取得(处置)凭证、采矿许可证(复印件)等相关要件";"登记管理机关予以备案的采矿权申请须符合以下条件:矿业权价款已按规定缴清、采矿权权属无争议、采矿权未被法定机关扣押和查封、采矿权抵押期没有超过采矿许可证有效期、采矿权未处于抵押备案状态或债权人间就受偿关系达成协议。"对于国土资源主管部门在备案过程中由于种种原因导致不符合上述通知规定备案条件的矿业权抵押办理了备案手续，应如何认定矿业抵押备案的效力，在实践中存在一定争议。

实际上，对于上述规定的矿业权抵押备案条件，有学者认为尚有值得商榷的地方。第一，矿业权人因业务发展需要融资，融资行为未必表现为贷款合同，有可能是通过对采矿权设定信托等其他方式进行融资，因此进行备案申请一律要求提供贷款合同过于狭窄，似应改为主债权合同为宜，以拓宽矿业权人融资渠道。第二，矿业权价款交付通常遵循当事人约定，分期缴纳价款的，矿业权价款虽未全部缴清，但不影响矿业权人的权利，其矿业权抵押备案申请应当允许，因此，矿业权价款是否缴清应视其缴款方式而定，不宜一概而论。第三，矿业权抵押应当遵循不得超额抵押之规定，但并非禁止在抵押财产的价值余额上再设定抵押，规定已经办理抵押手续的矿业权不得再次抵押不符合抵押权制度的基本精神，且无疑会导致矿业权价值被低估与浪费的情形发生；解决这个问题应通过立法明确要求提供矿业权的价值评估报告，可禁止超额抵押，但应允许存在多顺位的抵押权，在实现抵押权时，可以依照《物权法》第一百九十九条规定的顺序获得清偿。①

学者的上述思考和建议对于实践中处理涉及矿业权抵押备案纠纷案件具有一定的参考价值。实际上，有些地方的国土资源主管部门对上述问题已经出台了相应的措施，部分改变了上述通知规定的备案条件，如河北省邯郸市国土资源局颁布的《邯郸市矿业权市场管理办法》中规定："抵押权人所担保的债权，不得超出其抵押的矿业权的价值；将矿业权价值大于所担保的债权的余额部分再次抵押的，不得超出余额部分"；内蒙古自治区国土资源厅《关于采矿权抵押备案有关事宜的通知》中亦规定："同一采矿权，正在生效的抵押备案不得超过三宗，严格限制同一矿业权进行的抵押的次数。"这些地方性规范性文件显然已经允许矿业权抵押可以在抵押权价值范围内顺位办理备案手续。而国土资源部《关于进一步完善采矿权登记管理有关问题的通知》也已在 2017 年 12 月 29 日被《国土资源部关于完善矿产资源开采审批登记管理有关事项的通知》废止。

在具体审理矿业权抵押案件纠纷过程中，若涉及不符合国土资源主管部

---

① 陈敦：《我国矿业权抵押登记制度探析》，载《晋中学院学报》2011 年 10 月第 28 卷第 5 期。

门规定的备案条件而实际办理了备案登记的情形，人民法院应根据《物权法》以及本解释的规定依法认定矿业权抵押权的效力，矿业权抵押是否符合备案条件系国土资源主管部门的职权范围，并不属于人民法院在矿业权纠纷案件中进行实质审查的事项。事实上，《矿业权出让转让管理暂行规定》仅系国土资源部颁发的规范性文件，并非人民法院认定案件事实和作出裁判的法定依据，故矿业权抵押是否符合备案条件并不影响人民法院对矿业权抵押合同和抵押权效力的认定。至于当事人对于国土资源主管部门在备案过程中存在的问题，可通过其他合法途径解决。

问题二：《担保法解释》第五十九条规定条件下矿业权抵押权能否设立？

《担保法解释》第五十九条规定："当事人办理抵押物登记手续时，因登记部门的原因致使其无法办理抵押物登记，抵押人向债权人交付权利凭证的，可以认定债权人对该财产有优先受偿权。但是，未办理抵押物登记的，不得对抗第三人"。司法实践中，债权人以国土资源主管部门的原因导致其未能办理矿业权抵押备案登记，依据《担保法解释》第五十九条规定主张其抵押权已经依法设立，应享有优先受偿权。对此，人民法院是否应予支持的问题需要认真研究。

结合《最高人民法院关于担保法司法解释第五十九条中的"第三人"范围问题的答复》（法函〔2006〕51号）："根据《担保法》第四十一条、第四十三第二款规定，应当办理抵押物登记而未经登记的，抵押权不成立；自愿办理抵押物登记而未办理的，抵押权不得对抗第三人。因登记部门的原因致使当事人无法办理抵押物登记是抵押未登记的特殊情形，如果抵押人向债权人交付了权利凭证，人民法院可以基于抵押当事人的真实意思认定该抵押合同对抵押权人和抵押人有效，但此种抵押对抵押当事人之外的第三人不具有法律效力"的规定，《担保法解释》第五十九条应是基于《担保法》第四十一条"当事人以本法第四十二条规定的财产抵押的，应当办理抵押物登记，抵押合同自登记之日起生效"的规定，针对实践中存在确非当事人原因而是由于登记部门的原因导致未能办理登记的情形作出的特别规定。但是，《物权法》实施后，不动产物权的设立采取登记生效主义原则，不动产物权变动已不再影响合同的效力，抵押合同自成立之日生效，且《物权法》明确规定担保法与物权法不一致的，以物权法为准。在此情形下，有学者已经明确《担保法解释》第五十九条随着《物权法》的实施而自动失效。①

基于《担保法》并没有区分合同效力与担保物权的设立，登记既导致抵押权的设立，也是抵押合同生效要件；而《物权法》明确将合同效力与不动产物权变动进行了区分，不动产抵押权自登记时设立，而不动产抵押合同自依法成立之日起生效，合同效力的认定不再受是否登记的影响。显然《物权法》与《担保法》对于不动产抵押合同和不动产抵押权效力的规制基础发生了根本变化，二者不一致的情况下依法应遵循《物权法》的规定。《担保法解释》第五十九条作为依据已与物权法相冲突的担保法规定作出的解释，至少在不动产抵押问题上与《物权法》的规定相悖，根据法律规则冲突处理原则及相关法理，《担保法解释》第五十九条不宜作为认定矿业权抵押权设立的法律依据，当事人据此主张将矿业权拍卖、变卖或者以矿业权抵债等方式优先受偿的，应不予支持。

【法规链接】

《物权法》

第九条　不动产物权的设立、变更、转让和消灭，经依法登记，发生效力；未经登记，不发生效力，但法律另有规定的除外。

依法属于国家所有的自然资源，所有权可以不登记。

第一百七十八条　担保法与本法的规定不一致的，适用本法。

第一百八十条　债务人或者第三人有权处分的下列财产可以抵押：

（一）建筑物和其他土地附着物；

（二）建设用地使用权；

（三）以招标、拍卖、公开协商等方式取得的荒地等土地承包经营权；……

第一百八十七条　以本法第一百八十条第一款第一项至第三项规定的财产或者第五项规定的正在建造的建筑物抵押的，应当办理抵押登记。抵押权

---

① "该条规定采用的是登记对抗主义，即不动产抵押虽没有登记，但该抵押仍然生效，只是不可以对抗善意第三人，物权法实施后，该条解释失效"，见王立新、吕茂春：《物权法关于物权公示制度的规定对银行经营的影响及对策》，《现代金融》2007年第12期第45页。

自登记时设立。

《担保法》

第四十一条 当事人以本法第四十二条规定的财产抵押的，应当办理抵押物登记，抵押合同自登记之日起生效。

第四十二条 办理抵押物登记的部门如下：

（一）以无地上定着物的土地使用权抵押的，为核发土地使用权证书的土地管理部门；

（二）以城市房地产或者乡（镇）、村企业的厂房等建筑物抵押的，为县级以上地方人民政府规定的部门；

（三）以林木抵押的，为县级以上林木主管部门；

（四）以航空器、船舶、车辆抵押的，为运输工具的登记部门；

（五）以企业的设备和其他动产抵押的，为财产所在地的工商行政管理部门。

第四十三条 当事人以其他财产抵押的，可以自愿办理抵押物登记，抵押合同自签订之日起生效。

当事人未办理抵押物登记的，不得对抗第三人。当事人办理抵押物登记的，登记部门为抵押人所在地的公证部门。

《担保法解释》

第五十九条 当事人办理抵押物登记手续时，因登记部门的原因致使其无法办理抵押物登记，抵押人向债权人交付权利凭证的，可以认定债权人对该财产有优先受偿权。但是，未办理抵押物登记的，不得对抗第三人。

《矿业权出让转让管理暂行规定》

第三条 探矿权、采矿权为财产权，统称为矿业权，适用于不动产法律法规的调整原则。

第五十七条 矿业权设定抵押时，矿业权人应持抵押合同和矿业权许可证到原发证机关办理备案手续。矿业权抵押解除后20日内，矿业权人应书面告知原发证机关。

第十六条 债务人不履行到期债务或者发生当事人约定的实现抵押权的情形，抵押权人依据民事诉讼法第一百九十六条、第一百九十七条规定申请实现抵押权的，人民法院可以拍卖、变卖矿业权或者裁定以矿业权抵债，但矿业权竞买人、受让人应具备相应的资质条件。

【条文主旨】

本条是关于矿业权抵押权实现的规定。

为充分发挥矿业权的财产价值和融资功能，依法保护矿业权有序流转，为矿山企业融通资金提供便利途径，国土资源部《矿业权出让转让管理暂行规定》明确认可矿业权抵押。本解释第十四条、第十五条规定了矿业权抵押合同的效力和矿业权抵押权的设立，立足点也在于通过区分原则的解释适用与公示方法的弹性化，尽量促成矿业权抵押合同的生效以及矿业权抵押权的有效设立。当然，能否实现上述规范目的，还取决于是否存在高效便捷的抵押权实现路径。矿业权系在行政许可的基础上产生的用益物权，这种权利属性上的复合性决定了矿业权抵押权的实现程序与一般抵押权的实现程序既有联系，也有区别。本条解释即对此作出具体规定。

一、实现矿业权抵押权的一般程序

（一）法律适用

担保物权制度的核心在于通过对担保物价值的优先受偿来保障债权人利益。《矿业权出让转让管理暂行规定》第五十八条第一款关于"债务人不履行债务时，债权人有权申请实现抵押权，并从处置的矿业权所得中依法受偿"的规定，即是矿业权抵押权所具有的优先受偿效力的集中体现，而实现抵押权的程序是否便捷高效，是否成本较低，直接决定了债权人接受矿业权作为抵押物的积极性，也是强化矿业权融资功能以及全面推进矿业权市场化建设的重要一环。除上述较为笼统的规定外，现行法律、行政法规等并未对矿业权抵押权的实现作出特殊规定，因矿业权在《物权法》中被定性为用益物权，且适用于不动产法律法规的调整原则，①故在其上设定抵押权应属于不动产抵押，原则上应适用《物权法》《民事诉讼法》关于抵押权实现的一般规定。这不但符合文义解释与体系解释，而且考虑到《物权法》《民事诉讼法》对抵押权实现制度的修改完善均以简化相关手续，完成担保物权实现程序的非诉化改造为目的，符合矿业权抵押权实现所追求的高效便捷的价值目标，故从规范目的来看，其也应以《物权法》第一百九十五条及《民事诉讼法》第一百九十六条、第一百九十七条等为依据。

《物权法》第一百九十五条规定，债务人不履行到期债务或者发生当事人约定的实现抵押权的情形，抵押权人可以与抵押人协议以抵押财产折价或者以拍卖、变卖该抵押财产所得的价款优先受偿。协议损害其他债权人利益的，其他债权人可以在知道或者应当知道撤销事由之日起一年内请求人民法院撤销该协议。抵押权人与抵押人未就抵押权实现方式达成协议的，抵押权人可以请求人民法院拍卖、变卖抵押财产。抵押财产折价或者变卖的，应当参照市场价格。据此，矿业权抵押权的实现也包括当事人协议和通过司法程序两种路径，属于当事人自救主义和司法保护主义的结合。但是因矿业权作为抵押物价值巨大，法律关系复杂，当事人利益冲突严重，往往在实现抵押权时引发诉讼，且在抵押财产不转移占有的情形下，矿业权人配合抵押权人实现抵押权的意愿较低，所以实践中通过协议实现抵押权的情况并不多见，抵押权人大多都需要借助司法程序来实现优先受偿权。

需要注意，《物权法》规定的司法程序与《担保法》第五十三条第一款规定的"协议不成的，抵押权人可以向人民法院提起诉讼"不同，后者要经过冗长而琐细的起诉、应诉、开庭、答辩等诉讼全过程，甚至会有二审、再审，抵押权实现成本高、效率低；前者是非诉程序，无须经过诉讼全过程，法院通过对抵押登记等证据的形式审查，即可裁判实现抵押权，包括允许强

---

① 参见《物权法》第一百二十三条，《矿业权出让转让管理暂行规定》第三条。

制拍卖、变卖抵押财产，非诉讼成本低、效力高，更有利于降低实现抵押权的成本，充分保护抵押权人的利益。[①] 但是，由于时行《民事诉讼法》未能明确抵押权人申请司法救济的依据和具体程序，程序法和实体法未能同步链接，担保合同或担保物权本身又无法作为执行依据，导致实践中抵押权人仍然只能通过诉讼方式以公力救济实现自身利益。基于此，2012年《民事诉讼法》修改时在"特别程序"中专设一节规定"实现担保物权法案件"，对担保物权实现案件的申请与管辖（第一百九十六条），裁定与执行（第一百九十七条）作了具体规定，《民事诉讼法解释》第三百六十一条至三百七十三条又进行了细化和补充。根据上述规定，抵押权人可持申请书、主合同、担保合同、矿业权抵押登记或备案证明、证明实现抵押权条件成就的说明等书面材料，向矿山所在地或抵押权登记、备案地的基层法院申请实现抵押权，若法院依法审查后作出准许拍卖、变卖抵押矿业权的裁定，抵押权人即可以此为依据申请强制执行。

（二）实现的条件和方式

1. 实现条件

根据《担保法》的规定，只有在主债务人到期不履行债务时才能实现担保物权，而《物权法》第一百九十五条规定，在债务人不履行到期债务，或者发生当事人约定的实现抵押权的情形，债权人都可以实现抵押权，将实现抵押权的条件留由当事人自由约定。这就扩大了当事人意思自治的空间，对于抵押权人更加合理和主动地防范、控制及消解信贷风险，具有重要意义。本条的表述与《物权法》的上述规定保持一致。所谓"当事人约定的实现抵押权的情形"，既包括主合同当事人的约定，也包括抵押合同当事人的约定，前者如债权人与债务人约定在债务人没有按时缴纳利息达到一定时间或数额后，即可解除合同，要求债务人提前还款，此时抵押权人可实现抵押权，后者如抵押人与抵押权人在抵押合同中约定作为抵押物的矿业权有价值灭失或减损之虞时，抵押权人即有权立即实现抵押权。

[①] 最高人民法院物权法研究小组编著：《〈中华人民共和国物权法〉条文理解与适用》，人民法院出版社2007年版，第581~583页。

2. 实现方式

根据《物权法》第一百九十五条的文义分析，抵押权人可以与抵押人协商以折价或者拍卖、变卖的方式实现抵押权，但通过司法程序时，只能请求法院拍卖、变卖抵押物，而无权要求法院折价处理抵押物。《民事诉讼法》及其司法解释也只规定了在担保物权实现案件中法院可以裁定准许拍卖、变卖抵押物，并未规定以抵押物抵债这种方式。有观点认为，以往的司法实践表明，在法院强制执行过程中，采取折价这一方式实现抵押权确实存在很多弊端，故《物权法》已不允许法院在执行程序中以折价的方式来实现抵押权。①我们认为，《物权法》及《民事诉讼法》的上述规定只是表明在担保物权实现这类非诉案件中，当事人不能直接申请法院裁定以矿业权抵债，但是在抵押权人取得执行依据并进入强制执行程序后，应按照执行程序的有关规定处理。最高人民法院《民事诉讼法解释》第四百九十一条规定，"经申请执行人和被执行人同意，且不损害其他债权人合法权益和社会公共利益的，人民法院可以不经拍卖、变卖，直接将被执行人的财产作价交申请执行人抵偿债务。对剩余债务，被执行人应当继续清偿"，可见，若抵押权人与抵押人均同意对抵押物作价抵偿债务的，法院可以对抵押财产进行折价处理。此种折价基于当事人的意思表示，法院出于尊重当事人在司法程序中的处分权，与《物权法》的规定并不冲突。②

此外，《民事诉讼法解释》第四百九十二条规定，被执行人的财产无法拍卖或者变卖的，经申请执行人同意，且不损害其他债权人合法权益和社会公共利益的，人民法院可以将该项财产作价后交付申请执行人抵偿债务，或者交付申请执行人管理；申请执行人拒绝接收或者管理的，退回被执行人。最高人民法院《拍卖变卖财产规定》也对流拍财产抵债的程序和条件作出了详细规定。具体到矿业权的强制执行，《国土资源部关于完善矿产资源开采审批登记管理有关事项的通知》也明确规定："人民法院将采矿权拍卖或裁定给他人，受让人应当依法向登记管理机关申请变更登记。申请变更登记的受让人应当具备本通知第（七）条规定的条件，登记管理机关凭申请人提交的采矿

---

① 王利明、尹飞、程啸：《中国物权法教程》，人民法院出版社2007年版，第485页。
② 刘保玉主编：《担保纠纷裁判依据新释新解》，人民法院出版社2014年版，第215页。

权变更申请文件和人民法院协助执行通知书,予以办理采矿权变更登记"。可见在执行程序中若满足一定条件,法院直接裁定以矿业权抵债并不存在制度障碍。[①] 故本条除规定拍卖、变卖两种抵押权实现方式外,一并规定以矿业权抵债这种方式,并对受让人的资质提出同等要求。

二、实现矿业权抵押权的特殊要求

（一）要求竞买人等具备相应资质的依据

矿业权抵押权的实现,除遵循一般抵押权实现的条件和程序后,本条还特别要求矿业权竞买人、受让人应具备相应的资质条件。依据如下：

首先,矿业权的双重属性决定竞买人等应具备相应资质。虽然《物权法》将矿业权定性为用益物权,对于进一步明确矿业权的物权属性,强化财产权保护,建立产权明晰、高效有序的矿业权流转市场等具有重要意义,但不可否认,矿产资源作为公共物品,其勘查、开采与经济可持续发展、矿山生产安全、生态环境保护等社会公共利益紧密相关,也使得矿业权与典型用益物权相比,具有一定的特殊性。[②] 这种特殊性主要体现为矿业权是由私法与公法共同规范和调整,是由私权和公权共同构成的权利复合体。在现行法律框架内,其既是一种用益物权,也是一种基于行政许可而获得的权利；既体现为一种民事财产权,又体现为一种特许的经营权或行业准入资格。《矿产资源法》第三条关于"勘查、开采矿产资源,必须依法分别申请、经批准取得探矿权、采矿权,并办理登记"及"从事矿产资源勘查和开采的,必须符合规定的资质条件"的规定,即是矿业权具有特许物权性质的集中体现。在矿业权拍卖、变卖、抵债过程中,竞买人、受让人也只有具备了相应的资质条件,才有资格申请取得矿业权,否则即使参与了拍卖、变卖或接受抵债,最终也无法实现取得矿业权的目的。

[①] 在某些地方法院制定的内部涉矿审判纪要或指导意见中,曾规定人民法院在判决和执行环节中不能判决、调解或裁定将当事人的探矿权、采矿权直接进行抵债,在当时的背景下虽有一定的合理性,即避免当事人恶意串通,以虚假诉讼的手段达到转让矿业权的目的,但本条规定仅限定在执行过程中,目的也只是为了便于执行,提高效率考虑。至于在对案件进行实体处理的过程中能否由人民法院直接判决抵债,可另行研究。

[②] 孙超：《矿业权取得与保护的特殊规则》,载《人民法院报》2017年2月22日,第8版。

其次，司法权与行政权的有效衔接要求竞买人等应具备相应资质。矿业权权利属性的复合性决定了法院在审判和执行程序中均要保持一定的谦抑性，尤其要正确处理好司法裁判和行政判断的关系。矿产资源事关国计民生，为提高矿产资源开发利用效率，防止私挖滥采，相关法律法规对矿业权的主体资质提出了较高的要求，而是否具备矿业权主体资格是国土资源主管部门的行政判断范畴。人民法院如果在抵押权实行中直接裁定将矿业权过户给竞拍人或受让人，但国土资源主管部门认为相关当事人不具有矿业权主体资格时，将会使司法权和行政权同时陷入尴尬境地。① 一方面，人民法院的相关判决或裁定很可能得不到国土资源部门的配合执行，导致矿业权的变更登记无法顺利得以办理；另一方面，如果国土资源部门对不符合法定转让条件的矿业权办理批准及变更登记手续，将存在违法行政的嫌疑，并可能因此被行政相对人提起行政诉讼。如此一来，人民法院的司法权威和国土资源部门的行政权威都将受到极大地损害。② 此外，如果不对资质提出特殊要求，则不具有资质的当事人可能与矿业权人恶意串通，通过虚假诉讼及强制执行的方式获得矿业权，这会对国家能源资源安全及生态环境保护造成较大威胁。

最后，相关法律和政策规定竞买人等应具备相应资质。第一，在执行程序方面的一般性规定。《拍卖法》第三十三条规定，法律、行政法规对拍卖标的的买卖条件有规定的，竞买人应当具备规定的条件。最高人民法院《拍卖变卖财产规定》第十五条规定，法律、行政法规对买受人的资格或者条件有特殊规定的，竞买人应当具备规定的资格或者条件。第二，矿业权抵押权实现的特殊规定。《矿业权出让转让管理暂行规定》第五十八条第一款规定，债务人不履行债务时，债权人有权申请实现抵押权，并从处置的矿业权所得中依法受偿。新的矿业权申请人应符合国家规定的资质条件。《国土资源部关于完善矿产资源开采审批登记管理有关事项的通知》第十九条规定："人民法院将采矿权拍卖或裁定给他人，受让人应当依法向登记管理机关申请变更登记。申请变更登记的受让人应当具备本通知第（七）条规定的条件，登记管理机

---

① 王旭光：《审理矿业权纠纷案件的基本思路》，载《人民法院报》2016 年 11 月 30 日，第 5 版。

② 蒋文军主编：《矿业权交易法律制度与实务操作》，中国法制出版社 2011 年版，第 365～366 页。

关凭申请人提交的采矿权变更申请文件和人民法院协助执行通知书,予以办理采矿权变更登记";而该通知第七条规定:"采矿权申请人原则上应当为营利法人。外商投资企业申请限制类矿种采矿权的,应当出具有关部门的项目核准文件。申请放射性矿产资源采矿权的,应当出具行业主管部门的项目核准文件。申请人在取得采矿许可证后,须具备其他相关法定条件后方可实施开采作业。"上述规定都明确无论是矿业权拍卖、变卖,还是以权抵债的方式实现抵押权,均要求竞买人、受让人具备相应资质条件,这也构成司法解释本条规定的法律和政策依据。

(二)认定竞买人等具备相应资质的标准和程序

竞买人、受让人的资质条件,主要是指其应具备与勘察或开采特定矿种相匹配的资金、信用、技术、人员、设备等条件。《矿产资源法》第三条第四款只是笼统规定"从事矿产资源勘察和开采的,必须符合规定的资质条件",具体条件留待相关法规、规章等予以规定。如《探矿权采矿权转让管理办法》第七条规定"探矿权或者采矿权转让的受让方,应当符合《矿产资源勘查区块登记管理办法》或者《矿产资源开采登记管理办法》规定的有关探矿权申请人或者采矿权申请人的条件",而《矿产资源开采登记管理办法》第五条则规定"采矿权申请人申请办理采矿许可证时,应当向登记管理机关提交下列资料:……(二)采矿权申请人资质条件的证明;……(四)依法设立矿山企业的批准文件……",可见相关行政法规其实已将矿业权的主体限缩于矿山企业,个人不能成为矿业权的主体。《矿业权出让转让管理暂行规定》第十九条第二款更是明确规定,采矿权申请人应为企业法人,个体采矿的应依法设立个人独资企业。2009年国土资源部发布的《关于进一步规范探矿权管理有关问题的通知》及2011年发布的《关于进一步完善采矿权登记管理有关问题的通知》中曾规定,申请探矿权或采矿权的应具有独立企业法人资格,且申请采矿权的企业注册资本应不少于经审定的矿产资源开发利用方案测算的矿山建设投资总额的百分之三十,这就将矿业权的主体进一步限缩于具有独立法人资格的企业。2011年国土资源部《矿业权交易规则(试行)》第四条也再次明确,受让人是指符合探矿权、采矿权申请条件或受让条件的、具有独立承担民事责任的法人。

尽管国土资源部《关于进一步规范探矿权管理有关问题的通知》《关于进

一步完善采矿权登记管理有关问题的通知》和《矿业权交易规则（试行）》现已经废止，但新的规范性文件《国土资源部关于进一步规范矿产资源勘查审批登记管理的通知》《国土资源部关于完善矿产资源开采审批登记管理有关事项的通知》《矿业权交易规则》依然保有上述相关内容，甚至进一步明确要为"营利法人"。除国家层面的统一规定外，有些省份也根据地方特点对矿业权申请人的资质条件进行了细化和补充。如2015年修订的《云南省探矿权采矿权管理办法》第二十六条即规定，采矿权申请人应具备以下条件：（一）具备法人资格，但社会团体和国家机关不得作为采矿权申请人，自然人可以申请开采用作普通建筑材料的砂、石、粘土等小型矿山采矿权；（二）具备与开采矿种及规模相适应的资金、专业技术人员和技术设备；（三）拟建规模为大中型矿山或者申请开采储量规模为中型以上矿产地的，注册资金一般不少于5000万元或者前3年平均纳税额不低于500万元，项目资本金不得低于矿山开发利用方案或者初步设计概算投资额的35%；（四）拟建规模为小型矿山的，注册资金不得少于500万元，项目资本金不得低于矿山开发利用方案或初步设计概算投资额的50%。

通过上述梳理，可以看到国土资源主管部门对矿业权人资质条件的要求有逐步严格的趋势，意图通过提高矿业行业准入门槛，来促进矿产资源合理开发利用，保证安全生产，改善生态环境。根据《矿产资源法》第三条第三款关于"勘查、开采矿产资源，必须依法分别申请、经批准取得探矿权、采矿权，并办理登记"及《探矿权采矿权转让管理办法》第十条关于"申请转让探矿权、采矿权的，审批管理机关应当自收到转让申请之日起40日内，作出准予转让或者不准转让的决定，并通知转让人和受让人"等规定，实践中是由国土资源主管部门对受让人是否具备相应资质条件进行审查，并最终决定是否予以批准。在矿业权抵押权实现过程中，也主要涉及对矿业权转让价款的优先受偿问题，竞拍人、受让人的资质条件原则上应由国土资源主管部门判断，以实现司法权与行政权的有效衔接与协调。此外，人民法院作为司法裁判机关，缺乏相关专业知识和经验，容易在判断上出现失误，而将其交由国土资源主管部门审查和认定，应该更符合司法权和行政权的职能分工并提高效率。因此在《解释》起草过程中，曾明确规定"人民法院拍卖、变卖矿业权或者裁定以矿业权抵债前，可就矿业权竞买人、受让人资质条件征求颁发矿产资源勘查许可证或者采矿许可证的国土资源主管部门的意见",但考虑到此项内容主要涉及人民法院与国土资源主管部门之间的关系协调问题,以及制度的实效性等,更适宜通过法院与相关部门联合发文等方式协调解决。这样能够更好的保证生效裁判的顺利执行,实现司法权与行政权的有效衔接。

【问题解答】

问题一：实现抵押权非诉案件中是否需要审查竞买人、买受人资质？

根据《民事诉讼法解释》第三百七十一条的规定,在一般抵押权实现案件中,抵押权人向法院申请实现抵押权后,人民法院应当就主合同的效力、期限、履行情况,担保物权是否有效设立、担保财产的范围、被担保的债权范围、被担保的债权是否已届清偿期等担保物权实现的条件,以及是否损害他人合法权益等内容进行审查。被申请人或者利害关系人提出异议的,人民法院应当一并审查。并根据当事人对实现担保物权是否存在实质性争议及实现担保物权条件是否成就,作出是否允许拍卖、变卖抵押物的裁定。因为该程序属于非诉程序而非执行程序,目的也只在于形成执行依据,并不涉及抵押物的变现。故在矿业权抵押实现的非诉审查案件中,法院并不需要审查竞拍人等的资质条件问题。只有在裁定作出,抵押权人依据该裁定请求法院强制拍卖、变卖、抵债时,才应以竞拍人、受让人具备相应资质条件为前提条件。此外,虽然本条只规定了为实现抵押权拍卖、变卖矿业权时竞拍人、受让人应具备相应的资质条件,但不管是抵押权人还是一般债权人,在对债务人的矿业权进行强制执行时原则上均应遵循该要求。

问题二：矿业权许可证被吊销后抵押权应如何处理？

在矿业权抵押权设立后,若矿山企业严重违反安全生产、环境保护法律法规,县级以上人民政府对其实施关闭,或者通知国土资源主管部门吊销其采矿许可证的,国土资源主管部门对采矿许可证予以吊销,不受抵押权设立的影响。这是因为设立矿业权抵押权只是为保障抵押权人债权的实现,其不能影响国土资源主管部门为保护社会公共利益而对矿业权人所作出的行政处罚。这种情况下,根据《矿业权出让转让管理暂行规定》第五十八条第二款关于"采矿权人被吊销许可证时,由此产生的后果由债务人承担"的规定,应由债务人承担相关责任。可见，矿业权权利属性的特殊性决定了其与一般抵押权相比，具有较强的政策风险，需要抵押权人经常关注矿业权财产价值的波动，并根据《担保法》第五十八条第一款"抵押人的行为足以使抵押物价值减少的，抵押权人有权要求抵押人停止其行为。抵押物价值减少时，抵押权人有权要求抵押人恢复抵押物的价值，或者提供与减少的价值相当的担保"等规定，及时采取相关措施。

【法规链接】

《物权法》

第一百九十五条 债务人不履行到期债务或者发生当事人约定的实现抵押权的情形，抵押权人可以与抵押人协议以抵押财产折价或者以拍卖、变卖该抵押财产所得的价款优先受偿。协议损害其他债权人利益的，其他债权人可以在知道或者应当知道撤销事由之日起一年内请求人民法院撤销该协议。

抵押权人与抵押人未就抵押权实现方式达成协议的，抵押权人可以请求人民法院拍卖、变卖抵押财产。

抵押财产折价或者变卖的，应当参照市场价格。

《民事诉讼法》

第一百九十六条 申请实现担保物权，由担保物权人以及其他有权请求实现担保物权的人依照物权法等法律，向担保财产所在地或者担保物权登记地基层人民法院提出。

第一百九十七条 人民法院受理申请后，经审查，符合法律规定的，裁定拍卖、变卖担保财产，当事人依据该裁定可以向人民法院申请执行；不符合法律规定的，裁定驳回申请，当事人可以向人民法院提起诉讼。

《民事诉讼法解释》

第三百六十一条 民事诉讼法第一百九十六条规定的担保物权人，包括抵押权人、质权人、留置权人；其他有权请求实现担保物权的人，包括抵押人、出质人、财产被留置的债务人或者所有权人等。

第三百七十一条 人民法院应当就主合同的效力、期限、履行情况，担保物权是否有效设立、担保财产的范围、被担保的债权范围、被担保的债权是否已届清偿期等担保物权实现的条件,以及是否损害他人合法权益等内容进行审查。

被申请人或者利害关系人提出异议的,人民法院应当一并审查。

第三百七十二条 人民法院审查后,按下列情形分别处理:

(一)当事人对实现担保物权无实质性争议且实现担保物权条件成就的,裁定准许拍卖、变卖担保财产;

(二)当事人对实现担保物权有部分实质性争议的,可以就无争议部分裁定准许拍卖、变卖担保财产;

(三)当事人对实现担保物权有实质性争议的,裁定驳回申请,并告知申请人向人民法院提起诉讼。

第四百九十一条 经申请执行人和被执行人同意,且不损害其他债权人合法权益和社会公共利益的,人民法院可以不经拍卖、变卖,直接将被执行人的财产作价交申请执行人抵偿债务。对剩余债务,被执行人应当继续清偿。

第四百九十二条 被执行人的财产无法拍卖或者变卖的,经申请执行人同意,且不损害其他债权人合法权益和社会公共利益的,人民法院可以将该项财产作价后交付申请执行人抵偿债务,或者交付申请执行人管理;申请执行人拒绝接收或者管理的,退回被执行人。

第四百九十三条 拍卖成交或者依法定程序裁定以物抵债的,标的物所有权自拍卖成交裁定或者抵债裁定送达买受人或者接受抵债物的债权人时转移。

第十七条 矿业权抵押期间因抵押人被兼并重组或者矿床被压覆等原因导致矿业权全部或者部分灭失，抵押权人请求就抵押人因此获得的保险金、赔偿金或者补偿金等款项优先受偿或者将该款项予以提存的，人民法院应予支持。

【条文主旨】

本条是关于矿业权抵押权物上代位性的规定。

鉴于矿业权兼具民事物权和行政许可双重特性，矿业权的设立、维系与行政许可密切相关。矿业权抵押之后，若抵押期间矿业权因故灭失的，如何保护抵押权人的合法利益，是矿业权抵押法律制度设计过程中需重点考虑的问题。

本条解释起草初期，曾考虑借鉴我国台湾地区"矿业法"第47条"采矿权因满期消灭时，不受抵押权之拘束"；第48条"经济部或直辖市主管机关关于设定抵押权之采矿权为撤销或废业登记时，应即通知抵押权者。抵押权者受前项之通知后六十日内，得请求拍卖其矿业权。但因第四十三条第三款有害公益之情事而撤销者，不得请求拍卖。采矿权于前项规定期内及至拍卖程序完成之日止，仍视为存续。前项矿业权拍定人所承受之采矿权，应自原采矿权消灭登记之日起承受之"等规定，确立抵押权人的保护规则。但考虑到我国台湾地区"矿业法"实质上是赋予"经济部"等行政机关的法定通知义务以及抵押权人请求拍卖矿业权的法定权利，且特别规定矿业权在拍卖程序完成之日前，矿业权依然存续等，这些内容实质上系对矿业权抵押制度新的创设内容，甚至涉及我国矿业权制度的改革问题，已非司法解释所能解决，这些事项由法律或者行政法规作出相应规定更为适宜。故本条解释仅在现有法律框架内,根据《物权法》《担保法》的原则规定,并结合抵押权制度的法理及矿业权的特性,确立尽可能维护抵押权人的合法利益,降低抵押权人采用矿业权抵押的法律风险,避免潜在损失的相关规则。

一、矿业权灭失的情形

矿业权人以自己名下的探矿权或者采矿权作为抵押物为自己或者第三人的债务提供担保,在国家主管部门办理登记或者备案后,矿业权抵押权依法设立。债务人未依约履行债务或者符合合同约定的实现抵押权的条件时,抵押权人可请求实现抵押权,将矿业权拍卖、变卖或者以矿业权抵债等方式优先受偿。

但是,在矿业权抵押权设立后、实现前,矿业权可能基于下列原因导致全部或部分灭失。

(一) 抵押人(矿业权人)被兼并重组

兼并重组是企业加强资源整合、实现快速发展、提高竞争力的有效措施,是化解产能严重过剩矛盾、调整优化产业结构、提高发展质量效益的重要途径。[①] 在矿产资源开发利用过程中,矿山企业之间的兼并重组日益增多,尤其近年来随着能源价格的剧烈波动,以及国家资源整合的政策要求,中小规模的矿山企业逐步被符合资源整合政策要求的更大规模的矿山企业所兼并,或者联合重组为一家较大规模、符合政策要求的矿山企业。在兼并重组过程中,被兼并或者被重组的中小矿山企业无论在工商登记机关是否办理注销手续,企业名下的探矿权、采矿权均需变更至兼并或重组企业名下。在此情况下,原矿山企业名下的矿业权相应灭失。

(二) 矿床被压覆

《矿产资源法》第二十三条规定:"在建设铁路、工厂、水库、输油管道、输电线路和各种大型建筑物或者建筑群之前,建设单位必须向所在省、自治区、直辖市地质矿产主管部门了解拟建工程所在地区的矿产资源分布和开采情况。非经国务院授权的部门批准,不得压覆重要矿床"。目前根据相关规

[①] 参见《国务院关于进一步优化企业兼并重组市场环境的意见》(国发〔2014〕14号)。

定,国土资源部和省级国土资源主管部门负责对重要矿床压覆的审批事宜。鉴于很多建设工程往往关涉国家和社会重大公共利益,因此经国土资源主管部门批准,将压覆一些重要矿产资源,包括已经赋予相关权利人矿业权的矿产资源。在所涉矿区矿产资源全部或部分被压覆的情况下,矿业权人须依法办理勘查、开采许可证的注销或者变更手续,相应的原有矿业权也将全部或部分灭失。

(三) 许可证被吊销、撤销、注销

基于目前矿业权的制度设计,确立权利人是否享有矿业权的法定凭证即是矿产资源勘查许可证或者采矿许可证,除矿业权保留等特殊情况外,一般应遵循"有证即有权""无证则无权"的确权原则。而当矿产资源勘查许可证或者采矿许可证被吊销、撤销或者注销等情况下,许可证随之废止,进而导致矿业权相应灭失。许可证被吊销的原因主要有:许可证取得时存在重大法律瑕疵;矿业权人未履行法律法规规定的义务,如未缴纳税费、拒绝接受监督检查、未履行安全生产、环境保护义务等;矿业权许可证期限届满前未依法申请延续,等等。许可证被撤销的情形主要是指负责矿产资源勘查、开采监督管理工作的国家工作人员和其他有关国家工作人员徇私舞弊、滥用职权或者玩忽职守违法违规发证,或者发证机关无权、越权发证等情形。而许可证被注销则包括决定停办或者关闭矿山、探矿权转采矿权等情形。

(四) 许可证期满未延续

矿业权的灭失除上述情形外,更为普遍的是矿产资源勘查许可证或者采矿许可证期限届满,未办理延续登记或者未申请保留。在此情况下,根据国务院《矿产资源勘查区块登记管理办法》第十条第二款关于"探矿权人逾期不办理延续登记手续的,勘查许可证自行废止";和《矿产资源开采登记管理办法》第七条第二款关于"采矿权人逾期不办理延续登记手续的,采矿许可证自行废止"等规定,许可证期满后将自动废止,相应的探矿权、采矿权也自行灭失。此外,在特殊情况下,即便矿业权人申请续延,但基于国家法律或者政策的变化,国土资源主管部门也有可能在勘查许可证或采矿许可证到期后不再续延登记,届时矿业权亦相应灭失。

(五) 矿业权被征收

根据《物权法》第一百二十一条:"因不动产或者动产被征收、征用致使用益物权消灭或者影响用益物权行使的，用益物权人有权依照本法第四十二条、第四十四条的规定获得相应补偿"的规定，探矿权、采矿权作为《物权法》规定的用益物权，亦存在被国家依法征收征用的机会或可能；在被征收情况下，被征收的探矿权、采矿权依法应归于消灭，矿业权人因此将获得相应的补偿。由于《物权法》对征收补偿有明确的规定，故本条解释中未再作规定，但用于抵押的矿业权被征收情况下的灭失，亦应适用本条解释规定。

二、矿业权灭失的法律后果

在上述矿业权全部或部分灭失的情况下，基于抵押权的从属性，矿业权抵押权一般而言亦相应灭失或者部分灭失，进而导致债权人在矿业权上设定的抵押权益无法实现，最终损害其债权的安全。矿业权灭失后，根据灭失的不同事由可大致分为两种情形：一是矿业权人可以获得一定的补偿、赔偿或者相应的款项；二是矿业权人不会得到任何补偿、赔偿或者相应的款项，甚至还会受到一定的行政处罚。两种情况的不同对于抵押权人担保利益的保护与实现亦存在重大差异。

（一）矿业权人因此获得赔偿或者补偿的情形

矿业权人被兼并重组、矿床被压覆，或者矿业权被征收等导致矿业权全部或者灭失，或者颁发许可证的国土资源主管部门无权或越权发证，或者发证机关工作人员违法发证，导致许可证被撤销、矿业权灭失，则矿业权人往往会从政府或第三人处获得相应的赔偿或者补偿。当然，如果矿业权抵押过程中，亦就此办理了相应的保险，在矿业权灭失符合保险合同约定支付保险金时，也存在矿业权人获取一定保险金的问题。此种情况下，不仅债权人（抵押权人）对矿业权的灭失没有过错，矿业权人往往也没有过错，故应给予抵押权人相应的法律保护。针对这些赔偿、补偿或者保险金，抵押权人是否依然享有相应的优先受偿权，就是本条需要解决的核心问题。

（二）矿业权人并未因此获得相应的赔偿或者补偿的情形

对于因许可证期限届满、矿业权人不办理延续或主管部门不予延续，以及因矿业权人违法违规导致许可证被吊销、注销等情形下的矿业权灭失。抵押权人在接受矿业权抵押时应清楚勘查许可证或者采矿许可证的有效期限，届满时矿业权人可能不申请延续或主管部门可能不予延续，以及许可证可能因矿业权人因违法违规被吊销或注销的法律风险。对此抵押权人完全可以、也应当事前采取一定的措施对矿业权人进行相应的制约和防范，以尽可能避免出现上述导致矿业权灭失的情形，如将主债务期限限制在许可证有效期限内，对矿业权人可能存在的违法违规行为进行事前监控等。若抵押权人未事前采取相应措施，导致矿业权灭失，抵押权人的利益可能就难以得到有效保护。此种情况下，矿业权人往往也难以从政府或者第三人获取补偿或赔偿的问题，因此可能需要抵押权人自行承担相应的法律风险。

三、债权人（抵押权人）利益的保护

一般而言，抵押期间矿业权灭失将导致设置其上的抵押权亦相应灭失，抵押权人往往对此并无过错，对其合法权利如不适当保障显属不妥，也不利于矿业权抵押制度的安全、有序运行。基于我国现有法律法规，尽管尚不能给予矿业权抵押权人如我国台湾地区"矿业法"所规定的立法保护，但本《解释》在现有法律框架内对如何尽可能保障抵押权人的合法利益，进行了必要的努力。

（一）抵押权人对矿业权人获得补偿等款项可优先受偿

《物权法》第一百七十四条规定："担保期间，担保财产毁损、灭失或者被征收等，担保物权人可以就获得的保险金、赔偿金或者补偿金等优先受偿。被担保债权的履行期未届满的，也可以提存该保险金、赔偿金或者补偿金等"。该规定系担保物权物上代位性的规定。"所谓物上代位，是指在担保物存续期间，担保财产的价值转化为其他形态时，担保物权仍然及于该财产的变形物或变价物等"。[1] "物上代位作为担保物权的内在的一种属性，自担保物权设立后就自动设定在担保物上，担保物无论发生何种变化、形式如何，只要其价值还存在，担保物权应继续存续在这些体现初始担保物价值的代位物上。"[2] 因此，在担保物因故毁损、灭失或者被征收后，抵押权人对抵押人因此获得的保险金、赔偿金或者补偿金依然享有优先受偿权。

---

[1] 王利明：《物权法研究（修订版）》（下卷），中国人民大学出版社2007年版，第384页。
[2] 贾清林：《物上代位之客体研究》，法律出版社2012年版，第29页。

对于矿业权抵押权而言，尽管《物权法》没有明确规定，但基于《解释》其他各条的规定及释义说明，矿业权抵押并无法律上的障碍，矿业权抵押完全可以适用担保物权的相关规定。因此，在抵押期间矿业权因故灭失的，若矿业权人因此获得了相应的保险金、赔偿金或者补偿金，抵押权人应享有相应的优先受偿权，此规定符合《物权法》第一百七十四条的规定，也有利于市场主体更多地接受矿业权抵押，更好地发挥矿业权的财产价值，保护抵押权人的合法权益。

（二）矿业权人实现优先受偿权的特殊情形

实践中，存在矿业权全部或部分灭失、矿业权人依法获得保险金、赔偿金或补偿金时，可能主债务履行期限尚未届满。在此情况下，若不赋予抵押权人相应的权利，则待债务履行期限届满，而债务人不能依约履行时，将导致损失并难以挽回。故本条解释特别规定抵押权人可就抵押人因此获得的保险金、赔偿金或者补偿金等款项请求予以提存，人民法院应予支持。当然，若主债务履行期满，债务人依约履行，债权及抵押权均一并灭失，被提存的相关款项即自动归属矿业权人所支配。

【问题解答】

问题一：矿业权抵押权人如何行使物上代位权？

在司法实践中，用于抵押的矿业权灭失后，矿业权人（债务人或者抵押人）获得了相应的保险金、赔偿金、补偿金等款项，这些款项即为物上代位制度中的代位物，抵押权人依法对这些代位物行使优先受偿权，相对比较好处理。但是，若主债务期满未履行，而此时作为抵押物的矿业权因故灭失，相应的补偿等款项尚未确定或未支付给矿业权人时，抵押权人应如何行使物上代位权，存在一些具体问题，如：抵押权人能否直接向补偿等款项的支付义务人行使物上代位权，支付义务人是否有法定义务向抵押权人直接偿付补偿等款项，抵押权人能否向已经实际接收该补偿等款项人（款项接收人）继续追偿，抵押权人能否将支付义务人、款项接收人直接列为被告，等等。基于司法实践，支付义务人包括矿业权兼并重组人、矿床压覆人、负责矿业权征收的政府主管部门、相关保险公司等等对矿业权的灭失负有支付赔偿、补偿或者保险金的单位或个人。

  针对支付义务人的责任问题，德国、瑞士等国法律明确规定，代位物支付人负有通知担保物权人、未经担保物权人同意不得向债务人支付金钱代位物的义务，尤其在担保物已经办理抵押登记时。而我国目前法律层面尚无具体规定支付义务人负有向抵押权人支付补偿等款项的法定义务，但在一些涉及担保物权行使的司法案例中，基于对担保物权人利益的保护，已经确认支付义务人负有谨慎的注意代位物之上负有担保权益并通知抵押权人的义务。作为抵押物的矿业权灭失后，负有支付补偿等款项的义务人通知了抵押权人或者尽管没有通知，但在支付前抵押权人获知了补偿等款项待支付的事实，则抵押权人有权对这些尚未支付的补偿等款项行使物上代位权，要求优先受偿，债务人及支付义务人应予以配合。

  不过需要注意的是，代位物支付人即便负有"谨慎合理的注意义务"，也应仅仅局限于通知抵押权人，但并不能判断矿业权抵押的效力，且抵押权人与支付义务人亦无直接的合同法律关系，故在法律法规没有明确规定的情况下，支付义务人并无法定义务直接向抵押权人（债权人）支付补偿等款项。因此，抵押权人主张物上代位权的对象依然应是债务人（抵押人），原则上不宜直接将支付义务人列为被告或第三人，人民法院亦不宜随意追加支付义务人作为被告或第三人参加诉讼。但抵押权人可对于支付义务人的待支付款项申请财产保全或要求予以提存，而且也须及时行使权利，包括向法院提起诉讼及财产保全等，以确保自己抵押权益的事项，人民法院对此应予支持。当然，若支付义务人明知灭失的矿业权上负有抵押权，在未通知抵押权人的情形下，将补偿等相关款项直接支付给债务人或第三人，导致抵押权人的物上代位权无法实现，抵押权人向其主张权利的，人民法院可根据案件具体事实综合考虑予以妥善处理。

【法规链接】

《物权法》

  第一百二十一条 因不动产或者动产被征收、征用致使用益物权消灭或者影响用益物权行使的，用益物权人有权依照本法第四十二条、第四十四条的规定获得相应补偿。

第一百七十四条 担保期间，担保财产毁损、灭失或者被征收等，担保物权人可以就获得的保险金、赔偿金或者补偿金等优先受偿。被担保债权的履行期未届满的，也可以提存该保险金、赔偿金或者补偿金等。

《矿产资源法》

第三十三条 在建设铁路、工厂、水库、输油管道、输电线路和各种大型建筑物或者建筑群之前，建设单位必须向所在省、自治区、直辖市地质矿产主管部门了解拟建工程所在地区的矿产资源分布和开采情况。非经国务院授权的部门批准，不得压覆重要矿床。

第四十条 超越批准的矿区范围采矿的，责令退回本矿区范围内开采、赔偿损失，没收越界开采的矿产品和违法所得，可以并处罚款；拒不退回本矿区范围内开采，造成矿产资源破坏的，吊销采矿许可证，依照刑法有关规定对直接责任人员追究刑事责任。

第四十二条 买卖、出租或者以其他形式转让矿产资源的，没收违法所得，处以罚款。

违反本法第六条的规定将探矿权、采矿权倒卖牟利的，吊销勘查许可证、采矿许可证，没收违法所得，处以罚款。

第四十四条 违反本法规定，采取破坏性的开采方法开采矿产资源的，处以罚款，可以吊销采矿许可证；造成矿产资源严重破坏的，依照刑法有关规定对直接责任人员追究刑事责任。

第四十五条 本法第三十九条、第四十条、第四十二条规定的行政处罚，由县级以上人民政府负责地质矿产管理工作的部门按照国务院地质矿产主管部门规定的权限决定。第四十三条规定的行政处罚，由县级以上人民政府工商行政管理部门决定。第四十四条规定的行政处罚，由省、自治区、直辖市人民政府地质矿产主管部门决定。给予吊销勘查许可证或者采矿许可证处罚的，须由原发证机关决定。

依照第三十九条、第四十条、第四十二条、第四十四条规定应当给予行政处罚而不给予行政处罚的，上级人民政府地质矿产主管部门有权责令改正或者直接给予行政处罚。

第四十七条 负责矿产资源勘查、开采监督管理工作的国家工作人员和其他有关国家工作人员徇私舞弊、滥用职权或者玩忽职守，违反本法规定批准勘查、开采矿产资源和颁发勘查许可证、采矿许可证，或者对违法采矿行为不依法予以制止、处罚，构成犯罪的，依法追究刑事责任；不构成犯罪的，给予行政处分。违法颁发的勘查许可证、采矿许可证、采矿许可证，上级人民政府地质矿产主管部门有权予以撤销。

《矿产资源法实施细则》

第八条第四款 上级地质矿产主管部门有权对下级地质矿产主管部门违法的或者不适当的矿产资源勘查、开采管理行政行为予以改变或者撤销。

《探矿权采矿权转让管理办法》

第十四条 未经审批管理机关批准，擅自转让探矿权、采矿权的，由登记管理机关责令改正，没收违法所得，处10万元以下的罚款；情节严重的，由原发证机关吊销勘查许可证、采矿许可证。

第十五条 违反本办法第三条第（二）项的规定，以承包等方式擅自将采矿权转给他人进行采矿的，由县级以上人民政府负责地质矿产管理工作的部门按照国务院地质矿产主管部门规定的权限，责令改正，没收违法所得，处10万元以下的罚款；情节严重的，由原发证机关吊销采矿许可证。

《矿产资源开采登记管理办法》

第七条 采矿许可证有效期，按照矿山建设规模确定：大型以上的，采矿许可证有效期最长为30年；中型的，采矿许可证有效期最长为20年；小型的，采矿许可证有效期最长为10年。采矿许可证有效期满，需要继续采矿的，采矿权人应当在采矿许可证有效期届满的30日前，到登记管理机关办理延续登记手续。

采矿权人逾期不办理延续登记手续的，采矿许可证自行废止。

第十六条 采矿权人在采矿许可证有效期内或者有效期届满，停办、关闭矿山的，应当自决定停办或者关闭矿山之日起30日内，向原发证机关申请办理采矿许可证注销登记手续。

第十八条 不依照本办法规定提交年度报告、拒绝接受监督检查或者弄虚作假的，由县级以上人民政府负责地质矿产管理工作的部门按照国务院地质矿产主管部门规定的权限，责令停止违法行为，予以警告，可以并处5万元以下的罚款；情节严重的，由原发证机关吊销采矿许可证。

第二十一条 违反本办法规定,不按期缴纳本办法规定应当缴纳的费用的,由登记管理机关责令限期缴纳,并从滞纳之日起每日加收2‰的滞纳金;逾期仍不缴纳的,由原发证机关吊销采矿许可证。

第二十二条 违反本办法规定,不办理采矿许可证变更登记或者注销登记手续的,由登记管理机关责令限期改正;逾期不改正的,由原发证机关吊销采矿许可证。

《矿产资源勘查区块登记管理办法》

第十条 勘查许可证有效期最长为3年;但是,石油、天然气勘查许可证有效期最长为7年。需要延长勘查工作时间的,探矿权人应当在勘查许可证有效期届满的30日前,到登记管理机关办理延续登记手续,每次延续时间不得超过2年。

探矿权人逾期不办理延续登记手续的,勘查许可证自行废止。

石油、天然气滚动勘探开发的采矿许可证有效期最长为15年;但是,探明储量的区块,应当申请办理采矿许可证。

第二十四条 有下列情形之一的,探矿权人应当在勘查许可证有效期内,向登记管理机关递交勘查项目完成报告或者勘查项目终止报告,报送资金投入情况报表和有关证明文件,由登记管理机关核定其实际勘查投入后,办理勘查许可证注销登记手续:

(一)勘查许可证有效期届满,不办理延续登记或者不申请保留探矿权的;

(二)申请采矿权的;

(三)因故需要撤销勘查项目的。

自勘查许可证注销之日起90日内,原探矿权人不得申请已经注销的区块范围内的探矿权。

第二十九条 违反本办法规定,有下列行为之一的,由县级以上人民政府负责地质矿产管理工作的部门按照国务院地质矿产主管部门规定的权限,责令限期改正;逾期不改正的,处5万元以下的罚款;情节严重的,原发证机关可以吊销勘查许可证:

(一)不按照本办法的规定备案、报告有关情况、拒绝接受监督检查或者弄虚作假的;

（二）未完成最低勘查投入的；

（三）已经领取勘查许可证的勘查项目，满 6 个月未开始施工，或者施工后无故停止勘查工作满 6 个月的。

第三十条 违反本办法规定，不办理勘查许可证变更登记或者注销登记手续的，由登记管理机关责令限期改正；逾期不改正的，由原发证机关吊销勘查许可证。

第三十一条 违反本办法规定，不按期缴纳本办法规定应当缴纳的费用的，由登记管理机关责令限期缴纳，并从滞纳之日起每日加收千分之二的滞纳金；逾期仍不缴纳的，由原发证机关吊销勘查许可证。

《矿业权出让转让管理暂行规定》

第五十八条 债务人不履行债务时，债权人有权申请实现抵押权，并从处置的矿业权所得中依法受偿。新的矿业权申请人应符合国家规定的资质条件，当事人应依法办理矿业权转让、变更登记手续。

采矿权人被吊销许可证时，由此产生的后果由债务人承担。

第十八条 当事人约定在自然保护区、风景名胜区、重点生态功能区、生态环境敏感区和脆弱区等区域内勘查开采矿产资源,违反法律、行政法规的强制性规定或者损害环境公共利益的,人民法院应依法认定合同无效。

【条文主旨】

本条是关于特别区域内矿业权合同效力司法审查的规定。

一、本条解释的起草背景

矿产资源具有不同于一般财产的特殊属性,其既属于国家所有,是国民经济和社会发展的重要物质基础,同时又是环境要素的一部分,对矿产资源的开发利用必然会对生态环境造成一定损害。矿产资源开发生态补偿机制、环境治理保证金制度的建立以及因矿山开采引发的环境公益诉讼等均为佐证。尤其是,自然保护区、风景名胜区、重点生态功能区、生态环境敏感区和脆弱区等特殊区域,往往矿产资源储量丰富,环境保护与经济发展之间的矛盾较为突出。实践中,地方政府为促进经济发展,罔顾环境保护和生态保持需要,在禁止或限制矿产资源勘查、开发的自然保护区、风景名胜区、国家重点生态功能区等区域内盲目批准,进行矿山勘查开采活动,导致水土流失、地表植物和景观破坏、水体污染、土壤污染、地面塌陷、生物多样性减少等不可逆转、难以修复的环境污染和生态破坏等现象时有发生。《自然保护区条例》《风景名胜区条例》等相关法律、行政法规对此虽有相应的强制性或者禁止性规定,但这些规定是否属于效力性强制性规定,在自然保护区等特别区域勘查开采矿产资源是否损害环境公共利益,人民法院能否依据上述规定或者以环境公共利益受侵害为由认定当事人签订的勘查开采矿产资源的合同无效，依法叫停特殊区域内违法开发矿产资源的行为，实践中争议较大。为此，本条解释专门规定了特别区域内矿业权合同的效力审查及审查标准。

二、环境资源法律法规中效力性强制性规定的认定

《自然保护区条例》第二十六条规定："禁止在自然保护区内进行砍伐、放牧、狩猎、捕捞、采药、开垦、烧荒、开矿、采石、挖沙等活动；但是，法律、行政法规另有规定的除外。"《风景名胜区条例》第二十六条规定："在风景名胜区内禁止进行下列活动：（一）开山、采石、开矿、开荒、修坟立碑等破坏景观、植被和地形地貌的活动；（二）修建储存爆炸性、易燃性、放射性、毒害性、腐蚀性物品的设施；（三）在景物或者设施上刻划、涂污；（四）乱扔垃圾。"对于此类环境资源法律法规中的禁止性规定，究竟属于效力性规范还是管理性规范，能否据此认定合同无效，分歧很大。《合同法》第五十二条第五项规定"违反法律、行政法规的强制性规定"的合同无效，《合同法解释（二）》第十四条将其限缩解释为效力性强制性规定，但该条规定仍属引致条款，其本身不能单独对法律行为的效力进行评价，尚需引入判断标准对何谓效力性规定予以识别。

一般而言，确定某规定是否属于效力性强制性规范应当遵循以下判断标准：第一，法律法规明确规定一旦违反将导致合同无效的，属于效力性规定；第二，法律法规虽未明确规定违反将导致合同无效，但若使合同继续有效并获得履行将损害国家利益和社会公共利益的，也应当认定为效力性规定；第三，法律法规未明确规定违反将导致合同无效，若使合同继续有效并得到履行，不会损害国家利益和社会公共利益，而只会损害特定当事人利益的，属于管理性规定。[①]

值得注意的是，实践中关于效力性与管理性强制性规定二分的格局，在概念、逻辑抑或思维进路上，均具有一定的局限性。司法裁判中，需要根据个案情形，结合规范本身，通过探寻实质的规范意旨——即强制性规定意欲

---

① 沈德咏主编：《最高人民法院关于合同法司法解释（二）理解与适用》，人民法院出版社2009年版，第111~113页；王利明：《我国民法典重大疑难问题之研究》，法律出版社2006年版，第460页。

通过行为之禁止达到何种目的作出相应的解释。《自然保护区条例》第二十六条关于禁止在自然保护区内进行开矿等活动的规定，其规范意旨为通过禁止开矿等行为达到保护自然保护区内自然生态环境之目的，虽未明确一旦违反将导致合同无效的法律后果，但若认定合同有效并继续履行，将对自然生态环境造成严重破坏，损害环境公共利益，故应认定为效力性强制性规定，并依法据此认定在特殊区域内违法开发利用矿产资源的行为无效。

三、环境公共利益对特殊区域涉矿合同效力的影响

根据《民法通则》第五十五条之规定，民事法律行为的有效要件，除须具备民事行为能力和意思表示真实外，还不得违反法律或者社会公共利益。2017年10月1日实施的《民法总则》第一百四十三条亦明确规定："具备下列条件的民事法律行为有效：（一）行为人具有相应的民事行为能力；（二）意思表示真实；（三）不违反法律、行政法规的强制性规定，不违背公序良俗"。环境资源纠纷案件具有公益和私益交织的特点。《环境保护法》第五十八条中明确将污染环境、破坏生态的行为确定为损害社会公共利益的行为，并建立了环境公益诉讼制度。矿产资源兼具经济价值和生态价值，其开发利用又必然具有环境负外部性。实践中，存在地方政府追求经济发展罔顾生态环境保护的现象，有悖绿色发展理念和生态文明建设要求。人民法院在审理涉及矿产等自然资源开发利用案件中，特别是重点生态功能区、生态环境敏感区和脆弱区以及自然保护区、风景名胜区等特殊区域内开发利用自然资源引发的相关案件时，不能仅局限于当事人合同目的的实现，还应将保护生态环境和自然资源作为重要因素综合考量。经济的一时发展不能以牺牲子孙后代的长远生存权益为代价，违法开发利用自然资源的行为，即便是出于当事人真实意思表示，如果破坏了生态环境，损害社会公共利益，则触碰了强行法的底线。

2010年国务院发布《关于印发全国主体功能区规划的通知》（国发〔2010〕46号），将全国区域划分为优化开发区域、重点开发区域、限制开发区域和禁止开发区域。其中，国家层面禁止开发区域，包括国家级自然保护区、世界文化自然遗产、国家级风景名胜区、国家森林公园和国家地质公园；省级层面的禁止开发区域，包括省级及以下各级各类自然文化资源保护区域、

重要水源地以及其他省级人民政府根据需要确定的禁止开发区域。在这些区域内，矿产资源的勘查开采均属于禁止之列。2011年《国务院关于加强环境保护重点工作的意见》（国发〔2011〕35号）规定："国家编制环境功能区划，在重要生态功能区、陆地和海洋生态环境敏感区、脆弱区等区域划定生态红线，对各类主体功能区分别制定相应的环境标准和环境政策"。十八大之后，生态文明建设正式成为国家发展战略，并通过2013年11月《中共中央关于全面深化改革若干重大问题的决定》、2015年4月《中共中央、国务院关于加快推进生态文明建设的意见》、2015年9月中共中央、国务院《生态文明体制改革总体方案》、2015年10月《中共中央关于制定国民经济和社会发展第十三个五年规划的建议》等一系列文件，进一步强化了对环境生态红线区域的保护，以"有效遏制生态系统退化的趋势"。而为落实《环境保护法》和上述生态文明建设政策性文件关于加强重要区域自然生态保护、优化国土空间开发格局、增加生态用地、保护和扩大生态空间的要求，环境保护部和中国科学院在2008年印发的《全国生态功能区划》基础上，联合开展了修编工作，形成《全国生态功能区划（修编版）》[环境保护部、中国科学院公告（2015年第61号）]。根据《全国生态功能区划（修编版）》，在全国确定了63个重要生态功能区，明确"对国家和区域生态安全有重大意义的水源涵养、生物多样性保护、土壤保持、防风固沙和洪水调蓄等重要生态功能区，应建立生态功能保护区""加强重要生态功能区的保护和恢复，经济发展应与生态功能区的功能定位一致"。尤其对水源涵养、生物多样性保护生态功能区，要限制或禁止各种损害生态系统水源涵养功能和自然生态系统与重要物质栖息地的经济社会活动和生产方式，其中就包括矿产资源的勘查开采活动。

因此，从国家发展战略和人民共同福祉考虑，在上述所列区域内，无论是否有法律、行政法规明确的禁止性规定，如勘查开采行为导致该区域内生态破坏、生态功能丧失，损害环境公共利益，法律上即给予当事人所签矿业权流转合同以否定性评价，这既是对社会公众的一种政策宣示和行为引导，也符合当前绿色发展和生态文明建设的理念和要求。

四、"效力性强制性规定"的识别标准与"公共利益"

本条解释在起草过程中，有意见认为将法律法规的效力性强制性规定与公共利益并列作为矿业权流转合同效力的审查因素是否妥当、是否会造成循环论证存有疑虑。对此，我们认为"损害社会公共利益"与"违反法律、行政法规的强制性规定"分属《合同法》第五十二条第四项、第五项规定之情形，均为合同效力的判定因素。法律强制性规定和社会公共利益是一个问题的两个方面，维护社会公共利益是法律设定某项强制性规定的正当性基础，公序良俗原则正是为弥补强行法不能穷尽社会生活的全部而设立。公序良俗原则作为民法基本原则之一，对于协调个人利益与社会公共利益、国家利益之间的冲突，维护正常的社会经济和生活秩序，填补法与现实的理想之间、法与道德之间的缺口，具有重要意义。①对于那些表面上虽未违反现行立法的强制性或者禁止性规定，但实质上损害了全体社会成员的共同利益，破坏了社会经济生活秩序的法律行为，亦应认定为违反了社会公共利益，并以此作为衡量法律行为是否有效的要件。具体适用中，应当优先适用法律法规的效力性强制性规定，根据《合同法》第五十二条第五项否定合同效力。如果法律、行政法规没有强制性规定或者相关规定性质不明时，则可援引公共利益作为补充判断标准。开发利用矿产资源，应当合理开发，保护生物多样性，保障生态安全，即便在法律、行政法规没有明确规定禁止勘查开采的重点生态功能区、生态环境敏感区和脆弱区等区域内，若勘查开采矿产资源合同履行行为对环境公共利益造成重大损害，亦可根据《合同法》第五十二条第四项的规定，确认相关合同无效。

【问题解答】

问题一：人民法院认定合同无效是否需要事先征求行政主管部门意见？

鉴于矿业权兼具民事物权与行政许可的双重特性，故有观点认为人民法院应当在征求国土资源主管部门意见后再审查认定合同是否合法有效的决定。该观点实际涉及到矿业权行政审批与涉矿合同效力司法审查之间的关系问题。应该说二者并不冲突，国土资源主管部门对矿业权流转的行政监管与人民法

---

① [日]四宫和夫著：《日本民法总则》，唐晖等译，台北五南图书出版公司1995年版，第209页。

院对矿业权流转合同效力的司法审查，各有侧重。国土资源主管部门对矿业权出让、转让等流转的行政管理、审批主要是针对矿业权流转是否符合国家的经济产业政策、矿业权是否符合法定流转条件以及受让方是否具备相应资质条件等。而人民法院对矿业权流转合同效力的司法审查主要针对合同是否系当事人真实意思表示，是否违反法律、行政法规的效力性强制性规定、是否损害社会公共利益等，两者不能混淆。即使矿业权转让已经行政机关审批通过，但是若该合同有违反法律、行政法规效力性强制性规定，或者有损害社会公共利益的情形等，人民法院均可依法对合同效力作出否定性评价，不受行政审批结果的影响。合同效力属司法审查的内容，不宜作为征求行政机关意见的事项。

不过，人民法院在认定自然保护区等特别区域矿业权流转合同无效的情况下，可根据具体案件情况向负有监督管理职责的国土资源、环境保护主管部门予以通报，由这些部门对矿业权流转合同无效而产生的后续问题依法处理。

问题二：矿业权取得和特别区域设定时间的先后是否影响合同效力？

矿业权的取得与特殊区域设定的时间先后，对相关合同效力有重大影响。本条系针对特殊区域成立在先，矿业权设定和合同签订行为发生在后之情形，此种情况下应当严格遵守法律、行政法规的禁止性规定。对于矿业权设立在自然保护区、风景名胜区、重点生态功能区、生态环境敏感区和脆弱区划定或确立之前，基于依法取得的矿业权签订的勘查、开采流转合同，不能根据本条解释认定无效，否则不符合法不溯及既往的原则。环境保护部、发展改革委、财政部、国土资源部、住房城乡建设部、水利部、农业部、林业局、中科院、海洋局《关于进一步加强涉及自然保护区开发建设活动监督管理的通知》（环发〔2015〕57号）开篇载明："习近平总书记等中央领导同志近期针对自然保护区违法开发建设活动多次作出重要批示，要求务必高度重视，以坚决态度予以整治，以实际行动遏止此类破坏生态文明的问题蔓延扩散"；第四条"坚决整治各种违法开发建设活动"中规定："地方各有关部门要依据相关法规，对检查发现的违法开发建设活动进行专项整治。禁止在自然保护区内进行开矿、开垦、挖沙、采石等法律明令禁止的活动……对自然保护区内已设置的商业探矿权、采矿权和取水权，要限期退出；对自然保护区设立之前已存在的合法探矿权、采矿权和取水权，以及自然保护区设立之后各项手续完备且已征得保护区主管部门同意设立的探矿权、采矿权和取水权，要分类提出差别化的补偿和退出方案，在保障探矿权、采矿权和取水权人合法权益的前提下，依法退出自然保护区核心区和缓冲区。"可见，对于矿业权取得在先、特殊区域设定在后的历史遗留问题，即使矿业权的合法性不受影响，实践中多采取逐渐退出机制，通常不允许矿业权人做扩大性经营行为。当事人针对该类矿业权签订的流转合同是否属于《合同法》第一百一十条第一项"法律上或者事实上不能履行"的合同，实践中需要结合个案具体情形进行判定。

问题三：自然保护区不同区域是否对矿业权合同效力的审查认定产生影响？

自然保护区分为核心区、缓冲区和实验区。根据《自然保护区条例》第十八条规定："自然保护区内保存完好的天然状态的生态系统以及珍稀、濒危动植物的集中分布地，应当划为核心区，禁止任何单位和个人进入；除依照本条例第二十七条的规定经批准外，也不允许进入从事科学研究活动。核心区外围可以划定一定面积的缓冲区，只准进入从事科学研究观测活动。缓冲区外围划为实验区，可以进入从事科学试验、教学实习、参观考察、旅游以及驯化、繁殖珍稀、濒危野生动植物等活动。"司法实践中一个常见的争议点在于，缓冲区、实验区是否存在禁止开矿的例外？

从《自然保护区条例》第二十六条的强制性规定来看，并不区分核心区、缓冲区或实验区，而是明令禁止在自然保护区内的开矿活动。该条例第二十七条至二十九条进一步明确，禁止任何人进入自然保护区的核心区，禁止在自然保护区的缓冲区开展旅游和生产经营活动，严禁在实验区开设与自然保护区保护方向不一致的参观、旅游项目。从第十八条列举的允许活动范围来看，科学试验、教学实习、参观考察、旅游以及驯化、繁殖珍稀、濒危野生动植物等活动，均属于保护性或者休闲娱乐性等对环境影响较小的行为。故在对第十八条"等活动"进行解释时，必须结合相关行为是否与自然保护区保护方向一致来进行判断。开矿属于生产经营活动，对自然生态环境有较大的破坏性，显然不能被包含在"等活动"的范围之内。此外，根据《自然保护区条例》第三十条的规定，自然保护区内部未分区的，依照有关核心区和缓冲区的规定管理，实行最严格的保护措施。

问题四：如何理解《自然保护区条例》第二十六条中"法律、行政法规另有规定的除外"？

《自然保护区条例》第二十六条规定："禁止在自然保护区内进行砍伐、放牧、狩猎、捕捞、采药、开垦、烧荒、开矿、采石、挖沙等活动；但是，法律、行政法规另有规定的除外"。对于矿产资源集中、矿产品种涉及国家经济命脉的区域，国家可以依法统一安排开发事宜，确保合理、集中、快速开发以及开发后的环境恢复，最大限度地减少对环境的破坏。自然保护区内的合法开矿行为，须取得环境保护行政主管部门审批同意的环境影响评价报告，并报经自然保护区行政主管部门的批准。此类审批非常严格，主要是国有大型矿山企业集中勘探、开采，通常不允许社会资本进行零星、分散开发，而且一般会采取先行改变自然保护区划定范围的方式将欲开发区域划出自然保护区之外。当事人如果以其在自然保护区内开矿的活动属于法定例外情形作为抗辩，必须提出明确的事实和法律依据，且相关法律依据应为法律、行政法规级别，否则其抗辩理由不能成立。对于未依法提交环境影响评价报告、未报经自然保护区行政主管部门审批，擅自在自然保护区内进行违法勘查、开采的行为，应当坚决依法予以制止，人民法院对当事人所签订的相关合同依法应给予否定性法律评价。

问题五：行政主管部门不作为情形下人民法院能否径行宣告矿业权流转合同无效？

自然保护区、风景名胜区、重点生态功能区、生态环境敏感区和脆弱区等特殊区域内，往往储藏着丰富的矿产资源，矿产开发成为当地经济支柱，因而存在环境保护与经济发展之间的矛盾与协调问题。这在矿产资源丰富而工业欠发达地区尤为突出，部分地区80%的矿区在自然保护区范围内、地方政府90%以上的财政收入来自矿产企业。在过去一切以GDP优先的发展思路指导下，许多地方政府抱有"经济要上，执法要让"的错误观念，对于特殊区域内的违法开矿行为睁一只眼、闭一只眼的情况普遍存在。同时，以前矿产资源主管部门与特殊区域保护部门之间没有相互衔接，管理不统一。国土资源主管部门在探矿权、采矿权的发证和延续上往往只审查是否符合矿业开发方面的条件，没有考虑矿区是否位于自然保护区等特殊区域的情况。自然保护区等特殊区域保护主管部门发现违法开矿活动后，虽也对相关企业口头警告或向地方政府发出执法建议，但更多的情况下往往对此无可奈何。十八大以后，随着"金山银山不如绿水青山""绿水青山就是金山银山"的绿色发展理念的提出，国家和许多省级政府已明令要求严格执行环境保护法律法规，对自然保护区等特殊区域内的违法违规探矿采矿活动予以清理。对于特殊区域内已经设立的矿业权，虽然可能仍允许延续，但正在研究退出机制。可见，对在自然保护区等特殊区域内的违法勘查开采矿产资源的活动管理不严、有法不依的情况，属于历史遗留问题，不得以此作为违法勘查开采行为合法化的依据。

人民法院对特殊区域涉矿合同的效力审查，应当注意发挥环境资源司法的纠偏功能。无效民事行为具有违法性、国家干预性和不得履行性的特点，自始无效。特殊区域涉矿合同纠纷的审理，应当系统、完整地适用环境资源法律法规，保障国土空间主体功能区规划的执行。对于优化开发区域尤其是重点开发区域发生的环境资源纠纷，可以更多地考虑合理利用环境容量发展经济的需要，对于限制开发和禁止开发区域，尤其是在划定生态保护红线地区发生的环境资源纠纷，则要贯彻最严格的保护措施。针对上述特殊区域签订的勘查、开采矿产资源合同，不宜因其已得到国土资源主管部门的批准，或者相关行政主管部门未对违法开矿行为采取取缔措施，便径行认定其有效。而应当注意发挥环境资源司法的纠偏功能，对于涉及公共利益的合同效力依职权进行特别审查，主动适用关于合同无效法定情形的相关规定。通过依法认定合同无效，严禁任意改变自然生态空间用途的行为，防止不合理开发利用资源的行为损害生态环境，为生态文明建设和绿色发展提供有力司法保障。

【法规链接】

《合同法》

第五十二条 有下列情形之一的，合同无效：

（一）一方以欺诈、胁迫的手段订立合同，损害国家利益；

（二）恶意串通，损害国家、集体或者第三人利益；

（三）以合法形式掩盖非法目的；

（四）损害社会公共利益；

（五）违反法律、行政法规的强制性规定。

《矿产资源法》

第三十二条 开采矿产资源，必须遵守有关环境保护的法律规定，防止污染环境。

开采矿产资源，应当节约用地。耕地、草原、林地因采矿受到破坏的，矿山企业应当因地制宜地采取复垦利用、植树种草或者其他利用措施。

开采矿产资源给他人生产、生活造成损失的，应当负责赔偿，并采取必要的补救措施。

《环境保护法》

第二十九条 国家在重点生态功能区、生态环境敏感区和脆弱区等区域划定生态保护红线，实行严格保护。

各级人民政府对具有代表性的各种类型的自然生态系统区域，珍稀、濒危的野生动植物自然分布区域，重要的水源涵养区域，具有重大科学文化价值的地质构造、著名溶洞和化石分布区、冰川、火山、温泉等自然遗迹，以及人文遗迹、古树名木，应当采取措施予以保护，严禁破坏。

《自然保护区条例》

第二十六条 禁止在自然保护区内进行砍伐、放牧、狩猎、捕捞、采药、开垦、烧荒、开矿、采石、挖沙等活动；但是，法律、行政法规另有规定的除外。

《风景名胜区条例》

第二十六条 在风景名胜区内禁止进行下列活动：

（一）开山、采石、开矿、开荒、修坟立碑等破坏景观、植被和地形地貌的活动；

（二）修建储存爆炸性、易燃性、放射性、毒害性、腐蚀性物品的设施；

（三）在景物或者设施上刻划、涂污；

（四）乱扔垃圾。

第十九条 因越界勘查开采矿产资源引发的侵权责任纠纷，涉及国土资源主管部门批准的勘查开采范围重复或者界限不清的，人民法院应告知当事人先向国土资源主管部门申请解决。

【条文主旨】

本条是关于越界勘查开采侵权纠纷行政程序前置的规定。

一、越界勘查、开采行为概述

《矿产资源法实施细则》第六条规定，"采矿权，是指在依法取得的采矿许可证规定的范围内，开采矿产资源和获得所开采的矿产品的权利""探矿权，是指在依法取得的勘查许可证规定的范围内，勘查矿产资源的权利"。据此，采矿权、探矿权应当在许可证规定的范围内行使。关于何为"采矿许可证规定的范围"，《矿产资源开采登记管理办法》第三十二条规定，"矿区范围是指登记机关依法划定的可供开采矿产资源的范围、井巷工程设施分布范围或者露天剥离范围的立体空间区域"。根据上述规定，采矿许可证规定的范围不仅包括可供采矿矿产资源的范围，还包括井巷设施分布范围；不仅包括平面区域范围，还包括立体空间区域范围。关于何为"勘查许可证规定的范围"，《矿产资源勘查区块登记管理办法》第三条规定，"国家对矿产资源勘查实行统一的区块登记管理制度。矿产资源勘查工作区范围以经纬度 $1'\times1'$ 划分的区块为基本单位区块。每个勘查项目允许登记的最大范围：（一）矿泉水为 10 个基本单位区块；（二）金属矿产、非金属矿产、放射性矿产为 40 个基本单位区块；（三）地热、煤、水气矿产为 200 个基本单位区块；（四）石油、天然气矿产为 2500 个基本单位区块"。根据上述规定，勘查许可证规定的范围（勘查作业区）是指国土资源主管部门颁发的勘查许可证记载的从事矿产资源勘查的区块。

越界勘查开采，则是指超越批准的勘查作业区或者矿区范围进行矿产资源勘查开采的行为。关于越界勘查的法律后果，《矿产资源勘查区块登记管理办法》第二十六条规定为"责令停止违法行为，予以警告，可以并处10万元以下的罚款"。关于越界开采的法律后果，《矿产资源法》第四十条明确规定为"责令退回本矿区范围内开采、赔偿损失，没收越界开采的矿产品和违法所得，可以并处罚款；拒不退回本矿区范围内开采，造成矿产资源破坏的，吊销采矿许可证，依照刑法相关规定对直接责任人员追究刑事责任"。除此之外，由于矿业权属于《物权法》明确规定的用益物权，依法应受《物权法》《侵权责任法》等法律法规的保护。故对于越界进入他人勘查区块、矿区范围勘查开采的，还应当依据《物权法》《侵权责任法》的规定承担停止侵害、排除妨碍、消除危险、赔偿损失等民事责任。

在实践中，在矿产资源开采过程中，采矿权划分除了平面上的井田边界外，还有垂直方向上的划分，比如煤矿生产中煤层的划分，一般规模较小的矿井由于装备技术所限多开采浅部煤层，而深部煤层开采需要较大投资和较高的技术装备，则多由大型矿井进行开采。在具体开采过程中，也会出现越层开采导致的纠纷，在无特别规定的情况下，越层开采适用本解释关于越界开采的规定。

二、越界勘查、开采侵权纠纷中的行政程序适用

（一）行政裁决概述

所谓行政裁决，是指行政主体根据法律授权，对平等主体之间发生的、与行政管理活动密切相关的、特定的民事纠纷（争议）进行审查并作出裁决的具体行政行为。行政裁决具有如下基本特征：一是行政裁决的主体（及裁决者）是法律授权的特定的行政机关；二是行政裁决的对象是法律规定的与行政管理事项有关的民事纠纷；三是行政裁决是行政主体行使行政裁判权的活动，具有法律权威性；四是行政裁决是一种特殊的具体行政行为。[1]

---

[1] 罗豪才：《行政法学》，北京大学出版社2000年版，第215页。

从行政裁决的类型来看，一般可以分为侵权纠纷型、补偿纠纷型和权属纠纷型。侵权纠纷型行政裁决，是指平等主体涉及行政管理的合法权益受到他方侵害时，当事人可以依法申请行政机关进行制止和决定赔偿，行政机关就此争议作出裁决。例如，《商标法》第六十条规定，"……侵犯注册商标专用权行为之一，引起纠纷的……也可以请求工商行政管理部门处理"。侵权纠纷的行政裁决，实际上是由行政机关行使了法院的审判权，是行政权膨胀的产物。有学者认为，侵权型行政裁决出现的原因，一是由于现代行政日趋专业化，解决行政上的争端不仅需要法律知识，而且需要行政事项的专门知识，而法官往往既缺乏行政方面的知识，其心理状态也缺乏解决行政问题所需要的开拓进取精神；二是生产力的空前发展导致的市场失灵需要政府力量的补救。同时，社会结构日趋多元化，社会主体不再仅是单个的个人，法院的力量和复杂程序无法应对如此纷繁复杂的社会情势。只有具有雄厚技术力量，职权行使具有主动、及时和效率等优势的行政部门才能担当此任。[①]

就裁决的范围而言，侵权纠纷型行政裁决可分为两种类型，一是对全部侵权责任的裁决；二是仅就部分侵权责任作出裁决。例如，前述《商标法》第六十条规定，"工商行政管理部门处理时，认定侵权行为成立的，责令立即停止侵权行为……对侵犯商标专用权的赔偿数额的争议，当事人可以请求进行处理的工商行政管理部门调解，也可以依照《民事诉讼法》向人民法院起诉。经工商行政管理部门调解，当事人未达成协议或者调解书生效后不履行的，当事人可以依照《民事诉讼法》向人民法院起诉"。值得一提的是，除了行政裁决外，行政机关还往往通过行政调解的方式处理侵权纠纷。《水污染防治法》第八十六条规定："因水污染引起的损害赔偿责任和赔偿金额的纠纷，可以根据当事人的请求，由环境保护主管部门或者海事管理机构、渔业主管部门按照职责分工调解处理；调解不成的，当事人可以向人民法院提起诉讼。当事人也可以直接向人民法院提起诉讼。"

补偿纠纷型行政裁决，是指当事人对非侵权情形下财产权益的补偿而发生的纠纷所适用的行政裁决。例如，《专利法》第五十七条规定，"取得实施强制许可的单位或者个人应当付给专利权人合理的使用费，其数额由双方协

[①] 孔祥俊：《论工商行政管理中的行政裁决制度》，载《工商行政管理》，1997年第13期。

商;双方不能达成协议的,由国务院专利行政部门裁决"。《植物新品种保护条例》第十一条规定:"……取得实施强制许可的单位或者个人应当付给品种权人合理的使用费,其数额由双方商定;双方不能达成协议的,由审批机关裁决"。

权属纠纷型行政裁决,是指双方当事人因某一财产的所有权或使用权的归属产生争议,包括土地、草原、水流、滩涂等自然资源的权属争议,当事人可以向行政机关请求裁决。例如,《土地管理法》第十六条规定,"土地所有权和使用权争议,由当事人协商解决;协商不成的,由人民政府处理"。《国有资产产权界定和产权纠纷处理暂行办法》第二十九条规定,全民所有制单位之间因对国有资产的经营权、使用权等发生争议而产生的纠纷,应在维护国有资产权益的前提下,由当事人协商解决,协商不能解决的,应向同级或共同上一级国有资产管理部门申请调解和裁定,必要时报有权管辖的人民政府裁定,国务院拥有最终裁定权。

就救济途径而言,由于行政裁决属于具体行政行为,故对于行政裁决不服的,当事人应当按照法律的规定申请行政复议或提起行政诉讼。关于设立了行政裁决的事项是否可以不经裁决而直接向法院提起民事诉讼,目前的立法存在两种不同的模式:第一种模式是发生争议时,必须先由行政机关作出行政裁决,当事人不得直接向法院起诉。这种模式主要规定于与行政机关职责关联较为紧密的权属纠纷型行政裁决。例如,前述《土地管理法》第十六条规定,只有当事人对有关人民政府的处理决定不服的,才可以向人民法院起诉。而根据土地行政管理部门《土地权属争议调查处理办法》第三十一条关于"当事人对人民政府作出的处理决定不服的,可以依法申请行政复议或提起行政诉讼"的规定,这里所称的向法院起诉是指行政诉讼而非民事诉讼。第二种模式是当事人可以自主选择向法院起诉或由行政机关作出裁决。这种模式主要规定于与行政机关职责关联度相对较低的侵权纠纷型行政裁决。如前述《商标法》第六十条的规定,当事人可以向法院起诉,也可以请求工商行政管理部门处理。

(二)越界勘查开采中行政裁决的性质界定

《矿产资源法实施细则》第二十三条规定,"探矿权人之间对勘查范围发生争议时,由当事人协商解决;协商不成的,由勘查作业区所在地的省、自治区、直辖市人民政府国土资源主管部门裁决；跨省、自治区、直辖市的勘查范围争议，当事人协商不成的，由有关省、自治区、直辖市人民政府协商解决；协商不成的，由国务院国土资源主管部门裁决。特定矿种的勘查范围争议，当事人协商不成的，由国务院授权的有关主管部门裁决"，第三十六条规定，"采矿权人之间对矿区范围发生争议时，由当事人协商解决；协商不成的，由矿产资源所在地的县级以上地方人民政府根据依法核定的矿区范围处理；跨省、自治区、直辖市的矿区范围争议，当事人协商不成的，由有关省、自治区、直辖市人民政府协商解决；协商不成的，由国务院地质矿产主管部门提出处理意见，报国务院决定"。上述两个条款虽然对行政主管部门的行为分别用了"裁决"和"处理"的不同表述，但均应当认定为行政裁决，其性质和效力并无差别。由于《矿产资源法实施细则》第二十三条、第三十六条的规定并不涉及财产补偿的问题，故可以排除补偿纠纷型裁决内容，与侵权纠纷型行政裁决相比，上述规定应属于权属纠纷型行政裁决，主要是基于以下理由：

1. 侵权纠纷型行政裁决是行政权在司法领域的扩张。然而，在现阶段，民事纠纷由法院审理仍然是常态，而由行政机关裁决则是例外。因此，只有在法律和行政法规明确作出规定的情况下，才能认定行政机关有权就侵权纠纷作出裁决。而从"对勘查范围发生争议""对矿区范围发生争议"的表述来看，并不能得出越界勘查、开采侵权纠纷属于侵权纠纷类行政裁决事项的结论。

2. 如前文所述，关于设立了行政裁决的事项是否可以不经裁决而直接向法院提起民事诉讼，侵权纠纷型行政裁决一般采用的是自由选择模式，即当事人可以自由选择由行政机关裁决或是向法院起诉。这也符合民事侵权纠纷法院审理为主、行政裁决为辅；法院审理为原则、行政裁决是例外的基本特征。如《商标法》第六十条、《专利法》第六十条均作出了类似规定。但是，《矿产资源法实施细则》第二十三条、第三十六条的规定则并未采用自由选择的模式，而是强制要求必须由国土资源主管部门作出裁决。这显然更为符合与行政职能紧密相关的权属纠纷型行政裁决的特征。

3. 从立法的发展趋势来看，刚性的侵权纠纷型行政裁决的适用范围呈现出逐渐限缩的趋势，或是为柔性的行政调解所替代，或是直接取消。例如，

2014年修改前的《环境保护法》第四十一条规定,"造成环境污染危害的……可以根据当事人的请求,由环境保护行政主管部门或者其他依照法律规定行使环境监督管理权的部门处理;当事人对处理决定不服的,可以向人民法院起诉。"而2014年修订后的《环境保护法》第六十四条则规定为"因污染环境和破坏生态造成损害的,应当依照《侵权责任法》的有关规定承担侵权责任。"又如,2015年修改前的《大气污染防治法》第三十六条规定,"造成大气污染危害的单位,有责任排除危害,并对直接遭受损失的单位或者个人赔偿损失。赔偿责任和赔偿金额的纠纷,可以根据当事人的请求,由环境保护部门处理;当事人对处理决定不服的,可以向人民法院起诉。当事人也可以直接向人民法院起诉。"2015年修改后的《大气污染防治法》第一百二十五条则规定为"排放大气污染物造成损害的,应当依法承担侵权责任。"因此,从立法趋势来看,也不应当将《矿产资源法实施细则》第二十三条、第三十六条解读为侵权纠纷行政裁决。

综合上述分析,《矿产资源法实施细则》第二十三条、第三十六条不是对越界勘查、开采侵权纠纷行政裁决的规定,而是对矿业权属纠纷行政裁决的规定。据此,本条解释明确规定了行政裁决前置程序仅限于与勘查范围、矿区范围界定有关的权属争议。

(三)作为前置程序的矿业权权属纠纷行政裁决

因越界勘查开采矿产资源而引发的侵权责任纠纷,属人民法院主管范围。但是否构成越界勘查开采,涉及对勘查区块、矿区范围的界定,系行政许可事项,属国土资源主管部门权限范围。若因国土资源主管部门批准的勘查、开采范围重复或者界限不清,当事人之间就"是否越界"发生争议的,应由国土资源主管部门先行处理。

当事人对勘查范围或者矿区范围发生争议,可以分为以下三种情形。第一种情形为权属证书与其他证据所显示的勘查区块或矿区范围相互矛盾;第二种情形为矿业权属证书记载的勘查区块或矿区范围界限不清;第三种情形为矿业权重叠。在第三种情形中,又分为探矿权之间的勘查范围重叠,采矿权之间的矿区范围重叠,探矿权与采矿之间勘查范围与矿区范围的重叠。实践中,后两种情况较为常见。

矿业权的重叠或界限不清是指在同一区域中存在多个矿业权的情况,表现为不同区域发生平面交叉或立体投影重叠,难以具体划分界限。一般而言,矿业权重叠并非是国土资源主管部门的工作失误,而是由"我国长期实行多头分散管理体制,各工业部门缺少矿产资源开发的统一规划和技术标准,致使矿业权交叉重叠,多个部门重复发证等现象较为严重"①等复杂制度原因以及不同矿种分布于同一区域的地质原因所导致。矿区的重叠或界限不清,将导致矿业权人在行使自己的合法权利时可能会损害到其他矿业权人的权利,进而产生纠纷。

从世界范围看,为了解决矿业权重叠或界限不清的问题,部分境外立法作出了相关规定。如台湾地区"矿业法"第二十八条规定,"探矿申请地与他人矿区重复,如矿质为同种,其重复之部分不得核准";第三十一条规定,"矿业申请地与他人矿业申请地或矿区重复,如矿质为异种,省(直辖市)主管机关,应即通知申请在先者或矿业权者,限于90日内优先申请设定矿业权,如不依限申请,即取消其优先权"。日本矿业法第十六条规定,"在同一地区内,不能设立2个以上矿业权。但是,如系以异种矿床中所存在的矿物为标的物,或系第四十六条所述的场合,则不在此限"。澳大利亚石油法规定,"在石油和煤炭矿区内可以授予煤层气开采权,煤层气和煤开采地面作业允许同时进行"。南非矿业法第十五条规定,"对于同一矿物或同一土地限制发给一份以上勘查许可证或采矿批准书。如果矿物、土地或尾矿(视情况而定)已经发给了有关的勘查许可证或采矿批准书,则对同一矿物、土地或尾矿(视情况而定)不得再发给有关的勘查许可证或采矿批准书,除非地区局长确认在最佳开采矿物、安全、保健或恢复方面,第一次发给不会危害本法客体"。

从我国的立法来看,目前《矿产资源法》并未就矿区重叠或界限不清的问题作出专门规定,但在部分层级较低的部门规章、地方规章及相关规范性文件中进行了尝试。例如,2007年《国土资源部关于加强煤炭和煤层气资源综合勘查开采管理的通知》规定:"在本矿区范围内以地面抽采方式开采煤层气的,应依法补办煤层气采矿许可证;煤层气和煤炭探矿权、采矿权发生重

---

① 曹希绅等:《全国矿业权实地核查发现问题分析与处理建议研究》,载《中国矿业》2011年第7期。

叠且未签订协议的,由双方协商开展合作或签订安全生产协议,按照'先采气,后采煤'的原则对煤层气、煤炭进行综合勘查、开采"。2011年《国土资源部关于进一步完善采矿权登记管理有关问题的通知》(2017年12月29日已废止)规定:"除同属一个矿业权人的情形外,矿业权在垂直投影范围内原则上不得重叠。涉及石油、天然气等特定矿种的矿业权重叠的,应当签署互不影响、确保安全生产的协议后,办理采矿许可证"。2017年《国土资源部关于完善矿产资源开采审批登记管理有关事项的通知》进一步明确规定:"新立采矿权申请范围不得与已设矿业权垂直投影范围重叠,下列情形除外:1.申请范围与已设矿业权范围重叠,申请人与已设矿业权人为同一主体的;2.油气与非油气之间,新立采矿权与已设矿业权重叠,双方签订了互不影响和权益保护协议的。其中,新立油气采矿权与已设小型露采砂石土类采矿权重叠,或新立小型露采砂石土类采矿权与已设油气矿业权重叠,申请人向登记管理机关提交了不影响已设矿业权人权益承诺的。3.新立可地浸砂岩型铀矿采矿权与已设煤炭矿业权重叠,双方签订了互不影响和权益保护协议的"。

综合国内外立法,对于矿业权重叠或界限不清的问题,基本采取了如下原则,一是对于同种矿产资源,尽可能避免冲突,原则上不允许在同一区域内设立两个或两个以上同种矿业权;二是对于异种矿产资源,为充分开发利用矿产资源,可以设立两个或两个以上矿业权。三是,在设立两个或两个以上矿业权的情况下,通过赋予优先权等方式,尽量保证开发主体的统一。

尽管关于矿业权设立的相关制度正在不断完善,但当前不同矿业权主体之间的勘查范围或矿区范围重叠或界限不清的情况仍然是较为普遍存在的事实。这些重叠成因复杂、处理困难,当事人发生争议时,人民法院难以予以判断,只能先由国土资源主管部门根据实际情况依法作出裁决,然后再对是否越界以及相应法律责任的承担等争议问题作出处理。

【问题解答】

问题一:人民法院受理越界勘查开采纠纷案件是否存在行政前置程序?

当事人因他人越界勘查、开采向人民法院提起侵权诉讼,人民法院在立案受理前,发现案件存在本条解释所述勘查开采范围重复或者界限不清的,可告知当事人先向国土资源主管部门申请解决；若当事人坚持起诉的，人民法院可基于立案登记制的要求先行受理，再由具体承办业务庭告知当事人先向国土资源主管部门申请解决勘查或开采范围问题，案件可依法予以中止审理。具体的法律依据可引述《民事诉讼法》第一百五十条第六项"其他应当中止诉讼的情形"的规定，人民法院待相关主管部门就此勘查开采范围重复或者界限不清的问题作出行政裁决或处理后再行恢复审理。

问题二：如何把握行政程序前置的范围？

本条解释规定的"因越界勘查开采矿产资源引发纠纷"，主要指发生于矿业权人之间的越界勘查、开采导致的纠纷，而不包括一切因越界勘查、开采矿产资源而引发纠纷。在实践中，对于矿业权人与其他物权人就越界勘查、开采矿产资源导致的纠纷是否应当先由国土资源主管部门行政裁决，应当根据勘查范围、矿区范围的确定与案件实体审理是否具有关联性作出判断。例如，采矿权人认为电力部门在其矿区范围内修建输电线路塔导致其无法正常开采矿产资源，侵害了其采矿权，向法院提起侵权之诉。而电力部门则辩称采矿权权证载明的矿区范围界限不清，不能证明其输电线路塔建在了采矿权人矿区范围内；同时，电力部门提出反诉，认为采矿权人越界开采损害了其输电线路塔的安全，请求采矿权人承担侵权责任。于此情形，必须先由相应行政机关就采矿权人矿区范围作出裁决，才能确认线路塔是否建在矿区范围内，进而认定当事人是否构成侵权。又如，土地承包经营权人认为矿业权人越界开采导致其承包的土地塌陷，损害其土地承包经营权，向法院提起侵权之诉；而矿业权人则辩称采矿权证载明的矿区范围包含了原告所承包经营的土地，故不构成侵权。由于采矿权仅是指在依法取得的采矿许可证规定的范围内，开采矿产资源和获得所开采的矿产品的权利，而不包括矿产资源所在土地的权利。因此不论采矿权人的矿区范围如何，都不应当损害原告的土地承包经营权。于此情形，则矿区范围的界定与案件处理并无直接关联，故行政裁决不应作为案件审理的前置程序。

需要注意的是，《矿产资源法实施细则》第二十三条规定的是采矿权人之间矿区范围争议的行政裁决，第三十六条规定的是探矿权人之间矿区范围争议的行政裁决。但对于探矿权与采矿权之间矿区范围与勘查范围的争议，相关法律和行政法规并没有做出规定。而根据文义解释，该情形亦属于本条解释规定的行政裁决事项。

问题三：如何理解民事诉讼程序中对行政裁决的审查？

人民法院对国土资源主管部门的行政裁决进行审查主要包括以下两个方面：一是真实性审查。尽管在一般情况下，行政裁决的真实性不应存在疑问，但也不能排除存在私自运用单位公章或是伪造公文的问题。故对于行政裁决的真实性，法院应当予以审查，必要时可以向作出裁决的相关部门核查落实。二是合法性审查。一般情况下，"民事审判庭只对行政行为的合法性进行形式上的审查，即只要行政行为外在形式的表现内容合法，即可以作为民事案件的定案根据。"[1] 但在特定情况下，人民法院在处理民事纠纷案件中仍然存在就行政裁决进行合法性审查的必要；当然有观点认为，这种审查应当以行政裁决的违法性"重大且明显"为标准。"它是指这样一种情境，当民事诉讼中出现行政行为时，如'一目了然'就可以判定该行政行为违法性，即法院可以排除该行政行为对审理本案的拘束效力"。[2] 一是对行政机关超越权限作出裁决的审查。根据《矿产资源法实施细则》第二十三条和三十六条的规定，省、自治区、直辖市国土资源主管部门、国务院国土资源主管部门、国务院授权的有关部门以及国务院均有权就不同类型的权属争议作出裁决。而人民法院则应当对该裁决是否超越权限作出审查。例如，在一起跨省矿区范围冲突中，当事人一方提交某省国土资源主管部门作出的行政裁决作为对方越界开采的证据，人民法院应不予认定。二是对行政裁决的勘查范围超出最大法定范围的审查。根据《矿产资源勘查区块登记管理办法》第三条的规定，每个勘查项目允许最大登记范围为"（一）矿泉水为10个基本单位区块；（二）金属矿产、非金属矿产、放射性矿产为40个基本单位区块；（三）地热、煤、水气矿产为200个基本单位区块；（四）石油、天然气矿产为2500个基本单位区块。"如果当事人在民事诉讼中提交的行政裁决涉及的勘查范围超出上述最大登记范围的，人民法院应当不予认定。

除了上述两种情况外，是否还有其他由人民法院审查的情形，可以留待今后司法实践中进一步探索。但必须强调的是，民事审判中对行政裁决的认

---

[1] 江必新主编：《中国行政诉讼制度的完善——行政诉讼法修改问题实务研究》，中国法律出版社2005年版，第222页。

[2] 章剑生：《行政行为对民事审判的拘束力》，载《中国法学》2008年第2期。

定应是原则，审查排除则是例外。在矿业权纠纷案件审理中，必须坚持民事诉讼中对行政裁决合法性审查的谦抑性，特别是对于行政机关依法定程序、在职权范围内作出的行政裁决，原则上应当直接认定。

【法规链接】

《民事诉讼法》

第一百五十条　有下列情形之一的，中止诉讼：

（一）一方当事人死亡，需要等待继承人表明是否参加诉讼的；

（二）一方当事人丧失诉讼行为能力，尚未确定法定代理人的；

（三）作为一方当事人的法人或者其他组织终止，尚未确定权利义务承受人的；

（四）一方当事人因不可抗拒的事由，不能参加诉讼的；

（五）本案必须以另一案的审理结果为依据，而另一案尚未审结的；

（六）其他应当中止诉讼的情形。

中止诉讼的原因消除后，恢复诉讼。

《矿产资源法》

第十二条　国家对矿产资源勘查实行统一的区块登记管理制度。矿产资源勘查登记工作，由国务院国土资源主管部门负责；特定矿种的矿产资源勘查登记工作，可以由国务院授权有关主管部门负责。矿产资源勘查区块登记管理办法由国务院制定。

第四十条　超越批准的矿区范围采矿的，责令退回矿区范围内开采、赔偿损失，没收越界开采的矿产品和违法所得，可以并处罚款；拒不退回本矿区范围内开采，造成矿产资源破坏的，吊销采矿许可证，依照刑法有关规定对直接责任人员追究刑事责任。

第四十九条　矿山企业之间的矿区范围的争议，由当事人协商解决，协商不成的，由有关县级以上地方人民政府根据依法核定的矿区范围处理；跨省、自治区、直辖市的矿区范围的争议，由有关省、自治区、直辖市人民政府协商解决，协商不成的，由国务院处理。

《矿产资源法实施细则》

第五条第一款 国家对矿产资源的勘查、开采实行许可证制度。勘查矿产资源，必须依法申请登记，领取勘查许可证，取得探矿权；开采矿产资源，必须依法申请登记，领取采矿许可证，取得采矿权。

第六条第一款 《矿产资源法》及本细则中下列用语的含义：

探矿权，是指在依法取得的勘查许可证规定的范围内，勘查矿产资源的权利。取得勘查许可证的单位或者个人称为探矿权人。

采矿权，是指在依法取得的采矿许可证规定的范围内，开采矿产资源和获得所开采的矿产品的权利。取得采矿许可证的单位或者个人称为采矿权人。

第二十三条 探矿权人之间对勘查范围发生争议时，由当事人协商解决；协商不成的，由勘查作业区所在地的省、自治区、直辖市人民政府国土资源主管部门裁决；跨省、自治区、直辖市的勘查范围争议，当事人协商不成的，由有关省、自治区、直辖市人民政府协商解决；协商不成的，由国务院国土资源主管部门裁决。特定矿种的勘查范围争议，当事人协商不成的，由国务院授权的有关主管部门裁决。

第三十六条 采矿权人之间对矿区范围发生争议时，由当事人协商解决；协商不成的，由矿产资源所在地的县级以上地方人民政府根据依法核定的矿区范围处理；跨省、自治区、直辖市的矿区范围争议，当事人协商不成的，由有关省、自治区、直辖市人民政府协商解决；协商不成的，由国务院国土资源主管部门提出处理意见，报国务院决定。

《矿产资源开采登记管理办法》

第四条第一款 采矿权申请人在提出采矿申请前，应当根据经批准的地质勘查储量报告，向登记机关申请划定矿区范围。

第三十二条 本办法所称矿区范围，是指经登记管理机关依法划定的可供开采矿产资源的范围、井巷工程设施分布范围或者露天剥离范围的立体空间区域。

本办法所称开采方式，是指地下开采或者露天开采

《矿产资源勘查区块登记管理办法》

第三条 国家对矿产资源勘查实行统一的区块登记管理制度。矿产资源勘查工作区范围以经纬度 $1'\times1'$ 划分的区块为基本单位区块。每个勘查项目

允许登记的最大范围：

（一）矿泉水为 10 个基本单位区块；

（二）金属矿产、非金属矿产、放射性矿产为 40 个基本单位区块；

（三）地热、煤、水气矿产为 200 个基本单位区块；

（四）石油、天然气矿产为 2500 个基本单位区块。

第二十条 因他人越界勘查开采矿产资源,矿业权人请求侵权人承担停止侵害、排除妨碍、返还财产、赔偿损失等侵权责任的,人民法院应予支持,但探矿权人请求侵权人返还越界开采的矿产品及收益的除外。

【条文主旨】

本条是关于越界勘查、开采民事责任承担方式的规定。

一、越界勘查、开采的类型化分析

矿业权是探矿权和采矿权的统称。根据《矿产资源法实施细则》的规定,探矿权是指在依法取得的勘查许可证规定的范围内,勘查矿产资源的权利;采矿权是指在依法取得的采矿许可证规定的范围内,开采矿产资源和所获得矿产品的权利。

矿业权人只能在许可证规定的范围内从事勘查或开采活动。超出范围勘查、开采的即构成越界勘查、开采。需要说明的是,采矿许可证规定的矿区范围是立体范围,由三维坐标构成。因此,越界开采既包括超越许可证规定的平面范围开采,又包括超许可证规定的标高范围开采,即越层开采。实践中,越界勘查、开采行为主要可以分为六种情形:一是越界进入矿业权空白区勘查矿产资源;二是越界进入矿业权空白区开采矿产资源;三是越界进入他人勘查区块范围勘查矿产资源;四是越界进入他人勘查区块范围开采矿产资源;五是越界进入他人矿区范围勘查矿产资源;六是进入他人矿区范围开采矿产资源。

上述六种情形分别对应不同的权利侵害样态:第一、第二两种情形侵害的是国家矿产资源所有权。根据《物权法》第四十六条、《矿产资源法》第三条的规定，矿产资源所有权属于国家所有。矿产资源所有权，是指国家对矿产资源依法享有的占有、使用、收益和处分的权利。在权利的行使方面，国家并不直接勘查、开采矿产资源，而是通过出让的方式在一定范围矿产资源上设定探矿权和采矿权，赋予市场主体在许可范围内进行勘查、开采并获取相应的收益。因此，对于超出勘查、开采范围进入国家尚未出让的矿业权空白区进行勘查、开采的，则构成对国家矿产资源所有权的侵害；第三、第四种情形构成对他人探矿权的侵害，同时构成对国家矿产资源所有权的侵害。第五、第六种情形则构成对他人采矿权的侵害，同时构成对国家矿产资源所有权的侵害。

二、越界勘查、开采的责任承担

根据相关法律和行政法规的规定，越界勘查、开采可能承担相应行政、刑事、民事责任。

（一）越界勘查、开采的行政责任

1. 越界勘查的行政责任。《矿产资源勘查区块登记管理办法》第二十六条规定："违反本办法规定，未取得勘查许可证擅自进行勘查工作的，超越批准的勘查区块范围进行勘查工作的，由县级以上人民政府负责地质矿产管理工作的部门按照国务院地质矿产主管部门规定的权限，责令停止违法行为，予以警告，可以并处10万元以下的罚款。"根据上述规定，行为人越界勘查的，应当承担停止违法行为、警告乃至10万元以下罚款的行政责任。

2. 越界开采的行政责任。根据《矿产资源法》第四十条"超越批准的矿区范围采矿的，责令退回矿区范围内开采、赔偿损失，没收越界开采的矿产品和违法所得，可以并处罚款；拒不退回本矿区范围内开采，造成矿产资源破坏的，吊销采矿许可证"的规定，行为人越界开采的，应当承担退回矿区范围开采、赔偿损失、没收违法所得、罚款乃至吊销采矿许可证的行政责任。值得研究的是，这里的"赔偿损失"是否属于行政责任，还是民事责任，在实践中存有争议，具体将在后文中予以分析。

（二）越界勘查、开采的刑事责任

《矿产资源法》第四十条规定，越界开采行为可以"依照刑法有关规定对直接责任人员追究刑事责任";《刑法》第三百四十三条第一款规定,"违反矿产资源法的规定,未取得采矿许可证擅自采矿,擅自进入国家规划矿区、对国民经济具有重要价值的矿区和他人矿区范围采矿,或者擅自开采国家规定实行保护性开采的特定矿种,情节严重的,处三年以下有期徒刑、拘役或者管制,并处或者单处罚金;情节特别严重的,处三年以上七年以下有期徒刑,并处罚金。"最高人民法院、最高人民检察院《关于办理非法采矿、破坏性采矿刑事案件适用法律若干问题的解释》第二条规定,"具有下列情形之一的,应当认定为刑法第三百四十三条第一款规定的'未取得采矿许可证':(一)无许可证的;(二)许可证被注销、吊销、撤销的;(三)超越许可证规定的矿区范围或者开采范围的;(四)超出许可证规定的矿种的(共生、伴生矿种除外);(五)其他未取得许可证的情形"。根据上述法律和司法解释的规定,对于越界开采,且经责令停止后拒不停止,造成矿产资源破坏的,行为人可能构成非法采矿罪,承担刑事责任。越界勘查是否构成犯罪?根据罪刑法定的原则,在没有相应刑事法律依据的情况下,不能直接认定为犯罪,但若因越界勘查造成国家或他人财产损失的,有可能触犯《刑法》第二百七十五条规定的故意毁坏公私财物罪。

(三)越界勘查、开采的民事责任

根据前文所述,越界勘查、开采可能侵害国家的矿产资源所有权和他人的探矿权、采矿权。

1. 侵害矿产资源国家所有权的民事责任。讨论侵害国家矿产资源所有权应当如何承担民事责任,其前提是国家矿产资源所有权是否属于民事权利。对于这一问题,目前主要存在两种不同观点。

第一种观点认为,国家矿产资源所有权属于民事权利。有学者认为,国家既是一个政治概念,也是一个法主体的概念。虽然国家作为一个抽象的实体不应有自身独立的特殊利益,但是,无论在公法还是私法上,国家是一个法人。不仅如此,无论在宪法上还是在私法上,与国家所有权相关联的义务主体是相同的,宪法规定的自然资源国家所有权,是规定国家作为所有者与其他任何私人之间的关系。而民法上的所有权,也是规定所有者与其他任何私人之间的关系,两者结构完全相同。所谓矿产资源属于公共财产,不过是国家开放或让渡国有财产所有权中的占有权和使用权,国家保留对财产的剩余权的一种结构,它依然是所有权人。虽然在自然资源的管理上,国家确实需要通过立法来排斥和限制他人使用,但这还不足以否定国家在公共财产上存在所有权,还不足以证明所谓公共财产是一种超越所有权的新型财产权结构。[①]

还有学者认为,国家所有权既包含公权又包含私权,国家的人格化使其能够成为独立的实体而拥有财产,这是国家得以存在的物质基础,也是维护社会公共利益的前提条件。在市场经济条件下,国家通过其行政机关可以运用那些经营性财产从事工商业活动而获取收益,这时国家是民事主体,其权利的性质是私权;但在管理大多数资源性和公共性财产时,国家承担着维护社会公共利益的职责,原则上不能从中获取收益或权利的行使应受到严格的限制,这时国家是行政主体,其权利的性质是公权。国家所有权显然包含了以上两种情形,国家既是民事主体,也是行政主体,其权利的性质既有私权,也有公权。[②]

第二种观点认为,国家所有权不是一种民事权利,仅属于行政权。有学者认为,财产所有权的重要价值之一是自由。英国学者米尔恩认为,"所谓享有一项权利就是享有一项选择。所谓选择就是'自由'选择,即可以选择为,也可以选择不为;可以选择这样为,也可以选择那样为"。而自然资源国家所有权制度或自然资源国家垄断制度并未赋予法律关系主体这样的自由。权利主体的唯一性和权利的专属性反对国家放弃垄断权,也反对其他主体对自然资源享有所有权。民法上的财产所有权的显著特征之一是所有权关系可以通过市场等媒介实现改变,比如通过买卖使财产所有权脱离原权利主体即卖方,成为买方的权利;买方以支付对价的方式取得对交易财产的所有权,卖方取得作为出卖财产之对价的金钱,成为这笔金钱的所有者,丧失对原财产的所有权。这种改变为自然资源国家垄断制度所不许,"自然资源国家垄断制度阻止这种改变的发生。"因此,矿产资源国家所有权因不具备所有权的基本价值,故不属于一项民事权利。[③]

还有学者认为,从客体角度来看,除列举的少数自然资源可归集体所有

[①] 王涌:《自然资源国家所有权三层结构说》,载《法学研究》,2013年第4期。
[②] 马俊驹:《国家所有权的基本理论和立法结构探讨》,载《中国法学》,2011年第4期。
[③] 徐祥明:《自然资源国家所有权之国家所有制说》,载《法学研究》,2013年第4期。

之外，多数自然资源都属于国家所有，这显然超出了传统物权客体所能涵盖的范围。从主体角度来看，"国家所有，即全民所有"表明自然资源国家所有权的主体是与"全民"相等同意义上的"国家"。而"全民"并非特定时空下的具体国民个体的集合，而是不断生老病死着的一国人民之整体，这种抽象的整体性概念，显然无法成为民法所有权的主体。从时间向度来说，只有公权才符合这一带有永恒色彩的绝对化表述。从体例位置和立法意图来看，自然资源国家所有权是国家以公法手段"支配"公共财产的公权力。矿产资源国家所有权这种"终极控制"意义上的"所有权"与民法所有权存在本质差异。从现实层面来看，作为一个抽象主体，国家本身并不能直接支配和利用自然资源，其对自然资源的所谓"支配"实际上是通过对由无数具体社会成员所实际进行时资源利用活动的"干预"来实现的。就此而言，自然资源国家所有权的实质是国家对资源利用的"积极干预权"，即对资源由谁利用、如何利用、收益如何分配等重大事项的最终决定权，而不属于民事权利。[①]

我们倾向于同意第一种观点。国家矿产资源所有权是具有双重属性的权利，既包含了国家对矿产资源开发利用进行统一规划，通过行政许可的方式授予符合资质的主体进行勘查开采，并由相关行政主管部门进行监管的行政权利；同时又包含了国家作为民事主体通过在矿产资源所有权基础上设立探矿权、采矿权，有偿配置给其他民事主体享有，并获取收益的民事权利。国家矿产资源所有权的双重性，决定了其受到越界勘查、开采侵害时，侵权人既要承担行政责任，又要承担民事责任。

根据上述分析，国家矿产资源所有权具有民事权利的属性。对于越界开采侵害国家矿产资源所有权的，侵害人应当按照《物权法》《侵权责任法》的规定，承担停止侵害、排除妨害、消除危险、恢复原状、赔偿损失的责任。但从目前的司法实践来看，国家在受到侵害时，并不通过国务院或其他行政机关向法院起诉请求侵害人承担民事责任。主要原因，在于国家兼具民事和行政主体双重身份，国家作为所有权人从自身的利益考量，选择将民事责任的内容纳入行政责任，通过国土资源等主管部门对侵害人作出行政处罚的方式来实现。因此，《矿产资源法》第四十条规定的"责令退回矿区范围内开

---

① 巩固：《自然资源国家所有权公权说再论》，载《法学研究》，2015年第2期。

采、赔偿损失，没收越界开采的矿产品和违法所得"，既是对行政责任的规定，同时也包含了停止侵害、排除妨害、消除危险、恢复原状、赔偿损失的民事责任内容。

实际上，当前国家立法并未限制国家作为所有权人提起民事侵权之诉。尽管尚无相关实践，但只要承认国家所有权，就没有理由否认其可以通过民事诉讼主张权利。对此，2016年中共中央办公厅、国务院办公厅印发的《生态环境损害赔偿制度改革试点方案》就规定，省级人民政府作为本行政区域内生态环境损害赔偿权利人，可就污染环境、破坏生态的行为提起损害赔偿诉讼。虽然这里的生态环境尚不宜直接归属到国家所有权的范畴，但也在一定程度上证明了国家作为民事主体提起侵权之诉的可行性。①

2. 侵害矿业权的民事责任。明确矿业权是否属于民法上的权利、属于何种权利是认定侵权能否成立的基础。在此基础上，还需要通过分析矿业权的权能，进而认定侵权人应当承担的责任形式。

（1）矿业权的性质。关于矿业权的属性，如前文所述，有用益物权说、他物权说、特许物权说、债权说等多种学术观点和认识。鉴于《物权法》在"用益物权一般规定"部分已经明确规定依法取得的探矿权、采矿权受法律保护，表明我国在法律层面已经采纳了用益物权说。需要说明的是，由于采矿权的行使是不断消耗矿产资源，并最终导致矿产资源耗竭、所有权灭失的过程，故与旨在对他人之物使用、收益的其他典型用益物权差异明显，具有其特殊性。因此，有观点认为，采矿权实际上是以使用权的名义取得对矿产资源的所有权，② 亦不无道理。

（2）侵害探矿权的民事责任。《矿产资源法实施细则》第十六条规定，"探矿权人享有下列权利：（一）按照勘查许可证规定的区域、期限、工作对象进行勘查；（二）在勘查作业区及相邻区域架设供电、供水、通讯管线，但是不得影响或者损害原有的供电、供水设施和通讯管线；（三）在勘查作业区及相邻区域通行；（四）根据工程需要临时使用土地；（五）优先取得勘查作业区内新发现矿种的探矿权；（六）优先取得勘查作业区内矿产资源的采矿

---

① 关于生态环境损害赔偿诉讼的性质是否属于环境公益诉讼尚存争议，在本文中不予展开。
② 王世军：《我国矿业权问题的制度机分析》，载《中国矿业》2005年第4期。

权；(七)自行销售勘查中按照批准的工程设计施工回收的矿产品，但是国务院规定由指定单位统一收购的矿产品除外。"根据上述规定，行为人越界进入他人勘查区块勘查、开采矿产资源的，可能妨碍探矿权人正常勘查，损害或妨碍探矿权人架设供电、供水、通讯管线等设施，妨碍探矿权人在作业区及相邻区域通行，影响探矿权人自行销售或由相关单位统一收购勘查中按照批准的工程设计施工回收的矿产品，构成对探矿权合法权益的侵害，应当承担停止侵害、排除妨害、消除危险、恢复原状、赔偿损失的责任。但是，由于探矿权人仅有在勘查许可证规定的范围内探查矿产资源的权利，而无开采矿产资源以及获得开采的矿产品的权利，故探矿权人对他人越界勘查开采导致的矿产资源损失以及他人越界开采的矿产品均不享有权利，无权请求侵权人向己返还或请求赔偿，但可以向有关主管部门举报，请求对侵权人越界勘查开采行为依法给予处罚。

(3)侵害采矿权的民事责任。《矿产资源法实施细则》第三十条规定，"采矿权人享有下列权利：(一)按照采矿许可证规定的开采范围和期限从事开采活动；(二)自行销售矿产品，但是国务院规定由指定的单位统一收购的矿产品除外；(三)在矿区范围内建设采矿所需的生产和生活设施；(四)根据生产建设的需要依法取得土地使用权；(五)法律、法规规定的其他权利。"根据上述规定，行为人越界进入他人矿区范围勘查、开采的，可能妨碍采矿权人正常开采矿产资源，损害或妨碍采矿权人建设采矿所需的生产和生活设施，损害采矿权人对矿区范围内矿产资源所享有的权利，应当承担停止侵害、排除妨害、消除危险、恢复原状、赔偿损失的责任。

【问题解答】

问题一：如何确定越界勘查的损失赔偿范围？

由于勘查行为并不包含开采矿产资源的权利，因此越界勘查一般无需赔偿损失。但在以下几种情况下，行为人仍需承担损害赔偿责任。一是，行为人越界进入他人矿区范围勘查，且在勘查中销售施工回收的矿产品的，应当向该采矿权人返还该部分勘查所得矿产品及其收益。二是，行为人越界进入他人勘查区块范围或矿区范围勘查，妨碍他人勘查、开采矿产资源或者导致勘查、开采成本增加的,应当赔偿由此产生的损失。三是,行为人因越界勘查损害或者妨碍他人建设相关设施并造成经济损失,应当予以赔偿。

问题二:如何理解《矿产资源法》第四十条中"赔偿损失"的性质?

当越界进入他人矿区范围开采时,行为人可能既要按照《矿产资源法》第四十条的规定对矿产资源所有权人——国家承担"赔偿损失"责任,又要对该矿区范围内采矿权人的损失承担损害赔偿责任。这两种损害赔偿关系如何?在越界开采人已按照《矿产资源法》第四十条向国家赔偿损失的情况下,其是否还应当再向采矿权人承担损害赔偿责任?目前有两种观点。第一种观点认为,根据《侵权责任法》第四条第一款"侵权人因同一行为应当承担行政责任或者刑事责任的,不影响依法承担侵权责任"的规定,越界开采人承担赔偿损失的行政责任,并不影响其承担损害赔偿的民事责任。第二种观点认为,越界开采人在行政机关责令赔偿损失后,应当在该赔偿损失的范围内免除其对采矿权人的民事责任。依据在于,《矿产资源法》第四十条规定的涉及金钱给付的责任形式并非均为行政责任。其中,没收越界开采的矿产品和违法所得、罚款属于典型的行政处罚,而赔偿损失则应属于民事责任。越界开采行为人在承担了对矿产资源所有人——国家的民事责任之后,不应再基于同一损害结果对采矿权人另行承担民事责任。

我们认为,第一种观点是以《矿产资源法》第四十条规定的"赔偿损失"属于行政责任为基础,进而与民事责任作为区分。但是,国家矿产资源所有权兼具民事权利和行政权利的双重属性。《矿产资源法》第四十条的规定是否属于行政责任而非民事责任缺乏直接的依据和权威解释。因此,在没有充分依据说明《矿产资源法》第四十条规定的"赔偿损失"仅属于行政责任的情况下,第一种观点将其与民事责任作出区分,并不妥当。

综合考虑,我们原则上同意第二种观点。理由如下:一是,行政责任的主要功能是惩罚违法相对人,维护行政秩序,同时对类似违法行为起到威慑作用。民事责任的主要功能是补偿受害人所受的损失,通过赔偿损失使遭受侵害的财产、人身得到恢复和补救。根据文义解释,赔偿损失应当理解为对财产损害的填补。实践中,行政机关责令越界开采人赔偿损失,亦往往将越界开采所造成的矿产资源储量的损失作为基本依据。因此从功能上看,赔偿损失更符合民事责任的特征。二是,国家兼具矿产资源所有权人和开发利用监管者双重身份。当国家作为所有权人时，其与越界开采人形成民事侵权关系；而其作为行政管理者时，其与越界开采人形成的是行政处罚关系。由于国家在其矿产资源所有权受到侵害时往往不向法院提起侵权之诉，而是将赔偿损失直接规定为一种权利救济方式。三是，《矿产资源法》尽管主要规定的是国家对矿产资源开发利用的行政管理，但仍然包含了部分民事责任的条款。例如，该法第三十二条规定，"开采矿产资源给他人生产、生活造成损失的，应当负责赔偿，并采取必要的补救措施"，显然是属于民事责任的规定。因此，《矿产资源法》四十条规定的"赔偿损失"归属为民事责任，在逻辑上是有道理的。

基于以上分析，如越界开采人已被行政机关以矿产资源国家所有权人的代表人身份要求赔偿损失，且赔偿损失的范围就是越界开采行为造成的损害的，不应当就该部分损失再向采矿权人承担赔偿损失责任，否则越界开采人将就其同一损害行为重复担责，有违公平；但若已经向国家赔偿的损失仅是越界开采人造成损失的一部分，如仅涉及矿产资源储量损失，则采矿权人自然有权请求就其他损失向越界开采人主张权利。至于采矿权人与已经获得"损失赔偿"的行政主管部门之间如何解决该部分赔偿问题，双方可基于签订的出让合同以及相关约定，结合具体情况协商处理，必要时可通过诉讼的方式解决。

问题三：越界开采损失赔偿对象如何确认？

因越界开采造成的采矿权人损失包括直接损失和间接损失，具体体现为实际开采出的矿产品损失、因越界开采导致无法规划的矿产资源储量损失以及开采成本的增加。当行为人越界进入他人矿区开采时，这些损失究竟是矿产资源所有权人国家的损失，还是采矿权人的损失？这个问题的产生，其原因在于采矿权是通过对矿产资源的消耗来实现其权利，从而与矿产资源所有权产生一定冲突。我们倾向于认为，上述损失主要属于采矿权人的损失，应向采矿权人赔偿。理由在于：

1. 当国家出让一定矿区范围的采矿权时，客观上是在采矿许可证所载明开采期限内让渡了对该矿区范围部分矿产资源的经济价值，此时国家更多承担的是一种监管职责。因此有观点认为，《矿产资源法》第四十条规定的"赔偿损失"并不等同赔偿国家的损失，而应当是"谁损失赔谁"。即当越界开采人进入矿业权空白区范围造成的损失,应当向国家赔偿;而对于越界开采进入他人矿区范围开采的,主要应当向采矿权人赔偿。①

2. 由于《矿产资源法》第四十条规定的"赔偿损失"应定性为民事责任,故当越界开采人财产不足以支付其侵害国家矿产资源所有权造成的损失和该矿区范围采矿权人财产损失时,是否不能适用《侵权责任法》第四条第二款"因同一行为应当承担侵权责任和行政责任、刑事责任,侵权人的财产不足以支付的,先承担侵权责任"的规定,而只能由国家和采矿权人平等受偿?我们倾向于认为,尽管《矿产资源法》第四十条规定的"赔偿损失"定性为民事责任,但鉴于国家在救济其权利时往往依靠行政手段,而非通过民事诉讼的途径,故当与矿业权人在权利救济过程中发生冲突时,应当优先考虑救济采矿权人的权利。

3. 行为人越界开采发生在采矿权设立之前的,采矿权人是否可以向行为人请求赔偿损失?目前争议较大。第一种观点认为,由于侵权发生时采矿权尚未设立,故采矿权人无权向行为人请求赔偿损失。

第二种观点认为,应当区分不同情形。(1)采矿权人不能主张矿产品的损失。行为人越界开采时,采矿权尚未设立,在采矿权设立后开采行为已经停止。此期间开采的矿产品导致矿产资源储量的减少,系对国家矿产资源所有权直接侵害所造成的结果。而之后采矿权人所取得的,只是一个已经缺失了该部分储量的矿区开采权。采矿权人并不能就该部分储量损失向行为人主张返还原物或损害赔偿责任。

(2)采矿权人可以主张无法规划的资源储量损失和开采成本损失。一是,无法规划的资源储量损失和开采成本是对实际开采所造成的损失。对于国家而言,越界开采导致的矿藏破坏和开采成本增加,既不体现为国家对矿产资源丧失占有,又不体现为实际开采的损失,而是隐藏并转化为国家在出让采矿权价款和税费利益上的损害。这种转化的过程,往往又会因为矿产资源的稀缺性,矿产资源主管部门的强势以及市场等因素而逐渐失去损失原本的面貌,且这部分损失对国家是间接而且不确定的。二是,从逻辑上来说,矿藏

---

① 《越界开采损失赔偿该配给谁》,见中国矿业网电子版。网站地址 http://app.chinamining.com.cn/Newspaper/E_Mining_News_2013/2013-01-09/1357724099B64997.HTML.

破坏和开采成本增加是开采利益的损失，被侵害的对象自然应当是开采者。国家虽然是所有权人，但并不开采矿产资源，所以越界开采行为发生后，矿藏破坏和开采成本增加的损失始终处于隐而不发的状态。直到采矿权设立后，这种损失才从间接的、不确定的状态转变为直接并且确定的损失。因此，尽管越界开采行为发生在采矿权设立之前，但矿藏破坏和开采成本增加的损害后果却延续并直接体现在采矿权设立之后。相对于国家而言，采矿权人作为直接受害人其主张权利的动力更加充足，主张的数额更加准确，更有利于损失的填补。所以尽管在越界开采行为停止在先，采矿权设立在后，采矿权人仍有权主张矿藏破坏和开采成本增加的损失。

我们认为，第一种观点符合侵权责任的基本原理，而第二种观点则更有利于保护矿产资源、维护采矿权人利益。何种观点更为妥当，尚需进一步探索研究。但综合现行涉矿法律法规的规定，采矿权人对于其获得采矿权前的越界开采行为，原则上并不能对越界侵权人主张权利，除非获得矿业权出让人——国土资源主管部门的授权或同意。

【法规链接】

《侵权责任法》

第二条 侵害民事权益，应当依照本法承担侵权责任。

本法所称民事权益，包括生命权、健康权、姓名权、名誉权、荣誉权、肖像权、隐私权、婚姻自主权、监护权、所有权、用益物权、担保物权、著作权、专利权、商标专用权、发现权、股权、继承权等人身、财产权益。

第四条 侵权人因同一行为应当承担行政责任或者刑事责任的，不影响依法承担侵权责任。

因同一行为应当承担侵权责任和行政责任、刑事责任，侵权人的财产不足以支付的，先承担侵权责任。

第十五条 承担侵权责任的方式主要有：

（一）停止侵害；

（二）排除妨碍；

（三）消除危险；

（四）返还财产；

（五）恢复原状；

（六）赔偿损失；

（七）赔礼道歉；

（八）消除影响、恢复名誉。

以上承担侵权责任的方式，可以单独适用，也可以合并适用。

《矿产资源法》

第三十九条 违反本法规定，未取得采矿许可证擅自采矿的，擅自进入国家规划矿区、对国民经济具有重要价值的矿区范围采矿的，擅自开采国家规定实行保护性开采的特定矿种的，责令停止开采、赔偿损失，没收采出的矿产品和违法所得，可以并处罚款；拒不停止开采，造成矿产资源破坏的，依照刑法有关规定对直接责任人员追究刑事责任。

单位和个人进入他人依法设立的国有矿山企业和其他矿山企业矿区范围内采矿的，依照前款规定处罚。

第四十条 超越批准的矿区范围采矿的，责令退回本矿区范围内开采、赔偿损失，没收越界开采的矿产品和违法所得，可以并处罚款；拒不退回本矿区范围内开采，造成矿产资源破坏的，吊销采矿许可证，依照刑法有关规定对直接责任人员追究刑事责任。

《矿产资源法实施细则》

第十六条 探矿权人享有下列权利：

（一）按照勘查许可证规定的区域、期限、工作对象进行勘查；

（二）在勘查作业区及相邻区域架设供电、供水、通讯管线，但是不得影响或者损害原有的供电、供水设施和通讯管线；

（三）在勘查作业区及相邻区域通行；

（四）根据工程需要临时使用土地；

（五）优先取得勘查作业区内新发现矿种的探矿权；

（六）优先取得勘查作业区内矿产资源的采矿权；

（七）自行销售勘查中按照批准的工程设计施工回收的矿产品，但是国务院规定由指定单位统一收购的矿产品除外。

探矿权人行使前款所列权利时，有关法律、法规规定应当经过批准或者履行其他手续的，应当遵守有关法律、法规的规定。

第三十条　采矿权人享有下列权利：

（一）按照采矿许可证规定的开采范围和期限从事开采活动；

（二）自行销售矿产品，但是国务院规定由指定的单位统一收购的矿产品除外；

（三）在矿区范围内建设采矿所需的生产和生活设施；

（四）根据生产建设的需要依法取得土地使用权；

（五）法律、法规规定的其他权利。

采矿权人行使前款所列权利时，法律、法规规定应当经过批准或者履行其他手续的，依照有关法律、法规的规定办理。

《矿产资源勘查区块登记管理办法》

第二十六条　违反本办法规定，未取得勘查许可证擅自进行勘查工作的，超越批准的勘查区块范围进行勘查工作的，由县级以上人民政府负责地质矿产管理工作的部门按照国务院地质矿产主管部门规定的权限，责令停止违法行为，予以警告，可以并处10万元以下的罚款。

第二十一条　勘查开采矿产资源造成环境污染，或者导致地质灾害、植被毁损等生态破坏，法律规定的机关和有关组织提起环境公益诉讼的，人民法院应依法予以受理。

法律规定的机关和有关组织提起环境公益诉讼的，不影响因同一勘查开采行为受到人身、财产损害的自然人、法人和其他组织依据民事诉讼法第一百一十九条的规定提起诉讼。

【条文主旨】

本条是关于勘查开采矿产资源引发的环境民事公益诉讼的规定。矿产资源既具有财产属性，同时亦是环境要素的一部分。目前，在矿产资源开发利用领域存在大量无证勘查开采、破坏性勘查开采等私采滥挖现象，造成的生态环境问题日益凸显。

一、矿产资源勘查中的环境公益诉讼

《侵权责任法》第八章规定了"环境污染责任"，《环境保护法》第六十四条规定，破坏生态的行为造成环境损害也准许适用《侵权责任法》的相关规定。由此，环境损害应当包含污染环境和破坏生态两种基本类型。污染环境和破坏生态的概念既有重合的部分又存在明显区别。

1. 环境污染。"环境污染"的定义最早是由经济合作与发展组织（OECD）环境委员会在1974年提出的，指被人们利用的物质或者能量直接或者间接的进入环境，导致对自然的有害影响，以致危及人类健康、危害生命资源和生态系

统,以及损害或者妨碍舒适和环境的其他合法用途的现象。① 主要是指由于主体排放污染物导致不利后果。包括废气、废水、废渣、粉尘、垃圾、放射性物质以及噪声、震动、恶臭等污染。污染的行为污染环境造成社会公共环境利益损害的,亦应当承担侵权责任,对保护生态环境不受侵害,具有重要的意义。

2. 生态破坏。主要是指由于开发利用的行为,对自然资源的索取造成的不利后果。包括人类活动导致的森林破坏、水土流失、土地荒漠化、过度捕捞、生物灭绝等。② 生态破坏与环境污染二者是两个不同的过程。比如,美国最近几年发生的"亚洲鲤鱼"泛滥成灾,破坏当地生态系统的事件,这种破坏生物多样性的行为属于生态破坏,但很难称之为环境污染。生态破坏造成的后果往往需要很长的时间才能恢复,有些甚至是不可逆的。

概言之,"污染环境"主要是指由于主体排放污染物导致不利后果,"破坏生态"主要是由于开发利用的行为,对自然资源的索取造成的不利后果,是两个不同的过程。勘探开采矿产资源导致的损害后果往往具有复合型,即同时造成环境污染和生态破坏。勘探开采矿产资源往往需要剥离岩石、土壤,毁坏植被、山林、草场,极易导致地面塌陷、地裂缝、山体滑坡、地下水位下降等采矿沉陷现象,造成严重的生态破坏;同时,勘探开采矿产资源还会产生数量巨大的尾矿和采剥排弃物等固体废弃物,尾矿成分和残留选矿药剂使得农作物、地表水和地下水受到污染,一旦发生尾矿垮塌,还会对附近村镇、农田、水源等造成巨大破坏。根据《民事诉讼法》第五十五条、《环境保护法》第五十八条、最高人民法院《环境民事公益诉讼解释》第一条的规定,勘探开采矿产资源造成环境污染,导致矿区地质灾害、植被毁损等生态破坏的,符合环境民事公益诉讼的起诉条件,人民法院应依法予以受理。2015年7月1日,全国人大常委会《关于授权最高人民检察院在部分地区开展公益诉讼试点工作的决定》中,将"生态环境和资源保护"作为检察机关可提起公益诉讼的领域之一。2017年6月27日全国人大常委会通过《关于修改〈民事诉讼法〉和〈行政诉讼法〉的决定》,将检察机关针对"生态环境和资源保护"提起公益诉讼制度正式在法律上予以明确。

---

① 汪劲:《环境法学》,北京大学出版社2011年版,第155页。
② 曹明德主编:《环境与资源保护法》,中国人民大学出版社2013年版,第187页。

本解释征求意见过程中，有部门提出是否依法受理案件是法院职责所系，是否有专设条文对矿产资源勘查开采中的环境公益诉讼再行宣示的必要？我们认为，矿产资源既具有财产属性，同时亦是环境要素的一部分。矿产资源的勘查开采所具有的环境负外部性，往往导致矿区及周边区域的水体、土壤污染和水土流失、植被破坏、地面塌陷、生物多样性减少等生态损害。而矿产资源开发利用领域大量存在的无证勘查开采、乱采滥挖、破坏性开采等违法违规现象，更进一步加剧了矿区及周边区域环境污染和生态破坏的严重性。《环境民事公益诉讼解释》主要针对环境污染类公益诉讼进行的规定，而涉矿环境公益诉讼除涉及环境污染外，更多涉及矿区的生态破坏、生态修复，有其特殊性。实践中，包括政府、矿山企业在内的相关主体对矿产资源勘查开采导致的环境问题，尤其矿区的生态破坏问题并未引起足够重视。本解释专门规定涉矿环境公益诉讼，既与现行《民事诉讼法》《行政诉讼法》《环境保护法》等法律和司法解释关于环境公益诉讼的规定相契合，亦与环境公益诉讼审判实践和检察机关提起公益诉讼工作联系密切，有助于强化各方各方资源保护和生态恢复意识，引导矿产资源勘查开采的实践行为，指导环境资源案件审判实务，具有积极的制度宣示和社会指引作用。

二、涉矿环境公益诉讼和私益诉讼的衔接

本条解释起草过程中，由于《环境民事公益诉讼解释》已经对环境民事公益诉讼作了较为详细的规定，其中也包括公益诉讼与私益诉讼的关系问题，故本条解释最初只对法律规定的机关和有关组织针对矿产资源勘查开采过程中造成环境污染、生态破坏提起环境公益诉讼作了原则规定（即本条解释第一款）。但在征求意见过程中，有部门提出本条解释若只规定公益诉讼，会使人误解：勘查开采矿产资源造成环境污染、生态破坏的，是不是只能提公益诉讼，而法律规定的机关和有关组织之外的市场主体是否就不能再提起私益诉讼？经研究，我们采纳了该建议，在第一款涉矿环境公益诉讼基础上，又规定了私益诉讼的内容。

由此，涉矿环境公益诉讼与私益诉讼亦并行不悖，已经提起涉矿环境公益诉讼的，不影响因同一勘查开采行为受到人身、财产损害的自然人、法人和非法人组织依法提起私益诉讼。此种双轨制保障机制虽具有诉讼目的明确、

有助于提升案件审理效率等优势，在公益诉讼制度刚实施之际有其合理性，但在司法实践中也表现出环境公益诉讼和私益诉讼的脱节现象，影响了我国环境司法机制保障公众环境权益的效果，似有进一步研究修订的必要。因为同一环境侵害行为往往同时侵害环境公共利益和众多公民、法人和其他组织的私益，且公共利益和私益相互交织，导致公益诉讼与私益诉讼在案件事实认定和法律适用方面具有共通性。并且，传统的私益诉讼案件虽然其实际结果仅解决与当事人紧密相关的诉求利益，但不论从诉求还是结果来看，对公益保护都可能是有利的。故私益诉讼与公益保护之间存在着天然的通道。①

由于环境公益诉讼与私益诉讼在审理对象、案件事实认定等方面有着紧密联系，存在公益和私益相互交织的复杂情形，有必要进一步厘清两者的关系和界限。目前实践中争议较大的问题是自然人、法人和非法人组织享有所有权或者使用权的环境要素遭受的损害能否提起环境公益诉讼。就涉矿环境公益诉讼而言，由于勘探开采矿产资源往往需要占用集体所有或使用的山岭、土地、草场等环境资源，当上述环境资源遭受污染或者破坏时，村集体等相关受害人往往只主张人身和财产损失，对于生态环境本身的损害未必主张，或者没有将赔偿所得的款项用于生态环境的修复。如果听之任之，社会公共利益或者说特定范围内公众的环境利益所遭受的损害就无法得到救济。对此，我们认为，只要自然人、法人和非法人组织未就其支配领域内的生态环境损害提起诉讼的，社会组织、检察机关或者其他法律规定的机关就有权对之提起环境民事公益诉讼。并且，需要注意的是，在此情形下，无论是自然人、法人和非法人组织直接提起的环境私益诉讼还是社会组织、检察机关提起的环境民事公益诉讼，就生态恢复诉求所获得的赔偿款均不能归原告所有，而是要专门用于生态环境的修复。欧盟和美国也都有类似的做法，《欧盟环境责任指令》赋予特定国家行政机关以受托人的身份，对于环境损害，不论该环境所有人是私主体还是国家，均可以提起诉讼要求修复。

---

① 无锡市中级人民法院：《新常态下环境民事公益诉讼问题研究—从无锡法院环保审判实践出发》，载《全国环境资源司法理论研究基地和实践基地第一届联席会议暨环境区域治理中的司法问题研讨会论载文集》2016年5月，第45页。

【问题解答】

问题一：勘探开采矿产资源行为与损害之间因果关系的举证责任分配以及证明标准应如何确定？

一、关于举证责任分配

由于环境污染、生态破坏行为具有侵害方式的间接性、侵害结果的潜伏性以及侵害过程的复杂性等特点，加之此类案件还存在双方当事人信息不对称的问题，故为充分保护被侵权人的合法权益，《侵权责任法》第六十六条规定了因果关系举证责任的倒置原则，即由污染者就法律规定的不承担责任或者减轻责任的情形及其行为与损害之间不存在因果关系承担举证责任。但是，因果关系的举证责任倒置并不意味着被侵权人无需承担任何举证责任。对此，《环境侵权责任纠纷解释》第六条规定："被侵权人根据侵权责任法第六十五条规定请求赔偿的，应当提供证明以下事实的证据材料：……（三）污染者排放的污染物或者其次生污染物与损害之间具有关联性。"该条在制定过程中争议很大，因为其对《侵权责任法》第六十六条的规定作了限缩解释。之所以要这样规定，应是基于以下考虑：一是为了防止原告滥诉，随意扩大被告的范围。同时，《侵权责任法》第六十六条将因果关系的举证责任全部分配给被告，对被告而言过于严苛，应合理分配原、被告的证明责任。二是国外立法例多都规定原告对因果关系负有举证责任，但同时也采取了一些技术手段减轻原告的举证责任。根据《环境侵权责任纠纷解释》第十八条"本解释适用于审理因污染环境、破坏生态造成损害的民事案件，但法律和司法解释对环境民事公益诉讼案件另有规定的除外"的规定，因破坏生态行为造成损害的，被侵权人应就生态破坏行为与损害之间是否具有关联性承担举证责任，在被侵权人尽到该举证责任后，则应由侵权人对生态破坏行为与损害之间不存在因果关系承担举证责任。

二、关于证明标准

(一) 原告的证明标准

根据最高人民法院《环境侵权责任纠纷解释》第六条的规定,被侵权人对于污染者排放的污染物或者其次生污染物与损害之间具有关联性承担证明责任,换言之,其应就污染行为和损害之间存在因果关系承担初步的举证责任。如何认定具有关联性,或者说初步举证责任的认定标准应如何确定,是包括环境公益诉讼在内的环境侵权案件审判实践中的一大难点。原告对于排污行为和损害之间存在因果关系的举证责任,大陆法系立法例和判例大都采取因果关系推定理论,包括疫学因果关系说、间接反证说、事实自证说、盖然性说等理论。我们认为,间接反证说将证明因果关系上所需要的因素予以具体化,并在其中减少或减轻了需要由受害人进行举证的对象,比较具有可操作性。韩国司法实践中通常将认定因果关系中所需要的主要事实分解为三个部分:a. 发生侵害的原因物质及其装置(病因);b. 原因物质到达受害人或受害地的经过路径(污染路径);c. 加害工厂生成原因物并予以排放的事实(排放行为)。原告只要举出关于这三个要素中的随意两个要素的直接证据或者基于间接证据能够对其予以证明(a+b 或 b+c 或 a+c),那么就推定仅存的另一事实存在。如果被告不能以间接反证证明后者不存在,形成一种因果关系存在与否不够明确的状态的话,就可以认定侵害行为和损害之间存在因果关系。

有学者就"关联性"提出了以下具体判断标准,颇值参考:(1)时间先后上的关联性。损害发生在环境侵权行为之后。(2)空间距离上的关联性。被告所排污染物有可能迁移到受害者所在的环境,如上下游关系,上下风向关系。(3)生态作用上的关联性。依据有关生态规律,被告的污染排放或破坏行为有可能导致损害结果的发生,或者至少不违背生态规律。如被告对外来物种的引进,危害本地物种。(4)环境接触上的关联性。受害地属于原告的生活的生活环境,原告与该环境有接触或者暴露的可能性和充分性。(5)致害物质上的关联性。导致原告受害的污染物质,应当与被告排放的污染物质或者次生物质(所排放物质与其他物质发生反应后的新物质)属于同一种类或是其他化合物。(6)疫学原理上的关联性。根据疫学上的原理(病理学、毒理学等），被告排放的污染物质或次生物质有可能导致原告受损，或者至少不同疫学原理冲突。（7）概率统计上的关联性。污染行为与致害结果之间具有正相关性，即污染越强则损害越重，污染越轻则损害越弱。（8）其他方面的关联性。如生理作用或者化学反应等原理上，某污染物质有可能导致鱼虾死亡、林木枯萎、作物落果、财务毁损的等不利后果。① 参考间接反证理论，原告如能证明上述要件中的几点，就可以推定因果关系成立，举证责任转移给被告。

（二）被告的证明标准

在原告完成举证义务后，被告应承担环境侵权行为与损害之间不存在因果关系的证明责任，被告应尽的证明标准为高度盖然性证明标准。《环境侵权责任纠纷解释》第七条规定污染者能够举证证明下列情形之一的，人民法院应当认定其污染行为与损害之间不存在因果关系：（一）排放的污染物没有造成该损害可能的；（二）排放的可造成该损害的污染物未到达该损害发生地的；（三）该损害于排放污染物之前已发生的；（四）其他可以认定污染行为与损害之间不存在因果关系的情形。

问题二：勘查开采行为人可能承担哪些责任类型？

1. 修复生态环境。环境公益诉讼最终目标并非是解决当事人之间的民事权益争议，而是要将受到损害的生态环境修复到损害发生之前的状态和功能。《环境民事公益诉讼解释》充分体现了这一恢复性司法理念，将修复生态环境责任作为被告应当承担的核心责任方式。根据该解释，针对勘探开采矿产资源造成的环境污染和生态破坏，凡有可能采取措施恢复原状的，应当依法判决被告将生态环境修复到损害发生之前的状态和功能。无法完全修复的，可以准许采用替代性修复方式。对于原告没有提出该项诉讼请求导致其诉请不足以保护社会公共利益的，还应向其释明增加该项诉讼请求。

2. 服务功能损失。在自然之友、福建省绿家园环境友好中心诉谢知锦、倪明香、郑时姜、李名槊及第三人南平市国土资源局延平分局、南平市延平区林业局开采矿产资源破坏生态环境民事公益诉讼案中，一、二审法院判令非法开采行为人将生态环境修复到损害发生之前的状态和功能，这是《环境

---

① 杨朝霞等：《环境侵权因果关系推定之新规判解》，《环境保护》2016年第16期

民事公益诉讼解释》第二十一条规定服务功能损失后，人民法院作出的第一例判决。之后，各地法院受理的环境民事公益诉讼案件中，原告诉讼请求中大都提出赔偿服务功能损失的请求，人民法院也基本予以支持。服务功能损失，又称为期间损失，是指受损害的生态环境服务于人类或者服务于其他生态环境的功能损失。环境公益诉讼一系列生效裁判判令被告承担修复环境及赔偿服务功能损失的责任，充分展示了生态环境不仅具有经济价值，同时还具有生态、审美、文化等价值，并通过将污染环境、破坏生态行为带来的"负外在性"内部化，有利于最大限度地维护环境公共利益。不仅如此，在最高人民法院、最高人民检察院《关于办理环境污染刑事案件适用法律若干问题的解释》对"生态环境损害"范围进行界定时，也明确将生态环境修复费用、生态环境修复期间服务功能的损失和生态环境功能永久性损害造成的损失以及其他必要合理费用都纳入其中。由于服务功能损失是环境民事公益诉讼中特有的损失类型，服务功能损失本身系属专业术语，社会大众普遍不了解，因此有必要在裁判文书中对案件涉及的服务功能损失作出具体说明。

值得注意的，现行法律对环境修复费用和服务功能损失赔偿款的受领主体未做规定，加之对于该项资金的性质和使用范围认识不同，各地做法不一。海南、贵州、无锡、昆明等多地法院都设立了生态公益修复基金或者专项资金，有的法院则将该笔费用作为非税收入上交地方财政。已经设立的基金或者专项资金账户中，有的设立在法院，有的设立在财政部门，还有的则设立在环保部门。从两年来全国法院受理的环境公益诉讼案件来看，大多数案件原告都提出了修复环境和赔偿服务功能损失的诉讼请求，也大都得到了支持，且大部分环境公益诉讼生效裁判判令向上述基金或者专项资金账户给付。需要引起注意的是，根据《环境民事公益诉讼解释》的规定精神，法院不能直接判令被告向原告支付，这是由环境公益诉讼修复费用和服务功能损失赔偿款的公益性质所决定的。

此外，无论是检察机关、社会组织提起的环境公益诉讼还是省级人民政府生态损害赔偿诉讼，都会涉及到修复费用和赔偿款的去向问题。我国可以借鉴欧美国家的做法，英、德、法等欧洲国家除污染者自行履行环境修复义务外，经法院判决的环境损害赔偿金一般由国家受领，放在财政部的专户上用于环境修复，美国还专门建立了"危险物质超级基金"。可以依据《信托法》第六十条规定，深入研究在国家层级建立"环境公益诉讼基金"的可行性，将环境公益诉讼判决的生态环境修复金和服务功能损失赔偿款明确由基金统一受领，待条件成熟后，还可在省、市分级设立。同时，还要进一步完善矿山生态恢复保证金制度，国务院 2017 年 4 月颁布的《矿产资源权益金制度改革方案》突出环境治理责任，针对环境治理恢复责任落实不到位的问题，明确规定将现行各地管理方式不一、审批动用程序较复杂的矿山环境治理恢复保证金调整为管理规范、责权统一、使用便利的矿产环境治理恢复基金，由矿山企业单设会计科目，按照销售收入一定比例计提，计入企业成本，由企业统筹用于开展矿山环境保护和综合治理。下一步，要重点研究如何将该保证金制度和环境公益诉讼有效衔接，并在具体矿业权纠纷案件中的审理和执行中确保矿产环境治理恢复基金发挥其应有职能。

3. 停止侵害、排除妨碍、消除危险。对于修复环境、服务功能损失责任方式和停止侵害、排除妨碍、消除危险责任方式的适用条件应有所区分。就修复环境、服务功能损失责任方式而言，构成要件就是侵害行为、损害、侵害行为和损害后果之间存在因果关系，只要原告提起的诉讼请求具备上述三个构成要件，即可判决被告修复环境、赔偿服务功能损失。但是，就停止侵害、排除妨碍、消除危险等不作为请求权或者责任方式，除了上述三个构成要件外，还应引入利益衡平这因素。因为勘探开采矿产资源行为价值上具有妥当性，因此必须在生态环境受到的损害与适用上述责任方式造成的损害之间进行权衡。后者包含的因素很多，如企业是否已经通过环评，生产过程是否合规排放，企业被采取关停等措施后的损失，企业职工利益及当地就业、经济发展等因素。可以借鉴日本、韩国的"容忍限度论"，作为判断不作为请求权是否成立以及采取何种具体责任方式的学说依据。在因环境污染、生态破坏而发生损害的情形中，日本、韩国通说和判例都基于"忍受限度论"对其违法性进行判断。也就是说，并不是只要有环境侵害，就把相应的加害行为认定为违法，而是对被侵害利益的种类、性质、被侵害程度、加害行为的样态等，受害方具体情况和加害方具体情形的相关关系进行利益衡量之后，认为该侵害行为超过了受害人能够忍受的范围和限度时，该行为才具有一定的违法性。以停业等停止侵害请求权为例，如被告存在环境保护法第六十三条规定情形之一的，人民法院可以判决被告立即停止排污、停止生产经营、停止建设或者停止生产、使用国家明令禁止生产、使用的农药等侵害行为；对于《环境保护法》第六十三条规定以外情形，或者虽然存在环境保护法第六十三条规定情形之一的，但是根据案件情况不能判决被告立即停止侵害的，人民法院可以判决被告采取减少排污量至排放标准之下，增建和改善污染防治设施，以及限定排污设施的最低运行时间等措施。如果这些措施在技术或经济上不可行，则只能请求修复环境及赔偿服务功能损失。

4. 赔礼道歉。虽然环境民事公益诉讼并不解决特定受害人的人身权、财产权受到损害的问题，不存在对特定受害人赔礼道歉的问题，但污染环境、破坏生态的行为可能导致生态环境服务功能的损害，该损害将会造成社会公众享有美好生态环境精神利益的损失，且让导致环境污染、生态破坏的勘查开采企业承担公开赔礼道歉的责任，比让他承担赔偿责任更能起到防止再犯的效果。特别是对于那些恶意污染环境、破坏生态的企业，赔礼道歉的责任方式很有必要。环境公益诉讼赔礼道歉的履行方式应当以在有相当影响力的媒体上进行书面道歉为主，现有案件赔礼道歉发布的媒体有市级、省级和国家级等三种情形。

【法规链接】

《环境保护法》

第五十八条　对污染环境、破坏生态，损害社会公共利益的行为，符合下列条件的社会组织可以向人民法院提起诉讼：

（一）依法在设区的市级以上人民政府民政部门登记；

（二）专门从事环境保护公益活动连续五年以上且无违法记录。

符合前款规定的社会组织向人民法院提起诉讼，人民法院应当依法受理。

提起诉讼的社会组织不得通过诉讼牟取经济利益。

《民事诉讼法》

第五十五条　对污染环境、侵害众多消费者合法权益等损害社会公共利益的行为，法律规定的机关和有关组织可以向人民法院提起诉讼。

人民检察院在履行职责中发现破坏生态环境和资源保护、食品药品安全领域侵害众多消费者合法权益等损害社会公共利益的行为，在没有前款规定的机关和组织或者前款规定的机关和组织不提起诉讼的情况下，可以向人民法院提起诉讼。前款规定的机关和组织提起诉讼的，人民检察院可以支持起诉。

《行政诉讼法》

第二十五条第四款　人民检察院在履行职责中发现破坏生态环境和资源保护、食品药品安全、国有财产保护、国有土地使用权出让等领域负有监督管理职责的行政机关违法行使职权或者不作为，致使国家利益或者社会公共利益受到侵害的，应当向行政机关提出检察建议，督促其依法履行职责。行政机关不依法履行职责的，人民检察院依法向人民法院提起诉讼。

《环境民事公益诉讼解释》

第一条　法律规定的机关和有关组织依据民事诉讼法第五十五条、环境保护法第五十八条等法律的规定，对已经损害社会公共利益或者具有损害社会公共利益重大风险的污染环境、破坏生态的行为提起诉讼，符合民事诉讼法第一百一十九条第二项、第三项、第四项规定的，人民法院应予受理。

第十八条　对污染环境、破坏生态，已经损害社会公共利益或者具有损害社会公共利益重大风险的行为，原告可以请求被告承担停止侵害、排除妨碍、消除危险、恢复原状、赔偿损失、赔礼道歉等民事责任。

第十九条　原告为防止生态环境损害的发生和扩大，请求被告停止侵害、排除妨碍、消除危险的，人民法院可以依法予以支持。

原告为停止侵害、排除妨碍、消除危险采取合理预防、处置措施而发生的费用，请求被告承担的，人民法院可以依法予以支持。

第二十条　原告请求恢复原状的，人民法院可以依法判决被告将生态环境修复到损害发生之前的状态和功能。无法完全修复的，可以准许采用替代性修复方式。

人民法院可以在判决被告修复生态环境的同时，确定被告不履行修复义务时应承担的生态环境修复费用；也可以直接判决被告承担生态环境修复费用。

生态环境修复费用包括制定、实施修复方案的费用和监测、监管等费用。

第二十一条　原告请求被告赔偿生态环境受到损害至恢复原状期间服务功能损失的，人民法院可以依法予以支持。

第二十四条 人民法院判决被告承担的生态环境修复费用、生态环境受到损害至恢复原状期间服务功能损失等款项，应当用于修复被损害的生态环境。

其他环境民事公益诉讼中败诉原告所需承担的调查取证、专家咨询、检验、鉴定等必要费用，可以酌情从上述款项中支付。

第二十九条 法律规定的机关和社会组织提起环境民事公益诉讼的，不影响因同一污染环境、破坏生态行为受到人身、财产损害的公民、法人和其他组织依据民事诉讼法第一百一十九条的规定提起诉讼。

《环境侵权责任纠纷解释》

第一条 因污染环境造成损害，不论污染者有无过错，污染者应当承担侵权责任。污染者以排污符合国家或者地方污染物排放标准为由主张不承担责任的，人民法院不予支持。

污染者不承担责任或者减轻责任的情形，适用海洋环境保护法、水污染防治法、大气污染防治法等环境保护单行法的规定；相关环境保护单行法没有规定的，适用侵权责任法的规定。

第六条 被侵权人根据侵权责任法第六十五条规定请求赔偿的，应当提供证明以下事实的证据材料：

（一）污染者排放了污染物；

（二）被侵权人的损害；

（三）污染者排放的污染物或者其次生污染物与损害之间具有关联性。

第七条 污染者举证证明下列情形之一的，人民法院应当认定其污染行为与损害之间不存在因果关系：

（一）排放的污染物没有造成该损害可能的；

（二）排放的可造成该损害的污染物未到达该损害发生地的；

（三）该损害于排放污染物之前已发生的；

（四）其他可以认定污染行为与损害之间不存在因果关系的情形。

第二十二条 人民法院在审理案件中,发现无证勘查开采,勘查资质、地质资料造假,或者勘查开采未履行生态环境修复义务等违法情形的,可以向有关行政主管部门提出司法建议,由其依法处理;涉嫌犯罪的,依法移送侦查机关处理。

【条文主旨】

本条是关于人民法院提出司法建议的规定。

结合审判工作中发现的问题提出司法建议,是法律赋予人民法院的重要职责,是人民法院工作的重要组成部分,是充分发挥审判职能作用的重要方式。《人民法院组织法》第三条中规定:"人民法院的任务是审判刑事和民事案件,并且通过审判活动,惩办一切犯罪分子,解决民事纠纷,以保卫无产阶级专政制度,维护社会主义法制和社会秩序,保护社会主义全民所有的财产、劳动群众集体所有的财产,保护公民私人所有的合法财产,保护公民的人身权利、民主权利和其他权利,保障国家的社会主义革命和社会主义建设事业的顺利进行。"按照这一职责规定,多年来,人民法院通过审判案件、制定司法解释、以及司法建议的方式忠实地履行了这一职责。为此,最高人民法院曾于1998年4月发布最高人民法院《关于在审理经济纠纷案件中涉及经济犯罪嫌疑若干问题的规定》,其中第十条规定:"人民法院在审理经济纠纷案件中,发现与本案有牵连,但与本案不是同一法律关系的经济犯罪嫌疑线索、材料,应将犯罪嫌疑线索、材料移送有关公安机关或检察机关查处,经济案件继续审理。"2012年3月,《最高人民法院印发〈关于加强司法建议工作的意见〉的通知》(法〔2012〕74号)明确:"司法建议是法律赋予人民法院的重要职责,是人民法院工作的重要组成部分,是充分发挥审判职能作用的重要方式"。该通知规定:"对审判执行工作中发现的下列问题,人民法院可以向相关党政机关、企事业单位、社会团体及其他社会组织提出司法建议,必要时可以抄送该单位的上级机关或者主管部门:(1)涉及经济社会发展重大问题需要相关方面积极加以应对的;(2)相关行业或者部门工作中存在的普遍性问题,需要有关单位采取措施的;(3)相关单位的规章制度、工作管理中存在严重漏洞或者重大风险的;(4)国家利益、社会公共利益受到损害或者威胁,需要有关单位采取措施的;(5)涉及劳动者权益、消费者权益保护等民生问题,需要有关单位采取措施的;(6)法律规定的有义务协助调查、执行的单位拒绝或者妨碍人民法院调查、执行,需要有关单位对其依法进行处理的;(7)拒不履行人民法院生效的判决、裁定,需要有关单位对其依法进行处理的;(8)发现违法犯罪行为,需要有关单位对其依法进行处理的;(9)诉讼程序结束后,当事人之间的纠纷尚未彻底解决,或者有其他问题需要有关部门继续关注的;(10)其他确有必要提出司法建议的情形";"人民法院提出司法建议,应当制作司法建议书。司法建议书包括以下类型:(1)针对个案中反映的具体问题制作的个案司法建议书;(2)针对某一类案件中反映的普遍性问题制作的类案司法建议书;(3)针对一定时期经济社会发展中存在的普遍性、系统性问题制作的综合司法建议书。根据实际需要,综合司法建议书可以附相关调研报告、审判工作报告(白皮书)等材料"。

就矿产资源勘查开采活动而言,无证勘查开采、破坏性勘查开采、越界越层勘查开采,勘查资质、地质资料造假,不履行土地复垦、水土保持、生态环境修复等法定义务等违法情形在实践中并不鲜见,在很多地方甚至非常严重,既严重扰乱矿产资源开发利用的秩序,损害国家和矿业权人的合法利益,也不利于生态环境的保护和修复,对此应给予严厉打击和惩治。但人民法院作为定纷止争、裁判纠纷的司法机关,只是维护社会公平正义的最后一道屏障,其职权行使的谦抑性、保守性、中立性决定了法院与行政机关职责和社会角色的差异所在。在对矿产资源合理开发利用的监督管理中,行政机关具有更强的专业技能和更高的处理效率,且监管矿产资源勘查开发本就是法律赋予行政机关的职权范围。因此,人民法院在审理矿业权纠纷案件中,若发现有违法情形,且无法通过具体案件的审理予以解决处理的,则依法可向国土资源、环境保护、海洋保护、林业资源等主管部门提出司法建议,由这些行政机关依法予以处理；若有确切依据证明正在审理的涉矿纠纷涉嫌刑事犯罪，则应根据涉嫌犯罪类别的不同分别移交相应的犯罪侦查机关依法处理。

考虑到检察机关针对破坏生态环境和资源保护领域内损害环境公共利益的行为可依法提起公益诉讼，故就矿产资源开发利用过程中造成的环境污染、生态破坏等损害公共利益的行为，人们法院在具体审理矿业权纠纷案件中可根据案件实际情况将相关违法情形通报给检察机关。

实际上，各地法院针对矿业权纠纷案件制定的一些规范性指导文件，也多对司法建议工作做出了规定。如云南省高级人民法院《关于审理涉及探矿权采矿权相关纠纷案件的指导意见》第十二条规定，"人民法院终审的案件中已经认定当事人系非法转让探矿权、采矿权的，应当向有关行政机关发出司法建议书，由有关行政机关按照相关规定进行处罚"。河北省高级人民法院《关于审理矿业权纠纷案件若干问题的指导意见（试行）》第十二条规定，"人民法院在审理有关案件中，发现无证开采、破坏性开采、存在不安全隐患、非法转让探矿权、采矿权等情形的，应当向有关行政主管部门提出司法建议，由有关机构按照相关规定进行处罚"。贵州省高级人民法院《关于涉煤矿采矿民事纠纷案件的审理纪要》第三十一条规定，"人民法院审理涉及煤矿开采矿权民事纠纷案件，发现无证开采、严重不安全隐患、擅自转让采矿权以规避有关税费等情形的，不宜直接对当事人进行民事制裁，应当向有关行政主管部门提出司法建议"。黑龙江省高级人民法院《关于处理涉煤矿纠纷案件若干问题的指导意见》第二十条规定，"在审理涉煤矿纠纷案件中，发现非法开采矿产资源、非法转让采矿权等违法行为，应当及时通报有关行政管理部门依法处理；对有关行政管理部门工作中存在的问题，应当及时发出司法建议书"。

本条解释在起草过程中，曾有意见依据《民法通则》六十一条第二款关于"双方恶意串通，实施民事行为损害国家的、集体的或者第三人利益的，应当追缴双方取得的财产，收归国家、集体所有或者返还第三人"；以及《合同法》第五十九条关于"当事人恶意串通，损害国家、集体或者第三人利益的，因此取得的财产收归国家所有或者返还集体、第三人"的规定内容，建议规定人民法院可以在认定双方有恶意串通的情况下依职权对在矿产资源领域损害国家利益的违法所得收归国有。但经讨论认为，恶意串通在民事案件中认定有难度，在涉及矿业权民事纠纷案件中对非法财产收缴也往往难以操作，且法律法规对于矿产资源开发利用中非法所得的没收有明确的规定。故人民法院在审理矿业权纠纷案件中发现此类问题，可以依据本条解释规定以司法建议的方式提请有关行政主管部门依法处理。

综上，本条解释立足于司法权与行政权的不同功能定位和权力分界，在维护矿产资源开发利用秩序、保护矿区生态环境方面尽可能发挥行政机关的主导作用，并基于社会公共利益积极构建环境资源司法与行政执法机关的协调联动机制，以形成生态环境保护、建设生态文明的强大合力。

【问题解答】

问题一：为什么在矿业权纠纷案件中要发司法建议？

在审理涉及矿业权纠纷案件过程中，矿业权纠纷案件的特殊性也决定了司法建议的重要性。《物权法》从民事基本法的高度确认了矿业权即探矿权和采矿权的用益物权属性。十八大之后，《生态文明体制改革方案》《矿业权出让制度改革方案》《矿产资源权益金制度改革方案》进一步确认了我国实行矿产资源有偿使用、矿业权有偿取得、矿业权依法流转的市场化发展方向，有利于矿业权人受到平等法律保护，也有利于政府依法行政、更加有效地履行经济管理和公共服务职能。但是也要看到，矿产资源不同于《物权法》中一般的权利客体，既非动产，也非典型的不动产。矿产资源的稀缺性、不可再生性和耗竭性等自然属性决定了其不同于土地、水流、海域等自然资源，而矿业权须经由行政许可赋予市场主体的法律特性也决定了其不同于土地承包经营权、建设用地使用权等典型用益物权，是一种特殊的用益物权。人民法院审理矿业权纠纷案件，必须正确认识和协调处理公权与私权的关系、市场机制与政府干预的关系，这是矿业权纠纷案件中要特别注意的一个非常重要的问题。

矿业权作为一种非常重要的自然资源物权，自然资源的公共物品和生态属性，决定了资源物权的制度设计最终要增进公共利益和公众福祉，实现资源的可持续利用和社会的可持续发展。矿业权兼具民事物权与行政许可双重属性，决定了人民法院在审理矿业权纠纷案件中须特别注意司法权行使的边界问题，应给予行政权充分的尊重和支持，避免越权替代行政主管部门的自由裁量和行政判断。在发现矿业权纠纷案件中涉及不法时，要尽可能借助司法建议在内的各种方式，及时通报国土资源、环境保护等行政主管部门，增强与这些环境资源主管部门的信息沟通和工作联动，妥当协调处理好司法裁判和行政监管的关系，以充分尊重行政权力在矿产资源管理中的权威，并最终保障司法的公平、公正。

【法规链接】

《人民法院组织法》

第三条第一款　人民法院的任务是审判刑事和民事案件，并且通过审判活动，惩办一切犯罪分子，解决民事纠纷，以保卫无产阶级专政制度，维护社会主义法制和社会秩序，保护社会主义全民所有的财产、劳动群众集体所有的财产，保护公民私人所有的合法财产，保护公民的人身权利、民主权利和其他权利，保障国家的社会主义革命和社会主义建设事业的顺利进行。

《经济纠纷案件涉及犯罪规定》

第十条　人民法院在审理经济纠纷案件中，发现与本案有牵连，但与本案不是同一法律关系的经济犯罪嫌疑线索、材料，应将犯罪嫌疑线索、材料移送有关公安机关或检察机关查处，经济案件继续审理。

《最高人民法院关于加强司法建议工作的意见》

第七条　对审判执行工作中发现的下列问题，人民法院可以向相关党政机关、企事业单位、社会团体及其他社会组织提出司法建议，必要时可以抄送该单位的上级机关或者主管部门：

（1）涉及经济社会发展重大问题需要相关方面积极加以应对的；

（2）相关行业或者部门工作中存在的普遍性问题，需要有关单位采取措施的；

（3）相关单位的规章制度、工作管理中存在严重漏洞或者重大风险的；

（4）国家利益、社会公共利益受到损害或者威胁，需要有关单位采取措施的；

（5）涉及劳动者权益、消费者权益保护等民生问题，需要有关单位采取措施的；

（6）法律规定的有义务协助调查、执行的单位拒绝或者妨碍人民法院调查、执行，需要有关单位对其依法进行处理的；

（7）拒不履行人民法院生效的判决、裁定，需要有关单位对其依法进行处理的；

（8）发现违法犯罪行为，需要有关单位对其依法进行处理的；

（9）诉讼程序结束后，当事人之间的纠纷尚未彻底解决，或者有其他问题需要有关部门继续关注的；

（10）其他确有必要提出司法建议的情形"。

第八条 人民法院提出司法建议，应当制作司法建议书。司法建议书包括以下类型：

（1）针对个案中反映的具体问题制作的个案司法建议书；

（2）针对某一类案件中反映的普遍性问题制作的类案司法建议书；

（3）针对一定时期经济社会发展中存在的普遍性、系统性问题制作的综合司法建议书。根据实际需要，综合司法建议书可以附相关调研报告、审判工作报告（白皮书）等材料"。

第二十三条　本解释施行后，人民法院尚未审结的一审、二审案件适用本解释规定。本解释施行前已经作出生效裁判的案件，本解释施行后依法再审的，不适用本解释。

【条文主旨】

本条是关于本解释时间效力的规定。

本解释的颁布，对于保障人民法院依法审理涉及矿业权纠纷案件，统一人民法院审理矿业权纠纷案件的裁判尺度，将产生重要影响。其中涉及到的审判实践中对本解释适用的时间效力的不同理解，包括公布日期、施行时间以及溯及力等问题，将直接影响案件裁判的结果和效果，有必要加以明确。为了充分保障当事人合法权益，做好相关诉讼程序衔接适用工作，本条对于本解释的时间效力问题作出了规定。

一、法律和司法解释的生效时间

法律的时间效力是指法律何时生效、何时终止生效以及法律对其颁布实施前的事件和行为是否具有溯及力的问题，这是法律适用的前提性问题。关于法律的时间效力问题，《立法法》第五十七条规定"法律应当明确规定施行日期"，第五十八条规定"签署公布法律的主席令载明该法律的制定机关、通过和施行日期。法律签署公布后，及时在全国人民代表大会常务委员会公报和中国人大网以及在全国范围内发行的报纸上刊载。在常务委员会公报上刊登的法律文本为标准文本。"

法律生效时间的表述通常有两种方式，一种是即时生效，法律自公布之日起生效，如2012年修正的《民事诉讼法》第二百八十四条规定"本法自公布之日起施行,《民事诉讼法(试行)》同时废止"。另一种为定时生效,是指法律自公布之后经过一段时间才开始生效,如2015年《刑法修正案(九)》规定"本修正案自2015年11月1日起施行"。

对于司法解释而言,同样存在时间效力这一适用的前提性问题。司法解释的时间效力,是指司法解释何时生效、何时失效以及对其生效前的事件和行为是否具有溯及力等问题。与法律生效时间表述对应,司法解释时间效力的表述主要有两种方式,一是司法解释自公布之日起生效,通常表述为"本解释自公布之日起生效"或对此不加以明确规定;二是规定具体的生效时间,通常表述为"本解释自×年×月×日起施行"。除此之外,最高人民法院出台的司法解释中关于生效时间的规定还曾出现一种极其少见的情况——由同一件司法解释同时规定两个施行时间。如《最高人民法院关于建设工程价款优先受偿权问题的批复》(法释〔2002〕16号)规定"五、本批复第一条至第三条自公布之日起施行,第四条自公布之日起六个月后施行。"[①] 需要注意的是,2007年4月1日起施行的《最高人民法院关于司法解释工作的规定》第二十五条第三款规定司法解释自公告发布之日起施行,但司法解释另有规定的除外。为进一步规范司法解释的施行时间,确保司法解释的正确适用,同年8月23日,最高人民法院出台了《最高人民法院办公厅关于规范司法解释施行日期有关问题的通知》(法办〔2007〕396号),规定"今后各部门起草的司法解释对施行日期没有特别要求的,司法解释条文中不再规定'本解释(规定)自公布之日起施行'的条款,施行时间一律以发布司法解释的最高人民法院公告中明确的日期为准。""司法解释对施行日期有特别要求的,应当在司法解释条文中规定相应条款,明确具体施行时间,我院公告的施行日期应当与司法解释的规定相一致。"此后,最高人民法院出台司法解释均按上述文件的要求,对司法解释的施行时间做出相应规定,也就是说,司法解释的施行时间通常分为两种,一种是自公告发布之日起施行,一种是由司法解释另行规定施行日期。

关于本解释的生效时间如何规定的问题,在制定过程中存在着两种不同

---

① 最高人民法院民事审判第一庭编著:《最高人民法院关于食品药品纠纷司法解释理解与适用》,人民法院出版社2015年版,第249~250页。

的观点：一种观点认为，即时生效的方式不利于司法解释的适用，应尽量减少使用。而采取定时生效形式预留一段时间的准备期，可以使需要适用解释的各方面有时间学习掌握、准确理解和把握司法解释，也可以使当事人充分知晓自己的权利义务以及应如何主张权利，有利于规范诉讼参与人的行为、也有利于司法解释的顺利适用，建议在本解释中明确规定"本解释自×年×月×日起施行"。另一种观点认为，根据《最高人民法院办公厅关于规范司法解释施行日期有关问题的通知》的规定，司法解释对施行日期没有特别要求的，司法解释条文中不再规定"本解释（规定）自公布之日起施行"的条款，施行时间一律以发布司法解释的最高人民法院公告中明确的日期为准。故本解释也应自公布时生效，可不再规定"自公布之日起施行"。我们采纳了第二种观点，通常来说，第二种意见的表述方式多适用于需要司法解释尽快出台且立即实施时机比较成熟的情况，便于司法解释出台后能够尽早发挥应有作用。考虑到本解释的具体情况，根据《最高人民法院办公厅关于规范司法解释施行日期有关问题的通知》的规定，本解释条文中未规定具体施行时间，以最高人民法院公告的施行时间为准，即2017年7月27日开始实施。

二、法律和司法解释的溯及力

（一）法的溯及力问题

与法律、司法解释的生效时间问题密切相关的是溯及力问题。法的溯及力，又称法的溯及既往的效力，是指新的法律颁布后，对其生效以前发生的事件和行为是否适用的问题。[①] 换句话说，如果新法颁布后对其生效前所发生的事件和行为能够适用就具有溯及力，如果不能适用就没有溯及力。

《立法法》对我国法律的溯及力问题作出了原则性的规定，第九十三条规定："法律、行政法规、地方性法规、自治条例和单行条例、规章不溯及既往，但为了更好地保护公民、法人和其他组织的权利和利益而作的特别规定除外。"该规定明确了我国法律的溯及力问题，即原则上法不溯及既往。法律不溯及既往，是指法律文件的规定仅适用于法律文件生效以后的事件和行为，

[①] 刘金国、舒国滢主编：《法理学教科书》，中国政法大学出版社1999年版，第87页。

对于法律文件生效以前的事件和行为不适用。① 如果某一法律文件对其生效前的事件或行为产生影响，实际上该法律已经溯及既往。对于法律不溯及既往原则，许多国家和地区的法律中都有明文规定，《美国联邦宪法》第1条第9款第3项规定：各州"不得制定追溯既往的法律"；第1条第10款第1项规定，各州"不得通过剥夺公权法案，不得制定溯及既往的法律，不得制定损害合同义务的法律"。《法国民法典》第2条规定："法律仅适用于将来，没有追溯力。"②

对于法的溯及力，有学者指出，法不溯及既往不是单纯的法制原则，而是一项法治原则。在现代法治国家，法不溯及既往原则渗透着尊重和保障人权、限制国家权力的精神，是居于实在法之上的良法标准。③ 法不溯及既往原则保护的是信赖利益和法的安定性。法律是由国家创制的调整人们行为的社会规范，具有指导性，它对权利、义务的范围进行清楚地界定，便于适用者理解以及确定行为的界限，人们通常以其作为行动依据并据此预测自身行为的后果。人们基于对法律规范的有效性和安定性而产生信赖，并据此安排自己的行为，这种信赖应该受到保护。溯及既往是用新的法律对其生效之前的事件和行为进行规制，这意味着人们不仅要依据行为当时的法律，还要预测行为后法律的变化才可以决定自己的行动方向。而人们无法根据事后的规则来预测行为的结果并据此安排自己的行动，据此也就丧失了关于自身行为后果的预测可能性。如果法律可以对其生效以前的事件和行为加以适用，那么现在的法律效力和规则内容时刻存在着被以后生效的法律变更的可能，这样人们逐渐失去对法律乃至法治的信任，当这种信任丧失殆尽，法律的权威也就无从谈起，更遑论法律实施的效果。

法不溯及既往原则保护的是信赖利益和法的安定性，但这一原则并不是绝对的。如果因社会发展变化，旧法已经不利于保护当事人权益的，应允许通过新法来修改旧法，此时如果仍然坚持法不溯及既往原则，则与保护当事

---

① 曹康泰主编：《中华人民共和国立法法释义》，中国法制出版社2000年版，第203页。
② 房绍坤、张洪波：《民事法律的正当溯及既往问题》，《中国社会科学》2015年第5期，第106页。
③ 刘风景：《法不溯及既往原则的法治意义》，《新疆师范大学学报（哲学社会科学版）》，2013年第2期，第20页。

人权利的目的相违背。① 我国《刑法》第十二条关于刑法溯及力的规定采取的是从旧兼从轻的原则,"中华人民共和国成立以后本法施行以前的行为,如果当时的法律不认为是犯罪的,适用当时的法律;如果当时的法律认为是犯罪的,依照本法总则第四章第八节的规定应当追诉的,按照当时的法律追究刑事责任,但是如果本法不认为是犯罪或者处刑较轻的,适用本法。本法施行以前,依照当时的法律已经作出的生效判决,继续有效。"从上述规定可以看出,在我国,即使是在将法不溯及既往作为罪刑法定原则重要内容的刑法中,法不溯及既往原则的适用仍是有例外的。如果行为时的法律不认为是犯罪,而现行刑法认为是犯罪的,适用行为时的法律,不以犯罪论处;如果行为时的法律认为是犯罪,而现行刑法不认为是犯罪的,适用现行刑法,不以犯罪论处。② 可见,法不溯及既往原则限制的是"不利溯及",而不限制"有利溯及",这是对法不溯及既往原则的有益补充。《立法法》第九十三条后半段但书规定"但为了更好地保护公民、法人和其他组织的权利和利益而作的特别规定除外",也正是体现了这一精神。

在民事法律中,针对法不溯及既往原则的适用例外,有学者进行了总结,并提出了"有利追溯"的观点,认为"有利追溯"一方面是指如果先前的某种行为或关系在行为时并不符合当时的法律规定,但依现行法律则是合法的,并且对相关各方都有利,就应当依新法律承认其合法性并予以保护。如我国1999年《合同法》较《民法通则》缩小了无效合同的范围;除此之外,"有利追溯"还应包含另一层含义,在法律关系主体一方存在过错的情况下,新法如果对无过错方更为有利,或者对"弱势群体"有利,则应确定新法溯及既往的效力。③

(二) 司法解释的溯及力问题

关于司法解释的溯及力问题,情况则较为复杂,而且在刑事司法解释和民事司法解释中关于这一问题的规定和认识也存在着不同。关于刑事司法解

---

① 最高人民法院民事审判第二庭编著:《最高人民法院关于保险法司法解释(三)理解与适用》,人民法院出版社2015年版,第598页。
② 张明楷:《刑法学(第三版)》,法律出版社2007年版,第71~72页。
③ 朱力宇、孙晓红:《论法的溯及力的若干问题——关于法律不溯及既往的争议、实践、反思与主张》,载《河南省政法管理干部学院学报》,2008年第1期,第108页。

释的溯及力问题，2001年出台的《最高人民法院、最高人民检察院关于适用刑事司法解释时间效力问题的规定》作出了规定："一、司法解释是最高人民法院对审判工作中具体应用法律问题和最高人民检察院对检察工作中具体应用法律问题所作的具有法律效力的解释，自发布或者规定之日起施行，效力适用于法律的施行期间。二、对于司法解释实施前发生的行为，行为时没有相关司法解释，司法解释施行后尚未处理或者正在处理的案件，依照司法解释的规定办理。三、对于新的司法解释实施前发生的行为，行为时已有相关司法解释，依照行为时的司法解释办理，但适用新的司法解释对犯罪嫌疑人、被告人有利的，适用新的司法解释。四、对于在司法解释施行前已办结的案件，按照当时的法律和司法解释，认定事实和适用法律没有错误的，不再变动。"由此可以看出，刑法司法解释具体条款的时间效力，与刑法立法规范具体条款的时间效力一致，效力适用于刑法立法规范具体条款的施行期间。①

上述规定对刑事司法解释的溯及力问题做出了规定，而普遍认为民事司法解释的溯及力问题目前尚缺乏统一规范，不同的司法解释有不同的做法，目前的规定模式主要有以下几种：一是适用于所解释法律实施后民事行为产生的纠纷。如《担保法解释》第一百三十三条规定"担保法施行以前发生的担保行为，适用担保行为发生时的法律、法规和有关司法解释。担保法施行以后因担保行为发生的纠纷案件，在本解释公布施行前已经终审，当事人申请再审或者按审判监督程序决定再审的，不适用本解释。担保法施行以后因担保行为发生的纠纷案件，在本解释公布施行后尚在一审或二审阶段的，适用担保法和本解释。"二是适用于其公布施行后新受理的一审案件。如最高人民法院《物权法解释（一）》第二十二条规定"本解释自2016年3月1日起施行。本解释施行后人民法院新受理的一审案件，适用本解释。本解释施行前人民法院已经受理、施行后尚未审结的一审、二审案件，以及本解释施行前已经终审、施行后当事人申请再审或者按照审判监督程序决定再审的案件，不适用本解释。"三是适用于解释施行后尚未审结的一审、二审案件。② 如

---

① 黄京平：《修正后刑法及相关司法解释的溯及力判断规则》，载《中国检察官》，2016年第7期，第7页。

② 最高人民法院民事审判第二庭编著：《最高人民法院关于保险法司法解释（三）理解与适用》，人民法院出版社2015年版，第601页。

《环境侵权责任纠纷解释》第十九条规定"本解释施行后,人民法院尚未审结的一审、二审案件适用本解释规定。本解释施行前已经作出生效裁判的案件,本解释施行后依法再审的,不适用本解释。本解释施行后,最高人民法院以前颁布的司法解释与本解释不一致的,不再适用。"

另外,法不溯及既往原则一般适用于实体法,而对程序法一般不适用。"实体从旧、程序从新"是大陆法系和普通法系公认的法则。2013年施行的《最高人民法院关于修改后的民事诉讼法施行时未结案件适用法律若干问题的规定》第一条规定"2013年1月1日未结案件适用修改后的民事诉讼法,但本规定另有规定的除外。前款规定的案件,2013年1月1日前依照修改前的民事诉讼法和有关司法解释的规定已经完成的程序事项,仍然有效",就贯彻了"程序从新"的原则。对于民事诉讼法律司法解释而言,在司法解释施行后,所有的民事案件,无论是一审案件还是二审案件,原则上均应适用新的司法解释。对于新的司法解释施行前已经终审的案件,当事人申请再审或者按照审判监督程序决定再审的案件,民事诉讼程序规则也应当适用"程序从新"原则。[1]

(三)本解释制定过程中的争论与选择

在本解释的制定过程中,对本解释有无溯及力的问题,存在着两种不同的认识。一种观点认为,司法解释虽然是对既有法律的解释,但我国的司法解释在一定程度上起到填补空白甚至创设规则的作用,根据法不溯及既往原则,司法解释同样不应具有溯及力,只能适用于施行后人民法院新受理的一审案件。而且考虑到矿业权的用益物权属性,本解释的溯及力问题应参照《物权法解释(一)》第二十二条规定。另一种意见认为,司法解释是对现行法律的解释,自其施行之日起,对人民法院已经受理、尚未审结的一、二审案件均应加以适用,这实际上是赋予了司法解释一定的溯及力。这种观点的主要理由是司法解释是对法律的释明,其应被看做是被解释法律的一部分。如果以制定法为解释对象,司法解释一般与被解释法律同步发生效力,被解

---

[1] 最高人民法院修改后民事诉讼法贯彻实施工作领导小组编著:《最高人民法院民事诉讼法司法解释理解与适用(下)》,人民法院出版社2015年版,第1431~1432页。

释法律如果能够适用于某一纠纷，该司法解释同样也应适用于该纠纷。①

我们认为，两种意见都有其道理。第一种意见保证了法律安定性和预期性以及"法不溯及既往"的基本原则，在制定本解释的过程中也曾予以考虑。但在制定本解释的过程中，结合司法审判实践情况来看，如施行前人民法院已经受理、施行后尚未审结的一审、二审案件不能适用本解释，可能存在明知案件裁判适用法律错误而无法纠正的现实问题。同时考虑到本解释是针对矿业权纠纷案件司法实践中亟待统一裁判尺度的现实问题而制定，具有适用上的紧迫性，且条文表述多系对较为成熟的、行之有效的审判经验的总结。故此，我们基于上述第二种意见，并参照《环境侵权责任纠纷解释》第十九条的规定，将本解释适用于施行前已经受理、施行后尚未审结的一审、二审案件，使本解释具有了一定的溯及力。

【问题解答】

问题：如何正确理解本解释的适用案件范围？

本解释适用于施行后尚未终审的矿业权纠纷案件，包括尚未审结的一审和二审案件。对于施行前已经作出生效裁判的案件，当事人申请再审或是按照审判监督程序决定再审的案件则不能适用本解释。通常情况下，司法解释的溯及力应当尊重案件裁判结果的既判力，这是保证法的安定性的要求。如果再审案件可以适用新的司法解释，将会导致实践中大量的裁判结果被推翻，不仅不利于维护裁判的稳定性，也会严重损害司法权威。根据《民事诉讼法》第二百零七条第一款的规定"人民法院按照审判监督程序再审的案件，发生法律效力的判决、裁定是由第一审法院作出的，按照第一审程序审理，所作的判决、裁定，当事人可以上诉；发生法律效力的判决、裁定是由第二审法院作出的，按照第二审程序审理，所作的判决、裁定，是发生法律效力的判决、裁定；上级人民法院按照审判监督程序提审的，按照第二审程序审理，所作的判决、裁定是发生法律效力的判决、裁定。"由此可见，人民法院按照

---

① 最高人民法院修改后民事诉讼法贯彻实施工作领导小组编著：《最高人民法院民事诉讼法司法解释理解与适用（下）》，人民法院出版社2015年版，第1430~1431页。

审判监督程序再审的案件，可能适用一审程序，也可能适用二审程序，但均不改变其再审案件的性质，也均不能适用本解释。

与此相关的问题是，对于本解释施行前再审发回重审，施行后尚未审结的一、二审案件能否适用，存在两种不同的观点。一种观点认为再审发回重审的一、二审案件，符合了本条规定的"本解释施行前已经作出生效裁判的案件"这一前提条件，不应适用本解释。第二种观点认为，本条规定只规定了本解释适用于人民法院尚未审结的一审、二审案件，并未明确排除再审发回重审的一、二审案件。我们倾向于第一种观点，根据本条规定，司法解释对于其施行之前已经终审的案件不再适用。虽然本解释施行前再审发回重审，本解释施行后尚未审结的一、二审案件，处于一审或二审的审理阶段，就审理程序而言与普通的一、二审案件没有本质区别，但这部分案件已经具有"本解释施行前已经作出生效裁判的案件"这一前提，结合本解释主要是实体性的，本条规定对这类案件已经做出规定，即再审时不适用本解释。因此，对于解释施行前再审发回重审，施行后尚未审结的一、二审案件也不适用本解释。2014年施行的《最高人民法院关于审理食品药品纠纷案件适用法律若干问题的规定》中对于此问题，亦采取了与本解释相同的立场。[①]

【法规链接】

《立法法》

第五十七条 法律应当明确规定施行日期。

第五十八条 签署公布法律的主席令载明该法律的制定机关、通过和施行日期。

法律签署公布后，及时在全国人民代表大会常务委员会公报和中国人大网以及在全国范围内发行的报纸上刊载。

在常务委员会公报上刊登的法律文本为标准文本。

第九十三条 法律、行政法规、地方性法规、自治条例和单行条例、规

---

① 最高人民法院民事审判第一庭编著：《最高人民法院关于食品药品纠纷司法解释理解与适用》，人民法院出版社2015年版，第253～254页。

章不溯及既往，但为了更好地保护公民、法人和其他组织的权利和利益而作的特别规定除外。

《担保法》

第一百三十三条 担保法施行以前发生的担保行为，适用担保行为发生时的法律、法规和有关司法解释。

担保法施行以后因担保行为发生的纠纷案件，在本解释公布施行前已经终审，当事人申请再审或者按审判监督程序决定再审的，不适用本解释。

担保法施行以后因担保行为发生的纠纷案件，在本解释公布施行后尚在一审或二审阶段的，适用担保法和本解释。

《物权法解释（一）》

第二十二条 本解释自2016年3月1日起施行。

本解释施行后人民法院已经受理、施行后尚未审结的一审、二审案件，以及本解释施行前已经终审、施行后当事人申请再审或者按照审判法院新受理的一审案件，适用本解释。

本解释施行前人民监督程序决定再审的案件，不适用本解释。

《环境侵权责任纠纷解释》

第十九条 本解释施行后，人民法院尚未审结的一审、二审案件适用本解释规定。本解释施行前已经作出生效裁判的案件，本解释施行后依法再审的，不适用本解释。

本解释施行后，最高人民法院以前颁布的司法解释与本解释不一致的，不再适用。

《最高人民法院关于司法解释工作的规定》

第二十五条 司法解释以最高人民法院公告形式发布。

司法解释应当在《最高人民法院公报》和《人民法院报》刊登。

司法解释自公告发布之日起施行，但司法解释另有规定的除外。

《最高人民法院办公厅关于规范司法解释施行日期有关问题的通知》

为进一步规范我院司法解释的制定、发布工作，避免社会公众对司法解释施行日期产生误解，确保司法解释的正确适用，根据《最高人民法院关于司法解释工作的规定》第二十五条规定，现将我院制定、发布司法解释确定其施行日期的有关事项通知如下：

一、今后各部门起草的司法解释对施行日期没有特别要求的，司法解释条文中不再规定"本解释（规定）自公布之日起施行"的条款，施行时间一律以发布司法解释的最高人民法院公告中明确的日期为准。

二、司法解释对施行日期有特别要求的，应当在司法解释条文中规定相应条款，明确具体施行时间，我院公告的施行日期应当与司法解释的规定相一致。

第四部分 典型矿业权案例

一、最高人民法院发布的 10 起矿业权民事纠纷典型案例

（2016 年 7 月 12 日）

（一）孙素贤等三人与玄正军探矿权权属纠纷案

【基本案情】

孙素贤等三人于 2004 年投资承包奈曼旗青龙山镇向阳所村林地，承包期 15 年，用于开发铁矿。孙素贤等三人委托玄正军办理勘查许可证，并将委托勘查合同书、林地承包合同书、存款证明、探矿权申请登记书等相关资料及办证资金 114 万元交付玄正军。2005 年 12 月 28 日，经内蒙古自治区国土资源厅批准，通辽市国土资源局对奈曼旗青龙山向阳所一带铁矿普查探矿权实行挂牌出让，并予以公告。玄正军将办证资料上孙素贤的名字篡改成自己的名字，并私刻"辽宁省第四地质大队"的公章伪造勘查合同，用孙素贤等三人交给他的办证资金，以奈曼旗北方建筑公司（该公司法定代表人为玄正军）名义竞标，将勘查许可证办至玄正军自己名下；2006 年 2 月 13 日，内蒙古自治区国土资源厅向玄正军颁发了《矿产资源勘查许可证》。孙素贤等三人提起诉讼，请求：确认案涉《矿产资源勘查许可证》归孙素贤等三人所有。

【裁判结果】

内蒙古自治区通辽市中级人民法院一审认为，玄正军利用孙素贤等三人提供的资金及办证所需资料，篡改名头、制作虚假申报材料，以欺骗手段取

得勘查许可证，侵犯了孙素贤等三人的探矿申请权，遂判决案涉《矿产资源勘查许可证》上设立的探矿权为孙素贤等三人所有。内蒙古自治区高级人民法院二审认为，孙素贤等三人主张玄正军采取伪造资料等方式取得案涉勘查许可权，其应向国土资源主管部门反映情况，由主管部门查清事实后采取措施，也可以依法向人民法院提起行政诉讼，请求撤销玄正军取得的勘查许可证。孙素贤等三人提起的诉讼，不属于民事诉讼范围。二审法院裁定撤销一审判决，驳回孙素贤等三人的起诉。最高人民法院经再审审查认为，探矿权的取得须经国土资源主管部门的许可，此种行政许可具有赋权性质，属行政机关管理职能。在探矿权须经行政许可方能设立、变更或者撤销的情况下，孙素贤等三人请求确认《矿产资源勘查许可证》归其所有，不符合法律规定的民事诉讼受案范围，二审法院裁定驳回起诉，并无不当。

【典型意义】

矿业权兼具民事物权属性和行政许可特性。矿业权的权利行使和救济关涉行政权和司法权的职责分工。探矿权的取得须经国土资源主管部门许可，《矿产资源勘查许可证》的登记、变更等属于国土资源主管部门的行政管理职能。委托人委托他人办理勘查许可证，受托人未忠实履行受托义务，采取欺诈的手段，将勘查许可证办理在自己名下，委托人直接提起民事诉讼，请求确认勘查许可证归其所有，是权利救济渠道的不当选择，人民法院裁定驳回起诉是对行政机关行政管理职能的尊重，准确把握了司法权介入的法定边界。本案情形下，委托人可以利害关系人身份向国土资源主管部门提出撤销申请，并请求对探矿权的归属依法作出处理；也可以依法提起行政诉讼，请求人民法院对国土资源主管部门的具体行政行为进行审查；还可以依据合同向受托人主张违约责任或者民事损害赔偿，实现权利被侵害后的法律救济。

【点评专家】

李显冬，中国政法大学民商经济法学院教授、博士生导师。

【点评意见】

　　矿业权为我国物权法明定之民事权利,但其设立离不开国土资源主管部门的许可。从行政法律关系分析,案涉授予探矿权的行政许可行为尽管有瑕疵,但依据矿业权登记的公信力和具体行政行为的公定力原理,行政机关的赋权行为既已做出,在该行政许可行为经由行政机关自行审查纠正或者经由行政诉讼司法审查纠正之前,人民法院不宜在民事诉讼中直接认为勘查许可证无效。换言之,有权作出矿产资源勘查开发行政许可的主体为国土资源主管部门,人民法院不能直接以民事审判之司法权干涉国土资源主管部门行使行政职能。从民事法律关系分析,委托人委托他人办理矿业权的申请事宜,受托人未忠实履行受托义务,存在欺诈行为,委托人可依委托合同的约定追究受托人的违约责任。

　　本案涉及行政许可和民事委托申请双重法律关系,当事人可以选择不同的权利救济方式。但值得注意的是,民事诉讼仅可解决矿业权设定基础的民事法律纠纷,不能解决矿业权设定过程中行政行为的法律效力问题。已经取得的勘查许可证非经依法撤销或者行政审判,人民法院不能以民事判决直接变动行政许可赋权行为。故本案当事人直接提起民事诉讼,请求确认案涉矿产资源勘查许可证归属,要求更改矿业权主体,系权利救济渠道的选择不当。人民法院驳回起诉,让当事人选择最适宜的方式来维护自己的合法权益,既是对行政机关监督管理职能的尊重,也准确把握了司法权介入的法定边界,为司法实务中如何处理矿业权设立环节的物权归属问题,起到了良好的示范作用。

(二)傅钦其与仙游县社硎乡人民政府采矿权纠纷案

【基本案情】

　　2003年1月16日,社硎乡政府与傅钦其签订合同,约定由傅钦其开发仙游县社硎乡塔林顶伊利石矿山。合同签订后,傅钦其依约投资道路等设施并实施探矿行为。2005年1月24日,仙游县政府批准挂牌出让案涉矿山采矿权。2007年7月,仙游县政府将案涉矿山列入禁采范围。傅钦其未能依法取得案涉矿山的采矿许可证。傅钦其提起诉讼,请求社硎乡政府赔偿损失,并支付投资款的资金占用期间利息。

【裁判结果】

福建省莆田市中级人民法院一审查明傅钦其实际投资款153.3561万元,判令社硎乡政府承担50%的赔偿责任。福建省高级人民法院二审认为,社硎乡政府明知自己无权出让辖区内矿产资源,未经有权机关审批以签订承包合同的方式将案涉矿山交由傅钦其开发,所签合同应为无效。案涉矿山已被列为禁采区,不具备办理合法审批手续的可能,由此产生的法律后果应依傅钦其投入资产性质分类处理,其中押金属于社硎乡政府因合同收取的保证金,应直接返还;所修公路位于社硎乡政府辖区范围,属于其获益部分,应按照实际支出折价补偿;其余投资属于履行合同受到的损失,应按照过错比例承担民事赔偿责任。遂判令社硎乡政府返还傅钦其押金和修路支出费用共计67.0712万元,对傅钦其86.2849万元投资损失承担80%的赔偿责任。

【典型意义】

矿产资源归国家所有,国家对矿产资源的勘查、开采实施严格的许可证管理制度。矿业权的出让应由县级以上国土资源主管部门根据法定权限依法进行,乡级政府并非适格的矿业权出让主体。在不拥有矿山勘查、采矿许可证的情况下,乡级政府签订合同擅自将国家所有的矿产资源交由他人勘查、开采,不仅严重侵害国家对矿产资源的所有权,造成矿业权税费流失,而且极易造成矿产资源的乱采滥挖,甚至导致环境污染、生态破坏。对此类合同应给予否定性法律评价。人民法院应在认定合同无效的前提下,区别返还财产和赔偿损失等不同责任方式,在维护矿产资源国家所有权的同时,综合考虑过错因素,保护当事人的合法利益和矿业权流转市场的交易秩序。

【点评专家】

李显冬,中国政法大学民商经济法学院教授、博士生导师。

【点评意见】

矿业权尽管作为民事权利,却仍具有矿产资源的开发管理秩序与生态环境保护的经济管制等特点。依据矿产资源法的规定,矿业权出让主体应为县级以上国土资源主管部门。乡政府擅自出让矿业权违反法律、行政法规的强制性规定,无法产生当事人预期的法律效果。乡级政府作为行政主体,应当在权限范围内作出行政行为。具体行政行为应当具有公定力,一经成立,不论是否合法,即具有被推定为合法而要求所有机关、组织或者个人表示尊重的一种法律效力。相对人因对行政行为的合理信赖应当予以保护。

关于案涉合同被赋予否定性法律评价后法律后果的承担问题,二审法院改变一审法院关于双方过失相当的判决,认为政府一方应当承担主要的过错责任,正确揭示了本案政府违法行政行为与合同无效之间的因果关系,充分保护了因信赖政府行为而遭受损害的合同相对方的利益。既切实保障了国家利益和公共利益,又突出了现代矿业行政管理之中,政府"依法行政、越权无效"的基本理念,对实践中大量存在的不规范的矿业权出让、转让的乱象,无疑具有规制意义。

(三)陈付全与确山县团山矿业开发有限公司采矿权转让合同纠纷案

【基本案情】

2014年1月15日,陈付全与团山公司签订采矿权转让协议,约定团山公司将其采矿权作价 360 万元转让给陈付全,并积极配合陈付全办理采矿许可证。合同签订后,陈付全依约付清了全部款项。2014 年 2 月 15 日,团山公司委托陈付全向河南省国土资源厅办理采矿许可证延期手续,并于 2014 年 7 月 21 日办理完毕。嗣后,团山公司拒绝配合陈付全办理采矿权转让的批准、登记手续。陈付全提起诉讼,请求确认采矿权转让协议有效,由团山公司配合陈付全办理采矿权转让手续。

【裁判结果】

河南省确山县人民法院一审认为,采矿权转让协议合法有效,由陈付全办理采矿权转让相关手续。河南省驻马店市中级人民法院二审认为,陈付全与团山公司就案涉采矿权转让意思表示一致,均在转让协议上签字,该协议已成立。根据国务院《探矿权采矿权转让管理办法》的规定,采矿权转让应报请国土资源主管部门审批,转让合同自批准之日起生效。案涉采矿权转让协议成立后,双方当事人在协议中约定的报批义务条款即具有法律效力,团山公司未依约办理报批手续,有违诚实信用原则。根据《合同法解释(二)》第八条的规定,人民法院可根据案件具体情况和相对人的请求,判决相对人自己办理有关手续。二审法院判决采矿权转让协议成立,由陈付全办理采矿权转让相关手续。

【典型意义】

对矿业权的转让进行审批,是国家规范矿业权有序流转,实现矿产资源科学保护、合理开发的重要制度。矿业权转让合同未经国土资源主管部门批准并办理矿业权变更登记手续,不发生矿业权物权变动的效力,但应确认转让合同中的报批义务条款自合同成立时起即具有法律效力,报批义务人应依约履行。在转让合同不具有法定无效情形且报批义务具备履行条件的情况下,受让人有权请求报批义务人履行报批义务;人民法院依据案件事实和受让人的请求,也可以判决由受让人自行办理报批手续。允许受让人自行办理报批手续既符合诚实信用和鼓励交易的原则,也有利于衡平双方当事人的利益。

【点评专家】

崔建远,清华大学法学院教授,博士生导师。

【点评意见】

绝大多数合同自成立时生效,但有些合同因附生效条件或者始期,应于条件成就或者始期届至时发生履行的效力。亦有合同由法律、行政法规规定自行政主管部门办理完毕批准、登记等手续时生效。诉争《转让矿山协议》便属于《合同法》第四十四条第二款规定的以行政主管部门审核批准为生效要件的合同。此类合同经国土资源主管部门审核批准时发生法律效力,于国土资源主管部门不予批准时确定地不生效力,于国土资源主管部门尚未表态时处于尚未生效的状态。

实践中,有关矿业权转让合同效力认定,存在《物权法》第十五条、《合同法》第四十四条第二款和《探矿权采矿权转让管理办法》第十条第三款规定相冲突的争议。《物权法》第十五条规定的所谓物权登记,系设权登记。以设权登记为生效要件的物权变动场合,设权登记与否决定物权是否发生变动,但并不影响转让合同等引发物权变动的原因行为的效力。但并非由此可以得出所有的合同都不再适用《合同法》第四十四条第二款的规定。作为物权变动生效要件的登记,和作为合同生效要件的行政主管部门的审核批准,是两个不同概念。《物权法》第十五条的规定与登记有关,却与行政主管部门的审核批准相去甚远。相比《合同法》第四十四条第二款规定的合同特别生效要件而言,《物权法》第十五条只是对原因行为的一般规定,且并未从积极层面规定原因行为的生效要件,仅系从消极角度宣明物权变动所需要的登记不再是原因行为的生效要件。以国土资源主管部门审核批准为生效要件,是防止矿业权移转给缺乏资质的受让人,避免自然资源浪费,降低乃至减少矿难发生所必要。即使在行政管理体制改革、简政放权的背景下,仍应予以尊重。

唯应注意的是,对矿业权转让合同中的报批义务的定位和定性上,应采取法定义务、先合同义务的解释路径,属于异于矿业权转让义务及相应付款义务之外的独立义务,其效力不受转让合同未经审批的影响。

(四)四川省宝兴县大坪大理石矿与李竞采矿权承包合同纠纷案

【基本案情】

宝兴大坪矿具备合法有效的采矿许可证及相关证照。2009年9月22日,宝兴大坪矿与李竞签订《协议书》,约定:宝兴大坪矿提供合法采矿手续,提供采矿现场和电力设施、公路、炸药库房等基础设施;矿区新增林地、公路合作期满后归宝兴大坪矿所有;李竞向宝兴大坪矿支付固定数额的费用,享有生产经营自主权,自行组织生产、营销的人员,承担工资费用,照章纳税;如宝兴大坪矿违约,应赔偿李竞所有投入的费用。李竞按约提供前期投资并进行开采。宝兴大坪矿提起诉讼,请求确认《协议书》无效,李竞停止生产并退场、返还矿山及相关设备设施。

【裁判结果】

四川省雅安市中级人民法院一审认为,《协议书》系以承包方式转让采矿权的合同,应为无效。四川省高级人民法院二审认为,采矿权转让是将采矿权全部权益进行转让,并且要变更采矿权的主体。而《协议书》约定,宝兴大坪矿具备有效的采矿许可证及相关法律规定的证照,负责在法律规定和允许的情况下提供一切合法采矿手续,提供采矿现场和电力设施、公路、炸药库房等基础设施,采矿权的主体不发生变化。在实际履行过程中,对外关系上亦均是以宝兴大坪矿的名义进行。李竞向宝兴大坪矿支付固定数额的费用,自行组织生产、营销人员,承担工资费用,照章纳税;享有生产经营自主权,均符合承包合同的特点,应认定为采矿权承包合同。虽然《协议书》约定李竞的经营期限与宝兴大坪矿现有的采矿许可期限大体一致,但依照相关法律法规规定，宝兴大坪矿在期满后可申请续期。《协议书》只是合同双方当事人之间权利义务关系的内部约定，不以转让采矿权为合同目的，不违反法律、行政法规的强制性规定，应为有效。二审法院撤销一审判决，驳回了宝兴大坪矿的诉讼请求。

【典型意义】

我国矿产资源相关法律、行政法规禁止以承包形式转让采矿权。实践中，应区分以承包形式转让采矿权和采矿权承包两种流转方式的不同。当事人签订采矿权承包合同，约定发包人放弃对矿山的管理，除收取固定费用或者收益外不再履行作为采矿权人的全部法定义务，亦不再承担任何法律责任的，应认定为以承包形式转让采矿权。若当事人签订采矿权承包合同，同意他人与之共同进行采掘活动或者将开采权中所包含的经营管理权属赋予他人，但采矿权的权利主体不发生变更，发包人作为采矿权人不退出矿山管理，继续履行采矿权人的法定义务、承担相应法律责任的，在不违反法律、行政法规强制性规定的情况下，应依法确认其效力。

【点评专家】

姚辉，中国人民大学法学院教授、博士生导师。

【点评意见】

本案的焦点在于如何认定案涉双方签订的《协议书》之性质和效力，具体而言即采矿权转让合同与采矿权承包合同之争。学界通常认为采矿权系一种具有公权性质的私权，其因常涉国家战略利益与国计民生而在权利转让方面被苛以较严格的条件与限制，即采矿权的转让除了具备转让与受让双方的真实意思表示以外，还需要征得相关行政主管部门的同意以及履行法律法规所规定的程序，更为重要的是倘若采矿权一旦转让，则采矿权的主体必须变更，原采矿权人的权利、义务亦将随之转移；而采矿权的承包则与之相异，其实质是采矿权人自由行使其开采权,采矿权人有权同意他人与之共同进行采掘活动或者将其开采权所包含的经营管理权属赋予承包人。此种做法在其性质上并不意味或者等同于采矿权的转让。本案的亮点在于二审法院正确而妥适地区分了承包采矿权与以承包形式转让采矿权,即区别两者的关键在于采矿权的权利主体是否变更,若采矿权人放弃享有采矿权的权利亦不履行经营管理义务,将采矿权完全交予承包人的,应认定为以承包形式转让采矿权,应当对其效力进行否定评价;若采矿权人仅是签订承包合同,并未退出矿山管理,亦继续履行义务、承担责任的,只要不违反效力性强制性规定,应当对合同效力予以肯认。

合同的性质认定与效力评价一直是司法实践中的难题,充分理解民法理论、准确适用现有法律法规,将两者完美衔接是解决上述问题的应有路径。

(五)资中县鸿基矿业公司、何盛华与吕志鸿劳务承包合同纠纷案

【基本案情】

鸿基公司系何盛华一人投资的有限公司。2009 年 4 月 30 日,吕志鸿与鸿基公司签订《矿山开采劳务承包合同》,约定了开采方式、单价、双方的权利义务以及违约责任等。合同履行中,鸿基公司向吕志鸿书面承诺,按合同约定定期结算并支付相关款项,如不支付导致吕志鸿因资金原因被迫停工,造成的损失由鸿基公司负责。2010 年 2 月 25 日,因吕志鸿开采行为给矿区村民造成损失,由鸿基公司垫付 48418 元。鸿基公司提起诉讼,请求判令确认《矿山开采劳务承包合同》无效,吕志鸿赔偿损失 668418 元。吕志鸿亦提起诉讼,请求判令鸿基公司、何盛华连带赔偿损失 4635558.67 元。上述两案合并审理,分案判决。

【裁判结果】

四川省资中县人民法院一审认为,《矿山开采劳务承包合同》构成矿业权

变相转让，应为无效，判令吕志鸿给付鸿基公司 48418 元，鸿基公司、何盛华连带给付吕志鸿劳务费及赔偿损失 1682770.98 元。四川省内江市中级人民法院二审认为，鸿基公司与吕志鸿签订《矿山开采劳务承包合同》，将矿山的开采劳务承包给吕志鸿，仅是采矿劳务的承包，并不属于以承包形式擅自转让采矿权，合同应为合法有效，双方均应按照合同约定履行义务。双方的权利义务虽已于 2010 年 7 月 29 日终止，但并不影响根据合同进行清算和根据履行情况要求赔偿损失等。二审法院判决吕志鸿给付鸿基公司 93418 元，鸿基公司、何盛华连带给付吕志鸿劳务费及赔偿损失 309235.66 元。

【典型意义】

劳务承包在矿山企业的生产经营中大量存在，恰当认定承包合同的性质和效力有利于稳定交易秩序和维护交易安全。采矿权人将采矿任务发包给承包人完成，向承包人给付一定的劳务报酬，享有承包人的劳务成果的，其性质应认定为劳务承包合同。矿产资源勘查、开采的劳务承包不发生采矿权人主体的变更，不属于以承包形式转让采矿权，不受合同须经国土资源主管部门批准始生效的法律规制，在不违反法律、行政法规强制性规定的情况下，合同应确认合法有效。

【点评专家】

姚辉，中国人民大学法学院教授、博士生导师。

【点评意见】

本案涉及《合同法》第五十二条、《合同法解释（一）》第四条、《合同法解释（二）》第十四条、《矿产资源法》第四十二条和《探矿权采矿权转让管理办法》第十五条关于禁止以"承包方式擅自转让采矿权"的强制性规定等法律法规的理解与适用。其中《合同法》第五十二条属于引致性条款，目的是将《矿产资源法》和《探矿权采矿权转让管理办法》中的强制性规定引入到合同效力的评价当中，进而实现国家对采矿权转让合同特定管制的效果。但是，适用上述法律规定的前提要件是此合同系属以劳务承包为名，实为变相转让采矿权。本案亮点在于法院并未不加甄别地机械援引此条进而认定案涉合同无效，不然无疑会损害真实的劳务承包合同的效力，危及交易安全，并助长不诚信当事人的投机之风。当然，也不可置强制性规定所保护的公共利益于不顾而一律支持此类合同的效力，否则容易导致采矿权流入缺乏经营资质的经营主体之手的不良境况，故查明事实真相、平衡不同的价值进而确定合同的效力是正确的裁判思路。

本案在查明事实的基础上，从合同内容、矿产品的占有、处分权利归属、矿山企业的经营管理、采矿的名义人、承包人的自主权、采矿基础设施的投入和日常耗材的供应等诸多方面认定案涉合同属于劳务承包合同，且当事人的意思表示真实，故认定合同合法有效。这种依据多方面事实认定合同性质的做法，既关照了矿山经营中对劳务承包这种分工经营的实践需求，又体现了裁判者对当事人真实意思表示的尊重与保护，在法律法规以及相关政策的边界内对合同效力采容让态度，使得鼓励交易这一合同法中的原则得以较大程度地彰显。

（六）朗益春与彭光辉、南华县星辉矿业有限公司采矿权合作合同纠纷案

【基本案情】

2009年，星辉公司取得南华县兔街长梁子干龙潭锰矿采矿许可证。2010年5月23日，星辉公司法定代表人彭光辉与郎益春签订合作协议，约定双方合作开发案涉锰矿，项目日常开发由郎益春成立专门机构实施。合同签订后，郎益春共计支付彭光辉323万元，并实施了采矿行为。2011年，国土资源主管部门因案涉锰矿存在漂移现象，向星辉公司发出《停止采矿通知书》。星辉公司虽提交了变更矿区范围的材料，但因其采矿权许可证遗失致变更手续办

理未果。郎益春未能再继续实施开采行为。彭光辉认可郎益春支付的 323 万元用于矿山修路、挖洞、盖工棚及架电工程等。郎益春提起诉讼，请求确认合作协议未生效，彭光辉返还合作款及占用期间的利息，彭光辉、星辉公司承担连带责任。

【裁判结果】

云南省楚雄彝族自治州中级人民法院一审认为，彭光辉无权以个人名义就星辉公司采矿权对外与他人签订合同，合作协议约定由郎益春出资并成立专门机构实施采矿行为，构成采矿权的变相转让，协议应为无效，彭光辉、星辉公司应连带返还郎益春 323 万元。云南省高级人民法院二审认为，合作协议主体应为星辉公司和郎益春；根据合同约定内容和实际履行情况，星辉公司对矿山经营的财务监督、项目实施等依然进行管理，星辉公司的采矿权主体资格并没有因双方签订合作协议而改变，不构成变相转让采矿权，但星辉公司根本违约导致朗益春合同目的不能实现，遂判决解除合作协议并由星辉公司返还朗益春 323 万元。最高人民法院经再审审查认为，二审法院为避免当事人诉累，在认定合作协议合法有效、无继续履行可能以及朗益春对矿山投资建设的设施归星辉公司所有的前提下，结合朗益春的诉讼请求，判令解除合作协议，由星辉公司返还朗益春 323 万元合作款，并无不当。

【典型意义】

矿业权合作合同履行中，矿业权人未放弃矿山经营管理，继续履行其法定义务并承担相应法律责任，矿业权主体并未发生变更的，不构成矿业权变相转让，合作合同不受自国土资源主管部门批准之日起生效的法律限制。当事人以未办理审批手续为由请求确认合作合同无效或者未生效的，人民法院不予支持。矿业权民事纠纷案件中，合同效力之争较为常见，尤其在当事人主张和人民法院认定不一致的情况下，人民法院应根据诉讼经济和利益衡平原则，结合具体案件事实和诉讼请求，准确界定合同性质、正确评价合同效力。

【点评专家】

王轶，中国人民大学法学院教授、博士生导师。

【点评意见】

正确认定合同的效力是妥当处理合同纠纷的关键。就本案而言，当事人之间签订的《合同协议书》效力如何，同样影响着最终的裁断。从《合同协议书》的约定来看，并没有一方将采矿权转让给另一方的条款，而是约定在开采矿山的过程中，各方都以不同方式参与经营管理。因此，本案没有适用《矿产资源法》第六条第一款第二项规定的空间。

事实上，即使是已取得采矿权的矿山企业，因企业合并、分立，与他人合资、合作经营，或者因企业资产出售以及有其他变更企业资产产权的情形而需要变更采矿权主体的，在尚未依据《矿产资源法》第六条第一款第二项的规定办理批准手续之前，也不能援引《合同法》第五十二条第五项认定当事人之间订立的采矿权转让合同无效。因为批准手续的办理，是采矿权转让合同的法定特别生效条件。该条件未满足的，依据《合同法解释（一）》第九条第一款前段的规定，采矿权转让合同中须经批准方可生效的条款处于未生效的状态；依据《合同法》第四十四条第一款以及《民法通则》第五十五条的规定，采矿权转让合同中无须批准即可生效的条款自依法成立之时起生效。此时采矿权转让合同并非无效合同，而是尚未完全生效的合同。

（七）薛梦懿等四人与西藏国能矿业发展有限公司、西藏龙辉矿业有限公司股权转让合同纠纷案

【基本案情】

2013年7月12日，国能公司与薛梦懿、薛梦蛟签订《合作协议》，约定薛梦懿、薛梦蛟将持有的矿山企业龙辉公司全部股权转让给国能公司。合作协议签订后，国能公司支付了部分款项，并对龙辉公司的资质及财务证照等进行了交接，但未办理股权转让工商变更登记手续。11月28日，薛梦懿、薛梦蛟以龙辉公司营业执照丢失为由，申请补发，并于次日将已转让给国能公司的股权再次转让给王如生、薛云琦。国能公司提起诉讼，请求确认国能公司与薛梦懿、薛梦蛟签订的《合作协议》合法有效并继续履行，薛梦懿、薛梦蛟为其办理股权变更工商登记手续；确认薛梦懿、薛梦蛟与王如生、薛云琦签订的转让合同无效。薛梦懿、薛梦蛟反诉请求国能公司返还相关证照，并支付因《合作协议》未生效给其造成的经济损失。

【裁判结果】

西藏自治区高级人民法院一审确认《合作协议》有效，由国能公司向薛梦懿、薛梦蛟支付剩余股权转让价款，薛梦懿、薛梦蛟及龙辉公司于国能公司支付完剩余股权转让价款后配合办理股权变更工商登记手续；确认薛梦懿、薛梦蛟与王如生、薛云琦签订的转让合同无效。最高人民法院二审认为，《合作协议》及转让合同的性质应为股权转让，而非矿业权转让；矿山企业股权转让协议不属于法律、行政法规规定须办理批准、登记等手续才生效的合同，《合作协议》依法成立并生效。薛梦懿、薛梦蛟以欺诈手段和超低对价再次转让股权，王如云、薛云琦受让股权不符合善意取得条件，应为无效。《合作协议》应继续履行。二审法院判决驳回上诉，维持原判。

【典型意义】

股权与矿业权是不同的民事权利，其性质、内容及适用的法律应有所区别。矿山企业的股权属社员权，由股东享有，受公司法调整。矿山企业的股权转让导致股东变化，不当然导致矿业权主体变更，不构成以合法的矿山企业股权转让之形式，逃避行政监管，实现实质上非法的矿业权转让目的的，不宜认定为变相的矿业权转让，径行判令无效。若股权转让合同中同时约定了矿业权转让、矿业权人变更等实质性内容，则应根据矿业权转让的法律法规认定该部分内容的效力。

【点评专家】

赵旭东，中国政法大学教授，博士生导师。

【点评意见】

本案的典型性和代表性在于充分地反映了矿业权转让合同和矿山企业股权转让之间的特殊关联，表现了当事人在此类纠纷中最惯常的诉讼立场和主张，以及人民法院在审理此类案件中面对的法律与法理适用的冲突和纠结。

对于此类合同的性质，应该说就合同形式本身，矿业权转让合同与矿山企业股权转让合同在合同主体、合同标的、甚至合同内容上都有明显的差异。就此，本案判决对股权与矿业权所做的区分和分析无疑是正确的，由此认定本案法律关系属于股权转让而非矿业权转让也是成立的。

值得注意的是，此类案件的特殊问题在于是否构成规避法律的行为，即名为股权转让、实为矿业权转让，以形式上合法的矿山企业股权转让实现实质上非法的矿业权转让。对此，客观上存在完全不同的两种意见和主张。一种意见认为，应该根据合同或者行为的形式要件确定其法律性质，只要合同的转让方是股东，合同约定的标的是股权，就应认定为股权转让，只有以矿山企业为转让方，以矿业权为约定标的时，才能认定为矿业权转让合同。另一种意见则认为，对于此类合同，不能简单地根据表面的合同形式认定其法律性质，如果事实确能表明，当事人是为了规避法律的限制或者程序要求，而通过股权转让达到其转让矿业权的目的，则属于典型的规避法律行为，应认定为矿业权转让并相应地认定其效力。至于何种情况下构成这种规避行为，可以根据当事人缔约过程中明确表达的主观意图、转让的是全部股权还是部分股权、矿业权是目标公司的全部资产还是部分资产等因素综合判断。

此类问题不仅在矿山企业股权转让中存在，在外商投资公司的股权转让、拥有土地使用权的房地产开发公司的股权转让等涉及合同强制审批和权利转让限制的合同关系中都会出现，其妥善解决有赖于国家立法的修订和完善。本案判决意见反映了个案中裁判者承认和维护矿山企业股权转让合同效力的价值判断和司法取向，既是对一种意见的充分反映和表达，也是彻底解决上述问题的重要推动。

（八）黄国均与遵义市大林弯采矿厂、苏芝昌合伙纠纷案

【基本案情】

大林弯采矿厂原系苏芝昌的个人独资企业，于2003年7月31日办理采矿许可证、营业执照。2003年12月20日，黄国均与苏芝昌签订合伙协议，约定苏芝昌提供采矿许可证、营业执照等开采手续，由黄国均自行投资在现有采区内对4号井开采，自负盈亏、自行承担矿洞安全责任。嗣后，大林弯采矿厂性质虽由个人独资企业变更为合伙企业，合伙人亦多次发生变更。但黄国均一直以大林弯采矿厂的采矿许可证、营业执照从事4号井的开采活动，并交纳办证费、资料费、治安费等共计108120元。2008年8月1日，大林弯采矿厂因违法转让采矿权被国土资源主管部门处罚。2009年6月8日，大林弯采矿厂因无安全生产许可证被安全生产监督管理部门责令停止开采、限期整改。大林弯采矿厂未对4号井进行技改，致黄国均不能继续开采。黄国均

提起诉讼，请求判令大林弯采矿厂赔偿损失 220 万元。

【裁判结果】

遵义市红花岗区人民法院一审判决驳回黄国均的诉讼请求。贵州省遵义市中级人民法院二审认为，黄国均与苏芝昌签订合伙协议，在大林弯采矿厂采矿许可开采区域内独立从事采矿活动，未到相关行政主管部门进行审批和变更登记，违反国家关于矿产资源开发利用和保护的审批规定，损害国家关于矿产资源的管理秩序。大林弯采矿厂变更登记为合伙企业后，也未将黄国均登记为合伙人。上述行为实为挂靠采矿，合伙协议应为无效，大林弯采矿厂对此具有较大过错。二审法院判决大林弯采矿厂赔偿黄国均损失 136620 元。

【典型意义】

矿产资源具有不可再生性。为保护和合理开发矿产资源，取得采矿许可证的企业必须严格执行矿产资源开发利用的法律法规。矿业权人与他人签订合伙协议，但并无实际合伙经营的事实，实施采矿行为一方缴纳挂靠费用，以矿业权人名义自行投资、自负盈亏、自担责任，独立从事矿产资源开采，以达到逃避行政监管的非法目的的，合伙协议应认定无效。矿业权人受到行政处罚，不影响其承担民事责任。人民法院在厘清当事人过错的基础上，根据过错大小确定各方当事人的民事责任，对规范矿业权人依法行使采矿权，维护矿产资源流转秩序具有积极意义。

【点评专家】

蔡学恩，全国人大代表，湖北得伟君尚律师事务所律师。

【点评意见】

首先，两审法院均明确了矿业权人与他人签订的合伙协议是无效的。本案中，矿业权人与他人签订合伙协议，允许他人在其名下采矿许可开采区域内独自从事采矿活动，但未依法办理审批及变更登记，违反了国家关于矿产资源开发利用和保护的审批规定。人民法院依据《合同法》第五十二条规定，认定该合同协议无效，否定了矿业权人企图通过合伙形式非法转让采矿权的行为，依法保护了国家关于矿产资源的管理秩序。其次，人民法院认定合伙协议无效后，根据《合同法》第五十八条规定，按照当事人双方各自过错程度，进一步明确双方应当各自承担的责任。采矿权人以承包方式变相转让采矿权的行为，违反了《矿产资源法》等法律法规的强制性规定，应当承担与其过错相应的责任。

当前，一些矿山企业以各种形式（包括租赁、合作、合伙等形式）无证开采矿产资源的活动依然大量存在。国家对矿产资源开采开发活动规定了严格的审批和备案程序，一方面，审判实践中应该严格认定和把握非法转让采矿权损害国家利益的情形，另一方面，应该在厘清个案具体案情和事实的基础上，认定矿业权人和他人的合作协议的效力和性质。

（九）新疆临钢资源投资股份有限公司与四川金核矿业有限公司特殊区域合作勘查合同纠纷案

【基本案情】

2011年10月10日，临钢公司与金核公司签订《合作勘查开发协议》，约定：临钢公司补偿金核公司3500万元后，双方共同设立项目公司，并在符合条件时将金核公司探矿权过户至项目公司名下。2011年10月25日，临钢公司向金核公司实际支付3500万元。2013年11月22日，临钢公司以合作勘查作业区位于新疆塔什库尔干野生动物自然保护区为由通知解除合同，金核公司回函拒绝。金核公司提起诉讼，请求确认临钢公司解除合同行为无效；确认《合作勘查开发协议》有效。临钢公司反诉请求解除《合作勘查开发协议》，金核公司返还合作补偿款3500万元并赔偿损失。

【裁判结果】

新疆维吾尔自治区高级人民法院一审判决临钢公司解除合同行为无效，双方继续履行《合作勘查开发协议》，驳回临钢公司的反诉请求。最高人民法院二审认为，案涉探矿权位于新疆塔什库尔干野生动物自然保护区范围内，该自然保护区设立在先，金核公司的探矿权取得在后，基于《合作勘查开发协议》约定，双方当事人均知道或者应当知道在自然保护区内不允许进行矿产资源的勘探和开发。该协议违反了《自然保护区条例》的禁止性规定，如果认定协议有效并继续履行，将对自然环境和生态造成严重破坏，损害环境公共利益。故协议依法应属无效，金核公司收取的3500万元合作补偿款应予返还。临钢公司主张的损失，部分由金核公司折价补偿，部分由临钢公司自行承担或者在项目公司清算时另行解决。二审法院撤销一审判决，予以改判。

【典型意义】

在自然保护区、风景名胜区、重点生态功能区、生态环境敏感区和脆弱区等特殊区域内，环境保护与经济发展之间的矛盾较为突出。人民法院审理、执行相关案件，要依据国家和省级国土空间主体功能区规划，充分考虑各类功能区的不同功能定位，确定不同的处理思路。对于优化开发区域尤其是重点开发区域发生的环境资源纠纷，可以更多地考虑合理利用环境容量发展经济的需要，对于限制开发和禁止开发区域，尤其是在划定生态保护红线地区发生的环境资源纠纷，则要贯彻最严格的保护措施。针对上述特殊区域签订的勘查、开采矿产资源合同，即使已经得到国土资源主管部门批准，人民法院仍应对合同效力进行特别审查，若合同违反法律、行政法规的强制性规定，损害环境公共利益的，应依法认定无效。

【点评专家】

陈德敏，重庆大学教授，博士生导师。

【点评意见】

本案历经两审结案，一审与二审的裁判结果不同，分歧在于《合作勘探开发协议》效力的法律认定。一审法院认为虽然案涉矿业权位于自然保护区范围内，但并未出现《合作勘探开发协议》不能实现的情形，双方应继续履行协议。一审强调合同当事人的意思表示一致且履行协议已有两年时间，但忽视了合同生效的外部要件，即该协议约定的探矿权处在自然保护区内，损害的是环境公共利益。二审法院依照《自然保护区条例》的禁止性规定，判定双方当事人所签协议无效，否定了一审关于继续履行的判决。两相对比，可以看出本案二审具有以下三点示范作用：一是矿业权纠纷合同效力认定不能仅限于合同目的实现，而应依法求实衡量合同成立与生效的客体依托要件。二是注重发挥环境司法职能作用维护环境公共利益，司法应系统完整地执行环境法规，维护自然保护区管理制度的运行。三是大力发挥司法纠偏功能，并不能因矿业权合同通过了行政主管部门的批准，即直接认定其有效，对于涉及公共利益的合同效力应依职权进行审查。

二审判决结果符合生态文明建设和绿色发展的要求，具有指导意义。尤其是在生态环境敏感区等生态红线划定区内，司法裁判时应严守环境保护优先和生态红线管理制度，严禁任意改变自然生态空间用途的行为，防止不合理开发资源的行为损害生态环境。

（十）云和县土岩岗头庵叶腊石矿与国网浙江省电力公司矿产压覆侵权纠纷案

【基本案情】

2004年12月29日，云和县叶腊石矿取得叶腊石采矿权。2013年3月18日，浙北－福州特高压交流输变电工程获得国家发展和改革委员会的核准批复。2013年4月26日，国网浙江省电力公司将浙北－福州特高压交流工程线路工程发包给案外人施工。2014年8月20日，云和县叶腊石矿到案涉线路工程项目部反映，浙北－福州1000KV交流输电线路第5R67号桩及第5R66－5R68号桩之间的电线跨越其矿区。经核实，该输电线路路径确与云和县叶蜡石矿矿区范围存在冲突。2014年12月26日，浙北－福州案涉特高压交流输变电工程正式投运。云和县叶腊石矿以其不能正常爆破采矿为由提起诉讼，请求判令国网浙江省电力公司立即拆除建立在其采矿区域内的输电线路。

【裁判结果】

浙江省云和县人民法院一审认为，浙北－福州特高压交流输变电工程系经国家发展和改革委员会依法核准批复、依法建设的国家重点工程，投资巨大且已竣工并正式投入运营，如拆除将会给国家利益、社会公共利益造成重大损失，故对云和县叶腊石矿的诉讼请求不予支持。云和县叶腊石矿如认为国网浙江省电力公司架设电线给其造成损失，可另行协商或者通过诉讼途径解决。浙江省丽水市中级人民法院二审认为，即使国网浙江省电力公司建设支桩和架设电线的行为构成对云和县叶腊石矿采矿权的妨害，但考虑到案涉工程在满足福建与浙江联网送电需要及提高华东电网供电可靠性方面发挥的重要作用，且该工程投资巨大并已正式投入运营，如拆除，必将对浙江省电力供应造成重大影响，电力供应不仅涉及叶腊石矿的经济利益，更涉及社会公共利益。二审法院判决驳回上诉，维持原判。

【典型意义】

在建设铁路、工厂、水库、输油管道、输电线路和各种大型建筑物或者建筑群之前，建设单位须向省级国土资源主管部门了解拟建工程所在地区的矿产资源分布和开采情况。非经国务院授权的部门批准，不得压覆重要矿床。矿床压覆人未经审批评估、与矿业权人签订补偿协议、办理矿产资源储量登记等法定程序，在采矿权人矿区范围内建设工程，压覆矿产资源，侵害了矿业权人的合法利益。但就侵权责任的承担方式而言，应综合考虑输电线路等国家重点建设工程关涉国家利益和社会公共利益，投资巨大并已投入运营等因素，不宜径行判令拆除。在矿业权人仅请求排除妨碍的情形下，人民法院应予以充分释明，告知其可另行主张适当的责任方式，兼顾国家利益、社会公共利益和矿业权人的合法权益，适应国家产业政策与社会经济发展需要。

【点评专家】

陈德敏，重庆大学教授，博士生导师。

【点评意见】

本案的一审判决以案涉采矿工程项目不能干扰福建与浙江联网送电需要和不能影响华东电网正常发挥供电可靠性作用为由，不支持云和县叶腊石矿的拆除建立在其采矿区内输电线路的诉讼请求，并提出协商或者另行提起诉讼解决。二审依法维持一审判决。本案有两点指导意义：一是司法裁判中整体与局部的利益衡量问题，针对所涉浙北－福州特高压交流输变电工程已正式投入运营的既成事实，司法裁判考量的是社会公共利益与叶腊石矿的经济利益之间的平衡，一审和二审都依法保障整体公共利益的优先地位。二是司法裁判中法官释明权的行使，一审法院并未直接依原告请求以拆除建立在其采矿区内的输电线路作为责任承担方式，而是通过法官释明告知当事人可另行主张适当的责任方式。这种处理方式是利益衡量的结果，既兼顾社会公共利益，也为矿业权人的合法权益实现提供可能。

协调好整体公共利益和局部个体利益之间的关系是公正司法的关键，为公共利益规制个体利益合理边界是必不可少的。裁判中法官的释明权就是对当事人应有权益进行司法救济的方式之一，有利于促进诉讼审理的公正和效益的最大化，提升司法公信力。

二、最高人民法院最新矿业权纠纷案件裁判要旨及裁判文书①集锦

（一）上诉人山西金晖煤焦化工有限公司与被上诉人李苏、张瑞合同纠纷一案

（2016）最高法民终639号

【裁判要旨】

案涉合同名为地质灾害治理承包合同，但核心内容系开采所谓火区治理区范围内的煤炭资源，实为进行煤炭资源开采的矿业权承包合同。合同签订时煤矿拥有采矿许可证，根据矿业权纠纷司法解释的规定，合同应认定为有效。合同约定解除条件成就的情况下，发包人继续办理治理工程需要的大部分审批手续后，承包人应发包人要求继续支付相关审批费用并从发包人处支取部分款项用于治理项目，足以使发包人有正当理由信赖承包人不再行使合同约定解除权，应视为双方以实际履行行为变更了合同约定，合同继续履行，承包人原享有的约定解除权灭失。

---

① 本书选录的10个矿业权纠纷案件裁判文书，已根据有关规定对当事人为自然人的身份信息予以屏蔽，并对文书中引述的法律法规根据本书《凡例》调整为简称。

【裁判文书】

中华人民共和国最高人民法院民事判决书

(2016) 最高法民终 639 号

上诉人（一审被告）：山西金晖煤焦化工有限公司。住所地：山西省太原市府西街 69 号山西国际贸易中心东塔楼 15 层。

法定代表人：孙伟立，该公司董事长。

委托诉讼代理人：焦士强，山西华炬律师事务所律师。

委托诉讼代理人：刘海桥，北京市炜衡律师事务所律师。

被上诉人（一审原告）：李苏。

委托诉讼代理人：张立，山西鼎和律师事务所律师。

委托诉讼代理人：任培龙，山西鼎和律师事务所律师。

被上诉人（一审原告）：张瑞。

委托诉讼代理人：张立，山西鼎和律师事务所律师。

委托诉讼代理人：任培龙，山西鼎和律师事务所律师。

上诉人山西金晖煤焦化工有限公司（以下简称金晖公司）因与被上诉人李苏、张瑞合同纠纷一案，不服山西省高级人民法院（2016）晋民初 3 号民事判决（以下简称一审判决），向本院提起上诉。本院于 2016 年 9 月 22 日立案后，依法组成合议庭，公开开庭进行了审理。上诉人金晖公司的委托诉讼代理人焦士强、刘海桥，被上诉人李苏、张瑞的委托诉讼代理人张立、任培龙到庭参加诉讼。本案现已审理终结。

金晖公司上诉请求：一、依法撤销一审判决，并依法改判，驳回李苏、张瑞一审的诉讼请求；二、一审、二审诉讼费用由李苏、张瑞承担。事实与理由：（一）一审判决错误理解适用《合同法》第九十五条之规定，认为李苏、张瑞的解除权并未消灭、解除合同行为有效，明显认定事实不清，适用法律错误。1. 本案中解除权的行使属于《合同法》第九十五条所遗漏的情形：即法律没有规定、当事人也没有约定解除权行使期限，且对方没有催告下的解除权行使期限。合同解除权是形成权，形成权受除斥期间的限制，即权利应该有一定的行使期限限制，期限过后应予消灭；目的即是为了促使权利人及时行使权利，维护法律关系的稳定。一审判决在未能根据案件的具体因素确定李苏、张瑞解除权的合理行使期限的情况下，错误理解适用《合同法》第九十五条的规定，认为李苏、张瑞在解除条件成就五年之后仍然享有解除权，是对"解除权"性质的错误认识，适用法律错误，与《合同法》的立法目的相悖。参照《商品房买卖合同解释》第十五条第二款规定："法律没有规定或者当事人没有约定，经对方当事人催告后，解除权行使的合理期限为三个月。对方当事人没有催告的，解除权应当在解除权发生之日起一年内行使；逾期不行使的，解除权消灭。"在对方当事人没有催告的情况下，合同解除权的行使有一定的期限限制，本案应该类推适用该司法解释的规定。2. 一审判决明显认定事实错误，李苏、张瑞已明确以自己的行为放弃了合同解除权。本案中，自 2010 年 12 月 1 日起合同约定的解除权条件即成就，李苏、张瑞即享有解除权，但其不仅从未提出解除合同的意思表示，且一直协助金晖公司办理案涉昌华煤矿的相关手续，直至 2014 年 1 月，仍按照合同约定继续缴纳办理征地等手续的费用；甚至在发出解除合同律师函之后的 2015 年 10 月 25 日，张瑞及具体负责昌华煤矿项目的张凯又出具收据，表明继续投资于昌华煤矿，风险共担，利润共享。李苏、张瑞以自己的行为明确表示了放弃解除权、继续履行合同的意思表示，其解除权已经消灭。一审判决以 2015 年 10 月 25 日张瑞不在国内为由对李苏、张瑞提交的《收据》不予采信，对金晖公司提出的"李苏、张瑞以实际行动履行合同"的主张不予认定，认定事实明显错误。（二）一审判决认定昌华煤矿灾害治理的开工日期无法确定，双方合同目的无法实现，故李苏、张瑞解除合同行为合理合法，属于认定错误。根据金晖公司与李苏、张瑞签订的《资源整合和产权重组期间山西汾西正晖煤业有限责任公司昌华煤矿灾害治理内部责任制承包协议》（以下简称《承包协议》）的约定，由双方共同办理相关的政府审批手续，现项目所需的环保、土地、初设等手续均已办理完毕，根据宁武县人民政府下发的宁政函〔2013〕10 号文件的规定，案涉昌华煤矿已具备开工治理条件，开工指日可待，合同目的并非无法实现。并且，根据《合同法》的相关规定，因合同目的无法实现导致合同解除的前提应是由于"不可抗力"或"一方当事人违约"。本案中，既没有不可抗力发生，也不存在金晖公司违约的情形，一审判决据此认定李苏、张瑞解除合同行为合理合法，显然是错误的。（三）一审判决以金晖公司在山西汾西正晖煤业有限责任公司（以下简称正晖煤业公司）中持有股权比例存疑、继续履行合同依据不充分的认定，超出了双方的争议范围，亦违反了法定程序。在一审法庭调查中，就金晖公司在正晖煤业公司中持有的股权比例问题及是否仍享有对昌华煤矿进行灾害治理的权利问题，双方自始未产生争议，合议庭也自始未就此问题进行调查或询问，金晖公司自始也未有机会就此问题表达观点，现一审判决突然以此作为认定合同不能继续履行的依据，显然超出了双方当事人的争议范围，也剥夺了金晖公司对此问题予以答辩的合法权利。（四）二审庭审中，金晖公司补充两点上诉意见：1. 2010年签约时煤炭市场动力煤的价格是570元每吨，2015年9月李苏、张瑞发出解除合同函的时候动力煤的价格是140元每吨，相差四倍。李苏、张瑞在市场好的时候履行合同，价格掉到最低点的时候提出解除合同，有违诚信，对金晖公司亦不公平，剥夺了金晖公司在市场好的情况下选择其他合作者的权利。2. 李苏、张瑞支付的1.1亿元虽然约定的是保证金，但由于本案是由一系列手续组成的，在办理手续的时候需缴纳各项费用，双方本质上是一种合作关系，现李苏、张瑞要求金晖公司返还款项显失公平。

李苏、张瑞辩称：一审判决认定事实清楚，适用法律正确，请求依法驳回金晖公司上诉请求，维持一审判决。（一）李苏、张瑞依法、依约均享有合同解除权，合同解除权并未消灭，李苏、张瑞依法行使合同解除权的行为应当得到法律保护。1. 昌华煤矿至今未能取得火区灾害治理的开工批复，仍不能进行灾害治理，《承包协议》约定的合同解除权所附的条件已经成就，李苏、张瑞据此享有约定的合同解除权。2. 李苏、张瑞享有的约定解除权并未消灭，李苏、张瑞也未放弃约定解除权。双方当事人在《承包协议》中未约定解除权行使期限，且金晖公司也未予催告，属于《合同法》第九十五条第二款规定所遗漏的情形；另金晖公司以李苏、张瑞在享有解除权期间仍向其缴纳手续审批费用的行为，以此理由推断李苏、张瑞放弃合同解除权的观点没有法律依据；张凯在2015年10月25日出具的《收据》，并非李苏、张瑞的意思表示。3. 李苏、张瑞依法享有法定解除权。宁武县人民政府决定不对昌华煤矿的火区治理予以开工批复，距离《承包协议》的签订时间已经过去五年之久，能否开工治理以及何时开工仍无法确定，合同目的已无实现的可能，依据《合同法》第九十四条第一项、《民法通则》第一百五十三条的规定,李苏、张瑞享有法定的合同解除权。(二)李苏、张瑞已经依法行使了合同解除权,《承包协议》已经被解除。《合同法》第九十六条第一款规定:"当事人一方依照本法第九十三条第二款、第九十四条的规定主张解除合同的,应当通知对方。合同自通知到达对方时解除。对方有异议的,可以请求人民法院或者仲裁机构确认解除合同的效力。"李苏、张瑞在《承包协议》约定的合同解除权成就后通过律师函的形式通知了金晖公司,依法行使了合同解除权。(三)《承包协议》的合同目的已无法实现,如李苏、张瑞不依法行使合同解除权必然导致大量资金的长期积压,进一步加重损失。1. 昌华煤矿的灾害治理因政府审批仍不具备开工条件且开工批复不明确,合同目的已无法实现。2. 山西汾西矿业(集团)有限责任公司(以下简称汾西集团)与金晖公司签订的《共同兼并重组宁武县煤矿框架协议》(以下简称《框架协议》)是本案《承包协议》履行的前提条件,金晖公司并未履行《框架协议》,同时昌华煤矿火区治理项目的一系列申报材料均是以"正晖煤业公司"的名义出具,金晖公司已经丧失了对案涉昌华煤矿火区治理的权限。3. 李苏、张瑞已向金晖公司累计支付1.1865亿元款项,资金长期积压给李苏、张瑞造成巨大损失,且款项安全无法保证。(四)针对金晖公司补充的两点上诉意见,李苏、张瑞辩称:煤炭价格变动的事实是客观存在的,按照合同法的通说,在合同履行过程中出现情势变更,受情势变更的一方当事人有要求解除和变更合同的权利。本案的合同解除权有约定解除权和法定解除权,根据《承包协议》的约定解除条款,本案确实具备行使条件,李苏、张瑞之前没有行使,但是李苏、张瑞希望行使。因为案涉昌华煤矿一直没有正式开工和火区治理,而且开工许可何时能批下来尚不确定,李苏、张瑞可以行使法定解除权。李苏、张瑞与金晖公司签订《承包协议》的依据是《框架协议》,《框架协议》约定金晖公司负责案涉昌华煤矿火区治理,但是并没有证据证明金晖公司有权对昌华煤矿进行火区治理。金晖公司与李苏、张瑞所签《承包协议》不能履行,李苏、张瑞享有法定解除权。

李苏、张瑞向一审法院提起诉讼,请求判令:1. 依法确认李苏、张瑞解除《承包协议》行为有效;2. 金晖公司立即返还收取李苏、张瑞的保证金、手续审批费等其他费用人民币1.1865亿元,并按照《承包协议》约定自到账之日起按照年利率12%向李苏、张瑞承担违约责任;3. 本案诉讼费由金晖公司承担。

一审法院认定事实：2009年7月6日，汾西集团为甲方与金晖公司为乙方签订《框架协议》。主要约定：双方共同出资合作兼并重组宁武县境内符合省政府资源整合相关政策的煤矿；甲方为整合宁武县境内煤矿的主体，与宁武县人民政府签署框架协议，由甲、乙双方共同开发；甲方在宁武县注册成立煤业公司（名称待定），甲方占51%股权，乙方持有被兼并煤矿持有股权以外的股权。2010年2月1日，金晖公司为甲方与李苏、张瑞为乙方签订《承包协议》。约定：正晖煤业公司昌华煤矿已纳入山西省煤矿企业兼并重组整合范围，由甲方与汾西集团负责对其兼并重组。根据甲方与汾西集团签订的《框架协议》，昌华煤矿的地质灾害治理由甲方负责。协议约定灾害治理的范围包括火区治理、大气污染和废水固体废弃物等综合治理、土地复垦、植被绿化等。合同关于灾害治理的审批约定，灾害治理审批手续由甲乙双方共同办理。审批手续必须以甲方或甲方指定单位的名义申报，由此产生的费用由乙方负责。手续总费用按每吨不超过1元支付，灾害治理前乙方付甲方手续审批费用200万元，其余部分按进度付款。灾害治理各项费用由乙方负担，乙方在治理过程中可露天开采昌华煤矿目标矿区内煤层，甲方确保可采煤储量达到800万吨。协议第六条第2项约定，"本协议签署后十个工作日内，乙方必须支付甲方保证金至人民币1亿1千万元，若乙方未能及时足额支付1亿1千万元保证金时，本协议不生效。"协议第七条第4项约定："本协议签订后，若因政府手续审批或因甲方原因造成本协议生效后五个月内乙方无法正式开始进行灾害治理，乙方可提出终止协议，甲方应当在收到乙方书面通知5日内退还乙方已付的款项。如乙方继续合作，甲方承诺在管理费收取额度方面给予乙方适当的优惠，具体金额双方另议。若因政府手续审批或因甲方原因造成本协议生效之后十个月内乙方无法正式开始灾害治理，乙方可提出终止协议，甲方应当在收到乙方书面通知后5日内退还乙方已付的款项并按照年利率12%补偿乙方（从到账之日起计算）。如乙方继续合作，甲方承诺在管理费收取额度方面给予乙方适当的优惠，具体金额双方另议。"

上述协议签订后，李苏、张瑞开始履行协议，于2010年2月1日付金晖公司3000万元，2010年2月5日付金晖公司8000万元，完成了合同约定的1.1亿元保证金的支付。此后，于2010年5月12日付金晖公司200万元灾害治理手续审批费用，2013年11月11日至2014年1月7日应金晖公司要求向其付款665万元。以上李苏、张瑞在合同履行期间，共向金晖公司支付各种款项1.1865亿元。

金晖公司因与汾西集团签订的《框架协议》取得了对宁武县境内煤矿进行治理的资格，金晖公司与李苏、张瑞签订的协议约定治理的对象为正晖煤业公司的昌华煤矿。金晖公司提供的证据证明，正晖煤业公司为能使其所属的昌华煤矿能开始灾害治理，先后做了一系列工作，包括：向有关部门报送灾害治理方案并获得同意；确定灾害治理设计单位、环境影响评估机构、编制土地复垦方案、征用治理灾害用地等。2013年4月8日，宁武县人民政府以宁政函［2013］10号批复同意正晖煤业公司火区和塌陷区综合治理项目开工，但该"批复"仅同意从2013年5月开始以昌元煤矿为试点进行治理。到目前为止，本案所涉的昌华煤矿灾害治理项目仍未获政府批准，治理工作何时开始尚不能确定，亦无法预期。

李苏、张瑞在与金晖公司签订《承包协议》近5年时间，因政府审批问题一直不能开始合同约定的灾害治理项目，遂于2015年9月18日通过EMS快递向金晖公司送达北京市君泽君（深圳）律师事务所的《律师函》。该《律师函》的主要内容是："1. 承包协议自本函发出之日正式解除；2. 请贵司于收到本函之日起5日内退还委托人保证金壹亿壹仟万元整及后续支付的其他款项（2010年至2014年期间支付的），并按承包协议第七条第4款约定的年利率12%的标准向委托人支付补偿金。"金晖公司收到李苏、张瑞所发的上述《律师函》后，向一审法院提起另案诉讼（立案日期为2016年1月8日），以李苏、张瑞已丧失合同解除权为由，请求一审法院确认李苏、张瑞关于解除合同的行为无效。李苏、张瑞同时也向一审法院提起本案诉讼（一审法院立案日期亦为2016年1月8日）。

一审法院认为，李苏、张瑞诉金晖公司确认解除合同行为效力纠纷一案，综合诉辩双方的基本观点，争议焦点可归纳为：1. 李苏、张瑞解除合同行为是否有效，其是否丧失合同解除权；2. 判令双方继续履行合同是否符合事实和法律；3. 金晖公司是否应承担相应的违约责任。针对上述争议焦点，分别论述如下：

关于李苏、张瑞是否丧失合同解除权及其行使该解除权行为的效力问题。

首先，李苏、张瑞依照合同约定享有合同解除权。双方在合同中约定"若因政府手续审批或因甲方（即金晖公司）原因造成本协议生效之日后十个月内乙方（即李苏、张瑞）无法正式开始进行灾害治理，乙方可提出终止协议……"。本案双方签订合同日期是2010年2月1日，李苏、张瑞依据协议向金晖公司支付保证金日期是2010年2月5日，按照合同约定，李苏、张瑞支付保证金后合同生效，即本案合同生效日期是2010年2月5日。李苏、张瑞通知金晖公司解除合同的日期是2015年9月18日，解除合同的原因是煤矿灾害治理未获政府批准。由上述可知，李苏、张瑞享有合同解除权。其次，李苏、张瑞的合同解除权是否已丧失。金晖公司认为李苏、张瑞在合同解除条件成就数年之久后才行使合同解除权，其权利已丧失。《合同法》第九十五条规定："法律规定或者当事人约定解除权行使期限，期限届满当事人不行使的，该权利消灭。法律没有规定或者当事人没有约定解除权行使期限，经对方催告后在合理期限内不行使的，该权利消灭。"本案中，对李苏、张瑞享有的合同解除权行使期限既无法律规定又无当事人约定，且金晖公司也从未对李苏、张瑞进行过催告，故李苏、张瑞的合同解除权并未消灭。至于金晖公司所述李苏、张瑞在行使解除权后，又以实际行动履行合同问题。因金晖公司所举证据上签名的为"张凯、张瑞"，其时张瑞不在国内不可能在该收据上签字，而金晖公司又不能证明张凯的行为得到李苏、张瑞的授权，故对金晖公司所举证据不予采信。第三，李苏、张瑞解除合同行为合法有效。李苏、张瑞通过发《律师函》通知金晖公司解除合同，属依法行使权利，且程序合法，其行为具有法律效力。

关于能否判令双方继续履行合同问题。其一，双方于2010年2月1日签订合同，约定对正晖煤业公司下属的昌华煤矿进行灾害治理，而进行灾害治理需经政府审批，直到2013年4月，政府才批准可于2013年5月开工对正晖煤业公司的昌元煤矿进行试点治理，待取得成功经验后再对其余4矿进行治理。双方约定的昌华煤矿灾害治理什么时间能开工，尚无确定日期。其二，李苏、张瑞与金晖公司签订合同的前提是因为金晖公司与汾西集团所签订的《框架协议》，根据该《框架协议》，金晖公司有权对汾西集团在宁武县境内的煤矿进行灾害治理，基于此，李苏、张瑞与金晖公司签订煤矿灾害治理协议。根据《框架协议》，金晖公司享有对汾西集团在宁武县境内煤矿进行灾害治理权利的前提是金晖公司与汾西集团共同出资兼并组合宁武县境内煤矿，并在新成立的煤业公司中占有除汾西集团占有的51%股权及被整合煤矿所占股权以外的股权，现本案所涉的昌华煤矿属正晖煤业公司，而金晖公司未能提供证据证明其在正晖煤业公司中持有一定比例股权，也即金晖公司目前是否仍享有对正晖煤业公司所属的煤矿进行灾害治理的权利存疑，进而导致其与李苏、张瑞所签合同能否履行存疑。综上可知，判令双方继续履行合同事实与法律依据均不充分。

关于金晖公司是否应承担相应违约责任问题。李苏、张瑞与金晖公司签订的《承包协议》系双方当事人真实意思表示，且不违反法律法规的强制性规定，双方对之均不持异议，该协议合法有效。协议约定：乙方（李苏、张瑞）提出终止协议，甲方（金晖公司）应当在收到乙方书面通知后5日内退还乙方已付的款项并按照年利率12%补偿乙方（从到账之日起计算）。现李苏、张瑞向一审法院提起诉讼请求判令金晖公司退还收取李苏、张瑞的保证金、手续审批费等其他费用人民币1.1865亿元，并承担自上述款项到账之日起按年利率12%向李苏、张瑞支付利息的违约责任符合合同约定，于法有据，并无不当，应予支持。

综上，一审法院依照《合同法》第九十三条、第九十五条、第九十七条，《民事诉讼法》第一百四十二条的规定，判决：（一）李苏、张瑞解除其与金晖公司签订的《承包协议》的行为有效；（二）金晖公司于判决生效后十日内退还已收取李苏、张瑞的保证金、手续审批费等其他费用共计人民币1.1865亿元，并按年利率12%支付利息（计息期间：其中：3000万元从2010年2月1日起、8000万元从2010年2月5日起、200万元从2010年5月12日起、100万元从2013年12月10日起、65万元从2013年12月24日起、170万元从2013年12月28日起、230万元从2013年11月11日起、100万元从2014年1月7日起计算至判决确定给付之日止）。一审案件受理费635050元，保全费5000元，共计640050元，由金晖公司负担。

本院二审期间，金晖公司提交了以下新证据：

第一组：宁武县安监局证明、宁安监函［2016］21号文、昌元煤矿火区治理工程专家组评价意见书和宁武县国土资源局等相关部门评价意见书，拟证明昌元煤矿火区治理取得了成功经验，昌华煤矿的火区治理工程即将开工。

第二组：电子汇划收款回单及收据、昌华煤矿矿业权价款分期缴纳合同书及补充合同、山西省采矿权使用费和价款专用票据、建设工程勘察及设计合同、建设工程勘察及设计补充合同、发票及收款凭证、昌华等五矿技术服务合同及发票、转账凭证及借条收据，拟证明李苏、张瑞所缴纳的款项已经全部转给昌华煤矿所属的正晖煤业公司，且已用于昌华煤矿的前期治理工作，不应返还。

第三组（证据目录上系第四组）：会议签到表，结合一审提交的昌华煤矿灾害治理项目收款明细、结算业务委托书及收据、张凯出具的4张借条，拟证明在合同履行过程中，张凯是李苏、张瑞事实上的代理人。

第四组（证据目录上系第五组）：煤炭购销合同和煤炭价格走势图，拟证明李苏、张瑞在煤炭行情低迷的情况下解除合同并要求金晖公司承担巨额违约责任，既违反了公平原则，也使金晖公司丧失了寻找合作伙伴的机会，给金晖公司造成严重损失。

李苏、张瑞对上述新证据的真实性，除第三组会议签到表、第四组中煤炭价格走势图不予认可外，均予以认可，但主张与本案无关，不能达到金晖公司的证明目的。

本院对于真实性无异议的证据依法予以确认，并结合双方当事人陈述及一审提交的证据材料，本院查明以下事实：

2009年10月20日，山西省国土资源厅向正晖煤业公司昌华煤矿颁发《采矿许可证》，有效期自2009年12月23日至2011年12月23日，后多次延续；2015年12月23日昌华煤矿《采矿许可证》到期后至今没有续延。正晖煤业公司对《框架协议》《承包协议》知晓并认可，上述协议约定的昌华煤矿地质灾害治理工程尚未获得政府的开工许可。

2009年11月23日，汾西集团与金晖公司共同设立正晖煤业公司，其中汾西集团占51%股份，金晖公司占49%股份。2012年3月28日，金晖公司将占有正晖煤业公司的49%股份转让给了山西金晖能源集团有限公司（以下简称金晖集团公司），现正晖煤业公司的股东是汾西集团和金晖集团公司。

2010年9月30日，山西省煤矿企业兼并重组整合工作领导组办公室作出《关于忻州市大同煤矿集团同生浩然煤业有限公司等八处矿井调整变更方案的批复》（晋煤重组办发［2010］69号），载明：同意正晖煤业公司昌华煤矿等

5矿井对本井田内露头火区和塌陷区进行综合治理，在取得环保、土地审批手续后，编制综合治理初步设计报市政府批复，由市政府监督组织实施，严禁以治理名义从事非法采矿活动。

2011年1月30日，忻州市煤炭企业兼并重组工作领导组办公室作出《关于山西汾西正晖煤业有限责任公司昌华煤矿井田内露头火区和塌陷区综合治理初步设计的批复》（忻煤重组办发［2011］3号），原则同意昌华煤矿采用露天剥离结合注浆充填方式对井田内煤层露头火区和塌陷区综合治理工程，工程概算净投资1836.50万元，并载明综合治理工程在取得环保、土地审批手续后方可开工治理。

2011年6月21日，忻州市环境保护局作出《关于对"山西汾西正晖煤业有限责任公司昌华煤矿露头火区和塌陷区综合治理工程环境影响报告书"的批复》（忻环评函字［2011］第100号），载明：原则同意专家组对《报告书》的技术审查意见及宁武县环保局对该项目的初审意见，并明确严禁以治理名义从事非法采矿活动。

2011年9月15日，宁武县国土资源局作出《关于同意山西汾西正晖煤业有限责任公司昌元等五矿井田内露头火区和塌陷区综合治理按临时用地方式使用土地的意见》（宁国土资发［2011］104号），载明：鉴于正晖煤业公司已取得《采矿许可证》，治理项目已经山西省煤矿企业兼并重组整合工作领导组办公室和忻州市煤炭企业兼并重组工作领导组办公室以及忻州市环境保护局的批复，经研究：原则同意正晖煤业公司在昌元煤矿等五座煤矿井田内露头火区和塌陷区综合治理项目实施中使用临时用地的方式办理用地相关手续；严禁以治理名义从事非法采矿活动；综合治理项目需经上级人民政府批准后方可实施。

2012年3月9日，宁武县人民政府向忻州市人民政府送交《关于实施山西汾西正晖煤业有限责任公司昌元等五矿井田内露头火区和塌陷区综合治理项目的请示》（宁政发［2012］20号），载明：经我县研究，拟同意正晖煤业公司昌元等五矿治理项目开工。妥否，请市政府批示。

2013年3月28日，忻州市人民政府作出《关于山西汾西正晖煤业有限责任公司昌元等五矿井田内露头火区和塌陷区综合治理项目的批复》（忻政函［2013］47号），同意宁武县人民政府宁政发［2012］20号请示，并明确：

为了保证施工安全和减少对环境的破坏，要求该公司先期选择昌元煤矿作为试点，并且按照初步设计的要求，三个治理区先易后难分期进行治理，待试点矿取得成功经验后再对其余四矿进行综合治理；试点矿治理项目可于2013年4月1日开工，其余四矿宁武县人民政府依据实际情况批复开工治理日期；在治理施工过程中产生的残煤要由正晖煤业公司统一进行依法销售，严禁将治理过程中产生的残煤直接用于抵顶治理工程费用，严禁以治理名义从事非法开采活动。

2013年4月8日，宁武县人民政府作出《关于山西汾西正晖煤业有限责任公司昌元等五矿井田内露头火区和塌陷区综合治理项目实施开工的批复》（宁政函〔2013〕10号），载明：同意正晖煤业公司对昌元等五矿井田内露头火区和塌陷区进行综合治理；为了保证施工安全和减少对环境的破坏，要求先期选择昌元煤矿作为试点，……待试点矿取得成功经验后再对其余四矿进行综合治理；试点矿治理项目于2013年5月开工，其余四矿由县政府依据实际情况批复开工治理日期。

2013年12月11日至2014年1月13日，张凯以昌华煤矿治理名义（用于临时占地补偿）从正晖火区综合治理项目部分四次借支175万元的《借条》，载明用于临时占地补偿。李苏、张瑞一、二审中对四张《借条》真实性均无异议，一审陈述"确实用于征地，但是征地后，无法进行开工，开工批复也遥遥无期"，二审表述"这部分款项用于前期征地款补偿给农民，应由上诉人（金晖公司）承担"。

金晖公司还提交2015年10月23日向张凯汇款1000万元电汇凭证、2015年10月25日张凯以"张凯、张瑞"名义出具的《收据》，载明："今收到山西正晖火区项目部人民币10000000.00（壹仟万元整），该款投资于昌华煤业火区治理项目，风险共担，利润共享"。李苏、张瑞以张凯无授权为由对张凯收款及出具《收据》的行为不认可，但二审中确认若《承包协议》解除，金晖公司可从返还的保证金中扣除张凯收取的该1000万元。

2016年6月，宁武县人民政府组织专家对正晖煤业公司昌元煤矿火区和塌陷区综合治理试验段进行了现场监督检查，并对治理成效进行了评价；宁武县国土资源局、安全生产监督管理局、环境保护局、林业局、水利局等政府职能部门也针对正晖煤业公司昌元煤矿火区和塌陷区综合治理试验段治理成效分别出具评价意见。昌元煤矿的治理效果获得上述政府主管部门的肯定评价。

另查明：张凯系张瑞的哥哥。

二审查明的其他案件事实与一审查明的事实一致，本院予以确认。

本院认为，本案二审争议的焦点问题是：1. 案涉《承包协议》的性质及效力；2. 如《承包协议》有效，李苏、张瑞通知解除《承包协议》的行为是否有效，本案应如何处理。

一、关于案涉《承包协议》的性质及效力问题

合同的性质认定除审查合同的名称外，尚需根据合同约定的权利义务内容进行全面理解和准确判断。本案中，金晖公司（甲方）与李苏、张瑞（乙方）所签《承包协议》名为"昌华煤矿灾害治理内部责任制承包协议"，约定由李苏、张瑞承包昌华煤矿火区灾害治理，但《承包协议》对双方权利、义务及责任的约定，包括大量煤炭资源开采及相关内容。如第三条"承包的方式"：总的原则为确保上交、风险自担、利润共享，任务包括灾害治理、露天开采和土地复垦后的环境治理，灾害治理费用由乙方全部承担；治理过程中所遇到的煤炭资源归乙方所有，乙方可自行销售，乙方每吨销售价款在370元以下时（不含煤票、税收、规费按实际销售，过磅计量），乙方须向甲方支付78元管理费（此款含资源价款）；销售价款超过370元/吨时（不含煤票、税收、规费按实际销售，过磅计量），乙方应按超过部分税后利润的50%上交管理费。第四条"甲方的权利和义务"：甲方同意乙方在灾害治理过程中露天开采昌华煤矿内的目标项矿区内的煤层（按批准的设计深度要求和甲方划定的矿区范围坐标），并确保此处煤层可采储量达到800万吨，如果煤层可采储量低于800万吨时甲方须在管理费上给乙方优惠；甲方或者甲方书面委托的单位和个人有权监督、领导、规范乙方在灾害治理、露天开采和环境治理过程中的各项行为，有权监督、检查乙方的煤炭开采量和煤炭开采过程，可监督乙方煤炭过磅，乙方应予配合。第五条"乙方的权利和义务"：乙方必须保证在露天开采完毕后五个月内必须按照设计要求，完成全部灾害治理、土地复垦和环境治理，并通过有关部门验收。第六条及其他条款约定了乙方应向甲方支付保证金及合同解除、违约条款等内容。

《地质灾害防治条例》第二条规定："本条例所称地质灾害,包括自然因素或者人为活动引发的危害人民生命和财产安全的山体崩塌、滑坡、泥石流、地面塌陷、地裂缝、地面沉降等与地质作用有关的灾害";第五条第三款规定:"因工程建设等人为活动引发的地质灾害的治理费用,按照谁引发、谁治理的原则由责任单位承担";第三十五条第一款规定:"因工程建设等人为活动引发的地质灾害,由责任单位承担治理责任"。鉴于人为活动引发的地质灾害治理遵循"谁引发、谁治理、谁承担费用"的原则,本案作为已开发煤矿的地质灾害治理,依法应由昌华煤矿的权利人(采矿权人)作为责任治理主体,并承担治理费用;若由第三人具体负责灾害治理,正常情况下责任治理主体应向第三人支付治理工程费用,而不存在第三人向责任治理主体支付费用的问题,此应为地质灾害治理合同的核心特征。就案涉《承包协议》而言,尽管协议名称以及相关条款涉及灾害治理的内容,但基于对协议约定内容的分析,可以认定双方当事人签订《承包协议》的核心目的是开采所谓火区治理区范围内的煤炭资源,并进行收益分成。至于《承包协议》中约定的灾害治理、土地复垦本来就是采矿权人法定的矿山地质环境治理恢复义务。尽管昌华煤矿按照地质灾害治理办理了相应的行政审批,除开工许可外,治理工程已经获得政府及政府相关主管部门的批复,但这些行政审批并不能改变案涉《承包协议》系实质开采煤炭资源的性质,且多份政府批复文件中也明确规定不能以治理名义从事非法采矿活动,不能用工程所得残煤收入抵顶工程费用。基于《承包协议》的约定,作为发包人的金晖公司不仅不向李苏、张瑞支付任何工程费用,而且还明确李苏、张瑞作为承包人需按每吨煤炭销售价向金晖公司支付固定管理费或者利润分成。因此,《承包协议》虽名为地质灾害治理合同,但并不符合地质灾害治理合同的法律特征,实为进行煤炭资源开采的合同。

根据《矿产资源法》等涉矿法律、行政法规的规定,矿产资源属于国家所有,开采矿产资源实行许可证制度,只有依法取得采矿许可证,才可以合法进行矿产资源的开采,否则会因无证开采而导致当事人所签矿产资源开采的合同无效,甚至触犯刑律。从《承包协议》的核心目的和合同内容来看,金晖公司系以火区灾害治理的名义将昌华煤矿煤炭资源的开采权利发包给李苏、张瑞,并收取具有承包费性质的固定管理费或者利润分成,《承包协议》

符合采矿权承包合同的法律特征。

关于《承包协议》的效力。采矿权人在不转移采矿权权属的情况下将采矿权的部分权能让渡给他人使用，自己为此获得一定收益，承包人通过支付承包费用并投入人力、物力有限制地行使规定范围内矿产资源的开采权并因此获得相应的收益，不具有天然的违法性。本案中，金晖公司作为发包人尽管不是采矿权人，但由于金晖公司系根据其与汾西集团签订的《框架协议》，双方共同出资合作兼并重组宁武县境内符合省政府资源整合相关政策的煤矿，共同成立煤业公司，并由金晖公司负责对"整合规划区内煤层自燃进行治理"。正晖煤业公司正是基于该《框架协议》由金晖公司与汾西集团共同发起设立的，整合后的煤矿（含昌华煤矿）采矿许可证亦登记在正晖煤业公司名下。之后金晖公司与李苏、张瑞签订《承包协议》，将昌华煤矿所谓的火区治理工程以内部责任制形式承包给李苏、张瑞，正晖煤业公司成立后对此不持异议。虽金晖公司持有的正晖煤业公司49%股份在《承包协议》履行过程中转让给了金晖集团公司，但正晖煤业公司对于金晖公司继续负责昌华煤矿的火区治理以及继续履行与李苏、张瑞签订《承包协议》的行为依然予以认可。在此情况下，金晖公司与李苏、张瑞签订《承包协议》的行为可视为得到了采矿权人正晖煤业公司的授权或者事后追认。《最高人民法院关于审理矿业权纠纷案件适用法律若干问题的解释》第十二条规定："当事人请求确认矿业权租赁、承包合同自依法成立之日起生效的，人民法院应予支持。矿业权租赁、承包合同约定矿业权人仅收取租金、承包费，放弃矿山管理，不履行安全生产、生态环境修复等法定义务，不承担相应法律责任的，人民法院应依法认定合同无效。"本案中，金晖公司尽管将煤炭资源的开采权利以火区灾害治理的名义承包给李苏、张瑞，但基于《承包协议》的约定，金晖公司并没有放弃对昌华煤矿的管理，依然对煤炭开采销售、环境治理、土地复垦等进行监督控制，并履行其他报批、协调等义务，且双方当事人对《承包协议》的效力亦无异议，故应认定《承包协议》有效。

二、关于李苏、张瑞通知解除《承包协议》的行为是否有效、本案应如何处理的问题

案涉《承包协议》第七条第4项明确约定："若因政府手续审批或因甲方

（即金晖公司）原因造成本协议生效之日后十个月内乙方（即李苏、张瑞）无法正式开始进行灾害治理，乙方可提出终止协议……"。李苏、张瑞据此可主张约定的合同解除权。根据约定，李苏、张瑞在2010年2月5日向金晖公司支付1.1亿元保证金后，《承包协议》生效。由于昌华煤矿灾害治理工程在协议生效后一直未获政府的开工批准许可，基于《承包协议》的上述约定，李苏、张瑞在2010年12月5日后即有权解除《承包协议》。但李苏、张瑞在享有约定的合同解除权后，并没有及时行使，一直到2015年9月18日才通过其律师依据《承包协议》第七条第4项的约定向金晖公司送达解除《承包协议》的通知，该解除通知的效力即成为本案争议的核心焦点。

《合同法》第九十五条规定："法律规定或者当事人约定解除权行使期限，期限届满当事人不行使的，该权利消灭。法律没有规定或者当事人没有约定解除权行使期限，经对方催告后在合理期限内不行使的，该权利消灭。"本案中，对李苏、张瑞享有的约定解除权行使期限，既无法律规定又无当事人约定，且金晖公司也未对李苏、张瑞进行过催告，属于《合同法》第九十五条未作规定的情形。金晖公司主张本案应参照适用《商品房买卖合同解释》第十五条关于超过一年除斥期间、约定解除权灭失的规定，没有法律依据，本院不予支持。

基于本案已经查明的事实，李苏、张瑞在2010年12月5日享有约定解除权后没有行使权利，而金晖公司继续办理昌华煤矿灾害治理的相关审批手续，除山西省煤矿企业兼并重组整合工作领导组办公室作出的"晋煤重组办发〔2010〕69号"批复系李苏、张瑞享有约定解除权之前办理的，其他包括忻州市煤炭企业兼并重组工作领导组办公室、忻州市环境保护局、宁武县国土资源局、忻州市人民政府、宁武县人民政府等审批机关关于昌华煤矿综合治理项目初步设计方案、临时用地、环境影响报告、治理工程等事项的批复均在2011年至2013年陆续完成。其中忻州市人民政府与宁武县人民政府分别于2013年3月28日、2013年4月8日批复同意正晖煤业公司对昌元等五矿进行综合治理，但要求昌元煤矿先开工试点，昌华煤矿等四矿具体开工时间需宁武县人民政府依据实际情况批复许可。2013年11月11日至2014年1月7日，李苏、张瑞先后分五次应金晖公司要求向其付款合计665万元，用于支付昌华煤矿灾害治理手续的审批费用。李苏、张瑞对上述事实并无异议。

2013年12月11日至2014年1月13日张凯以昌华煤矿治理名义从正晖火区综合治理项目部分四次借支175万元,用于临时占地补偿,李苏、张瑞亦表示认可。至于2015年10月25日张凯以昌华煤矿火区治理名义从正晖火区项目部收取的1000万元,李苏、张瑞尽管不认可张凯有权收取该1000万元,但同意在《承包协议》解除的情况下可以从返还款项中扣除该1000万元,变相承认了张凯的代理行为。

  据此,在合同约定解除条件成就的情况下,金晖公司继续办理昌华煤矿灾害治理相关审批手续,李苏、张瑞在大部分审批手续办理完毕后应金晖公司要求继续支付相关审批费用,应视为对金晖公司继续履行治理工程报批行为的认可和接受,且之后张凯还以李苏、张瑞名义陆续从正晖火区综合治理项目部支取部分款项用于占地补偿以及工程治理。李苏、张瑞的上述行为足以使金晖公司有正当理由信赖李苏、张瑞不再行使《承包协议》第七条第4项约定的合同解除权,而愿意继续履行合同。双方以实际履行行为变更了《承包协议》第七条第4项关于合同解除的约定,李苏、张瑞据此享有的约定解除权相应灭失。故李苏、张瑞请求确认基于上述约定解除《承包协议》的行为有效,并请求金晖公司返还收取的保证金、手续审批费等款项,承担违约责任等均缺乏相应的权利基础,不能成立,本院不予支持。

  至于李苏、张瑞是否享有法定解除权的问题。李苏、张瑞抗辩认为其除享有约定的合同解除权外,尚享有法定解除权,并将政府迟迟未能批复开工许可视为不可抗力或者情势变更,主张可据此解除《承包协议》。但是根据《承包协议》的内容,李苏、张瑞对于合同约定的昌华煤矿灾害治理需政府审批是明知的,既然需要政府审批,就存在不能获批或者较长时间内未能获批的风险,此种风险应是当事人签约时即应预见到的;且截止到2013年,昌华煤矿治理工程相关审批(除开工许可外)手续已经基本办理完毕,本案亦无证据显示政府确定对昌华煤矿治理工程开工不再许可,故政府尚未批复开工的事实并不符合《民法通则》第一百五十三条关于"不可抗力",和《合同法解释(二)》第二十六条关于"情势变更"规定的情形,李苏、张瑞据此主张享有合同解除权缺乏事实和法律依据,不能成立。至于本案是否具有其他法定解除条件的情形,因李苏、张瑞并未积极主张,基于"不告不理"的诉讼原则,本院在本案中不予审理。

根据《承包协议》的约定，尽管包含开工许可在内的灾害治理审批手续应由双方共同办理，但基于本案的实际情况，办理审批手续的义务主要应由金晖公司负责，同时考虑到昌华煤矿《采矿许可证》自 2015 年 12 月 23 日期满后至今没有续延，即便政府批复开工许可，李苏、张瑞作为承包方依然不能实施《承包协议》约定的煤炭资源开采行为，故金晖公司亦有义务协调正晖煤业公司尽快续办昌华煤矿采矿许可证。李苏、张瑞可给予金晖公司一定的合理期限，催告其限期办理昌华煤矿治理工程开工许可手续以及协调续办昌华煤矿采矿许可证，逾期依然不能获得开工许可以及采矿许可证，李苏、张瑞有权依法解除《承包协议》。

综上所述，一审法院认定事实不清，适用法律错误，金晖公司的上诉请求成立。依照《民事诉讼法》第一百七十条第一款第二项规定，判决如下：

一、撤销山西省高级人民法院（2016）晋民初 3 号民事判决；

二、驳回李苏、张瑞的诉讼请求。

一审案件受理费 635050 元，保全费 5000 元，共计 640050 元，由李苏、张瑞负担；二审案件受理费 635050 元，由李苏、张瑞负担。

本判决为终审判决。

审　判　长　贾清林
审　判　员　武建华
代理审判员　叶　阳
二〇一七年十二月七日
　　法官助理　冯哲元
　　书　记　员　李　逸
　　实习书记员　邹东来

（二）上诉人任维俊与被上诉人张翔采矿权转让合同纠纷案

【裁判要旨】

个人独资矿山企业投资人有权将企业财产转让给他人，转让的核心财产系企业名下采矿权，可定性采矿权转让合同纠纷；转让协议系双方真实意思表示，没有违反法律、行政法规强制性规定，自依法成立时具有法律约束力，当事人应根据合同约定履行自己的义务，非依法律规定或者当事人约定，不得随意变更或者解除合同；双方已履行了各自的主要合同义务，在没有证据证明对方违约情况下，请求解除合同不予支持；在国家资源整合背景下签署煤矿转让协议，政策变化不属于情势变更。

【裁判文书】

中华人民共和国最高人民法院民事判决书

（2016）最高法民终781号

上诉人（一审原告、反诉被告）：任维俊。
委托诉讼代理人：吴中涛，贵州玉顺律师事务所律师。
委托诉讼代理人：蒋丽霞，贵州玉顺律师事务所律师。
被上诉人（一审被告、反诉原告）：张翔。
委托诉讼代理人：代红伟，贵州宏贯律师事务所律师。
委托诉讼代理人：何贝利，贵州宏贯律师事务所律师。

上诉人任维俊因与被上诉人张翔采矿权转让合同纠纷一案，不服贵州省高级人民法院（2015）黔高民初字第108号民事判决，向本院提起上诉。本院2016年11月28日立案受理后，依法组成合议庭于2017年3月20日公开开庭审理了本案。上诉人任维俊及其委托诉讼代理人吴中涛、蒋丽霞，被上诉人张翔及其委托诉讼代理人代红伟、何贝利到庭参加诉讼。本案现已审理终结。

任维俊上诉请求：1. 撤销一审判决第一项，改判支持任维俊一审诉讼请求；2. 本案一审、二审诉讼费用由张翔承担。事实和理由：（一）金沙县新化乡地质煤矿（以下简称地质煤矿）的采矿许可证不能及时办理过户和顺利办理延续，导致双方签订的《金沙县新化地质煤矿股权转让协议书》（以下简称《转让协议》）不能生效，是张翔的行为导致的，不是任维俊的责任，一审法院对该事实未予查明，属于认定事实不清、过错责任配置错误。1.《转让协议》作为采矿权转让合同，法定生效要件是经国土资源主管部门批准并登记，但本案中地质煤矿至今仍未办理相关审批和变更手续，属于成立但未生效合同。张翔作为地质煤矿转让时的采矿权人，负有办理采矿权转让报批和变更登记的法定和约定义务，但张翔至今未履行该义务，且一审法院将该义务认定为任维俊的义务，违反法律和合同约定。2. 张翔在移交地质煤矿资料时，故意保留一枚地质煤矿的公章、隐瞒矿山环境恢复治理保证金专用账户，并在任维俊依约支付8480万元转让款后以欺骗的手段从上述专用账户中转走421万元，从客观上导致地质煤矿因矿山环境恢复治理保证金不足而不能办理采矿权延续、变更手续。3. 张翔的越界开采行为后果由任维俊承担不公平。任维俊接管地质煤矿后并未正常生产，现有证据材料可以证明采矿、运输通道越界系任维俊接管地质煤矿前就已形成，张翔隐瞒了其经营管理地质煤矿期间存在重大越界开采的违法事实，导致任维俊接管地质煤矿后被国土资源主管部门立案调查，无法办理采矿权变更登记。（二）《转让协议》在履行过程中发生了重大变更，转让的核心标的—采矿权在协议签订后发生了重大变化，导致合同目的不能实现，如继续履行会发生严重的显失公平，给任维俊造成不可挽回的损失。1. 2012年9月21日，任维俊依约支付了80%转让款后不久，2012年12月19日贵州省出台《煤矿企业兼并重组工作方案（试行）》，导致《转让协议》赖以存在的客观情况发生变化，根据该方案和后来一系列的煤矿整合要求：拟实施兼并重组的矿井是要符合设计生产能力30万吨/年以下的各类煤矿（井）；到2015年基本淘汰不具备整合条件又不具备技改扩能条件15万吨/年以下煤矿；采矿权只能转让给具有煤矿企业兼并重组主体资格的企业。而地质煤矿的客观情况符合 2015 年前必须关闭的条件,该煤矿在贵州省煤矿整合政策要求下的结果只能是:采矿权到期后自行关闭或者加入具有兼并重组主体资格的企业集团;鉴于地质煤矿客观不能扩能技改为年产量 30 万吨,被整合后也只能作为关闭煤矿报批,这显然与任维俊出资 1 亿多元购买地质煤矿的初衷不符,煤矿整合政策的出台和实施的客观情况,也是任维俊所不能预见的,继续履行将导致严重不公平,故《转让协议》应予解除。(三)一审法院认定事实有误。一审法院关于双方按合同约定的采矿权过户条款履行以及采矿权予以保留的认定有误,张翔的违约行为系地质煤矿采矿权无法办理变更登记的根本原因,任维俊签订《转让协议》的合同目的已无法实现,一审法院不支持任维俊关于解除《转让协议》、返还已付转让款的诉讼请求认定事实和适用法律均有误。

张翔辩称:(一)《转让协议》的性质系采矿权转让合同,已经两次经过贵州省国土资源厅批复,协议成立且已生效。(二)任维俊关于张翔拖欠矿山环境恢复治理保证金、采取欺骗手段从地质煤矿保证金专户提取矿山环境恢复治理保证金的主张,不能成立。张翔提交的证据可以证明 2012 年 9 月 18 日、19 日张翔将地质煤矿欠缴保证金共计 348 万元足额存入地质煤矿的保证金缴存专户,专户余额达到 420 余万元;因地质煤矿在张翔经营管理期间,造成金沙县新化乡新农村村民陈秀华等 32 户房屋受损,张翔通过法定程序层层审批提取保证金用于地质灾害赔付,不存在违法违规行为,也未对采矿权交易造成不利影响。(三)任维俊关于地质煤矿因张翔越界开采导致国土资源主管部门立案调查、无法办理采矿权变更登记的主张不能成立。现有证据证明张翔经营管理煤矿期间不存在越界开采行为,任维俊接管煤矿后发生的越界开采行为影响采矿权变更登记的,不利后果应由任维俊承担;且根据贵州省国土资源厅两次批准案涉采矿权转让的事实,也从客观上印证了任维俊提出的上述问题并未给采矿权变更造成任何障碍。(四)任维俊关于案涉采矿权无法办理变更登记的根本原因在于张翔的违约行为的主张不能成立。虽然地质煤矿采矿权到期时间为 2013 年 12 月 31 日,但直到 2015 年 1 月 20 日,贵州省国土资源厅仍在批准地质煤矿采矿权向任维俊指定的兼并重组主体企业贵州星海投资有限公司(以下简称星海公司)进行转让,故该矿采矿权系予以保留的,采矿权并未灭失。(五)张翔一直严格按照合同约定履行应尽义务，任维俊因自身原因致使地质煤矿采矿权被查封、消极履行合同等，导致采矿权变更未能顺利进行，责任在任维俊，其无权单方解除合同，且任维俊作为不诚信一方，其主张亦不应得到支持。张翔请求依法驳回任维俊上诉请求，维持一审判决。

任维俊向一审法院起诉请求：1. 判令解除任维俊与张翔之间签订的《转让协议》；2. 判令张翔返还任维俊已经支付的转让款8480万元；3. 本案诉讼费由张翔承担。张翔向一审法院反诉请求：判令任维俊向张翔支付地质煤矿剩余转让款2120万元，反诉费用由任维俊承担。

一审法院认定事实：地质煤矿系个人独资企业，张翔系原投资人，已经办理了采矿许可证（证号：520000083#）。2012年8月15日，张翔以其名义及地质煤矿名义（乙方）与任维俊（甲方）签订了《转让协议》，双方约定将地质煤矿名下的全部资产和权益（包括但不限于采矿权、矿井、土地使用权、生产经营权、地面设备、设施、各种车辆）以及张翔持有的地质煤矿100%股权共作价1.06亿元转让给任维俊。《转让协议》就煤矿转让价款的支付、煤矿及相关证照的交付、煤矿手续的变更过户等事项进行了明确约定。协议签订后，任维俊按约定向张翔支付了80%的转让价款8480万元，张翔按照协议约定于2012年9月上旬将交易煤矿及相关证照和资料移交给任维俊经营管理。另20%余款按照协议约定，在张翔将地质煤矿的营业执照、采矿许可证变更到任维俊指定的（主体）名下后十日内，任维俊一方一次性付清，逾期一天按照2120万元的1%计付张翔一方损失。事后，经地质煤矿申请，该矿采矿权2013年10月16日曾经贵州省国土资源厅批准同意向贵州黎明能源集团有限责任公司（以下简称黎明集团）转让（兼并重组），但于2014年4月16日经黎明集团同意退出；此后，该矿采矿权于2015年1月又经贵州省国土资源厅批准同意向星海公司转让（兼并重组），但尚未完成兼并重组过户。任维俊作为煤矿的实际控制人，直接参与或者安排其煤矿工作人员参与地质煤矿与黎明集团及星海公司的兼并重组相关事宜。

一审另查明，地质煤矿采矿许可证有效期至2013年6月，因涉及兼并重组，贵州省国土资源厅在2013年10月16日批准同意该矿采矿权向黎明集团转让的同时，同意延期至2013年12月31日受理该采矿权延续及其他相关手续，逾期按采矿权超期自然灭失处理。次日，贵州省毕节市安全生产监督管理局对该矿进行现场检查认定该矿存在采矿许可证于 2013 年 6 月 14 日过期及存在安全隐患，为此当即作出行政处理决定：责令立即停产整顿待验收合格，未取得延期后的《采矿许可证》前严禁组织井下采掘作业。但其此后直至 2015 年 3 月仍然一直在经销煤炭，至 2014 年底前一直在申报缴纳营业税等税种。

2014 年及 2015 年，地质煤矿仍然在进行兼并重组中，贵州省能源局仍然在为其办理兼并重组手续，贵州省国土资源厅直至 2015 年仍然批准同意该矿采矿权转让申请。另外，2014 及 2015 年，山东省莱芜市中级人民法院等先后对该矿的采矿权进行查封。2015 年 9 月，任维俊以张翔根本违约致使任维俊无法进行生产经营、不能实现合同目的为由，提起如前诉请，张翔则提出反诉。

一审法院认为：双方当事人就地质煤矿的权益转让已经达成一致协议，转让合同已经成立。根据合同内容，地质煤矿在本案中系合同交易标的，并非合同当事人。合同签订后，任维俊已经根据双方约定向张翔支付了 80% 的合同价款，张翔已经根据约定将地质煤矿及相关证照和资料等交付任维俊经营管理。关于地质煤矿采矿权的变更过户，根据交易当时国家煤矿兼并重组政策及相关规定，不能过户到自然人名下，而需兼并重组入符合政策规定的企业法人主体。对该规定，双方应当是明知的。为此，《转让协议》特别约定，由张翔将地质煤矿的营业执照、采矿许可证变更到任维俊指定的（主体）名下，而不是任维俊名下。事后，经地质煤矿申请，该矿采矿权按照兼并重组政策精神先后经贵州省国土资源厅批准同意向黎明集团、星海公司转让，而与黎明集团、星海公司的兼并重组事宜，有任维俊及其工作人员参与办理，这与合同关于将采矿权过户到任维俊指定的（主体）名下之约定相符，应认定为双方履行合同约定的过户条款的行为。按照规定，煤矿企业兼并重组及其采矿权转让审批，应提交申请和相关证照原件，在地质煤矿相关证照已经移交任维俊实际控制的情形下，没有任维俊、张翔的协调配合，不可能办理采矿权转让审批手续。而且，由于任维俊实际控制煤矿并已持有相关证照，何时启动办理证照变更手续，须由任维俊根据经营需要进行决策，张翔只是承担相关配合完善手续的义务，现任维俊并不能举证证明张翔存在拒不配合将地质煤矿过户到任维俊名下的违约行为。任维俊所提地质煤矿与黎明集团、星海公司的兼并重组并非其行为而系张翔违背合同约定的单方行为,与本案查明的任维俊全程参与该两次兼并重组行为的事实不符,不能成立。地质煤矿采矿权自签订合同至今,因处于兼并重组过程中,故采矿权未能正常办理延续手续,但行政主管部门 2013 年至 2015 年审批同意地质煤矿采矿权向相关主体企业转让的事实充分证明,地质煤矿采矿权并未因办理延续手续问题而消灭,该矿采矿权是予以保留的,否则就不具备转让审批基础。因此,任维俊所提地质煤矿采矿权因张翔不及时办理延续手续导致该矿采矿权已灭失,与查明的事实不符,不能成立。本案合同所涉地质煤矿采矿权转让已由合同当事人报经行政主管部门批准同意,合同合法有效,双方当事人应依法履行合同义务。该矿采矿权获准转让,但尚未按照相关规定和合同约定变更登记,现有证据不能证明系因张翔行为所致,责任不在于张翔。根据合同约定和相关政策规定,任维俊通过合同取得的系煤矿投资人权益,而不是采矿权人权益,现任维俊以张翔拒不将地质煤矿采矿权过户到其名下,又不依法办理煤矿延续手续导致地质煤矿采矿权灭失,致使其无法实现合同目的为由,主张解除合同,缺乏事实依据及法律依据,不予采纳。《转让协议》依法应继续履行且也能够继续履行,故对任维俊请求解除合同、返还已支付的合同价款的诉讼请求,该院不予支持。

关于张翔提出反诉请求任维俊支付尚欠的 20% 尾款,因《转让协议》约定该 20% 尾款的支付需以采矿权已经过户到任维俊指定的相关主体名下为前提,而该付款条件并未成就,故张翔的反诉请求与合同约定不符,该院亦不予支持。

综上,一审法院认为任维俊诉讼请求及张翔反诉请求均不能成立,依法应予驳回。依照《合同法》第四十四条、第六十条,《矿产资源法》第六条、《探矿权采矿权转让管理办法》第十条第三款及《民事诉讼法》第六十四条第一款、《民事诉讼法解释》第九十条之规定,判决:(一)驳回任维俊的诉讼请求;(二)驳回张翔的反诉请求。本诉一审案件受理费 465800 元,由任维俊负担;反诉一审案件受理费 147800 元,由张翔负担。

本院二审期间,当事人围绕上诉请求依法提交了证据。本院组织当事人进行了证据质证。对当事人二审争议的事实,本院认定如下:任维俊二审提交的《贵州省煤矿企业兼并重组工作领导小组办公室公告》《贵州省煤矿企业兼并重组工作方案（试行）》《贵州省新化乡地质煤矿资源储量核实报告》及贵州省国土资源厅黔国土资储备［2007］421号文件、《贵州省新化乡地质煤矿建设工程安全设施及条件竣工验收报告书》中的国家煤矿安全监察现场处理决定书及现场检查笔录、贵州兴源煤矿科技有限责任公司制作的《金沙县新化乡地质煤矿矿井瓦斯地质图说明书》及《2012年新化乡地质煤矿矿井瓦斯地质图》《金沙县国土资源局关于新化乡地质煤矿越界开采的情况报告》等证据材料，和张翔提供的《催告函》《催告函》EMS邮寄回单、在地质煤矿现场张贴《催告函》的照片以及登载《催告函》的《工人日报》等证据材料，因对方当事人对证据的真实性、合法性均无异议，本院予以确认。对于任维俊提交的陈军出具的《情况说明》，张翔尽管对于证据形式的合法性有异议，但认可《情况说明》部分内容的真实性，本院对该情况说明中双方无异议的内容予以确认。对任维俊提交的《贵州省新化乡地质煤矿上下井对照图》、贵州永基矿业投资有限公司出具的《情况说明》，因无法确认其真实性，张翔亦不予认可，本院不予确认。对于张翔提交的江苏省地质矿产局第一地质大队的《地质勘查资质证书》，尽管任维俊持有异议，但鉴于该证书系由国土资源部制作颁发，本院对其真实性、合法性予以确认。至于上述证据是否与本案具有关联性，将结合其他相关证据材料综合予以认定。

　　基于上述确认的证据以及当事人当庭陈述，本院查明以下事实：

　　2007年11月7日，贵州省国土资源厅出具《关于〈贵州省金沙县新化乡地质煤矿资源/储量核实报告〉矿产资源储量评审备案证明》，载明：贵州省国土资源勘测规划院对《贵州省金沙县新化乡地质煤矿资源/储量核实报告》矿产资源储量通过评审，将评审过程中有关材料提交国土资源厅。经合规性检查，贵州省国土资源勘测规划院聘请的评审专家符合相应资质要求，已经矿产资源储量评审备案。资源量基准日：2007年3月底。评审备案的煤矿保有量336.2万吨。

　　2011年3月30日，贵州煤矿安全监察局毕节监察分局作出《国家煤矿安全监察现场处理决定书》，载明："我局（分局）于2011年3月30日现场检查时，发现有以下违规行为：煤矿双回路电源未分列运行，不能自动切换；未编制矿井瓦斯地质图，未绘制矿井反风示意图等共14条，详见2011年3月30日《国家煤矿安全监察现场检查笔录》。现作出如下现场处理决定：1. 责令立即停止井下采掘作业，进行整改（限2011年4月20日前整改完毕）；2. 针对本次验收提出的问题，煤矿编制整改方案进行整改；整改完毕，经金沙县安监局验收合格后，将验收结论报贵州煤矿安全监察局毕节监察分局备案；3. 待取得合法齐全的证照后，方可进行生产"。

2014年7月7日，金沙县国土资源局向毕节市国土资源局报送《关于新化乡地质煤矿越界开采的情况报告》，载明："2013年8月，经江苏省地质矿产局第一地质大队作出的2013年第三季度动态监测报告反映结论：该矿1182运输巷越界，盗采资源量为937吨。针对该矿越界行为，2013年9月我局针对该矿矿井西部1182运输巷越界行为查结，且责令退回合法矿界，对越界巷道进行密封。2013年第四季度江苏省地质矿产局第一地质大队动态监测报告反映该矿矿井西部1192回采工作面（其中包括1192回风巷、1192中间巷以及1192采面联络巷）存在越界行为。针对该行为，我局依法下达了《责令停止违法行为通知书》并函告相关部门。目前该矿《采矿许可证》已过期，正在省国土资源厅申请延续。特此报告。"

2015年10月14日，贵州省煤矿企业兼并重组工作领导小组办公室发布《公告》，载明：现依程序将公示无异议的下述企业的基本具备兼并重组主体资格予以公告取消。其中，被取消兼并重组主体资格的企业包括星海公司。

2016年8月10日，张翔以特快专递的形式向任维俊发送《催告函》，并在地质煤矿现场张贴；2016年9月22日又在《工人日报》登载了该《催告函》，载明："双方签订合同至今已近四年，我方一直积极履行合同，由于你方消极履行合同、地质煤矿采矿权被查封等原因，导致地质煤矿采矿权至今未能顺利完成过户，责任均在你方，为促进合同顺利履行完毕，现正式书面函告你方如下事宜：1. 请你方于收到本函之日起20日内，解除地质煤矿采矿权的查封，清除因你方原因造成的地质煤矿采矿权过户的一切障碍。2. 请你方于收到本函之日起20日内，按照《转让协议》第五条第3款的约定指定符合贵州省煤矿兼并重组政策的主体企业接受地质煤矿采矿权，并书面告知张翔，同时向主管部门报送采矿权转让工作所需相关材料，启动过户程序。3. 如你方继续消极履行合同，恶意拖欠尾款，我方将依法提起诉讼，要求你方支付2120万元尾款，并按照合同约定支付逾期付款违约金。"任维俊认可《催告函》的真实性，但主张没有收到该《催告函》。

二审过程中，任维俊对一审查明的部分事实有异议，除上述已经查明的事实外，对其他异议部分因没有提供充分证据予以证实，张翔亦不予认可，本院不予支持。

本院查明的其他事实与一审法院查明的事实一致。

本院认为，地质煤矿作为个人独资企业，张翔作为地质煤矿的投资人对企业财产享有所有权，有权依法将地质煤矿的全部财产转让给他人。案涉《转让协议》尽管约定的转让标的包括地质煤矿名下的全部资产和权益包括但不限于采矿权、矿井、土地使用权、生产经营权、地面设备、设施、车辆以及地质煤矿的100%股权（实为投资份额），但根据《转让协议》的约定、交接明细以及地质煤矿的法律属性，双方转让的核心财产系地质煤矿名下的采矿权，一审法院据此将本案定性为采矿权转让合同纠纷，双方当事人对此亦无异议，本院予以确认。《转让协议》系双方真实意思表示，没有违反法律、行政法规的强制性规定，自依法成立时即具有法律约束力，当事人应根据合同约定履行自己的义务，非依法律规定或者当事人约定，任何一方不得随意变更或者解除。

基于双方当事人的诉辩主张和本案事实，本案的主要争议焦点为：1. 张翔是否违反《转让协议》致使任维俊的合同目的不能实现；2. 本案是否存在情势变更的情形。

一、关于张翔是否违反《转让协议》致使任维俊的合同目的不能实现的问题

基于《转让协议》的约定，张翔作为地质煤矿转让人的主要义务为：在任维俊支付协议约定总价款的80%当日，由任维俊接管地质煤矿，张翔向任维俊移交地质煤矿全部资产和权益、管理权、经营权等，交接财务报表、证照、公章、图纸和其他相关资料；张翔负责将营业执照、采矿许可证变更到任维俊指定的（主体）名下，并将变更完毕的新的证照手续交给任维俊。办理营业执照、采矿权许可证变更登记亦是任维俊支付20%余款的付款条件。

1. 关于张翔移交地质煤矿及其证照、公章等义务。尽管任维俊主张地质煤矿还有一枚公章和2012年9月之前的地质煤矿采掘工程平面图、矿山储量动态监测报告没有移交，但张翔对此不予认可。基于双方在移交地质煤矿过

程中签署的《交接证件和公章明细》中包含三枚公章的交接：行政公章一枚（防伪）、行政公章一枚（普通）、工会公章一枚，但没有留有相应的印模，而张翔坚持认为所有公章均已经移交，任维俊提交的现有证据（包括二审庭审后提交的部分地质煤矿工商登记档案资料）尚不足以证明还有一枚地质煤矿公章没有移交的事实。至于任维俊所述采掘工程平面图、矿山储量动态监测报告，张翔陈述均系向国土资源主管部门报送的资料。本院认为，在张翔已经将地质煤矿及其证照、三枚印章、财务手续等煤矿主要经营资料已移交给任维俊的情况下，一枚公章及部分资料的移交与否不会导致任维俊的合同目的不能实现，不能认定张翔构成根本违约，任维俊在有充分证据证明的情况下完全可以请求张翔交付上述物品。而且，任维俊在 2012 年 9 月实际接管地质煤矿后一直没有向张翔索要上述主张的未移交物品，只是在本案诉讼过程中才提出该主张，亦与常理不合，本院对任维俊的该项上诉理由不予支持。

2. 关于张翔办理地质煤矿营业执照、采矿许可证变更到任维俊指定的（主体）名下的义务。《转让协议》约定了张翔办理地质煤矿营业执照、采矿权许可证的变更义务，同时也约定了张翔将地质煤矿的公章、营业执照等证照交付给任维俊的义务，公章、证照的实际交接时间为 2012 年 9 月 5 日。根据相关法律规定，营业执照的变更登记和采矿权转让审批及采矿许可证的变更登记，均需以地质煤矿的名义申请办理。任维俊在已实际控制地质煤矿并持有煤矿相关证照、公章的情况下，对何时启动办理营业执照的变更、采矿权转让审批及采矿许可证的变更登记手续具有更大的主动性，张翔作为地质煤矿的原投资人承担的更多应是配合协助的义务。实际上，基于本案已经查清的事实，经地质煤矿申请，该矿采矿权曾于 2013 年 10 月 16 日经贵州省国土资源厅批准同意向黎明集团转让（兼并重组），但于 2014 年 4 月 16 日经黎明集团同意退出；2015 年 1 月 20 日地质煤矿采矿权又经贵州省国土资源厅批准同意向星海公司转让（兼并重组），但未完成兼并重组过户；任维俊作为煤矿的实际控制人，直接参与或者安排其煤矿工作人员参与地质煤矿与黎明集团及星海公司的兼并重组相关事宜。尽管任维俊二审中提出证据证明星海公司于 2015 年 10 月 14 日已经被贵州省煤矿企业兼并重组工作领导小组办公室公告取消兼并重组主体资格，导致地质煤矿客观上无法与之完成兼并重组并办理矿业权变更登记手续，但任维俊并未举证证明系由于张翔的行为导致采矿权不能办理变更登记手续。

贵州省国土资源厅 2015 年 1 月 20 日出具的《关于金沙县新化乡地质煤矿申请采矿权转让（兼并重组）的审核意见》（矿管函 [2015] 140 号）明确载明："同意金沙县新化乡地质煤矿向贵州星海投资有限公司转让采矿权。……请持本审核意见及时到贵州省公共资源交易中心办理采矿权的转让交易，交易成功后，由受让人备齐相关资料到原发证机关办理变更登记手续。……本审核意见仅用于办理采矿权转让交易，有效期限 30 个工作日。"任维俊作为地质煤矿的实际控制人、案涉采矿权的受让人并没有在该审核意见规定的有效期限内及时办理矿业权的转让交易及变更登记手续。2016 年 4 月 22 日，星海公司针对兼并重组地质煤矿的过程出具《情况说明》，其中载明："在办理证照变更的过程当中，我公司发现地质煤矿采矿权因涉及银行巨额贷款被山东省莱芜市中级人民法院查封，导致兼并重组未能完成"。2014 年、2015 年地质煤矿采矿权被司法查封系本案已经查明的事实，任维俊亦无异议。由此可见，地质煤矿此次未能在星海公司 2015 年 10 月被取消兼并重组主体资格前完成兼并重组并办理采矿权变更登记，责任并不在张翔，而在于任维俊自身。本案一审诉讼过程中，张翔亦通过多种途径向任维俊送达《催告函》，要求任维俊尽快解决因地质煤矿对外欠款导致的采矿权被查封，清除办理采矿权过户的一切障碍，尽快启动过户程序。由此，任维俊主张地质煤矿采矿权没有办理过户登记系因张翔的违约行为导致，理据不足，本院不予支持。

至于任维俊主张张翔通过欺骗手段提取地质煤矿矿山环境恢复治理保证金以及张翔在控制经营地质煤矿期间越界开采等事实，现有证据尚不能充分证明对案涉采矿权的变更登记产生实质不利影响，且与本案中认定张翔是否违反《转让协议》的约定义务导致任维俊的合同目的不能实现没有直接的关联，任维俊若有充分证据可另行主张。

二、关于本案是否存在情势变更情形的问题

《合同法解释（二）》第二十六条规定："合同成立以后客观情况发生了当事人在订立合同时无法预见的、非不可抗力造成的不属于商业风险的重大变化，继续履行合同对于一方当事人明显不公平或者不能实现合同目的，当事人请求人民法院变更或者解除合同的，人民法院应当根据公平原则，并结

合案件的实际情况确定是否变更或者解除。"是否属于所谓情势变更还是商业风险,需要参照合同约定,并从可预见性、归责性以及产生后果等方面进行分析。

本案中,任维俊主张本案适用情势变更的主要依据是其在二审期间提交的2012年12月19日贵州省人民政府办公厅印发的《贵州省煤矿企业兼并重组工作方案(试行)》,但是基于该工作方案的内容可以看出,2010年国家即开始启动煤矿企业的兼并重组工作,国务院办公厅、贵州省人民政府也就煤矿企业兼并重组颁发了相关规范性文件。任维俊作为《转让协议》的签约人,在决策购买地质煤矿时应当了解、知晓国家关于煤炭资源整合、煤矿企业兼并重组的相关政策,对于一定规模以下的煤矿可能存在被兼并重组、甚至关闭的商业风险应该是有预期的,不存在客观情况发生了任维俊在订立合同时无法预见的、非不可抗力造成的不属于商业风险的重大变化。同时,根据本案已经查明的事实,地质煤矿采矿权的转让分别在2013年10月16日和2015年1月20日两次通过了贵州省国土资源厅的批准,说明即便基于《贵州省煤矿企业兼并重组工作方案(试行)》的要求,地质煤矿采矿权也是可以转让的,案涉《转让协议》并非不能履行,并不存在继续履行合同对于任维俊明显不公平或者不能实现合同目的的情形。因此,任维俊主张本案符合情势变更的情形并据此请求解除《转让协议》,没有事实和法律依据,本院不予支持。

综上,任维俊的上诉请求不能成立,应予驳回;一审判决认定事实清楚,适用法律正确,应予维持。依照《民事诉讼法》第一百七十条第一款第一项规定,判决如下:

驳回上诉,维持原判。

二审案件受理费465800元,由上诉人任维俊负担。

本判决为终审判决。

审 判 长 贾清林
审 判 员 武建华
代理审判员 叶 阳
二〇一七年四月一日
书 记 员 李 逸

（三）上诉人吐鲁番英财矿业有限责任公司、新疆盛格隆矿业投资有限公司与被上诉人鄯善县鑫奥森矿业开发有限公司、石国兵股权转让纠纷案

【裁判要旨】

合同性质应依据合同中约定的具体权利义务内容予以判断；矿业权出租，是矿业权人在不转移矿业权权属的情况下将矿业权的部分权能在一定期限内让渡给他人使用、收益，并由他人支付租金的交易模式，具有不同于矿业权转让的法律属性，不宜将其当然视为矿业权的变相转让或者非法倒卖牟利行为，并以未经批准为由认定矿业权租赁合同具有效力瑕疵。

【裁判文书】

中华人民共和国最高人民法院民事判决书

（2016）最高法民终520号

上诉人（原审被告、反诉原告）：吐鲁番英财矿业有限责任公司。住所地：新疆维吾尔自治区鄯善县柳中路育才住宅小区一栋一单元501室。

法定代表人：袁英财，该公司董事长。

委托诉讼代理人：刘燕，系新疆盛格隆矿业投资有限公司职员。

上诉人（原审被告）：新疆盛格隆矿业投资有限公司。住所地：新疆维吾尔自治区乌鲁木齐市天山区新华北路293号永天大厦19楼7室。

法定代表人：王卫国，该公司董事长。

委托诉讼代理人：刘燕，该公司职员。

被上诉人（原审原告、反诉被告）：鄯善县鑫奥森矿业开发有限公司。住所地：新疆维吾尔自治区鄯善县一区团结路南侧三号小区。

法定代表人：石国兵，该公司董事长。

委托诉讼代理人：王东盛，新疆双信律师事务所律师。

被上诉人（原审第三人、反诉被告）：石国兵。

委托诉讼代理人：于建华，女，系鄯善县鑫奥森矿业开发有限公司职员。

上诉人吐鲁番英财矿业有限责任公司（以下简称英财公司）、新疆盛格隆矿业投资有限公司（以下简称盛格隆公司）因与被上诉人鄯善县鑫奥森矿业开发有限公司（以下简称鑫奥森公司）、石国兵股权转让纠纷一案，前由新疆维吾尔自治区高级人民法院于2013年5月31日作出（2012）新民二初字第7号民事判决。鑫奥森公司、英财公司、盛格隆公司不服提起上诉，本院于2013年11月19日作出（2013）民一终字第154号民事裁定，撤销新疆维吾尔自治区高级人民法院（2012）新民二初字第7号民事判决，将本案发回重审。新疆维吾尔高级人民法院另行组成合议庭进行审理，于2016年5月20日作出（2014）新民二初字第11号民事判决。英财公司、盛格隆公司不服，向本院提起上诉。本院依法组成合议庭，公开开庭审理了本案。上诉人英财公司、盛格隆公司的委托诉讼代理人刘燕，被上诉人鑫奥森公司的委托诉讼代理人王东盛，被上诉人石国兵的委托诉讼代理人于建华到庭参加诉讼。本案现已审理终结。

英财公司、盛格隆公司上诉请求：1.撤销一审判决第一、第二、第三、第五项，驳回鑫奥森公司本诉的全部诉讼请求，支持英财公司反诉的全部诉讼请求；2.本案一、二审诉讼费用由鑫奥森公司、石国兵承担。事实和理由：（一）《租赁、股权转让合同》中关于股权转让的约定无效，鑫奥森公司作为原告诉讼主体不适格，应当驳回其起诉。1.股权转让的法律关系只能发生在股东之间，鑫奥森公司对外签订合同转让该公司股权不符合法律规定，属于无效处分行为，《租赁、股权转让合同》中关于股权转让部分的约定无效。鑫奥森公司据此主张股权转让款及其违约金，于法无据。2.本案诉讼中，鑫奥森公司不具备主张股权转让款及其违约金的诉讼主体资格，一审法院应当对诉讼主体是否适格进行审查，对不适格主体提起的诉讼应裁定驳回起诉。3.一审法院以参加诉讼通知书的形式，通知具有主张股权转让款诉讼主体资格的石国兵以第三人身份参加诉讼，系人民法院依职权作出的行为，英财公司、盛格隆公司虽有异议但表示理解。至于石国兵是以有独立请求权第三人还是以共同原告的身份参加诉讼，是否提起同样的诉讼请求或者主张同样的事实及理由，属石国兵接到参加诉讼通知书后自行行使诉权范畴。本案中，鑫奥森公司作为适格原告，石国兵未提起任何诉讼请求，程序错误。（二）《租赁、股权转让合同》中关于采矿权租赁部分的约定无效，英财公司不应承担赔偿责任。采矿权是用益物权，其出租、转让、承包等均须遵循法律规定。《租赁、股权转让合同》中关于采矿权租赁的约定未经国土资源主管部门批准，违反《矿产资源法》第四十二条规定，应为无效。英财公司不应给付赔偿金。（三）英财公司有新的证据证明，案涉盐碱坡金矿是采空矿，且位于军事管理区范围内，《租赁、股权转让合同》合同目的不能实现。英财公司不构成违约，不应承担违约金和赔偿金。（四）英财公司是以《租赁、股权转让合同》无效为事实依据，适用依无效合同所取得的财产应予返还的法律规定而提起反诉。本案诉讼尚未完结，无生效判决确定合同效力，诉讼时效至今尚未开始计算，一审判决以英财公司反诉请求超过诉讼时效为由予以驳回，系属错误。（五）《租赁、股权转让合同》无效，其中关于担保的约定无效，盛格隆公司不应承担连带责任。

鑫奥森公司辩称，（一）《租赁、股权转让合同》是各方当事人的真实意思表示，不违反法律、行政法规的强制性规定，应为合法有效。《矿产资源法》《矿业权出让转让管理暂行规定》等法律、法规中关于采矿权租赁的规定，属管理性强制性规定，不影响合同效力的认定。（二）英财公司、盛格隆公司认为《租赁、股权转让合同》中关于股权转让部分的约定无效，案涉盐碱坡金矿为采空矿、位于军事管理区的主张无事实和法律依据，不能成立。1.《租赁、股权转让合同》中关于股权转让部分的约定是双方的真实意思表示，不违反法律、行政法规的强制性规定，应为合法有效。2. 鑫奥森公司系由其法定代表人石国兵持有100%股权，一审庭审中石国兵已确认其转让股权的真实意思表示，且其在签订合同时即同意转让股权并授权加盖了私章。英财公司也认可该合同系经石国兵同意而签订。3. 鑫奥森公司拥有合法有效的《采矿许可证》，对案涉盐碱坡金矿享有合法开采权。英财公司、盛格隆公司所谓该矿位于军事管理区、禁止开采一说无事实依据。《租赁、股权转让合同》签订之前，双方已有长期合作，且英财公司在合同即将届满前还向鑫奥森公司支付了约定的租金，采空矿一说无证据支持。（三）英财公司是《租赁、股权转让合同》的签订主体，盛格隆公司为担保人，二者承担责任的法律关系不同。且英财公司一审时曾提出过反诉，对其反诉请求，盛格隆公司无权提出上诉。二者作为共同上诉人无法律依据，应予驳回。

石国兵辩称，（一）英财公司、盛格隆公司在一审中具有不同的诉讼主体地位，且一审判决针对其二者作出了不同判项，应分别上诉。（二）《租赁、股权转让合同》上加盖有石国兵的私人印章，其中关于股权转让的约定，是石国兵的真实意思表示。（三）英财公司、盛格隆公司认为《租赁、股权转让合同》无效的上诉理由，无事实和法律依据。1. 英财公司系基于《租赁、股权转让合同》取得了鑫奥森公司的经营权，以鑫奥森公司的名义开采并销售矿石、缴纳税款。案涉采矿权始终归鑫奥森公司享有，未发生变更。2. 英财公司一审提交的中国人民解放军63652部队的《告知书》从未送达石国兵和鑫奥森公司，其真实性无法确认，且与本案无关联性。《告知书》的发文主体和内容亦不符合法律规定，不具有合法性。英财公司未提供任何证据证明该矿山系采空矿，其采挖、销售矿石的事实亦与其采空矿的主张不符。（四）英财公司的反诉请求已经超出了诉讼时效，且未提供任何证据支持其反诉请求。

鑫奥森公司向一审法院起诉请求：1. 英财公司继续履行双方签订的《租赁、股权转让合同》中关于股权转让部分的约定，给付购买鑫奥森公司70%股权转让金2000万元；2. 英财公司赔偿鑫奥森公司违约金2000万元；3. 英财公司赔偿迟延退出矿山的赔偿金1000万元；4. 盛格隆公司对英财公司的上述赔偿、给付义务承担连带赔偿责任；5. 本案的诉讼费、保全费、送达费等由英财公司、盛格隆公司承担。

英财公司向一审法院反诉请求：1. 鑫奥森公司、石国兵共同返还租金260万元；2. 鑫奥森公司、石国兵共同返还保证金30万元；3. 鑫奥森公司、石国兵共同赔偿损失32.86万元；4. 本案全部诉讼费用由鑫奥森公司、石国兵共同承担。

一审法院认定事实：2011年6月8日，鑫奥森公司（甲方）与英财公司（乙方）签订一份《租赁、股权转让合同》约定：经双方商议，在前两年双方合作协议的基础上，双方本着公平、公正、自愿的原则，就乙方租赁开采甲方盐碱坡金矿（坐标见开采证副本）的事宜达成一致，并形成本合同书，供双方遵守：一、甲方将盐碱坡金矿（矿区现有条件、现有手续）租赁给乙方开采，租赁时间壹年，从 2011 年 6 月 8 日至 2012 年 6 月 7 日止。租赁期租金为贰佰陆拾万元。合同签订 5 日内，乙方给甲方支付 50%，余款在合同签订后 6 个月内支付给甲方，乙方缴纳给甲方的租赁（金）费是税后费用。二、甲乙双方商定，在现有手续的前提下，还需办理的手续及应延续手续的办理由乙方负责，甲方配合。各项费用由乙方承担，包括租赁期的各项税费。乙方在租赁期内所缴纳的各项费用归乙方，租赁到期后，属于甲方。三、乙方应当严格按照国家有关法律、法规和安全生产部门批准的开采方案进行开采，并经甲方书面同意后方可施工。在开采期内所发生的任何质量安全事故和各项民事、刑事、经济责任由乙方全部负责。四、双方约定：甲方指定由石智华负责该公司的所有事项，乙方按合同付给甲方的款项由石智华壹人签收（石智华，中行石河子分行，卡号：45635##831）。五、甲乙双方商定：乙方在租赁期内（该合同签订一年内），另出资贰仟万元购买甲方该公司 70% 的股权，并给甲方付清全款，甲方应配合乙方办理股权变更手续。股权变更后，甲方余 30% 的干股。该公司所有的投资均由乙方投资。乙方股权收购后，承诺该公司所属的矿区产品进行深加工后按股权比例分红。有关股权转让后公司章程、财务管理、股权分配等与公司股权变更手续同时进行另行签订合同。六、违约责任：1. 本合同签订后，甲乙双方应自觉履行协议约定的所有条款，如甲方违约，甲方退还乙方在该租赁期内在此矿山已投入的全部资金及乙方购买甲方股权的资金的两倍，合同终止；乙方违约，甲方除不退还乙方给甲方上缴的保证金和上缴政府的各项费用外，乙方应在拾日内退出矿区现场，同时不能带走该矿区已投入或已进入矿区现场准备投入的各种设施和设备以及产品，并以乙方购买甲方股权资金总额的双倍赔偿甲方损失，双方合同终止。如乙方延迟退出矿区，每延迟一天按贰拾万元赔付给甲方。2. 如乙方违约，担保人赔偿给甲方因乙方违约给甲方造成的全部损失……。盛格隆公司在担保人处加盖公章。

英财公司于 2011 年 6 月 10 日、2011 年 6 月 15 日、2012 年 5 月 15 日，分别以电汇方式向石智华卡号 456351##831 汇款 130 万元、30 万元、130 万元，合计 290 万元。鑫奥森公司认可其收到上述款项，确认其中 260 万元系租金，因 30 万元电汇凭证上注明系投资款，鑫奥森公司否认该款系保证金。

英财公司于2012年7月14日向石智华发出《通知函》，内容为："我公司于2012年6月8日撤出鑫奥森公司盐碱坡金矿后，由于无法联系鑫奥森公司法定代表人及相关工作人员，为防止金矿设施丢失，一直安排工作人员看管，并于6月17日将矿井封闭。7月11日我公司向鑫奥森公司住所地送达接管通知函无果，现再次通过石智华先生通知鑫奥森公司，即日起我公司看管现场及井下抽水人员将不再承担任何义务，请鑫奥森公司务必安排人员看矿井，并继续进行抽水工作，否则设备丢失或损毁的责任由鑫奥森公司自行承担"。

2008年1月4日，鑫奥森公司变更为石国兵为出资人的一人有限责任公司，公司注册资本50万元。签订2011年6月8日的《租赁、股权转让合同》时，石国兵持有鑫奥森公司100%股权，石国兵在该合同上签章并加盖鑫奥森公司公章。

新疆维吾尔自治区吐鲁番市中级人民法院（2012）吐中民一初字第11号判决查明：2010年4月1日，黄必强和罗赛峰以温建集团驻鑫奥森公司盐碱坡项目部的名义与英财公司签订了一份《鄯善县盐碱坡金矿共同合作开采销售协议》，双方约定英财公司将鄯善县盐碱坡金矿承包给温建集团驻鑫奥森矿业有限公司盐碱坡项目部开采；承包时间从2010年4月1日至2015年3月31日…2012年12月24日英财公司与罗赛峰又签订一份《补充协议》，该协议约定"甲（英财公司）乙（罗赛峰）双方于2011年6月28日签订了《解除合同协议书》…3. 甲方（英财公司）承诺在2012年5月30日前（付款），由于甲方（英财公司）目前已将部分矿石拉到召远公司（即鄯善县召远矿业有限公司，以下简称召远公司）选矿厂内，并且以后开采的矿石也将继续拉运至召远公司的选矿厂内选矿…等"。召远公司法定代表人载明为吉新虎。该判决已经发生法律效力。

召远公司成立于2006年1月17日，吉新虎为公司股东，至2011年7月27日，分别或同时担任过公司法定代表人及董事长。签订案涉合同时吉新虎为召远公司董事长。盛格隆公司为召远公司股东。2011年4月28日，盛格隆公司参股英财公司，并持有英财公司60%股权，吉新虎被任命为英财公司监事。李玲在召远公司进行社会保险的缴纳，召远公司为其缴纳社会保险的时间为从2011年4月至2012年12月。2011年9月7日，鑫奥森公司在中国建设银行股份有限公司鄯善支行留存鑫奥森公司印模并提供吉新虎私章，鑫奥森公司联系人备注为李玲。2012年10月10日，鑫奥森公司在中国建设银行股份有限公司鄯善支行进行个人名章的印鉴挂失申请，并于2012年11月13日获得许可补发。

2014年12月9日，英财公司向一审法院提交反诉状。

一审法院认为，本案争议焦点为：1.《租赁、股权转让合同》的效力。2.《租赁、股权转让合同》是否应当继续履行。3.英财公司主张鑫奥森公司、石国兵共同返还已交纳的租金、保证金并赔偿损失是否有事实依据（包含双方超过诉讼时效、金矿是否交付）。4.鑫奥森公司主张违约金、赔偿金的事实依据。5.盛格隆公司是否应当承担连带责任。

一、关于《租赁、股权转让合同》的效力问题

本案所涉《租赁、股权转让合同》约定，鑫奥森公司"将盐碱坡金矿（矿区现有条件、现有手续）租赁给英财公司开采"，同时约定英财公司在租赁期内另出资2000万元购买鑫奥森公司70%的股权。从合同内容上看，双方既约定了采矿权租赁事宜，又约定了股权转让事宜。《租赁、股权转让合同》第一、二、三、四条为采矿权租赁的内容，第五条为股权转让的内容，第六条为违约责任和担保的约定。故本案当事人诉争的法律关系包括采矿权租赁和股权转让两部分。针对采矿权租赁的约定，我国法律、行政法规对采矿权租赁的规定，应当认定为管理性强制性规定，违反此类规定的合同，不影响合同效力的认定。故双方签订的《租赁、股权转让合同》中关于采矿权租赁的内容系双方真实意思表示，不违反法律、行政法规的效力性强制性规定，不损害第三人权益，为有效合同。针对股权转让的约定，《租赁、股权转让合同》约定："英财公司在租赁期内（该合同签订一年内），另出资2000万元购买鑫奥森公司70%的股权并给鑫奥森公司付清全款，鑫奥森公司应配合英财公司办理股权变更手续。股权变更后，鑫奥森公司余30%干股。该公司所有的投资均由英财公司投资。英财公司股权收购后，承诺该公司所属的矿区产品进行深加工后按股权比例分红。有关股权转让后公司章程、财务管理、股权分配等与公司股权变更手续同时进行另行签订合同"。英财公司辩称具备股权转让的主体为石国兵，但其没有提出诉讼主张故合同无效。对此，在本次

案件审理过程中,石国兵作为第三人参加诉讼,其虽未对《租赁、股权转让合同》提出独立的主张,但对鑫奥森公司主张该股权转让的各种款项不持异议,故应当认定石国兵作为股东亦认可股权转让事宜,对英财公司以石国兵未提出主张、鑫奥森公司无权处分为由要求认定合同无效的辩解不予采纳。《租赁、股权转让合同》中关于股权转让的约定不违反法律、行政法规的强制性规定,应当认定为合法有效。盛格隆公司为《租赁、股权转让合同》提供的保证合法有效。各方均应诚实守信,严格按约定履行各自义务。至于一人有限公司股权转让的比例问题,并无禁止性规定,故英财公司认为鑫奥森公司作为一人有限公司仅转让70%的股权应当认定股权转让无效的理由同样不能成立。

二、关于《租赁、股权转让合同》是否应当继续履行的问题

因英财公司未按合同约定在一年租赁期内出资2000万元购买鑫奥森公司70%的股权,构成根本违约,根据《合同法》第九十四条规定,鑫奥森公司享有合同解除权。本案原一审中,鑫奥森公司主张解除合同,应当视为以通知方式解除合同,英财公司、盛格隆公司对解除合同明确表示同意,故双方之间的合同已经解除,鑫奥森公司在合同解除后重新要求继续履行合同中的股权转让部分,于法无据,不予支持。

三、关于英财公司主张鑫奥森公司、石国兵共同返还已交纳的租金、保证金并赔偿损失是否有事实依据的问题

英财公司认为盐碱坡金矿没有交付,根据新疆维吾尔自治区吐鲁番市中级人民法院(2012)吐中民一初字第11号判决查明"2010年4月1日,黄必强和罗赛峰以温建集团驻鑫奥森公司盐碱坡项目部的名义与英财公司签订了一份《鄯善县盐碱坡金矿共同合作开采销售协议》,双方约定英财公司将鄯善县盐碱坡金矿承包给温建集团驻新奥斯矿业有限公司盐碱坡项目部开采;承包时间从2010年4月1日至2015年3月31日⋯"及本案双方签订的《租赁、股权转让合同》的前提"在前两年双方合作协议的基础上"和其已按约交纳全部租金的事实以及合同到期后其向鑫奥森公司出具的《通知函》中"我公司于2012年6月8日撤出鑫奥森公司盐碱坡"以及鑫

奥森公司于2011年9月7日在银行的预留印鉴及联系人变更为英财公司及召远公司关系人吉新虎、李玲的内容，上述证据相互印证，构成证据链，证明盐碱坡金矿至少从2010年4月1日开始已处于英财公司实际控制下并进行了开采，因此英财公司要求鑫奥森公司提交2011年签订合同后移交手续的证据，并无必要。故英财公司主张因未交付盐碱坡金矿由鑫奥森公司返还租金的诉讼请求不能成立。关于30万保证金，因该30万支付凭证上显示该款系投资款，且鑫奥森公司否认缴纳过保证金，故对英财公司保证金返还的诉讼请求，无事实依据，不予支持。本案反诉请求提出时间为2014年12月9日，根据英财公司所称其付款之后，鑫奥森公司未依约交付盐碱坡金矿，自双方《租赁、股权转让协议》约定的租赁一年期届满时间即2012年6月8日，其应当知道权利受到侵害，但其在两年内并未提出返还已付款项的诉讼请求，故鑫奥森公司认为其反诉请求已过诉讼时效的主张成立。综上，英财公司的反诉请求不能成立，予以驳回。

四、关于鑫奥森公司主张的违约金2000万元以及迟延退出矿山主张赔偿1000万元的问题

《合同法》第一百零七条规定："当事人一方不履行合同义务或者履行合同义务不符合约定的，应当承担继续履行，采取补救措施或者赔偿损失等违约责任。"英财公司在股权转让过程中未按约履行付款义务，构成违约，应当承担相应的违约责任。双方约定"如英财公司违约，鑫奥森公司除不退还英财公司给鑫奥森公司上缴的保证金和上缴政府的各项费用外，英财公司应在十日内退出矿区现场，同时不能带走该矿区已投入或已进入矿区现场准备投入的各种设施和设备以及产品，并以英财公司购买鑫奥森公司股权资金总额的双倍赔偿鑫奥森公司的损失，双方合同终止。如英财公司延迟退出矿区，每延迟一天按二十万元赔付给鑫奥森公司"。鑫奥森公司认为，该条款系针对违反采矿权租赁与股权转让而约定并据此标准要求英财公司支付违约金，其主动调低违约金为2000万元。从该条款内容来看，双方所约定的赔偿金的性质实质为违约金。《合同法》第一百一十四条第二款规定："约定的违约金低于造成的损失的，当事人可以请求人民法院或者仲裁机构予以增加；约定的违约金过分高于造成的损失的，当事人可以请求人民法院或者仲裁机构予以

适当减少。"《合同法解释（二）》第二十九条规定："当事人主张约定的违约金过高请求予以适当减少的，人民法院应当以实际损失为基础，兼顾合同的履行情况、当事人的过错程度以及预期利益等综合因素，根据公平原则和诚实信用原则予以衡量，并作出裁决。当事人约定的违约金超过造成损失的百分之三十的，一般可以认定为合同法第一百一十四条第二款规定的'过分高于造成的损失'。"根据上述规定，违约金的数额应以损失为参照，调整违约金数额的目的是使之与因违约造成的损失基本相当或者大致平衡，因而违约金具有补偿性为主，但亦兼有惩罚性为辅的法律特性。本案中，英财公司亦表示违约金约定过高要求对违约金数额按照存款利息予以调整，鑫奥森公司未提交证据证明其因迟延支付股权转让款产生损失的数额，故一审判决兼顾合同履行、当事人的过错程度，根据公平原则和诚实信用原则对双方约定违约金予以调整，违约金应为股权转让款2000万元一年期间的相应利息，利率标准应以中国人民银行同期同类人民币贷款基准利率予以计算。对鑫奥森公司要求以双方约定条款计算其赔偿金的诉讼请求不予支持。关于鑫奥森公司主张的因英财公司迟延退出矿山依据合同主张赔偿损失1000万的诉讼请求，其提交的证据为自2012年6月8日至2012年10月24日，以鑫奥森名义出售给召远公司的金矿石吨数为8991.5吨，金额为329042.74元，鑫奥森公司开具了增值税专用发票。英财公司否认延迟退出矿山。根据2012年7月14日的通知函，一审法院认定其已在2012年6月8日退出矿山的踏勘及抽水工作，同时对鑫奥森公司提交的损失数额不予认可。根据新疆维吾尔自治区吐鲁番市中级人民法院（2012）吐中民一初字第11号判决查明"…2012年12月24日英财公司与罗赛峰又签订一份《补充协议》，该协议约定甲（英财公司）乙（罗赛峰）双方于2011年6月28日签订了《解除合同协议书》…3. 甲方（英财公司）承诺在2012年5月30日前（付款），由于甲方（英财公司）目前已将部分矿石拉到召远公司选矿厂内，并且以后开采的矿石也将继续拉运至召远公司的选矿厂内选矿…等"的事实可以确认，在2012年12月24日，盐碱坡金矿仍然在英财公司控制下，英财公司在盐碱坡金矿存在开采矿石并运至召远公司的事实。英财公司提交的召远公司证明确认英财公司从未给召远公司出售过矿石，而鑫奥森公司的银行预留印鉴变更为英财公司监事及召远公司法定代表人吉新虎，联系人变更为召远公司李玲，结合鑫奥森公司与英财公司本案中均提交鑫奥森公司开具给召远公司出售金矿石的增值税专用发票可以确认，英财公司向召远公司出售金矿石均以鑫奥森公司名义进行，故可以确认英财公司存在迟延退出矿山的情况至2012年12月24日，鉴于鑫奥森公司主张英财公司退出矿山的时间为2012年10月24日最后一批矿石售出时间，因鑫奥森公司主张依据合同（每天20万元计算50天为1000万）计算损失，明显与其提交的证据不符。同时，鑫奥森公司认为因英财公司控制盐碱坡金矿的成员为召远公司法定代表人，双方之间交易价格不实，金矿石价格严重低估，故一审判决对于迟延退出矿山造成的损失，参照双方约定的年租金价值260万元计算，2012年6月8日至2012年10月24日共计135天（按一年360天每月30天计算），迟延退出造成的损失价值为：975000元（260万元÷360天×135天＝975000元）。

英财公司依据鑫奥森公司注册资本过低、单方委托的真实性未经确认的鉴定意见、金邦友诚公司出具的证明、中国人民解放军63652部队向盐碱坡金矿发出的《告知书》认为该矿区为采空区、军事管理区，以此作为其未按约履行合同的抗辩理由，但该矿自2010年即双方签订案涉合同之前英财公司即占有开采该矿，对该矿具体情况最为了解，其在解决与罗赛峰纠纷案件中，与罗赛峰于2012年12月24日形成的《补充协议》中写明"3.甲方（英财公司）承诺在2012年5月30日前（付款），由于甲方（英财公司）目前已将部分矿石拉到召远公司选矿厂内，并且以后开采的矿石也将继续拉运至召远公司的选矿厂内选矿……"，证明矿山并非采空矿，且鑫奥森公司拥有合法的采矿权证，并无任何纠纷，故其认为该矿为采空矿、位于军事管理区，无事实与法律依据，不予采信。

（五）关于盛格隆公司的连带责任问题

《担保法》第十九条规定："当事人对保证方式没有约定或者约定不明确的，按照连带责任保证承担保证责任。"本案中，鑫奥森公司与英财公司、盛格隆公司在《租赁、股权转让合同》中约定"如英财公司违约，担保人应赔偿英财公司给鑫奥森公司造成的全部损失"。因对保证方式没有约定，故盛格隆公司应当承担连带责任保证。《担保法》第二十一条规定："保证担保的范围包括主债权及利息、违约金、损害赔偿金和实现债权的费用。保证合同另有约定的，按照约定""当事人对保证担保的范围没有约定或者约定不明确的，保证人应当对全部债务承担责任"，故盛格隆公司应当对英财公司承担的上述付款责任承担连带责任保证。

综上，依照《合同法》第五十一条、第六十条、第九十四条、第九十六条、第一百零七条、第一百一十三条、《民事诉讼法》第六十四条第一款、《民事诉讼法解释》第九十条之规定，一审法院判决：1. 英财公司于本判决生效后十五日内向鑫奥森公司支付违约金1237427.78元（2011年6月8日至2011年7月6日共29天，年利率6.13%，利息数额为98761.11元，2011年7月7日至2012年6月7日共计336天，年利率6.1%，利息数额为1138666.67元，总计1237427.78元）；2. 英财公司于本判决生效后十五日内向鑫奥森公司支付迟延退出矿山赔偿金975000元；3. 盛格隆公司对上述款项承担连带责任。4. 驳回鑫奥森公司的其他诉讼请求。5. 驳回英财公司的反诉请求。如英财公司、盛格隆公司未按指定的期间履行给付款项的义务，应当按照《民事诉讼法》第二百五十三条之规定，加倍支付迟延履行期间的债务利息。案件受理费291800元，由英财公司、盛格隆公司负担12911.73元，鑫奥森公司负担278888.27元；反诉案件受理费16314.4元，由英财公司负担；申请保全费5000元，由鑫奥森公司自行负担。

二审中，当事人没有提交新证据，对一审判决认定的事实亦无异议，本院予以确认。

本院认为，本案二审的争议焦点有二：一是一审判决认定《租赁、股权转让合同》合法有效是否正确；二是一审判决判令由英财公司支付违约金、迟延退出矿山赔偿金，盛格隆公司对此承担连带保证责任是否正确。

关于争议焦点一。《租赁、股权转让合同》系由鑫奥森公司、英财公司签订，合同落款处分别加盖有英财公司印章及其法定代表人袁英财签字，鑫奥森公司印章及其法定代表人石国兵私人印章，约定的主要权利义务为鑫奥森公司将盐碱坡金矿（矿区现有条件、现有手续）租赁给英财公司开采，英财公司在租赁期内另出资2000万元购买鑫奥森公司70%的股权，英财公司支付相应款项。上述内容均为当事人的真实意思表示。双方当事人之间基于《租赁、股权转让合同》的约定，形成案涉盐碱坡金矿采矿权租赁及鑫奥森公司股权转让两种法律关系。就案涉盐碱坡金矿采矿权租赁部分的效力而言，矿业权交易实践中，存在矿业权人在不转移矿业权权属的情况下将矿业权的部分权能在一定期限内让渡给他人使用、收益，并由他人支付租金的交易模式。矿业权出租具有不同于矿业权转让的法律属性，不宜适用《探矿权采矿权转让管理办法》第十条第三款关于"批准转让的，转让合同自批准之日起生效"的规定，以未经批准为由径行认定矿业权出租合同具有效力瑕疵。同时，亦应尊重矿业权出租在交易市场中的现实存在和实践意义，不宜将其当然地视为矿业权的变相转让或者非法倒卖牟利行为，一概予以禁止。《矿产资源法》第四十二条关于"买卖、出租或者以其他形式转让矿产资源的，没收违法所得，处以罚款。违反本法第六条的规定将探矿权、采矿权倒卖牟利的，吊销勘查许可证、采矿许可证，没收违法所得，处以罚款"的规定，其性质为管理性强制性规定，据此认定矿业权出租合同无效，不符合《合同法解释（二）》第十四条规定关于"合同法第五十二条第（五）项规定的'强制性规定'，是指效力性强制性规定"的规定。且从文义解释出发，《矿产资源法》第四十二条亦系针对"出租……形式转让矿产资源"而作出的否定性法律评价，而非对矿业权出租的一律禁止。故本案中，英财公司上诉以案涉采矿权租赁未经国土资源主管部门批准，违反《矿产资源法》第四十二条的规定为由，主张《租赁、股权转让合同》中关于采矿权租赁部分的约定无效，欠缺法律依据。英财公司、盛格隆公司在上诉状中还称有新证据证明案涉盐碱坡金矿系采空矿，位于军事管理区内，但二审庭审中并未出示任何新证据，所谓采空矿以及位于军事管理区内的主张亦与案涉盐碱坡金矿的采矿权仍被行政机关许可延期、具备合法有效的采矿许可证等事实不符。英财公司据此主张合同目的不能实现，其不存在违约情形，证据不足。就股权转让部分的效力而言，签订合同当时，石国兵系鑫奥森公司法定代表人及唯一股东，《租赁、股权转让合同》上加盖有石国兵私人印章，且石国兵本人参加了一审诉讼，对股权转让事宜不持异议。二审庭审中，经法庭释明，石国兵对由鑫奥森公司代为向英财公司主张股权转让产生的违约责任亦予认可。故英财公司上诉以鑫奥森公司签订合同转让股权属无效处分行为为由主张股权转让部分的约定无效，不能成立。综上，一审判决确认《租赁、股权转让合同》合法有效，认定事实和适用法律均无不当，本院予以维持。

关于争议焦点二。《租赁、股权转让合同》合法有效，英财公司未依约退出矿区，亦未依约购买鑫奥森公司的70%股权，构成违约，依法应当承担相应的违约责任。《租赁、股权转让合同》第六条约定"……乙方（即英财公司）违约，甲方除不退还乙方给甲方上缴的保证金和上缴政府的各项费用外，乙方应在拾日内退出矿区现场，同时不能带走该矿区已投入或已进入矿区现场准备投入的各种设施和设备以及产品，并以乙方购买甲方股权资金总额的双倍赔偿甲方损失，双方合同终止。如乙方延迟退出矿区，每延迟一天按贰拾万元赔付给甲方。"一审中，鑫奥森公司据此主张英财公司应向其支付2000万元违约金以及迟延退出矿区的1000万元损害赔偿金。英财公司则主张约定违约金过高，请求予以调整。一审判决依据英财公司调整违约金的请求，兼顾合同履行、当事人过错程度等因素，根据公平原则和诚实信用原则，将英财公司未依约购买股权的违约金调整为以约定的2000万元股权转让款为基数，按照中国人民银行同期同类贷款基准利率计算一年期的利息；同时结合双方约定的案涉年租金价值和英财公司迟延退出矿区的天数，将英财公司未依约退出矿区的损害赔偿金数额调整为975000元，属自由裁量权的正当行使，本院予以维持。

至于盛格隆公司的连带责任问题，鉴于《租赁、股权转让合同》第六条中约定"如乙方违约，担保人应赔偿甲方因乙方违约给甲方造成的全部损失"，盛格隆公司作为担保人亦在合同上加盖印章。一审法院据此判令盛格隆公司对英财公司承担的付款责任承担连带保证责任，合法有据。另外，合同效力属法律评价范畴，英财公司以其反诉请求系以合同无效为前提、合同效力未经生效判决确认前不应认定其反诉请求超出诉讼时效，理由明显不能成立，亦与前述关于《租赁、股权转让合同》合同有效的认定相悖，本院不予支持。

综上所述，英财公司、盛格隆公司的上诉请求不能成立，应予驳回。一审判决认定事实清楚，适用法律正确，应予维持。依照《民事诉讼法》第一百七十条第一款第一项规定，判决如下：

驳回上诉，维持原判。

二审案件受理费57128.22元，由吐鲁番英财矿业有限责任公司、新疆盛格隆矿业投资有限公司负担。

本判决为终审判决。

审　判　长　贾清林
代理审判员　武建华
代理审判员　杨　迪
二〇一六年十一月三日
书　记　员　李　逸
实习书记员　陈佳佳

（四）上诉人莱芜钢铁集团莱芜矿业有限公司与被上诉人山西京海实业有限公司、丰镇市鑫鑫铁粉有限公司、丰镇市丰盛矿业有限责任公司股权转让纠纷案

【裁判要旨】

矿山公司股权转让与作为公司法人财产的矿业权转让性质不同，在不变更矿业权主体、不发生矿业权权属变更的情况下，不宜一径将股权转让视同变相的矿业权转让，股权转让依法不存在行政审批问题；转让人曾催告受让人协助办理股权变更手续，受让人不予配合，致使股权变更约定未履行的，其不利后果应由受让人承担。在转让人不存在违约事实的情况下，受让人解除合同的通知不产生合同解除的法律效力。

【裁判文书】

中华人民共和国最高人民法院民事判决书

（2016）最高法民终590号

上诉人（原审被告、反诉原告）：莱芜钢铁集团莱芜矿业有限公司。住所地：山东省莱芜市莱城区鲁中西大街71号。

法定代表人：亓俊峰，该公司董事长。

委托诉讼代理人：张巧良，山东康桥律师事务所律师。

委托诉讼代理人：明月，山东康桥律师事务所律师。

被上诉人（原审原告、反诉被告）：山西京海实业有限公司。住所地：山西省太原市经济技术开发区唐槐路86号。

法定代表人：黄柏青，该公司总经理。

委托诉讼代理人：李国华，北京市京悦律师事务所律师。

委托诉讼代理人：王少华，北京市京悦律师事务所律师。

被上诉人（原审原告、反诉被告）：丰镇市鑫鑫铁粉有限公司。住所地：内蒙古自治区丰镇市浑源窑乡石堤沟村。

法定代表人：黄柏青，该公司董事长。

委托诉讼代理人：李国华，北京市京悦律师事务所律师。

委托诉讼代理人：王少华，北京市京悦律师事务所律师。

被上诉人（原审原告、反诉被告）：丰镇市丰盛矿业有限责任公司。住所地：内蒙古自治区丰镇市元山子乡大梁村。

法定代表人：梁华，该公司总经理。

委托诉讼代理人：李国华，北京市京悦律师事务所律师。

委托诉讼代理人：王少华，北京市京悦律师事务所律师。

上诉人莱芜钢铁集团莱芜矿业有限公司（以下简称莱芜矿业公司）与被上诉人山西京海实业有限公司（以下简称山西京海公司）、丰镇市鑫鑫铁粉有限公司（以下简称丰镇鑫鑫公司）、丰镇市丰盛矿业有限责任公司（以下简称丰镇丰盛公司）股权转让纠纷一案，不服内蒙古自治区高级人民法院（2014）内商初字第00013号民事判决，向本院提起上诉。本院于2016年8月22日立案后，依法组成合议庭，开庭进行了审理。上诉人莱芜矿业公司的法定代表人亓俊峰及委托诉讼代理人张巧良、明月，被上诉人山西京海公司、丰镇鑫鑫公司的法定代表人黄柏青及委托诉讼代理人李国华、王少华，被上诉人丰镇丰盛公司的委托诉讼代理人李国华、王少华到庭参加诉讼。本案现已审理终结。

莱芜矿业公司上诉请求：1.撤销一审判决第一项、第三项，改判支持莱芜矿业公司在一审中的全部诉讼请求；2.本案一、二审诉讼费用由山西京海公司、丰镇鑫鑫公司、丰镇丰盛公司承担。事实和理由：一审法院认定莱芜矿业公司没有合同解除权，双方合同约定办理矿权证的资源整合期限并非确定的时间，山西京海公司、丰镇鑫鑫公司、丰镇丰盛公司不存在违约，一审法院未将"履行期限"归纳为本案焦点，认定事实不清、适用法律错误。(一)案涉整体合同存在履行期限。双方草签合同载明的时间是合同正式签订后3个月内完成矿证的办结工作，合同商谈文本中拟写的时间是2010年12月31日，莱芜矿业公司作为国有企业也履行了决策审批程序，正式合同文本即使使用"在丰镇市人民政府规定的资源整合期内尽可能短的时间"的表述系出于善意，但山西京海公司、丰镇鑫鑫公司、丰镇丰盛公司承诺的办证时间是2010年12月31日，之后一再拖延过分迟延履行合同义务致使合同目的无法实现。其后对方提供的爆破物品许可证到期，无法续展，现场作业被迫停止。莱芜矿业公司依法发出解除合同通知后，山西京海公司、丰镇鑫鑫公司、丰镇丰盛公司未提出异议，应视为其认可或放弃异议权。莱芜矿业公司已全部退出矿山，终止履行合同。山西京海公司、丰镇鑫鑫公司、丰镇丰盛公司在莱芜矿业公司解除合同通知送达2年后，提起诉讼要求继续履行合同，与事实不符。(二)案涉采矿权取得存在违法情形。该采矿权范围内不存在探明的铁矿石工业储量，现场不存在勘探井巷、竖井工程的施工痕迹。采矿许可证属于通过虚构勘探工程，虚拟资源储量骗取，应予依法撤销。(三)山西京海公司、丰镇鑫鑫公司、丰镇丰盛公司在承诺办证时限上存在过错。在莱芜矿业公司发出解除合同通知之前，山西京海公司、丰镇鑫鑫公司、丰镇丰盛公司从未如实披露过办证具体情况和具体阶段。山西京海公司、丰镇鑫鑫公司、丰镇丰盛公司隐瞒当地政府扩区暂停的政策，作出不切实际的承诺，主观上存在过错。(四)山西京海公司、丰镇鑫鑫公司、丰镇丰盛公司应当返还莱芜矿业公司帮助借款200万元以及代其垫缴的14万元办证费用。

山西京海公司、丰镇鑫鑫公司、丰镇丰盛公司辩称：(一)履行期限问题在一审中不仅已经被归纳为争议焦点，而且是争议焦点中的核心问题。莱芜矿业公司称山西京海公司、丰镇鑫鑫公司、丰镇丰盛公司代表口头承诺办证期限没有证据证实。莱芜矿业公司已接管案涉矿山，办证过程不影响其生产经营。(二)山西京海公司、丰镇鑫鑫公司、丰镇丰盛公司取得22平方公里的矿业权系合法取得，不存在违规造假情形。签订合同前，莱芜矿业公司已对案涉矿产储量进行详查。(三)莱芜矿业公司不具有合同解除权。合同约定资源整合期限并非确定的时间,山西京海公司、丰镇鑫鑫公司、丰镇丰盛公司最终完成了资源整合,不存在违约行为。莱芜矿业公司通知解除合同的行为,不发生解除合同的效力。(四)山西京海公司、丰镇鑫鑫公司、丰镇丰盛公司从未承诺过办证时限,在办证过程中一直与莱芜矿业公司保持沟通,如实汇报办证阶段,不存在隐瞒情况。(五)一审庭审后,双方曾协商解决争议,但最终未形成一致意见。(六)200万元借款系在山西京海公司与莱芜元成经贸有限公司间形成,莱芜矿业公司非款项出借主体,该请求不应支持;14万元办证费用发生在莱芜矿业公司使用、支配矿区资源期间,属生产经营必要开支,应由其自行承担,该请求亦不应支持。

山西京海公司、丰镇鑫鑫公司、丰镇丰盛公司向一审法院起诉请求:1.判令莱芜矿业公司继续履行合同,支付剩余合同价款18200万元;2.判令莱芜矿业公司配合山西京海公司将丰镇市京海矿业有限公司(以下简称丰镇京海公司)的全部股权变更登记为莱芜矿业公司;3.判令莱芜矿业公司解除对山西京海公司土地使用权的抵押;4.判令莱芜矿业公司返还新公司注册资金垫付款及矿产证延期支出共计1384.4567万元;5.判令莱芜矿业公司赔偿因拒绝履行合同导致山西京海公司、丰镇鑫鑫公司及丰镇丰盛公司的利息损失499.5万元(自2014年9月13日至实际支付之日按照日0.217%计算,暂计算至起诉日);6.判令莱芜矿业公司承担本案诉讼费用。

莱芜矿业公司反诉请求:1.判决确认莱芜矿业公司与山西京海公司、丰镇鑫鑫公司及丰镇丰盛公司于2010年10月30日签订的《内蒙古自治区丰镇市"元山子赶牛沟—官屯堡桦树坡"矿业整合区矿业权和相关资产整合转让合同书》(以下简称《转让合同》)及《内蒙古自治区丰镇市"元山子赶牛沟—官屯堡桦树坡"矿业整合区矿业权和相关资产整合转让合同价款支付协议》(以下简称《支付协议》)已解除;2.判决山西京海公司、丰镇鑫鑫公司及丰镇丰盛公司连带返还莱芜矿业公司4000万元预付款、帮助借款200万元和山西京海公司、丰镇鑫鑫公司及丰镇丰盛公司缴纳的办证手续费14万元,合计4214万元;3.判决山西京海公司以其所有的"并政经开地国用(2007)字第0013-0016号"38685平方米国有建设用地使用权对返还莱芜矿业公司4000万元预付款承担抵押担保责任;4.判决本案涉及的诉讼费用及其他相关费用由山西京海公司、丰镇鑫鑫公司及丰镇丰盛公司共同负担。

一审法院认定事实：

2010年9月16日，山西京海公司、丰镇鑫鑫公司及丰镇丰盛公司作为甲方，莱芜矿业公司作为乙方，就甲方出让公司股权和产权乙方全部受让一事，双方签订了一份《内蒙古京海矿业有限公司股权转让合同（草签）》[以下简称《股权转让合同（草签）》]，约定：（一）转让标的为新设立的内蒙古京海矿业有限公司的全部股权及采矿权、探矿权，具体包括：1. 约22平方公里范围的全部探矿权和采矿权。2. 探、采矿权范围内的全部在用资产、存货。3. 公司全部股权。（二）转让价款总额为人民币22200万元。（三）转让实施安排：1. 2010年11月15日前，甲方完成已预名的内蒙古京海矿业有限公司的全部工商登记等手续。2. 2010年10月31日前，双方正式签定本合同之后七个工作日内，甲方就转让标的，向乙方出具界定范围内的采、探矿权及实物资产使用支配委托书，乙方全部接管界定矿区范围内的全部资产和生产经营业务，并根据乙方需要，甲方留派相关人员配合乙方工作。同时，乙方向甲方支付转让价款总额的50%，计人民币11100万元（包括预付的定金2000万元）。3. 合同签订后三个月内，甲方按照当地政府的资源整合方案，办理所属约22平方公里范围的探矿权及部分采矿权。之后，与乙方共同完成内蒙古京海矿业有限公司股东和法定代表人的工商登记变更……。（六）双方对本合同进行草签之后，乙方报请股东审查。经批准后，双方按上述原则签订正式合同。双方签署本合同时间不应迟于2010年10月31日。同日，双方又签订了一份《合同定金支付协议》。

2010年10月30日，山西京海公司、丰镇鑫鑫公司及丰镇丰盛公司作为甲方，莱芜矿业公司作为乙方，双方签订《转让合同》，约定：山西京海公司、丰镇鑫鑫公司及丰镇丰盛公司三家公司，按照丰镇市政府的矿业权整合要求，以各自在丰镇市"元山子赶牛沟—官屯堡桦树坡"矿业整合区内持有的矿业权许可区域为基础，连同之间的全部无矿业权空白区，共同提出约22平方公里的整合方案，呈丰镇市矿产资源整合工作领导小组待批。三家公司以现金出资方式共同发起设立注册资本人民币500万元的"内蒙古京海矿业有限公司（已预名）"，作为完成整合后的唯一矿业权人，无偿拥有和使用三家公司在该区域的全部实物资产。三家公司作为共同甲方，与莱芜矿业公司就即时展开合作，完成上述矿业权整合和实物资产交接后进行以下事项的甲方出让、乙方受让，共同确认合作事项如下：一、转让标的：完成工商注册登记和矿业权整合，持有前述区域矿业权的内蒙古京海矿业有限公司的全部资产，具体包括：1. 约二十二平方公里范围的全部探矿权和采矿权；2. 现甲方在该区域内的全部实物资产（附清单）；3. 公司全部股权。二、转让价款总额为人民币22200万元整。三、转让实施安排：1. 本合同经双方签字生效后30日内，乙方按新公司工商注册要求向甲方提供法定代表人资料，甲方完成乙方推荐人选为法定代表人的内蒙古京海矿业有限公司的工商注册。2. 本合同签字生效后7日内，甲方就前述区域内的现有矿业实物资产，向乙方出具使用支配委托书，由乙方悉数接管，享有资产接管后的损益。根据乙方需要，甲方留派相关人员配合乙方工作。同时，乙方向甲方协商确定账户和双方设立的银行托管账户中汇入人民币11100万元（包括预付的定金2000万元）。3. 本合同签字生效后，甲方按丰镇市人民政府资源整合方案要求在尽可能短的时间内完成矿业权整合，使内蒙古京海矿业有限公司领取约定区域的探矿权和采矿权证。领取经矿业权整合的探矿权和采矿权证之后30日内，双方共同完成内蒙古京海矿业有限公司的股东工商登记变更。随后7日内，乙方向甲方支付剩余合同价款计人民币11100万元。四、合同价款的支付事宜执行双方同时签署的《合同价款支付协议》。五、违约行为的认定和处置：（一）以下行为视为甲方违约：1. 于本合同签订生效后30日内，未能完成内蒙古京海矿业有限公司工商注册登记；2. 于丰镇市人民政府规定的资源整合期限内，未能使内蒙古京海矿业有限公司领取约定区域的探矿权和采矿权证；3. 领取经矿业权整合的探矿权和采矿权证之后30日内，未完成内蒙古京海矿业有限公司的股权转让变更登记。若甲方违约，乙方有权选择解除合同及有权请求甲方返还已支付定金，同时有权单方行使土地使用权抵押权。（二）以下行为视为乙方违约：1. 未按照合同约定向托管账户汇入资金；2. 非因甲方违约，擅自转移共同托管账户的资金。若乙方违约，甲方有权选择解除合同，并获得相应赔偿。……九、双方已签订的相关协议内容与本合同约定不一致的，以本合同约定为准。

为保证《转让合同》切实履行，确保双方权益和资金安全，2010年10月30日，山西京海公司、丰镇鑫鑫公司及丰镇丰盛公司作为甲方，莱芜矿业公司作为乙方，双方签订《支付协议》。约定：一、第一批合同价款人民币11100万元（包括预付的定金2000万元）的支付分别按抵押支付和保全支付两种形式完成：1.抵押支付：（1）抵押物：山西京海公司持有的约80亩土地的使用权（建设用地）；（2）抵押金额：4000万元人民币；（3）《转让合同》签订后，双方随即签订土地使用权抵押合同，共同到山西省国土资源厅太原经济开发区土地分局办理土地抵押登记手续；（4）之后，乙方向甲方协商确定的账户汇入人民币4000万元整（包括已付的2000万元定金）。2.托管支付按如下顺序办理：（1）甲方按照《转让合同》约定，向乙方出具约定资产的使用支配委托书，由乙方接管全部资产；（2）双方共同到山东省莱芜市境内国有银行，与银行共同签订7100万元人民币的托管合同，设立银行托管账户；（3）乙方向设立的托管账户汇入人民币7100万元整。3.上述全部事项在合同签订后七日内依次完成。二、剩余合同价款11100万元的支付按如下顺序办理：1.双方共同验证内蒙古京海矿业有限公司领取的探矿权证和采矿权证的面积之和基本达到22平方公里；2.双方共同确认内蒙古京海矿业有限公司完成股东变更登记；3.甲方向乙方出具甲方协商确定的价款支付账户和金额，提交合法支付凭证；4.乙方确认支付凭证有效且符合财务记账要求后，按甲方的方案汇出全部剩余价款；5.双方共同到资金托管银行办理解除托管手续，使托管资金全部汇入甲方预设账户；6.双方共同办理土地使用权抵押登记解除手续；7.甲方向乙方出具资金全部如约收讫告知书；8.上述事项在股东变更登记后七日内依次完成。

为履行《转让合同》，2010年10月31日，山西京海公司、丰镇鑫鑫公司及丰镇丰盛公司为莱芜矿业公司出具《资产使用支配委托书》，内容为："为保证资源整合、生产经营等相关工作的顺利进行，自2010年11月1日起，将内蒙古丰镇市石堤沟一带约二十二平方公里范围内的全部探矿权、采矿权以及自有全部固定资产（包括厂房、机器设备等）及流动资产（包括材料、燃料、存货等）移交给莱芜矿业公司，并委托其进行使用、支配。以便于其能熟悉相关资产、了解相关业务及顺利管理整个矿区的生产经营活动。移交之日以前的债权债务由内蒙古京海矿业有限公司原三位法人股东负责，之后的盈亏由莱芜矿业公司自行承担"。山西京海公司、丰镇鑫鑫公司及丰镇丰盛公司于2010年11月19日将矿山和实物资产全部交予莱芜矿业公司使用。

2010年11月24日，山西京海公司、丰镇鑫鑫公司及丰镇丰盛公司出资1000万元注册成立新矿业权人丰镇京海公司，法定代表人登记为莱芜矿业公司指定人员何治亭。2010年11月至2012年3月，山西京海公司、丰镇鑫鑫公司及丰镇丰盛公司矿业权整合方案逐级上报丰镇市、乌兰察布市、内蒙古自治区三级相关国土及政府各部门审批。2013年5月20日，内蒙古自治区国土资源厅根据自治区政府办公会决议批准三公司矿业权的整合方案。丰镇京海公司于2013年12月23日取得0.324平方公里的采矿权，又于2014年1月8日取得2.559平方公里的采矿权。2014年4月14日，国土资源部同意矿业权设置方案备案，丰镇京海公司于2014年9月1日取得20平方公里探矿权。至此，新矿业权人丰镇京海公司取得22.883平方公里的矿业权。

为履行《支付协议》，山西京海公司以其持有的38685平方米国有建设用地使用权办理抵押，莱芜矿业公司分两次支付丰镇鑫鑫公司4000万元。2012年2月16日，莱芜矿业公司作为甲方，山西京海公司、丰镇鑫鑫公司及丰镇丰盛公司作为乙方，中国农业银行股份有限公司莱芜市支行作为丙方，三方签署《交易资金托管协议》，莱芜矿业公司将7100万元人民币存入托管资金专用账户。2011年10月21日，山西京海公司向莱芜元成经贸有限公司借款200万元，莱芜矿业公司法定代表人亓俊峰在借据上面签字。

2012年5月29日，莱芜矿业公司通过公证方式向山西京海公司、丰镇鑫鑫公司及丰镇丰盛公司发出《关于立即终止履行〈内蒙古自治区丰镇市"元山子赶牛沟—官屯堡桦树坡"矿业整合区矿业权和相关资产整合转让合同书〉的告知函》，提出立即终止双方于2010年10月30日签订的《转让合同》。2012年6月5日，山西京海公司、丰镇鑫鑫公司及丰镇丰盛公司向莱芜矿业公司发出《关于合同履行情况的告知函》，声明山西京海公司、丰镇鑫鑫公司及丰镇丰盛公司一直在认真履行合同，不存在违约情况，拒绝到矿区现场接管财产。2012年6月10日，莱芜矿业公司又向山西京海公司、丰镇鑫鑫公司及丰镇丰盛公司发出《关于解除〈内蒙古自治区丰镇市"元山子赶牛沟—官屯堡桦树坡"矿业整合区矿业权和相关资产整合转让合同书〉及〈内蒙古自治区丰镇市"元山子赶牛沟—官屯堡桦树坡"矿业整合区矿业权和相关资产整合转让合同价款支付协议〉的告知函》，告知解除合同要求对方派员商讨解除合同的善后事宜。2012年7月6日，莱芜矿业公司向山西京海公司、丰镇鑫鑫公司及丰镇丰盛公司发出《关于〈内蒙古自治区丰镇市"元山子赶牛沟—官屯堡桦树坡"矿业整合区矿业权和相关资产整合转让合同书〉及〈内蒙古自治区丰镇市"元山子赶牛沟—官屯堡桦树坡"矿业整合区矿业权和相关资产整合转让合同价款支付协议〉合同解除后善后处理意见的商榷函》(以下简称《商榷函》),提出合同解除后的善后处理原则意见:一、贵方继续完成正在办理的矿业权证;二、清点双方在内蒙古丰镇市原合作区域的资产并评估,以现有资产出资共同组建新公司;三、我方主持,提供新公司运营的资金和技术支持,贵方监督,实现新公司有效运行;四、双方按约定分享新公司收益。2012年7月16日,山西京海公司、丰镇鑫鑫公司及丰镇丰盛公司向莱芜矿业公司发出《关于商榷函的回函》,提出现存合同是双方合作的基础,现合同的解除需要双方履行必要的程序,现合同的解除必须以产生新合同为前提。同时提出共同组建新公司和降低合同价款的方案。2012年7月24日,莱芜矿业公司向山西京海公司、丰镇鑫鑫公司及丰镇丰盛公司发出《对内蒙古丰镇市鑫鑫铁粉有限公司、山西京海实业有限公司、丰镇市丰盛铁粉加工厂2012年7月16日〈关于商榷函的回函〉答复》,提出愿与山西京海公司、丰镇鑫鑫公司及丰镇丰盛公司进一步友好协商,在《商榷函》提出四条原则的基础上妥善处理现合同解除后的善后事宜。2012年8月5日,山西京海公司、丰镇鑫鑫公司及丰镇丰盛公司向莱芜矿业公司发出《关于2012年7月24日答复函的回复》,对《转让合同》是否解除问题提出意见,并希望莱芜矿业公司尽快提出双方合作组建股份公司的具体方案。2012年8月15日,莱芜矿业公司向山西京海公司、丰镇鑫鑫公司及丰镇丰盛公司发出《关于派员接管矿区实物资产和返还预付款等资金的通知》,要求三家公司15日内派员到矿区现场接管原属三家公司的所有资产,同时在15日内按照合同约定返还预付款4000万元、帮助借款200万元和代交办证手续费14万元。

2013年4月17日,莱芜矿业公司管理的丰镇市鑫鑫铁粉厂给各有关单位下发通知称:丰镇市鑫鑫铁粉厂自年初以来,对外面对精粉价格持续低迷,对内公司内部管理费用持续增加,吨位成本居高不下,资金严重不足,公司处于亏损状态。就近期来看价格不会有明显的回升迹象,公司生产依然面临重大困难,经集团公司领导研究决定,丰镇市鑫鑫铁粉厂暂时关停。

2014年4月11日,丰镇京海公司股东经过股权转让,公司股东登记为山西京海公司。

2014年9月11日，山西京海公司向莱芜矿业公司发出《通知函》称：1. 截止2014年9月1日，丰镇京海公司已取得22.883平方公里的探矿权证和采矿权证。根据《转让合同》约定，"领取经矿业权整合的探矿权和采矿权证之后30日内，双方共同完成内蒙古（丰镇市）京海矿业有限公司的股东工商登记变更"，现特予通知：1. 请贵公司在收到本通知函3日内与我方共同验证确认：丰镇京海公司领取的探矿权证和采矿权证面积之和达到22平方公里。2. 请贵公司在收到本通知函3日内派员与我方到丰镇市工商行政管理局办理丰镇京海公司的全部股权转让手续。对上述贵公司应履行的义务，若贵公司逾期办理或拒绝履行，我公司将通过司法途径来追究贵公司的法律责任，以此维护自身的合法权益。2. 2014年4月2日，针对丰镇京海公司的股东变更事宜已向贵公司发送书面函件。本次特向贵公司提供变更后的营业执照。三、在贵我双方共同办理公司股权转让手续期间，希望贵公司能够协同办理土地抵押注销登记手续及办理解除7100万元的银行托管手续。

一审法院认为：本案山西京海公司、丰镇鑫鑫公司及丰镇丰盛公司通过与莱芜矿业公司签订《转让合同》，约定山西京海公司、丰镇鑫鑫公司及丰镇丰盛公司按照丰镇市人民政府的矿业权整合要求，将各自持有的矿业权许可区域为基础连同之间的全部无矿业权空白区，共同提出约22平方公里整合方案，呈丰镇市矿产资源整合工作领导小组待批，然后以现金出资方式共同发起设立新矿业权人作为完成整合后的唯一矿业权人，新矿业权人无偿拥有和使用山西京海公司、丰镇鑫鑫公司及丰镇丰盛公司在该区域的全部资产。山西京海公司、丰镇鑫鑫公司及丰镇丰盛公司在完成新矿业权人工商注册登记和上述矿业权整合后，将新矿业权人的全部资产，包括约22平方公里范围的全部探矿权和采矿权，山西京海公司、丰镇鑫鑫公司及丰镇丰盛公司在整合区域内的全部实物资产及新矿业权人的全部股权转让予莱芜矿业公司，莱芜矿业公司支付山西京海公司、丰镇鑫鑫公司及丰镇丰盛公司2.22亿元转让价款，最终莱芜矿业公司受让新矿业权人的股权，即莱芜矿业公司通过受让股权完成对整合后资产的完全控制，故本案性质为股权转让纠纷。本案当事人争议的焦点问题是：1.《转让合同》和《支付协议》是否解除；2.《转让合同》和《支付协议》应否继续履行。

一、关于《转让合同》和《支付协议》是否解除问题

莱芜矿业公司反诉称,由于合同目的无法实现,已通过一系列终止解除合同告知函,通知山西京海公司、丰镇鑫鑫公司及丰镇丰盛公司解除《转让合同》和《支付协议》,《转让合同》和《支付协议》已经解除。根据《合同法》第九十三条规定:"当事人协商一致,可以解除合同。当事人可以约定一方解除合同的条件。解除合同的条件成就时,解除权人可以解除合同";第九十四条规定:"有下列情形之一的,当事人可以解除合同:(一)因不可抗力致使不能实现合同目的;(二)在履行期限届满之前,当事人一方明确表示或者以自己的行为表明不履行主要债务;(三)当事人一方迟延履行主要债务,经催告在合理期限内仍未履行;(四)当事人一方迟延履行债务或者有其他违约行为致使不能实现合同目的;(五)法律规定的其他情形"。本案中,双方在《转让合同》第五条中约定莱芜矿业公司可以解除合同的条件为:1. 于本合同签订生效后30日内,(山西京海公司、丰镇鑫鑫公司、丰镇丰盛公司)未能完成内蒙古京海矿业有限公司工商注册登记;2. 于丰镇市人民政府规定的资源整合期限内,(山西京海公司、丰镇鑫鑫公司、丰镇丰盛公司)未能使内蒙古京海矿业有限公司领取约定区域的探矿权和采矿权证;3. 领取经矿业权整合的探矿权和采矿权证之后30日内,(山西京海公司、丰镇鑫鑫公司、丰镇丰盛公司)未完成内蒙古京海矿业有限公司的股权转让变更登记。莱芜矿业公司主张山西京海公司、丰镇鑫鑫公司、丰镇丰盛公司应于合同签订后三个月内完成矿业权整合工作,并在丰镇市人民政府规定的资源整合期限内,以尽可能短的时间取得约22平方公里的探矿权及采矿权。但自2010年12月31日起直至2012年5月23日长达一年半的时间里,山西京海公司、丰镇鑫鑫公司、丰镇丰盛公司一直未能取得22平方公里的新矿权证,致使莱芜矿业公司无法实现合同根本目的,解除合同符合约定解除条件2之解除条件。莱芜矿业公司关于合同签订后三个月内完成矿业权整合工作的主张来自于双方于2010年9月16日签订的《股权转让合同(草案)》中,在之后签订的《转让合同》中又明确约定,"本合同签字生效后,甲方(山西京海公司、丰镇鑫鑫公司、丰镇丰盛公司)按丰镇市政府资源整合方案要求在尽可能短的时间内完成矿业权整合,使内蒙古京海矿业有限公司领取约定区域的探矿权和采

矿权证"；同时《转让合同》第九条明确约定，"双方已签订的相关协议内容与本合同约定不一致的，以本合同约定为准"。可见，《转让合同》约定资源整合期限并非确定的时间，双方约定以丰镇市人民政府的资源整合期限作为办理矿权证的期间。而丰镇市的资源整合工作并未确定具体的结束时间，山西京海公司、丰镇鑫鑫公司、丰镇丰盛公司最终完成资源整合，新矿业权人丰镇京海公司直至2014年9月1日取得22.883平方公里的矿业权，亦说明丰镇市的资源整合工作一直在进行，整合期限仍在延续中。山西京海公司、丰镇鑫鑫公司、丰镇丰盛公司在矿业权整合方面不存在违约，莱芜矿业公司提出解除《转让合同》和《支付协议》的理由，并非合同约定的莱芜矿业公司可以解除合同的条件，也不属于《合同法》第九十四条可以行使法定解除权的情形。莱芜矿业公司通过一系列终止解除合同告知函通知山西京海公司、丰镇鑫鑫公司、丰镇丰盛公司解除合同的行为，不发生解除合同的效力。

二、关于《转让合同》和《支付协议》应否继续履行问题

根据查明的事实，为履行《转让合同》，山西京海公司、丰镇鑫鑫公司、丰镇丰盛公司于2010年10月31日出具《资产使用支配委托书》，于2010年11月19日将矿山和实物资产全部交予莱芜矿业公司使用、支配，并于2010年11月24日，山西京海公司、丰镇鑫鑫公司、丰镇丰盛公司出资1000万元注册成立新矿业权人丰镇京海公司，法定代表人登记为莱芜矿业公司指定人员何治亭。2010年11月至2012年3月，山西京海公司、丰镇鑫鑫公司、丰镇丰盛公司矿业权整合方案逐级上报丰镇市、乌兰察布市、内蒙古自治区三级相关国土及政府各部门审批。2013年5月20日，内蒙古自治区国土资源厅根据自治区政府办公会决议批准山西京海公司、丰镇鑫鑫公司、丰镇丰盛公司矿业权的整合方案。新矿业权人丰镇京海公司于2013年12月23日取得0.324平方公里的采矿权，又于2014年1月8日取得2.559平方公里的采矿权。2014年4月14日，国土资源部同意矿业权设置方案备案，丰镇京海公司于2014年9月1日取得20平方公里探矿权。至此，新矿业权人丰镇京海公司取得22.883平方公里的矿业权。山西京海公司、丰镇鑫鑫公司、丰镇丰盛公司完成全部主要合同义务，不存在违约行为，根据《合同法》第八条规定："依法成立的合同，对当事人具有法律约束力。当事人应当按照约定履行自己

的义务，不得擅自变更或者解除合同。依法成立的合同，受法律保护"。《转让合同》和《支付协议》应继续履行。

由此，莱芜矿业公司请求确认《转让合同》和《支付协议》已经解除的理由不能成立，《转让合同》和《支付协议》应继续履行，山西京海公司、丰镇鑫鑫公司、丰镇丰盛公司请求继续履行《转让合同》和《支付协议》的请求，该院予以支持。莱芜矿业公司应支付剩余合同价款18200万元，配合山西京海公司将丰镇京海公司的全部股权变更登记为莱芜矿业公司，解除对山西京海公司土地使用权的抵押。关于山西京海公司、丰镇鑫鑫公司、丰镇丰盛公司主张返还新公司注册资金垫付款1000万元问题，因合同没有约定，注册新公司本属山西京海公司、丰镇鑫鑫公司、丰镇丰盛公司合同义务，该请求不予支持；关于山西京海公司、丰镇鑫鑫公司、丰镇丰盛公司主张返还矿产证延期支出384.4567万元问题。一审法院认为，矿产证延期支出双方合同亦无约定，在新矿业权人股权变更之前，该支出理应由山西京海公司、丰镇鑫鑫公司、丰镇丰盛公司负担，该请求亦不予支持。山西京海公司、丰镇鑫鑫公司、丰镇丰盛公司请求判令莱芜矿业公司赔偿因拒绝履行合同导致的利息损失，因无约定，亦不予支持。因《转让合同》和《支付协议》应继续履行，莱芜矿业公司基于《转让合同》和《支付协议》确认解除，请求判决山西京海公司、丰镇鑫鑫公司、丰镇丰盛公司连带返还4000万元预付款并承担抵押担保责任的请求缺乏法律依据，不予支持。关于莱芜矿业公司请求山西京海公司、丰镇鑫鑫公司、丰镇丰盛公司偿还帮助借款200万元的请求，根据查明的事实，借款关系系在山西京海公司与莱芜元成经贸有限公司间形成。尽管借据上面有莱芜矿业公司法定代表人亓俊峰的签字，但莱芜矿业公司非款项出借主体，该请求不予支持。关于莱芜矿业公司请求山西京海公司、丰镇鑫鑫公司、丰镇丰盛公司返还缴纳的办证手续费14万元问题，因该费用发生在莱芜矿业公司使用、支配矿区资产期间，属生产经营必要的开支，应由其自行承担，该请求亦不予支持。

综上，一审法院根据《合同法》第八条、第六十条、第一百零七条，《民事诉讼法》第一百五十二条之规定，判决：一、莱芜矿业公司继续履行与山西京海公司、丰镇鑫鑫公司及丰镇丰盛公司2010年10月30日签订的《转让合同》及《支付协议》，于本判决生效后十日内，支付山西京海公司、丰镇鑫鑫公司及丰镇丰盛公司剩余合同价款18200万元，配合山西京海公司将丰镇京海公司的全部股权变更登记为莱芜矿业公司，解除对山西京海公司土地使用权的抵押；二、驳回山西京海公司、丰镇鑫鑫公司及丰镇丰盛公司的其他诉讼请求；三、驳回莱芜矿业公司的反诉请求。如果未按判决指定的期间履行给付金钱义务，应当依照《民事诉讼法》第二百五十三条之规定，加倍支付迟延履行期间的债务利息。如果未按判决指定的期间履行其他义务的，应当支付迟延履行金。一审本诉案件受理费1045998元，由山西京海公司、丰镇鑫鑫公司及丰镇丰盛公司负担104599.80元，莱芜矿业公司负担941398.20元；反诉案件受理费126250元，由莱芜矿业公司负担。

本院二审期间，莱芜矿业公司提交了新的证据。本院组织当事人进行了证据交换和质证。对此，本院认定如下：莱芜矿业公司提交的《行政复议申请书》，国土资源部国土资复议〔2016〕1332号、1333号、1334号《行政复议通知书》，《行政起诉状》，呼和浩特市赛罕区人民法院（2016）内0105行初字第27号《行政案件受理通知书》《传票》，《矿产资源勘查项目年度报告（2010年度）》《探矿权转让登记书》《矿产资源勘查项目年度报告（2013年度）》《提交地质勘察报告承诺书》等证据，山西京海公司、丰镇鑫鑫公司、丰镇丰盛公司发表质证意见认可上述证据的真实性，本院予以确认。莱芜矿业公司提交的《内蒙古自治区丰镇市大梁矿区铁矿资源储量核实报告》《内蒙古自治区丰镇市黄梁沟矿区Ⅰ、Ⅱ号铁矿体探矿工程现场核实情况报告》《内蒙古丰镇市大梁铁矿床采选绩效估算》，拟证明案涉矿业权储量不实、采矿许可证取得及延续违法，导致莱芜矿业公司签订《转让合同》目的无法实现，山西京海公司、丰镇鑫鑫公司及丰镇丰盛公司构成根本违约。鉴于2010年11月19日莱芜矿业公司已经接管了矿山，但储量核实报告与现场核实情况报告均显示莱芜矿业公司的提交时间是在2016年，且该三份证据系莱芜矿业公司单方形成，山西京海公司、丰镇鑫鑫公司、丰镇丰盛公司对证据的真实性、合法性、关联性和证明目的不予认可，因莱芜矿业公司针对案涉矿业权储量问题已另案复议或者诉讼，本院在本案中对该部分证据不予采信。莱芜矿业公司提交的政府部门罚没款收据、缴款书及统计汇总表，《责令改正指令书》等证据，拟证明莱芜矿业公司接管矿区期间，因矿业权手续未取得，被多次行政处罚并责令整改，无法正常开展生产情况。山西京海公司、丰镇鑫鑫公司、丰镇丰盛公司对政府部门罚没款收据、缴款书及统计汇总表的真实性没有异议，但对其关联性有异议，本院对证据的真实性予以确认；莱芜矿业公司未提交《责令改正指令书》的原件，山西京海公司、丰镇鑫鑫公司、丰镇丰盛公司对该证据亦不予认可，本院不予采信。

二审过程中，莱芜矿业公司提出一审判决遗漏需查明的事实：一是未查明《土地使用权抵押合同》中关于矿业权证办理的最后期限，二未查明案涉矿业权是否具有工业开采价值、是否能作为合同继续履行的基础。经查，2010年11月10日，山西京海公司与莱芜矿业公司签订的《土地使用权抵押合同》中并无矿业权证办理的最后期限，仅有土地使用权抵押期限为六个月的约定；案涉矿业权是否具有工业开采价值、矿业权证是否应予撤销，因莱芜矿业公司已另案行政复议或诉讼，不属于本案审理范围。

二审查明的其他事实与一审查明的事实一致，本院予以确认。

本院认为，综合双方诉辩主张和本案事实，本案二审的争议焦点问题是：1. 案涉《转让合同》的性质和效力应如何认定；2. 案涉《转让合同》《支付协议》是否已解除；3. 案涉《转让合同》《支付协议》是否应当继续履行。

一、关于案涉《转让合同》的性质和效力问题

合同性质应根据合同约定的各方主要权利义务内容来确定。根据本案已查明的事实，《转让合同》的签订主体为山西京海公司、丰镇鑫鑫公司、丰镇丰盛公司和莱芜矿业公司，标的为内蒙古京海矿业有限公司（注册名称为丰镇京海公司，以下以丰镇京海公司指代）的全部资产，包括完成矿业权整合后约22平方公里范围的全部探矿权和采矿权，山西京海公司、丰镇鑫鑫公司、丰镇丰盛公司在该区域内的全部实物资产、丰镇京海公司的全部股权。山西京海公司、丰镇鑫鑫公司、丰镇丰盛公司的主要合同义务为设立丰镇京海公司，将丰镇市"元山子赶牛沟—官屯堡桦树坡"矿业整合区内已经持有的矿业权和实物资产交付给莱芜矿业公司，将完成整合后的矿业权划转到丰镇京海公司名下，将丰镇京海公司全部股权转让给莱芜矿业公司。莱芜矿业公司的主要义务为支付合同价款，推荐设立丰镇京海公司法定代表人选。合同内容中虽然包括了矿业权的整合和转让事宜，但办理探矿权、采矿权及转让到丰镇京海公司名下仅是山西京海公司、丰镇鑫鑫公司、丰镇丰盛公司对莱芜矿业公司的合同义务。而案涉采矿权和探矿权的转让则发生在山西京海公司、丰镇鑫鑫公司、丰镇丰盛公司和案外人丰镇京海公司之间,依法要办理转让审批手续。基于本案已查明的事实,相应的审批手续已经办理完毕,案涉采矿权和探矿权已登记在丰镇京海公司名下。至于山西京海公司、丰镇鑫鑫公司、丰镇丰盛公司与莱芜矿业公司基于合同约定发生的是丰镇京海公司股权转让的法律关系,依法并不存在行政审批的问题。

矿业权登记在矿山法人企业名下,成为法人财产。虽然矿山法人股权转让可能会造成公司资产架构、实际控制人等方面的变动,最终会对矿业权的实际行使产生影响。但基于公司法人人格独立原则,公司股权转让与作为公司财产的矿业权转让是性质不同的两个问题,两者在交易主体、交易标的、审批程序、适用法律等方面均存在很大程度上的差别。尽管矿业权可能作为公司的主要财产,但矿业权的转让和公司股权转让并不等同,在不变更矿业权主体、不发生采矿权和探矿权权属变更的情况下,不宜一径将股权转让行为视同变相的矿业权转让行为。在本案中,《转让合同》系自愿签订,是山西京海公司、丰镇鑫鑫公司、丰镇丰盛公司与莱芜矿业公司真实意思表示,合法有效。莱芜矿业公司上诉主张《转让协议》的性质实质上是矿业权转让,违反相关法律法规的禁止性规定,缺乏事实和法律依据,不能成立。一审法院关于本案性质为股权转让纠纷的认定,并无不当,本院予以维持。

二、关于案涉《转让合同》《支付协议》是否已解除的问题

《合同法》第八条第一款规定:"依法成立的合同,对当事人具有法律约束力。当事人应当按照约定履行自己的义务,不得擅自变更或者解除合同";第四十四条第一款规定:"依法成立的合同,自成立时生效"。案涉《转让合同》合法有效,双方当事人非经协商一致或者符合法定情形的,不得擅自解除。根据《转让合同》第三条第3项、第五条的约定,山西京海公司、丰镇鑫鑫公司、丰镇丰盛公司完成矿业权整合,将矿业权转让至丰镇京海公司名下的时限并非一个明确的期限。

莱芜矿业公司主张应按照合同整体解释原则,丰镇京海公司取得矿业权证的时间应自《转让合同》签字生效之日起三个月内,或不应晚于抵押期限到期日,至迟不应晚于《交易资金托管协议》约定的到期日即 2012 年 5 月 16

日。经查,《股权转让合同(草签)》第三条第 3 项约定:"合同签订后三个月内,甲方按照当地政府的资源整合方案,办理所属约 22 平方公里范围的探矿权及部分采矿权"。《转让合同》第三条第 3 项中约定:"本合同签字生效后,甲方按丰镇市政府资源整合方案要求在尽可能短的时间内完成矿业权整合,使内蒙古京海矿业有限公司领取约定区域的探矿权和采矿权证";第九条约定:"双方已签订的相关协议内容与本合同约定不一致的,以本合同约定为准。"《土地使用权抵押合同》第四条第 3 项约定:"抵押到期甲方不能完成主合同约定的事项或者在抵押期间宣告解散、破产时,乙方有权依照法律规定处分抵押财产。处分抵押财产所得,乙方有优先受偿权。"《交易资金托管协议》第三条约定:"一、托管期间自本协议生效之日起至 2012 年 5 月 16 日止;期限三个月。二、甲乙丙三方可以在托管期限届满后 15 日内签订补充协议等方式作出书面约定对托管期限进行延长;若甲乙双方均未通知丙方延长托管期限,本协议终止。"根据上述合同约定,《股权转让合同(草签)》所约定的三个月办证期限已经被《转让合同》文本所修改,应以《转让合同》文本内容为准,而《土地使用权抵押合同》《交易资金托管协议》均是对该合同或者协议约定事项的期限及期限届满后的后果的约定,上述两合同期限届满并不当然发生改变《转让合同》有关办证期限约定的效力。莱芜矿业公司关于山西京海公司、丰镇鑫鑫公司、丰镇丰盛公司代表曾口头承诺办证期限的主张,并未提交证据予以证明。山西京海公司、丰镇鑫鑫公司、丰镇丰盛公司最终完成了合同约定的资源整合和矿业权转让手续,丰镇京海公司至 2014 年取得矿业权,而在合同签订至丰镇京海公司最终取得矿业权期间,有多份政府文件证实矿业权整合和办理工作在一直进行,无证据证明山西京海公司、丰镇鑫鑫公司、丰镇丰盛公司不履行办证义务。虽然自《转让合同》签订到丰镇京海公司最终取得矿业权历时近四年之久,但合同并未明确约定办理矿业权证的时限,在合同签订后,矿业权整合和转让一直处于办理过程之中,且莱芜矿业公司已经在 2010 年接管矿山,不存在符合《合同法》第九十三条第二款、第九十四条规定的合同解除情况,莱芜矿业公司主张山西京海公司、丰镇鑫鑫公司、丰镇丰盛公司构成违约的事实依据不足。因此,莱芜矿业公司主张,山西京海公司、丰镇鑫鑫公司、丰镇丰盛公司违反《转让合同》关于办证期限的约定构成违约,莱芜矿业公司享有合同解除权,缺乏事实和法律依据,不能成立。一审法院关于《转让合同》约定资源整合期限并非确定的时间,双方约定以丰镇市人民政府的资源整合期限作为办理矿业权期间的认定,并无不当,应予维持。

莱芜矿业公司发出解除合同通知函后,双方曾就解除合同事宜进行协商,但未达成一致意见。莱芜矿业公司主张,山西京海公司、丰镇鑫鑫公司、丰镇丰盛公司未在法定期限三个月内提起异议之诉,解除合同通知发生效力。《合同法》第九十六条规定:"当事人一方依照本法第九十三条第二款、第九十四条的规定主张解除合同的,应当通知对方。合同自通知到达对方时解除。对方有异议的,可以请求人民法院或者仲裁机构确认解除合同的效力。法律、行政法规规定解除合同应当办理批准、登记等手续的,依照其规定。"《合同法解释(二)》第二十四条规定:"当事人对合同法第九十六条、第九十九条规定的合同解除或者债务抵销虽有异议,但在约定的异议期限届满后才提出异议并向人民法院起诉的,人民法院不予支持;当事人没有约定异议期间,在解除合同或者债务抵销通知到达之日起三个月以后才向人民法院起诉的,人民法院不予支持。"这是对合同解除的异议期间及其法律后果的解释。合同的解除对当事人会产生重大影响,故而从平等保护合同各方当事人合法权益的目的出发,为防止合同解除权的滥用,其行使要符合合同解除的约定或法定条件,即解除权人应拥有约定解除权或者法定解除权。2013年6月4日,最高人民法院研究室曾针对《合同法解释(二)》第24条理解与适用的请示作出答复(法研〔2013〕79号):"当事人根据合同法第九十六条的规定通知对方要求解除合同的,必须具备合同法第九十三条或者第九十四条规定的条件,才能发生解除合同的法律效力。"根据本案查明的事实,莱芜矿业公司发出解除合同通知函,主要是依据《转让合同》第五条第一款第2项关于办证期限的约定。如前所述,合同约定的办证期限并非一个明确的期限,莱芜矿业公司不具备约定合同解除权。因此,莱芜矿业公司上诉主张山西京海公司、丰镇鑫鑫公司、丰镇丰盛公司未在合理期限内行使异议权、合同已经解除,缺乏事实和法律依据,不能成立。一审法院关于莱芜矿业公司解除合同告知函不发生解除合同效力的认定,并无不当,本院予以维持。

三、关于案涉《转让合同》《支付协议》是否应当继续履行的问题

根据本案已查明事实,《转让合同》和《支付协议》签订后,山西京海

公司、丰镇鑫鑫公司、丰镇丰盛公司已将矿山和实物资产交由莱芜矿业公司接管;丰镇京海公司已经注册成立,法定代表人登记为莱芜矿业公司指定人员何治亭;自 2010 年 11 月始,案涉矿业权整合方案逐级上报国土资源主管部门和政府各部门审批,至 2014 年 9 月,丰镇京海公司最终取得 22.883 平方公里的矿业权,包括两个采矿权和一个探矿权。《转让合同》约定,领取经矿业权整合的探矿权和采矿权证之后 30 日内,双方共同完成丰镇京海公司的股东工商登记变更;随后 7 日内,莱芜矿业公司支付剩余合同价款。考虑到新矿业权变更到丰镇京海公司名下之后,山西京海公司曾经函告莱芜矿业公司催办丰镇京海公司的股权变更,莱芜矿业公司未予配合。由此,未履行股权变更义务,并非山西京海公司一方的原因,而是由于莱芜矿业公司不予配合所致,一审法院判决合同继续履行,莱芜矿业公司支付剩余价款,并无明显不当,本院予以维持。

至于莱芜矿业公司主张案涉矿业权不存在真实储量、不具备工业开采价值,无法实现合同目的,构成情势变更,根据公平原则,《转让合同》和《支付协议》不应继续履行,以及请求对案涉采矿权备案储量是否真实、采矿权是否具备工业开采价值进行鉴定的问题。根据莱芜矿业公司提交的证据,针对案涉矿业权是否存在储量不实、是否具有工业开采价值等问题,因莱芜矿业公司已经另行申请行政复议、或者提起行政诉讼,可在相关复议或诉讼案件中解决;莱芜矿业公司提交的相关鉴定申请,在本案中亦无必要,本院不予准许。

关于莱芜矿业公司请求山西京海公司、丰镇鑫鑫公司、丰镇丰盛公司返还 200 万元帮助借款和办证手续费 14 万元的主张,根据查明的事实,尽管借据上有莱芜矿业公司亓俊峰的签字,但借款关系系在山西京海公司与莱芜元成经贸有限公司之间形成,莱芜矿业公司并非借款主体。一审法院对该请求不予支持,并无不当,本院予以维持。《转让合同》中关于办证费用的负担并无明确约定,一审法院认为该费用发生在莱芜矿业公司使用、支配矿区资产期间,属于生产经营必要开支,应自行承担,亦无不当,本院予以维持。关于二审过程中莱芜矿业公司申请追加内蒙古自治区国土资源厅作为第三人参加诉讼的问题。鉴于内蒙古自治区国土资源厅对本案的诉讼标的既不具有独立的诉讼请求,案件的处理结果也与其没有法律上的利害关系,不符合法律规定追加第三人的条件,对莱芜矿业公司的该项请求,本院不予支持。

综上所述,莱芜钢铁集团莱芜矿业有限公司的上诉请求不能成立;一审判决认定事实清楚,适用法律正确,应予维持。依照《民事诉讼法》第一百七十条第一款第一项之规定,判决如下:

驳回上诉,维持原判。

二审案件受理费1078050元,由莱芜钢铁集团莱芜矿业有限公司负担。

本判决为终审判决。

审　判　长　贾清林
审　判　员　武建华
代理审判员　杨　迪
二〇一七年十二月五日
书　记　员　李　逸

(五)上诉人山西普大煤业集团有限公司与上诉人武乡县鑫龙翔化工有限公司合同纠纷案

【裁判要旨】

涉及矿业权主体变更的矿产资源重整协议,系双方当事人的真实意思表示,不违反法律、行政法规的强制性规定,对双方当事人均具有法律约束力;受让人作为重整主体因不可归责于双方的原因未获国土资源主管部门批准,致合同目的不能实现,当事人请求解除合同,受让人请求返还已付转让款及利息,应予支持。

【裁判文书】

中华人民共和国最高人民法院民事判决书

（2016）最高法民终632号

上诉人（一审原告、反诉被告）：山西普大煤业集团有限公司。住所地：山西省太原市学府街426号。

法定代表人：冯玉平，该公司总经理。

委托诉讼代理人：杜泉，山西普高律师事务所律师。

委托诉讼代理人：史胜利，山西中诚律师事务所律师。

上诉人（一审被告、反诉原告）：武乡县鑫龙翔化工有限公司。住所地：山西省武乡县蟠龙镇陌峪口。

法定代表人：白利军，该公司经理。

委托诉讼代理人：李红波，北京市岳成律师事务所律师。

委托诉讼代理人：岳屾山，北京市岳成律师事务所律师。

上诉人山西普大煤业集团有限公司（以下简称普大煤业）因与上诉人武乡县鑫龙翔化工有限公司（以下简称鑫龙翔公司）合同纠纷一案，不服山西省高级人民法院（2013）晋民初字第10号民事判决，向本院提起上诉。本院依法组成合议庭，公开开庭审理了本案。普大煤业委托诉讼代理人杜泉，鑫龙翔公司委托诉讼代理人李红波、岳屾山到庭参加诉讼。本案现已审理终结。

上诉人普大煤业向本院提起上诉，请求：1. 依法撤销一审判决第二项，改判由鑫龙翔公司赔偿普大煤业银行贷款利息的实际损失（截至2012年6月1日本案一审起诉之日，包括法院判令鑫龙翔公司支付相关费用前给普大煤业造成的所有损失）77454373.47元；2. 依法改判鑫龙翔公司支付普大煤业从本案起诉之次日起至实际付清占用普大煤业全部款项期间的利息损失（按照同期中国人民银行逾期贷款利率标准计算）；3. 判令鑫龙翔公司承担本案全部诉讼费用。事实和理由：一审判决在已经查明本案事实的情况下，未对普大煤业的实际损失予以认定，属于认定事实不清。2011年4月21日，鑫龙翔公司以与普大煤业共同设立新公司为由，与普大煤业签订《合作协议》及

《补充协议》。协议签订后，普大煤业依约陆续支付鑫龙翔公司 5 亿元，并为鑫龙翔公司垫付其日常经营费用 4198427.43 元。由于上述协议属于煤矿兼并重组协议，需经政府有关部门批准才能生效。但因此前山西省人民政府批准确定鑫龙翔公司控股的山西永红煤业有限公司（以下简称永红煤业）的兼并主体是山西东庄煤业（集团）有限公司（以下简称山西东庄煤业），上述协议签订后，山西省煤矿企业兼并重组整合工作领导组出具文件明确不批准上述协议中整合主体的变更，因此，双方签订的协议未能生效。一审判决对上述事实依法予以认定，并判令鑫龙翔公司返还普大煤业股权转让款 5 亿元及为鑫龙翔公司垫付的日常经营费用 4198427.43 元，但对鑫龙翔公司占用普大煤业巨额资金而给普大煤业造成的利息损失却未予认定。普大煤业认为，在协议未生效，且鑫龙翔公司履行不能的情况下，鑫龙翔公司应当在依法返还普大煤业资金的同时，赔偿占用普大煤业资金期间的利息损失。

鑫龙翔公司针对普大煤业的上诉口头答辩称，永红煤业股权转让，煤炭资源重组没有批准的原因在普大煤业，在鑫龙翔公司不存在违约的情况下，普大煤业无权主张返还股权转让款。

上诉人鑫龙翔公司向本院提起上诉，请求：1. 判决撤销一审判决，改判驳回普大煤业的全部诉讼请求；2. 判决普大煤业承担本案全部诉讼费用。事实和理由：（一）《合作协议》及《补充协议》的权利和义务分为煤田资源重组整合主体变更和永红煤业股权转让两个部分。武乡县洪水镇苏峪村永红煤矿始建于 1986 年，属村集体性质，永红煤矿后经股权转让，煤矿出资人和股东变更为鑫龙翔公司，在改制过程中山西省煤炭资源开始整合，集体企业改制终止。在山西省煤炭资源整合过程中，批准永红煤矿整合武乡县洪水镇南坪村煤矿，保留永红煤矿改制成为永红煤业。重组整合永红煤业的主体为山西东庄煤业。2011 年 4 月 21 日，鑫龙翔公司与普大煤业签订的《合作协议》及《补充协议》分为两部分。第一部分，根据《合作协议》第一条第（一）款第 1 项和第 2 项约定，普大煤业对永红煤业进行整合，作为整合主体。第二部分为鑫龙翔公司向普大煤业转让永红煤业 65% 的股权。2011 年 4 月 22 日，山西东庄煤业出具了不再参与永红煤业兼并重组工作的函。2011 年 4 月 28 日，武乡县人民政府同意永红煤业的整合主体由山西东庄煤业调整为普大煤业，并报长治市人民政府批示。2011年9月9日，长治市人民政府同意整合主体调整为普大煤业。2012年5月5日，山西省煤矿企业兼并重组整合工作领导组批复不批准永红煤业的主体由山西东庄煤业变更为普大煤业。（二）《合作协议》及《补充协议》属于依法成立并生效的合同，在未解除之前，政府不批准重组主体变更不影响合同其他权利和义务的继续履行。2009年9月28日，晋煤重组办发［2009］49号《关于长治市武乡县煤矿企业兼并重组整合方案（部分）的批复》和《长治市武乡县煤矿企业兼并重组整合方案矿井明细表（部分）》批复，武乡县洪水镇苏峪村永红煤矿、武乡县洪水镇南坪村煤矿关闭，重组整合后煤矿企业预核准名称为"山西永红煤业有限公司"，重组整合主体企业为山西东庄煤业。武乡县洪水镇苏峪村永红煤矿在完成对武乡县洪水镇南坪村煤矿的兼并之后，取得了山西省工商行政管理局下发的企业名称变更核准通知书。无论重组整合的主体是否变更，都不影响永红煤业的独立法人资格，不影响永红煤业作为采矿权的所有人，采矿的主体不会发生变更。《合作协议》及《补充协议》约定变更重组的主体不属于《矿产资源法》第六条规定的情形。《合作协议》及《补充协议》是依法成立并生效的合同。山西省煤矿企业兼并重组整合工作领导组并没有明确批复山西东庄煤业重组永红煤业的模式是控股或参股。鑫龙翔公司向普大煤业转让永红煤业65%的股权不需要政府批准，可以实际履行。山西省煤矿企业兼并重组整合工作领导组批准山西东庄煤业整合永红煤业，该公司在以参股的模式重组永红煤业时，鑫龙翔公司可以将重组后的永红煤业65%的股权转让给普大煤业。山西东庄煤业以控股的方式重组永红煤业时，该公司可以直接向普大煤业支付65%股权的对价，并给普大煤业保留部分股权。《合作协议》的合同目的完全能够实现。（三）《合作协议》及《补充协议》属于依法成立并生效的合同，在未解除或未判决确认无效的情况下，法院参照无效合同处理没有事实和法律依据。首先，鑫龙翔公司愿意继续履行转让给普大煤业重组整合后永红煤业的股权，双方没有就《合作协议》及《补充协议》协商解除。其次，一审判决对《合作协议》及《补充协议》并没有确认无效或解除。故一审判决鑫龙翔公司返还普大煤业股权转让款5亿元和日常经营费4194278.43元缺少合同解除或无效的前提条件。第三，一审判决参照《合同法》第五十八条的规定判决，没有法律依据。合同法及合同法解释（一）、

(二) 仅对法律、行政法规规定合同应当办理批准手续或者办理批准、登记等手续才生效的合同未经批准不生效和继续办理有关手续进行了规定。(四) 山西省煤矿企业兼并重组整合工作领导组不批准永红煤业整合主体变更为普大煤业的责任在普大煤业,普大煤业的行为构成违约。首先,《合作协议》第二条第(四)款约定,普大煤业整合目标煤矿,其中武乡县人民政府、长治市人民政府整合方案的批复工作由鑫龙翔公司负责,山西省煤矿企业兼并重组整合工作领导组的批复工作由普大煤业负责。鑫龙翔公司已经按照约定履行了武乡县人民政府、长治市人民政府的批准工作。山西省煤矿企业兼并重组整合工作领导组不批准永红煤业整合主体变更为普大煤业,是普大煤业未完成合同约定的义务。其次,鑫龙翔公司在一审时已经提交了普大煤业伪造财务报表、财务出现危机遭到美国证监会调查及国内媒体报道其骗取信贷资金等行为的相关材料。在《合作协议》签订之后,山西省煤矿企业兼并重组整合工作领导组审批永红煤业整合主体变更申请之前,媒体暴露普大煤业的债务危机和资金丑闻是山西省煤矿企业兼并重组整合工作领导组否定普大煤业在煤炭资源兼并整合中的主体资格的根本原因。因普大煤业的资信问题导致永红煤业兼并整合主体变更未批准,普大煤业解约无事实和法律依据,应当继续履行合同并承担违约责任。(五) 普大煤业没有按照合同约定向鑫龙翔公司足额支付 5 亿元的股权转让款。经鑫龙翔公司统计,普大煤业只向鑫龙翔公司支付股权转让款 4.8 亿元,普大煤业利用股票支付给鑫龙翔公司的股权转让款,因股票贴现额不足,尚欠 2000 万元未支付。

普大煤业针对鑫龙翔公司的上诉答辩称:1. 双方于 2011 年 4 月 21 日签订的《合作协议》及《补充协议》未能生效。依照山西省人民政府《关于加快推进煤炭企业兼并重组的实施意见》(晋郑发〔2008〕23 号) 以及此后的一系列文件规定,山西省煤炭企业的兼并重组,并不是企业之间的自由兼并和重组,而是在山西省人民政府的行政主导下,必须是由山西省煤矿企业兼并重组整合工作领导组正式下文确定的兼并主体企业与被兼并主体企业之间进行的,本案目标煤矿的兼并主体企业为山西东庄煤业。因此,虽然双方当事人签订了《合作协议》,但因约定的事项与山西省人民政府关于煤炭企业兼并重组的文件及相关政策相抵触,普大煤业根本无法取得目标公司的相关资产和手续。2. 鑫龙翔公司没有按照协议约定与山西东庄煤业解除兼并整合关系，其申请拟作为单独保留煤矿方案及调整整合主体的请示均未获得山西省人民政府的批准，现在目标煤矿的兼并主体企业仍然是山西东庄煤业，该合同未能生效。3. 普大煤业在支付鑫龙翔公司巨额股权转让对价的情况下，根本无法取得目标公司的相关资产和手续，不仅合同目的无法实现，而且给普大煤业造成巨额利益损失，一审判决虽认定本案双方当事人对此均无过错，但在合同最终未生效的情况下，鑫龙翔公司应当返还从普大煤业取得的全部股权转让款及日常经营费用等利益。

普大煤业向一审法院起诉的诉讼请求为：1. 判令鑫龙翔公司返还普大煤业 5 亿元和支付的日常生产经营费用 4198427.30 元；2. 判令鑫龙翔公司赔偿普大煤业银行贷款利息的实际损失（包括法院判令鑫龙翔公司支付相关费用前给普大煤业造成的所有损失。截止 2012 年 6 月 1 日，普大煤业的损失共计为 7745.43737 万元）；3. 鑫龙翔公司承担本案所有诉讼费用。

鑫龙翔公司向一审法院反诉的诉讼请求为：1. 判令普大煤业再赔偿鑫龙翔公司经济损失 16560.528229 万元；2. 诉讼费用由普大煤业承担。

一审法院经审理查明：武乡县洪水镇苏峪村永红煤矿始建于 1986 年，原性质属于村集体企业，后整合了武乡县洪水镇南坪村煤矿。永红煤矿后经股权转让，煤矿出资人和股东现为鑫龙翔公司。根据山西省工商行政管理局"（晋）名称变核内 [2009] 第 001223 号"企业名称变更核准通知书，武乡县洪水镇苏峪村永红煤矿拟变更为永红煤业。2009 年 11 月 29 日永红煤业取得了《采矿许可证》。山西省煤炭资源整合过程中，永红煤业原整合主体为山西东庄煤业，后依据武乡县人民政府《关于单独保留山西永红煤业有限公司的请示》（武政请字 [2010] 13 号）及长治市人民政府《关于解决我市煤矿企业兼并重组有关问题的请示》（长政 [2010] 86 号），永红煤矿拟作为单独保留煤矿已经由武乡县、长治市人民政府批准同意并已上报山西省煤矿企业兼并重组整合工作领导组。

后普大煤业与鑫龙翔公司经协商于 2011 年 4 月 21 日签订了《合作协议》及《补充协议》。协议签订后，普大煤业从 2011 年 4 月 21 日至 2011 年 5 月 24 日分七笔支付鑫龙翔公司煤矿股权转让款共计 5 亿元。普大煤业从 2011 年 4 月 27 日至 2012 年 4 月 12 日分 46 笔支付鑫龙翔公司日常经营费用共计 4198427.43 元。

2011年4月22日，山西东庄煤业出具了不再参与永红煤业兼并重组工作的函。2011年4月28日，武乡县人民政府同意永红煤业的整合主体由山西东庄煤业调整为普大煤业，并报请长治市人民政府批示。2011年9月9日，长治市人民政府同意永红煤业的整合主体由山西东庄煤业调整为普大煤业，并报请山西省煤矿企业兼并重组整合工作领导组批复。2012年5月5日，山西省煤矿企业兼并重组整合工作领导组办公室给长治市人民政府函复，不批准永红煤业由山西东庄煤业变更为普大煤业。

2012年11月28日，武乡县人民政府向省国土资源厅出具了关于永红煤业未领取营业执照的情况说明，原因是矿井开工报告未批复，企业营业执照无法办理，并提到永红煤业产权明晰，股权结构未发生变化，对因换领营业执照而可能引起的各类纠纷，由武乡县人民政府协调主体企业与各方协调解决。

2012年12月26日，西山煤电集团公司与永红煤业签订了《合同框架协议》，约定西山煤电集团公司对永红煤业进行实物资产收购。2013年4月19日，西山煤电集团公司向山西省国土资源厅申请永红煤业采矿许可证延期。2013年4月25日，永红煤业向山西东庄煤业申请采矿权延续变更登记申请。同日，山西东庄煤业向武乡县国土资源局申请永红煤业采矿权延续变更登记申请。2013年4月26日，武乡县国土资源局同意该申请并上报给长治市国土资源局。2013年4月27日长治市国土资源局同意该申请并上报给山西省国土资源厅。

一审法院认为，普大煤业与鑫龙翔公司双方订立《合作协议》及《补充协议》，普大煤业以不当得利起诉鑫龙翔公司不当。经一审法院释明后，普大煤业以合同纠纷提起诉讼，本案案由应为合同纠纷。关于合同效力问题。虽然普大煤业与鑫龙翔公司签订的《合作协议》及《补充协议》是双方当事人的真实意思表示，但该整合协议需经政府有关部门批准才能生效，现山西省煤矿企业兼并重组整合工作领导组明确不批准协议中整合主体的变更，双方签订的协议最终未能生效。在协议依法成立后，双方履行了部分义务，双方积极为协议能生效而尽各自义务，因政府原因导致协议最终未能生效，签订协议的双方均无过错，损失应各自承担。普大煤业支付给鑫龙翔公司的股权转让款5亿元和日常经营费用4198427.43元，鑫龙翔公司应予以返还。鑫龙翔公司要求普大煤业赔偿因违约而造成的损失59200.2万元+1259.528229万元，无事实和法律依据。关于是否需要鉴定的问题，双方签订的协议未生效，双方均无过错，损失各自承担，故无需鉴定。经一审法院审判委员会民事专委会讨论，依照《合同法》第四十四条第二款、参照《合同法》第五十八条之规定，一审法院判决：（一）鑫龙翔公司返还普大煤业支付的股权转让款5亿元和日常经营费用4198427.43元，共计50419.842743万元，在判决生效后一个月内付清；（二）驳回普大煤业其他诉讼请求；（三）驳回鑫龙翔公司的诉讼请求。如果鑫龙翔公司未按本判决指定的期间履行给付金钱义务，应当依照《民事诉讼法》第二百五十三条之规定，加倍支付迟延履行期间的债务利息。一审案件受理费共计3384977元，由普大煤业负担453185元，由鑫龙翔公司负担2931792元。

本案二审中双方当事人均未提交新的证据。

本院二审查明的其他事实与一审查明的一致，本院予以确认。

本院二审查明：（一）2011年4月21日，鑫龙翔公司（甲方）与普大煤业（乙方）签订《合作协议》，第1.1条关于合作方案约定：由乙方对目标煤矿进行整合，双方共同改制目标煤矿并组建新公司，新公司拟核准名称为永红煤业，甲方将目标煤矿全部资产及相关手续转让给新公司，乙方向甲方支付本合同约定的转让价款，新公司中乙方享有65%的股权，甲方享有35%的股权；甲方在本协议生效后二年内转让新公司35%的股权时，乙方有优先权。第1.2条关于采矿权约定：由乙方作为目标煤矿的整合主体，山西省煤矿企业兼并重组整合工作领导组同意上报的整合方案的批复下发后，双方应按照国土资源部门的要求和格式签订《采矿权转让合同》，并将目标煤矿的采矿权办理至新公司名下，作为本合同的附件，甲方负责办理《采矿许可证》的变更手续，乙方提供必要的配合。第11条关于协议生效约定：本协议经双方法定代表人或授权代表签字盖章，且山西东庄煤业出具解除与目标煤矿兼并整合的书面文件后生效。甲、乙双方及目标煤矿武乡县洪水镇苏峪村永红煤矿、武乡县洪水镇南坪村煤矿在合同上盖章。同日，鑫龙翔公司（甲方）与普大煤业（乙方）签订《补充协议》，约定：甲乙双方同意将原《合作协议》第2.4条"乙方整合目标煤矿，其中武乡县、长治市政府整合方案的批复工作由甲方负责，乙方予以配合，但费用由甲方负责；省煤炭资源兼并重组整合领导小组的批复工作由乙方负责,甲方予以配合,但费用由乙方负责。整个过程双方应密切配合、共同办理,力争在短期内实现价款支付的前期工作,以利于新公司尽快成立经营"变更为:"乙方整合目标煤矿,其中武乡县、长治市政府整合方案的批复工作由甲方负责,乙方予以配合,相关费用由甲方承担;省煤炭资源兼并重组整合领导小组的批复工作由乙方负责,甲方予以配合,相关费用由新公司承担。整个过程双方应密切配合、共同办理,力争在短期内实现前期工作,以利于新公司尽快成立经营"。

(二)2012年6月21日,山西省人民政府办公厅下发《关于进一步采取有效措施巩固煤矿重组整合成果的通知》(晋政办发[2012]48号),内容为"各市、县人民政府,省人民政府各委、办、厅、局,各国有重点煤炭集团公司:目前,全省煤炭资源整合煤矿企业兼并重组(以下简称重组整合)工作已圆满完成,重组整合煤矿矿井进入了大规模的建设改造期。为进一步巩固重组整合成果,经省人民政府同意,现就有关工作通知如下:一、严格执行重组整合方案。各市、县人民政府、各煤矿主体企业要严格执行山西省煤矿企业兼并重组整合工作领导组办公室批复的重组整合方案,批复的重组整合方案一律不得变更调整,批准的矿井主体企业一律不得变更。重组整合保留矿井个数不得增加。已批复方案中确定的主体企业,要承担重组整合矿井建设、生产、经营、关闭、安全管理等全部责任。二、主体企业未按要求落实到位、未实质性接管的,所属矿井一律停产整顿……"。

本院认为,案涉《合作协议》及《补充协议》系双方当事人的真实意思表示,不违反法律、行政法规的强制性规定,对双方当事人均具有法律约束力。《合作协议》及《补充协议》签订后,普大煤业于2011年4月21日至2011年5月24日分七笔支付鑫龙翔公司煤矿股权转让款共计5亿元,鑫龙翔公司亦将案涉目标煤矿交付普大煤业管理。为保障案涉目标煤矿设备的正常运转,普大煤业从2011年4月27日至2011年4月12日分46笔支付给鑫龙翔公司日常经营费用共计4198427.43元,双方为协议能够得到履行尽了各自的义务。《合作协议》及《补充协议》最终未能履行系因政府政策原因导致,双方均无过错。在山西省煤矿企业兼并重组工作领导组不批准《合作协议》中约定的目标煤矿的整合主体由山西东庄煤业变更为普大煤业后,普大煤业即将案涉目标煤矿交还给鑫龙翔公司,鑫龙翔公司也予以接受,双方当事人以实际行为解除了案涉《合作协议》及《补充协议》，故一审判决鑫龙翔公司返还普大煤业支付的股权转让款 5 亿元和日常经营费用 4198427.43 元，有事实根据，亦不违反法律规定。鑫龙翔公司上诉主张普大煤业只向其支付股权转让款 4.8 亿元，尚欠 2000 万元未支付，但并未提交证据予以证明，故本院对鑫龙翔公司的该项上诉请求不予支持。

由于《合作协议》及《补充协议》未能最终履行双方均无过错，鑫龙翔公司在一审、二审中均未举出证据证明因《合作协议》及《补充协议》无法履行而受到的损失，因此，鑫龙翔公司占用股权转让款期间的利息亦应返还给普大煤业。一审判决未支持普大煤业的利息损失，本院予以纠正。鉴于鑫龙翔公司对《合作协议》及《补充协议》未能履行没有过错，故利息按照中国人民银行一年定期存款利率计算比较适当。因普大煤业于 2011 年 4 月 21 日至 2011 年 5 月 24 日分七笔支付鑫龙翔公司煤矿股权转让款共计 5 亿元，故鑫龙翔公司给付普大煤业 5 亿元股权转让款利息的起算点确定为 2011 年 5 月 25 日。对于日常经营费用普大煤业管理目标煤矿期间已用于支付工人工资及设备维护，故对该笔款项鑫龙翔公司不应支付利息。

综上，普大煤业的上诉请求部分成立，本院予以支持；鑫龙翔公司的上诉请求依法不能成立，本院予以驳回。依照《民事诉讼法》第一百七十条第一款第二项规定，判决如下：

一、撤销山西省高级人民法院（2013）晋民初字第 10 号民事判决；

二、武乡县鑫龙翔化工有限公司于本判决生效之日起 10 日内返还山西普大煤业集团有限公司支付的股权转让款 5 亿元及利息（利息自 2011 年 5 月 25 日起至实际履行完毕之日止，按照中国人民银行一年定期存款利率计算）和日常经营费用 4198427.43 元；

三、驳回山西普大煤业集团有限公司的其他诉讼请求；

四、驳回武乡县鑫龙翔化工有限公司的诉讼请求。

如果武乡县鑫龙翔化工有限公司未按本判决指定的期间履行给付金钱义务，应当依照《民事诉讼法》第二百五十三条的规定，加倍支付迟延履行期间的债务利息。

一审案件受理费 3384977 元，二审案件受理费 3360863.87 元，共计 6745840.87 元，由山西普大煤业集团有限公司负担 2023752.26 元，武乡县鑫龙翔化工有限公司负担4722088.61元。

本判决为终审判决。

审　判　长　张　华
审　判　员　肖宝英
代理审判员　武建华
二〇一七年三月二十日
书　记　员　徐　阳

（六）上诉人工银金融租赁有限公司与被上诉人山西离柳焦煤集团有限公司融资租赁合同纠纷案

【裁判要旨】

矿产资源为土地附着物，属不动产范畴，矿业权适用不动产法律法规予以调整；矿业权之抵押权遵循登记生效主义，自国土资源主管部门登记备案时设立，未办理登记备案的，债权人对矿业权不享有抵押权及优先受偿权；《担保法解释》第五十九条关于因登记部门原因导致未登记而产生优先受偿权的规定不适用本案。

【裁判文书】

中华人民共和国最高人民法院民事判决书

（2016）最高法民终605号

上诉人（一审原告）：工银金融租赁有限公司。住所地：天津市广场东路20号。

法定代表人：赵桂才，该公司总裁。

委托诉讼代理人：王凤利，北京市金杜律师事务所律师。

委托诉讼代理人：沈益民，该公司航运金融事业部副总经理。

被上诉人（一审被告）：山西离柳焦煤集团有限公司。住所地：山西省孝义市兑镇。

法定代表人：杨虎平，该公司董事长。

委托诉讼代理人：张彩霞，该公司法务处副处长。

上诉人工银金融租赁有限公司（以下简称工银租赁公司）因与被上诉人山西离柳焦煤集团有限公司（以下简称离柳公司）融资租赁合同纠纷一案，不服天津市高级人民法院（2016）津民初3号民事判决，向本院提起上诉。本院于2016年8月30日立案后，依法组成合议庭，公开开庭进行了审理。上诉人工银租赁公司的委托诉讼代理人王风利、沈益民，被上诉人离柳公司的委托诉讼代理人张彩霞到庭参加诉讼。本案现已审理终结。

工银租赁公司上诉请求：1. 判令工银租赁公司对编号为C10000020#403的朱家店煤矿采矿权，以及编号为C14000020#985的兑镇煤矿采矿权享有抵押权，对该等采矿权有优先受偿权；2. 判令一审、二审的诉讼费、保全费、拍卖费以及工银租赁公司支出的律师费、差旅费等实现债权的费用由离柳公司承担。事实和理由：（一）一审法院关于工银租赁公司是否享有兑镇煤矿采矿权抵押权的认定存在错误。1. 兑镇煤矿采矿权的抵押登记备案手续之所以没有如期完成，系登记主管部门的原因。工银租赁公司和离柳公司到采矿权抵押登记主管部门办理采矿权抵押登记手续，登记主管部门工作人员表示根据山西省国土资源厅《关于进一步明确采矿权抵押备案有关事项的通知》（晋国土资函［2014］123号）规定，"向非银行机构进行融资，申请办理采矿权抵押备案的，需提供非银行机构法人经营范围含贷款业务的法人营业执照及中华人民共和国金融许可证"。然而，工银租赁公司营业执照载明的经营范围不包含贷款业务，所以根据山西当地政策不能办理采矿权抵押备案登记。2. 离柳公司对工银租赁公司就案涉煤矿享有抵押权并不否认，并把案涉煤矿采矿权证原件交给工银租赁公司保管，作为抵押担保。《担保法解释》第五十九条规定："当事人办理抵押物登记手续时，因登记部门的原因致使其无法办理抵押物登记，抵押人向债权人交付权利凭证的，可以认定债权人对该财产有优先受偿权。但是，未办理抵押物登记的，不得对抗第三人"。工银租赁公司在一审程序中提交了相应的证据证明兑镇煤矿采矿权抵押是因登记部门的原因无法办理登记，并且离柳公司向工银租赁公司交付了兑镇煤矿采矿许可证原件。一审法院应认定工银租赁公司对兑镇煤矿的采矿权享有抵押权，可以就其拍卖、变卖或折价所得的价款优先受偿。（二）一审法院关于工银租赁公司是否享有朱家店煤矿采矿权抵押权的认定存在错误。根据山西省国土资源厅规定，采矿权抵押备案需要提交贷款合同原件，而工银租赁公司与离柳公司开展的是金融融资租赁业务，签订的主合同是融资租赁合同，并没有贷款合同，所以登记机关不予受理工银租赁公司的抵押权备案申请。朱家店煤矿也是因为登记部门的原因无法办理抵押权的登记。从公平角度而言，工银租赁公司对朱家店煤矿的采矿权抵押权，亦应当获得法律的保护。根据《物权法》第一百二十三条规定，采矿权属于用益物权，用益物权并不等同于不动产性质的物权；且根据《担保法》第四十一条、第四十二条规定，"应当办理抵押物登记，抵押合同自登记之日起生效"的财产里面没有采矿权。这说明，按照我国相关法律规定，采矿权抵押并非自登记时设立。因此，涉案朱家店煤矿采矿权抵押没有办理登记备案手续，不影响抵押权设立。（三）一审法院关于本案律师费等实现债权的费用的认定存在错误。根据案涉抵押合同第二条约定和担保法第四十六条规定，抵押担保的范围包括抵押权的实现费用，这里的"实现费用"包括债务人不履行债务时，债权人为实现权利而支出的一切费用，包括诉讼费、拍卖费及律师费、差旅费等。律师费和逾期利息、违约金不具有同一性，律师费不能通过逾期利息、违约金得到补偿。一审中，工银租赁公司提交了律师代理合同及律师费发票，离柳公司一审未出庭应诉，故未提出抗辩；即便离柳公司提出抗辩，亦应由离柳公司举证证明违约金过分高于实际损失。一审法院认为"工银租赁公司主张的律师费问题，该部分损失已经通过逾期利息和违约金得到弥补"，不支持工银租赁公司该项诉讼请求，缺乏法律依据。

离柳公司辩称：采矿权是基于不动产性质的物权，抵押均需登记，不登记抵押权不成立。2011年11月19日，朱家店煤矿采矿权已经抵押给中国民生银行股份有限公司太原分行（以下简称民生银行太原分行），兑镇煤矿采矿权也已经被多个法院查封。关于律师费的问题，离柳公司与工银租赁公司签署的是工银租赁公司单方提供的格式合同，利息和违约金本身就是违约补偿，完全可以弥补金融租赁公司的损失。故请求驳回工银租赁公司的上诉请求。

工银租赁公司向一审法院起诉请求：1.离柳公司向工银租赁公司支付欠

付租金人民币 121586930.74 元，以及自 2015 年 10 月 5 日起至付清之日止利息（暂计至 2016 年 2 月 29 日 2346696.38 元）；2. 离柳公司向工银租赁公司支付因未办理采矿权抵押登记手续而应承担的违约金 9528000 元；3. 工银租赁公司对朱家店煤矿采矿权和兑镇煤矿采矿权依法享有抵押权，且在担保范围内对该等采矿权进行拍卖、变卖所得款项中优先受偿；4. 本案的诉讼费、保全费、拍卖费以及工银租赁公司支出的律师费、差旅费等实现债权的费用由离柳公司承担。

一审法院认定事实：2013 年 5 月 15 日，工银租赁公司与离柳公司签订编号 2013 年工银租赁设备字第 018 号《融资租赁合同（回租）》，约定工银租赁公司以离柳公司所有的铁路专用线、井巷工程为标的开展回租式融资租赁业务，租赁成本为人民币 4.8 亿元。同日，双方签订了编号为 2013 年工银租赁设备字第 018-1 号《融资租赁合同（回租）》，约定工银租赁公司以离柳公司所有的机电设备、生产设备和安全设备为标的开展回租式融资租赁业务，租赁成本为人民币 3.2 亿元。双方在上述租赁合同均约定，承租人未按时、足额支付任何到期租前息/租金或其他应付款项属于承租人根本违约，出租人有权立即向承租人追索全部租约项下的所有到期未付租金、逾期利息、全部未到期租金以及其他与本合同相关的应付款项。2013 年 5 月 21 日，工银租赁公司在扣除了预付租金 1440 万元后，向离柳公司支付了租赁物的购买价款 78560 万元。

2013 年 5 月 15 日，双方签订编号 2013 年工银租赁设备抵字第 018 号《抵押合同》，约定离柳公司将其持有的朱家店煤矿采矿权抵押给工银租赁公司。2014 年 7 月 15 日，双方又签订了编号 2013 年工银租赁设备抵字第 018 号-DY《抵押合同》，约定离柳公司将其持有的兑镇煤矿采矿权抵押给工银租赁公司，作为对工银租赁公司债权的担保。上述抵押合同签订后，均未在主管机关办理抵押登记手续。

因离柳公司在上述融资租赁合同履行过程中，未能如约支付租金，双方于 2014 年 12 月 14 日签订了编号 2013 年工银租赁设备补字第 018 号的《融资租赁合同补充协议》，约定除离柳公司之前已经支付的租金、使用离柳公司已支付的预付租金 2400 万元进行抵扣的租金（离柳公司应于 2015 年 12 月 31 日前补足被抵扣使用的预付租金 21070315 元），离柳公司应按照如下约定向工银租赁公司支付相应款项：(1) 于 2015 年 10 月 5 日前向工银租赁公司支付自 2014 年 9 月

16 日起至 2015 年 3 月 15 日止期间产生的租金（即租前息及相应的增值税）合计 27149746.67 元；(2) 于 2016 年 1 月 5 日前向工银租赁公司支付自 2015 年 3 月 16 日起至 2016 年 1 月 5 日期间的租金（即租前息、租金成本及相应的增值税）合计 47934134.00 元；(3) 自 2016 年 3 月 16 日起调整当期及后续各期的租金支付方式（具体由补充协议附件以列表方式明确）；如离柳公司逾期支付租金等任何款项的，每逾期一日应按应付未付款项目万分之五的标准支付违约金。补充协议同时约定，离柳公司应于补充协议生效之日起 30 日内将朱家店煤矿及兑镇煤矿的采矿权抵押至工银租赁公司名下。如未依约办理采矿权抵押登记的，应按照工银租赁公司已经支付的租赁物购买价款（8 亿元）的 10% 支付违约金。前述补充协议签订后，离柳公司未按照约定向工银租赁公司支付租金，至起诉时，离柳公司共欠付工银租赁公司租金人民币 121586930.74 元，截至 2016 年 2 月 29 日因逾期发生利息 2346696.38 元。

一审法院认为，离柳公司为实现融资目的，将其所有的铁路专用线、井巷工程及其相应设备的所有权转让给工银租赁公司、再从工银租赁公司处租回继续使用，并按期向工银租赁公司支付租金，属于融资租赁法律关系的售后回租交易模式。本案中，工银租赁公司和离柳公司签订的编号 2013 年工银租赁设备字第 018 号、第 018-1 号《融资租赁合同》及其对应的《抵押合同》系各方当事人为保证融资租赁交易的正常履行而自愿签订的，系真实意思表示，且不违反法律、行政法规强制性规定，均为合法有效。工银租赁公司依照融资租赁合同约定向离柳公司支付购买租赁物的价款后，离柳公司未按期支付租金，该行为违反合同约定，离柳公司应承担相应的违约责任。故工银租赁公司要求离柳公司支付欠付租金、逾期利息，予以支持。

关于工银租赁公司主张对离柳公司抵押的采矿权行使优先受偿权问题。该院认为，采矿权为不动产性质物权，按照我国相关法律规定，采矿权抵押属于应经登记设立抵押权的财产范畴，本案涉及的兑镇和朱家店采矿权均未在主管部门进行登记备案，故工银租赁公司主张其享有抵押权不能成立，不予支持。工银租赁公司主张兑镇采矿权未办理登记是基于主管部门的原因，缺乏事实依据，不予支持。因上述采矿权未办理抵押登记，依据双方签订的抵押合同约定，离柳公司应向工银租赁公司支付违约金。工银租赁公司在本案中仅要求离柳公司支付三笔未付租金，其主张离柳公司依据租金比例支付

9528000 元违约金,予以支持。关于工银租赁公司主张的律师费问题,该部分损失已经通过逾期利息和违约金得到弥补,故对该主张不予支持。

综上,一审法院依据《合同法》第六十条第一款、第一百零七条、第二百四十八条、《最高人民法院关于审理融资租赁合同纠纷案件适用法律问题的解释》第二十条、第二十一条,以及《物权法》第一百八十条、第一百八十七条、《民事诉讼法》第一百四十四条的规定,判决:(一)离柳公司于判决生效之日起十日内向工银租赁公司支付租金 121586930.74 元及截至 2016 年 2 月 29 日利息 2346696.38 元,并按照借款合同约定支付自 2016 年 3 月 1 日至判决确定的给付之日止的利息;(二)离柳公司于判决生效之日起十日内向工银租赁公司支付违约金 9528000 元;(三)驳回工银租赁公司的其他诉讼请求。如果未按判决指定的期间履行给付金钱义务,应当依照《民事诉讼法》第二百五十三条之规定,加倍支付迟延履行期间的债务利息。一审案件受理费 709108 元,保全费 5000 元,由离柳公司负担。

二审过程中,工银租赁公司提交了最新续期的兑镇煤矿采矿许可证,2015 年 10 月 12 日、2016 年 1 月 5 日、2016 年 6 月 21 日、2016 年 9 月 2 日离柳公司分别向工银租赁公司出具的《承诺书》或者《承诺函》,2014 年 9 月 16 日工银租赁公司致山西省国土资源厅的《告知函》,2016 年 10 月 14 日北京市长安公证处出具的(2016)京长安内经证字第 29337 号《公证书》,2014 年 8 月 7 日北京市汇融律师事务所出具的汇融 2014/18-238 号《法律意见书》,2014 年 8 月 31 日工银租赁公司与北京汇融律师事务所签订的汇融 2014/16-250 号《特聘专项法律顾问合同》等证据材料,并申请北京市汇融律师事务所律师杨泰出庭作证。离柳公司的委托诉讼代理人对工银租赁提交的证据和证人出庭证言当庭表示认可,本院对上述证据的真实性予以采信。

基于工银租赁公司提交的上述证据材料,并结合双方当事人二审庭审的当庭陈述,本院查明确认以下事实:

2013 年 11 月,离柳公司将案涉朱家店煤矿采矿权抵押给民生银行太原分行,并在山西省国土资源厅办理了抵押备案。

2014 年 1 月 27 日,山西省国土资源厅发布《关于进一步明确采矿权抵押备案有关事项的通知》(晋国土资函〔2014〕123 号)要求:向非银行机构进行融资,申请办理采矿权抵押备案的,需提供非银行机构法人经营范围含贷款业务的法人营业执照及中华人民共和国金融许可证。

2014年8月1日，离柳公司将兑镇煤矿采矿许可证原件交予工银租赁公司保管至今。

2014年5月9日，工银租赁公司委托北京市汇融律师事务所杨泰律师前往山西省国土资源厅查询朱家店煤矿采矿权的抵押备案情况，查询结果是朱家店煤矿采矿权已经抵押备案给民生银行太原分行，并在询问工银租赁公司能否办理抵押备案时被告知营业执照载明的经营范围必须包含贷款业务才可以办理。2014年8月6日，工银租赁公司委托北京市汇融律师事务所杨泰律师持工银租赁公司提供的兑镇煤矿采矿许可证原件，前往山西省国土资源厅查询兑镇煤矿采矿许可证的抵押备案情况，查询结果是该采矿许可证没有抵押备案。

2015年12月29日，一审法院应工银租赁公司申请轮候查封了案涉朱家店煤矿采矿权和兑镇煤矿采矿权；工银租赁公司当庭陈述在其之前尚有四家单位亦申请法院对兑镇煤矿采矿权进行了查封，离柳公司表示认可。

二审查明的其他案件事实与一审查明的事实一致，本院予以确认。

本院认为，综合双方诉辩主张和本案事实，本案二审的争议焦点问题是：1. 工银租赁公司对案涉两项采矿权是否享有抵押权及优先受偿权；2. 工银租赁公司主张支付的律师费、差旅费等实现债权的费用是否应予支持。

一、关于工银租赁公司对案涉两项采矿权是否享有抵押权及优先受偿权的问题

矿产资源是指由地质作用形成的，具有利用价值的，呈固态、液态、气态的自然资源。根据《矿产资源法》《物权法》等法律规定，矿产资源属于国家所有。国家在保留矿产资源所有权基础上，将矿产资源的勘查、开采以有偿使用的方式出让给具有相应资质的申请人，并向申请人颁发矿产资源勘查许可证或者开采许可证，获得许可证的申请人即享有相应矿区的探矿权或者采矿权。《物权法》第一百二十三条关于"依法取得的探矿权、采矿权、取水权和使用水域、滩涂从事养殖、捕捞的权利受法律保护"的规定，明确了探矿权、采矿权作为用益物权的法律属性。但《物权法》并没有明确规定探矿权、采矿权系不动产，亦没有关于探矿权、采矿权抵押登记的明确规定，从而导致实践中对矿业权抵押问题的不同认识和差别化处理。

国土资源部《矿业权出让转让管理暂行规定》（国土资发［2000］309号）第三条第一款规定："探矿权、采矿权为财产权，统称为矿业权，适用于不动产法律法规的调整原则。"《增值税暂行条例实施细则》第二十三条规定："条例第十条第（一）项和本细则所称非增值税应税项目，是指提供非增值税应税劳务、转让无形资产、销售不动产和不动产在建工程。前款所称不动产是指不能移动或者移动后会引起性质、形状改变的财产，包括建筑物、构筑物和其他土地附着物……。"财政部、国家税务总局《关于固定资产进项税额抵扣问题的通知》（财税［2009］113号）规定："《增值税暂行条例实施细则》第二十三条第二款所称建筑物，是指供人们在其内生产、生活和其他活动的房屋或者场所，……所称其他土地附着物，是指矿产资源及土地上生长的植物"。参照国家相关部委的上述规定以及社会对矿产资源的一般理解，矿产资源可视为土地附着物，矿业权适用不动产法律法规予以调整。因此，在法律、行政法规没有另外规定的情况下，上述部委的规章、规范性文件可以作为认定矿产资源及矿业权属性的重要参考。

根据《物权法》第九条第一款"不动产物权的设立、变更、转让和消灭，经依法登记，发生效力；未经登记，不发生效力，但法律另有规定的除外"；第一百八十条第一款"债务人或者第三人有权处分的下列财产可以抵押：（一）建筑物和其他土地附着物；……"；第一百八十七条"以本法第一百八十条第一款第一项至第三项规定的财产或者第五项规定的正在建造的建筑物抵押的，应当办理抵押登记。抵押权自登记时设立"的规定，矿产资源作为土地附着物，探矿权、采矿权抵押应遵循登记生效主义原则，抵押权应自登记时设立。目前，矿业权抵押尚无法律明确规定的登记部门。国土资源主管部门作为矿产资源勘查许可证、采矿许可证的审批登记机关，基于国土资源部《矿业权出让转让管理暂行规定》等规范性文件的规定，为矿业权抵押办理备案手续。同时，也有省、自治区在本行政区域内制定的涉矿地方性法规中包含了矿业权抵押须办理登记或者备案的规定。鉴于不动产物权登记的主要功能和作用在于藉此获得对世的公示效力，就目前矿业权抵押备案的主要功能以及法律效果而言，备案与登记并无实质区别，抵押权人可藉此取得对抗他人的公示效力和优先受偿权。在法律、行政法规尚无明确矿业权抵押登记部门的情况下，国土资源主管部门依据部门规章或者地方性法规办理的矿业权抵押备案，可视为矿业权抵押登记，矿业权抵押权自登记或者备案时设立。就本案而言，案涉两份抵押合同约定用于抵押的采矿权，均没有在国土资源主管部门办理备案登记，一审法院据此认定两煤矿采矿权抵押权均未设立，并无不当。

工银租赁公司主张即使采矿权抵押权自备案登记时设立，案涉采矿权抵押未备案登记亦非基于工银租赁公司原因，而是因登记部门的原因致使其无法办理抵押备案登记，根据《担保法解释》第五十九条的规定，其应对案涉两项采矿权享有抵押权，并有权就其拍卖、变卖或折价所得的价款优先受偿。本院认为，工银租赁公司主张对案涉两项采矿权享有抵押权及优先受偿权不能成立。

首先，根据案涉两份抵押合同的约定，办理抵押备案登记的义务人为离柳公司，工银租赁公司并没有证据证明离柳公司前去办理过采矿权抵押备案登记。恰恰相反，工银租赁公司在本案中诉求离柳公司承担8000万元（后变更为9528000元）违约金，即是基于离柳公司未按合同约定办理采矿权抵押备案登记构成违约的事实，而且也得到了一审法院的确认和支持。二审庭审过程中，工银租赁公司申请出庭作证的证人也只是证明其受指派前往山西省国土资源厅了解案涉采矿权的权利负担情况，亦非办理采矿权抵押备案登记。工银租赁公司、离柳公司在二审庭审中尽管均陈述办理过案涉采矿权抵押的备案登记，但无法就办理的时间、地点、经办人、提交文件等作出详细具体的说明并提供相应的证据予以证明，亦与工银租赁公司在一审的陈述和主张相悖，在工银租赁公司没有相反证据足以推翻其一审陈述和主张的情况下，根据《民事诉讼证据规定》第七十四条"诉讼过程中，当事人在起诉状、答辩状、陈述及其委托代理人的代理词中承认的对己方不利的事实和认可的证据，人民法院应当予以确认，但当事人反悔并有相反证据足以推翻的除外"的规定，本院对其二审相应主张不予支持。本案现有证据难以证明离柳公司或者双方确实在抵押合同签订后前往国土资源主管部门办理过案涉采矿权抵押备案登记手续，也就难以进一步确认是否因登记部门的原因导致未能办理案涉采矿权抵押的备案登记。

其次，朱家店煤矿采矿许可证并没有交付给工银租赁公司，不具备《担保法解释》第五十九条权利凭证应交付债权人的条件。兑镇煤矿采矿许可证的原件尽管交付给了工银租赁公司保管，但工银租赁公司在2014年8月接受兑镇煤矿采矿权抵押时，已明确知悉2014年1月27日山西省国土资源厅发布的《关于进一步明确采矿权抵押备案有关事项的通知》，其经营范围内无贷款业务将无法办理采矿权抵押备案。在此情况下工银租赁公司与离柳公司签订抵押合同，应自行承担相应风险，不属于《担保法解释》第五十九条"因登记部门的原因致使其无法办理抵押物登记"的情形。

再次，基于本案已经查明的事实，朱家店煤矿采矿权已经抵押给民生银行太原分行并于 2013 年 11 月办理了备案登记手续；而兑镇煤矿采矿权，在工银租赁公司申请法院查封之前，已经有四家离柳公司的债权人在先申请了查封，工银租赁公司不享有对抗上述债权人的优先受偿权。

二、关于工银租赁公司主张支付的律师费、差旅费等实现债权的费用是否应予支持的问题

一审判决基于离柳公司未依约办理矿业权抵押备案登记，认定离柳公司构成违约，支持了工银租赁公司请求离柳公司支付 9528000 元违约金的诉讼请求。同时一审判决支持了工银租赁公司关于因离柳公司逾期支付租金发生的利息损失。因此，一审法院认为工银租赁公司主张支付的律师费损失已经通过逾期利息和违约金得到弥补，未予支持，并无明显不当。至于工银租赁公司主张的拍卖费并未实际发生；实现本案债权而支出的差旅费用，未提供相应的证据予以证明，本院对该部分上诉请求不予支持。

综上所述，工银租赁公司的上诉请求不能成立，应予驳回；一审判决认定事实清楚，适用法律正确，应予维持。依照《民事诉讼法》第一百七十条第一款第一项规定，判决如下：

驳回上诉，维持原判。

二审案件受理费 709108 元，由工银金融租赁有限公司负担。

本判决为终审判决。

审 判 长　贾清林
代理审判员　武建华
代理审判员　杨　迪
二〇一六年十二月七日
书 记 员　李　逸

（七）上诉人国网安徽省电力公司、上诉人安庆明鑫矿业有限公司与被上诉人国网安徽省电力公司安庆供电公司采矿权侵权纠纷案

【裁判要旨】

矿业权设立在先，其他物权设立在后的，在后物权的行使不得以压覆或其他形式妨碍在先矿业权的行使；在后物权人的输变电线路与矿区不存在空间上的重叠，不属于矿床"压覆"，但以妨碍开采爆破作业形式侵害了在先矿业权；矿业权人请求在后物权人停止侵害、排除妨害的，应以确有必要为限；矿业权人请求在后物权人承担侵权损害赔偿责任的，应举证证明损害确已发生，且该损害系因侵权行为导致；在尚未实际开采、经营情况下，矿业权人请求侵权人承担利润损失的，人民法院不予支持。

【裁判文书】

中华人民共和国最高人民法院民事判决书

（2015）民一终字第203号

上诉人（一审被告）：国网安徽省电力公司。住所地：安徽省合肥市包河区黄山路9号。

法定代表人：秦红三，该公司总经理。

委托代理人：俞晞，安徽品涵律师事务所律师。

委托代理人：时璐，安徽品涵律师事务所律师。

上诉人（一审原告）：安庆明鑫矿业有限公司。住所地：安徽省安庆市枞阳县白湖乡。

法定代表人：林金利，该公司总经理。

委托代理人：翁金基，北京市国宏律师事务所律师。

委托代理人：崔岩瑛，北京市国宏律师事务所律师。

被上诉人（一审被告）：国网安徽省电力公司安庆供电公司。住所地：安徽省安庆市人民路 170 号。

法定代表人：赵羽萌，该公司总经理。

委托代理人：孙家玉，安徽今点律师事务所律师。

上诉人国网安徽省电力公司（以下简称安徽电力）、上诉人安庆明鑫矿业有限公司（以下简称明鑫矿业）与被上诉人国网安徽省电力公司安庆供电公司（以下简称安庆供电）因采矿权侵权纠纷一案，不服安徽省高级人民法院（2011）皖民四初字第 00001 号民事判决，向本院提起上诉。本院立案后，依法组成合议庭，于 2015 年 12 月 2 日公开开庭审理了本案。安徽电力委托代理人俞晞、时璐，明鑫矿业委托代理人翁金基、崔英岩，安庆供电委托代理人孙家玉到庭参加诉讼。本案现已审理终结。

2011 年 5 月，一审原告明鑫矿业起诉至安徽省高级人民法院称：2007 年 10 月，明鑫矿业通过竞买方式取得白柳铜矿的探矿权。同年 12 月，安徽电力、安庆供电在明鑫矿业矿区内进行"皖电东送"西通道 500 千伏六安－铜贵输变电线路（以下简称西通道输变电线路）的施工建设，该线路压覆明鑫矿业的白柳铜矿，其中最近的塔基距离 1 号矿体仅 193 米。《电力设施保护条例实施细则》第 10 条规定，任何单位和个人不得在距电力设施范围 500 米内进行爆破作业。故安徽电力、安庆供电架设的电力设施严重影响明鑫矿业对矿区的开发和利用，侵害明鑫矿业的矿业权。明鑫矿业为竞买探矿权及进一步开发筹集了 5000 万元的资金，由于电力设施压矿，使明鑫矿业的探矿工作停滞 6 个月，并使探矿权转化为采矿权的《矿产资源预申请》获批迟延 12 个月，导致明鑫矿业多承担 18 个月的利息损失计 26352000 元。由于矿区架设电力设施，明鑫矿业一方面组织人员看护矿区制止施工，一方面向相关部门反映情况并和安徽电力、安庆供电协商，至今已支付各项费用 2399142.86 元。明鑫矿业早在 2009 年即通过白柳铜矿采选项目的审查，按计划在继续完成相应的工作之后，可自建选矿厂以完成生产。但西通道输变电线路的建设施工严重影响了工作进程。现因政策调整，使明鑫矿业错过了自建选矿厂的时机，只能销售原矿。根据已经探明的矿石量 702248 吨，仅就选矿加工利润 80 元/

吨和运输成本 25 元/吨计算，明鑫矿业将损失 73736000 元。据此，明鑫矿业请求判令：（一）安徽电力、安庆供电立即对西通道输变电线路另行改线，保证电力设施远离矿区 500 米；（二）安徽电力和安庆供电连带赔偿明鑫矿业利息损失人民币 6002.4 万元（暂计 41 个月）、各项费用 4950592.66 元、经济损失 37512550 元；（三）安徽电力和安庆供电连带承担本案的全部诉讼费用。

安徽电力答辩称：（一）西通道输变电线路枞阳段是安徽省人民政府"十一五"电力规划"皖电东送西通道工程"的一部分，已于 2007 年 1 月 22 日经国家发展和改革委员会核准项目建设。《安徽省电力设施和电能保护条例》并未禁止在高压输电线路 500 米范围内实施爆破作业，只规定确需爆破时的审批程序。因此，明鑫矿业的矿产资源预申请能否获准，与距离西通道输变电线路是否达到 500 米并无必然关系，其要求西通道输变电线路距矿区必须超过 500 米没有法律依据。（二）矿产资源储量评审备案证明系矿产资源预申请的条件，白柳铜矿的矿产资源勘查并未因西通道输变电线路的实施而停滞，其取得矿产资源储量评审备案证明距预申请的批准不足一年，扣除审批所需时间，明鑫矿业称其取得预申请迟延 12 个月与事实不符。明鑫矿业雇佣人员阻挠合法工程的施工，其不法行为所产生的费用不应由安徽电力承担。根据安徽省经济和信息化委员会（以下简称安徽省经信委）的规定，即便是已建选矿厂也必须限期达到所规定的准入条件，否则仍应关闭，故明鑫矿业何时申请与选矿厂能否建设运营并无关联。因此，明鑫矿业主张的损失，均与安徽电力没有法律上的因果关系。（三）由于明鑫矿业多次非法阻挠施工，安徽电力已将西通道输变电线路迁移，不仅拖延了皖电东送西通道工程的工期，也造成了巨额损失。对此，安徽电力保留向明鑫矿业追偿的权利。安徽电力请求法院依法驳回明鑫矿业的全部诉讼请求。

安庆供电答辩称：西通道输变电线路系经国家发展和改革委员会核准的建设项目，明鑫矿业主张西通道输变电线路迁离矿区 500 米没有依据。白柳铜矿的矿产资源勘查并未停滞，明鑫矿业雇佣人员阻挠合法工程施工，所产生的费用应自行承担。根据安徽省经信委的规定，即便是已建选矿厂也必须限期达到所规定的准入条件。否则仍应关闭，故明鑫矿业何时申请与选矿厂能否建设运营并无关联。因此，明鑫矿业主张的损失与安庆供电没有法律上的因果关系。安庆供电请求驳回明鑫矿业的全部诉讼请求。

一审法院经审理查明：受安徽省国土资源厅委托，安庆市国土资源局对枞阳县白柳铜矿普查探矿权进行挂牌出让，并于2006年6月与枞阳县地矿事务服务中心签订出让合同。枞阳县地矿事务服务中心取得白柳铜矿普查探矿权后，又于2007年9月委托安徽亿升拍卖有限公司对白柳铜矿普查探矿权进行拍卖，林金利、王海键和柯顺宜等三人委托林金利为代表以3200万元的价格竞买取得白柳铜矿普查探矿权，同时交纳佣金160万元。同年10月10日，枞阳县地矿事务服务中心与林金利签订白柳铜矿普查探矿权出让合同。2007年10月26日，林金利、王海键和柯顺宜等三股东成立明鑫矿业受让该探矿权。嗣后，明鑫矿业取得了矿产资源勘查许可证，并委托相关单位进行补充普查等工作。2007年1月，国家发展和改革委员会核准西通道输变电线路。同年3月14日，枞阳县人民政府主持召开了西通道输变电线路枞阳段启动会，研究协调工程建设有关问题，安庆供电和枞阳县国土资源局等单位参加会议。嗣后，西通道输变电线路开始施工建设。

工程建设期间，枞阳县国土资源局于2007年12月11日至2008年1月2日三次致函安庆供电，明确表示在西通道输变电线路前期设计的协调会上，该局已提出不能压覆白柳铜矿矿床，但安庆供电在设计时未向该局提供线路审查图件，在建设定点时亦未邀请该局参加，导致西通道输变电线路距白柳铜矿最近距离不足200米，压覆白柳铜矿矿床，严重影响了该矿的矿山安全，要求安庆供电改变线路。因双方未达成一致意见，导致西通道输变电线路建设停工。为此，安徽省发展和改革委员会于2008年5月主持召开了西通道输变电线路枞阳段与白柳铜矿建设中的有关问题协调会，要求会议纪要下发后，工程立即恢复施工，在白柳铜矿完成初步设计后，如经矿山安全评估认为西通道输变电线路影响白柳铜矿安全开采，安徽电力另行改线。会后，西通道输变电线路得以继续建设。2009年12月14日，安徽省国土资源厅作出《关于不同意安徽省枞阳县白柳铜矿矿产资源预申请的复函》，复函指出西通道输变电线路通过申请矿区，为此，该厅征询了安徽电力意见，安徽电力回复称，任何单位和个人需要在电力设施保护区进行可能危及电力设施安全的作业时，应当经电力行政主管部门批准并采取安全措施后，方可进行作业；在电力设施周围500米的区域内进行爆破作业的，应当依照《民用爆炸物品安全管理条例》等有关规定，经爆破作业所在地设区的人民政府公安机关批准后实施；

现提供的矿区范围部分在电力线路保护范围内，如需开采爆破，请按《安徽省电力设施和电能保护条例》执行。鉴于安徽电力的意见，且明鑫矿业不同意扣除被电力设施压覆的范围，暂不同意的矿产资源预申请。待明鑫矿业与电力公司协商解决矿产开采对高压线路的影响后，再报预申请。

由于西通道输变电线路影响白柳铜矿矿产资源预申请的审批，安徽省发展和改革委员会于2010年7月5日再次召开协调会并下发会议纪要，要求安徽电力对西通道输变电线路枞阳段进行改线。会后，安徽省电力设计院依据会议纪要对西通道输变电线路的施工图进行了修改，并于同年10月报送枞阳县人民政府。2010年10月12日，枞阳县国土资源局在改线线路图中签署意见：所改线路不压覆矿产资源，并加盖公章；枞阳县住房和城乡建设局亦在改线线路图中签署同意改迁意见，并加盖公章。嗣后，西通道输变电线路按修改后的施工图完成施工。期间，鉴于安徽电力已同意修改线路，安徽省国土资源厅于2010年8月30日再次作出《关于安徽省枞阳县白柳铜矿矿产资源预申请的复函》，同意明鑫矿业申请安徽省枞阳县白柳铜矿资源。

明鑫矿业认为改线后的西通道输变电线路仍压覆白柳铜矿矿产，致其不能开采，于2011年1月5日向安徽省高级人民法院提起本案诉讼。

一审审理期间，安徽省经信委于2011年3月15日作出《关于不同意核准明鑫矿业白柳铜矿年产6万吨采矿工程项目的批复》，明确矿区范围内建成的架空电力线路和塔架压覆和影响白柳铜矿保有资源储量333类20.08万吨暂不能开采，另保有资源储量（332+333）类50.14万吨，按设计年产6万吨的建设规模不满足《安徽省铜铅锌矿采选行业准入条件》中新建铜矿山服务年限在10年以上的要求，暂不同意核准明鑫矿业白柳铜矿年产6万吨采矿工程项目。安徽电力知悉后，向安徽省经信委发出《关于对明鑫矿业枞阳县白柳铜矿采矿工程项目批复若干问题的函》。2011年4月6日，安徽省经信委再次作出《关于明鑫矿业白柳铜矿采矿工程项目批复有关问题的复函》，复函载明西通道输变电线路自白柳铜矿矿区范围内东北部穿过，设计布置的矿山开拓工程距矿区范围内建成的架空电力线路和塔架最近处水平距离均不足500米，在没有电力设施产权单位或管理部门的书面同意，未经政府有关管理部门批准的前提下，作出"暂不同意核准明鑫矿业白柳铜矿年产6万吨采矿工程项目的决定"。现该委原则同意安徽电力来函中的建议，即按照《电力设施保护条例实施细则》的规定,安徽电力作为电力设施产权单位,若同意白柳铜矿在距电力设施周围500米范围内进行爆破作业,须组织有关专家进行科学论证后,出具书面同意的意见,并报经政府有关管理部门批准,在符合国家有关法律法规要求的前提下,重新对白柳铜矿采矿工程项目进行审查核准。为此,经安徽电力申请,一审法院于2011年4月27日作出裁定,中止本案审理。2013年7月12日,安徽省经信委作出《关于明鑫矿业枞阳县白柳铜矿年产6万吨采矿工程项目核准的批复》,同意核准明鑫矿业枞阳县白柳铜矿采矿工程。同年11月,一审法院恢复本案审理。

恢复审理后,安徽省国土资源厅于2013年12月18日向明鑫矿业作出《不予办理采矿登记通知》,认为明鑫矿业申报的白柳铜矿采矿权新立登记范围与安徽省矿产资源规划中的浮山国家地质公园禁止开采区部分重叠,暂不予批准采矿权新立登记。2014年8月28日,安徽省国土资源厅经重新审查核准了明鑫矿业白柳铜矿采矿权登记。但因明鑫矿业未交纳土地复垦等费用,采矿证尚未领取。

本案审理期间,一审法院组织各方当事人进行多轮调解,终因分歧较大,调解未果。

一审法院经审理认为:结合各方当事人举证、质证及诉辩意见,本案争议焦点是:(一)西通道输变电线路是否压覆白柳铜矿矿产资源,是否应更改线路;(二)如西通道输变电线路压覆矿产资源事实成立,是否造成明鑫矿业损失,损失额应如何确定;(三)安徽电力及安庆供电是否应承担侵权赔偿责任。

(一)关于是否压矿问题。工程建设期间,枞阳县国土资源局三次致函安庆供电,明确指出西通道输变电线路压覆白柳铜矿矿产,安徽省国土资源厅作出的《关于不同意安徽省枞阳县白柳铜矿矿产资源预申请的复函》及安徽省经信委作出的《关于不同意核准明鑫矿业白柳铜矿年产6万吨采矿工程项目的批复》均表明西通道输变电线路压覆部分白柳铜矿矿产资源。因此,可以认定西通道输变电线路存在压覆白柳铜矿矿产资源的事实。鉴于安徽电力已对西通道输变电线路进行改线,且其作为电力设施产权单位已书面同意白柳铜矿在距电力设施周围500米范围内进行爆破作业,该行为符合《电力设施保护条例实施细则》第十条"任何单位和个人不得在距电力设施周围五百米范围内(指水平距离)进行爆破作业。因工作需要必须进行爆破作业时,应当按国家颁发的有关爆破作业的法律法规,采取可靠的安全防范措施,确保电力设施安全,并征得当地电力设施产权单位或管理部门的书面同意,报经政府有关管理部门批准"的规定,现方案已经安徽省经信委等政府有关管理单位核准,故明鑫矿业主张西通道输变电线路另行改线,保证电力设施远离矿区500米的请求,一审法院不予支持。

(二)关于损失问题。明鑫矿业主张的损失为利息损失6002.4万元、各项费用4950592.66元、经济损失37512550元,合计102487142.66元。

1. 利息损失6002.4万。2009年12月14日,安徽省国土资源厅作出《关于不同意安徽省枞阳县白柳铜矿矿产资源预申请的复函》,表明因西通道输变电线路压覆白柳铜矿矿产,明鑫矿业矿产资源预申请不能获得审批,导致明鑫矿业的投资不能及时取得回报,此时间节点应认定为西通道输变电线路压覆白柳铜矿矿产所造成的利息损失的计算起点。嗣后,安徽电力虽更改线路,枞阳县国土资源局亦签署了"所改线路不压覆矿产资源"的意见,且安徽省国土资源厅已同意明鑫矿业申请白柳铜矿资源,但安徽省经信委在没有电力设施产权单位或管理部门的书面同意,未经政府有关管理部门批准的前提下,仍作出"暂不同意核准明鑫矿业白柳铜矿年产6万吨采矿工程项目的决定",说明利息损失仍在延续。直至2013年7月12日,安徽省经信委方作出批复同意核准该项目。因此,2013年7月12日应作为利息损失的计算终点。明鑫矿业竞买白柳铜矿普查探矿权的费用为3360万元(含佣金),至于普查、设计等费用,明鑫矿业未举证证明,因此本金可按3360万元计算。利率按中国人民银行同期同类贷款利率计算。明鑫矿业主张的其他利息损失,依据不足,一审法院不予采信。

2. 各项费用4950592.66元。明鑫矿业诉称因西通道输变电线路压覆白柳铜矿矿产,明鑫矿业需组织人员看护矿区制止施工,同时与相关单位协商并反映情况,已支付各项费用4950592.66元。由于明鑫矿业所举证据中含有企业经营等各类费用,不能证明该项费用系西通道输变电线路压覆白柳铜矿矿产所造成的损失。

3. 经济损失37512550元。明鑫矿业诉称因西通道输变电线路压覆白柳铜矿影响了工作进程,使其错过了自建选矿厂的时机,只能销售原矿,将损失

37512550元。依据安徽省经信委2009年8月发布的《安徽省铜铅锌矿采选行业准入条件》规定，新建选矿厂项目年处理能力须达到30万吨/年，现矿山企业必须在2010年底前达到上述准入条件，规定期满达不到上述准入条件的，依法予以关闭。白柳铜矿年处理能力为6万吨，达不到上述准入条件，不符合建设选矿厂要求，即使在《安徽省铜铅锌矿采选行业准入条件》发布前建厂，也应于2010年底关闭，故明鑫矿业该项请求，依据不足，一审法院不予采纳。

（三）关于赔偿主体问题。安徽电力作为企业法人，系西通道输变电线路的电力设施产权单位，依法应承担相应的赔偿责任。安庆供电并非项目法人，系施工管理者，依法不应承担责任。

一审法院判决：（一）安徽电力赔偿明鑫矿业3360万元自2009年12月14日起至2013年7月12日止的利息损失，利率按中国人民银行同期同类贷款利率计算。（二）驳回明鑫矿业的其他诉讼请求。一审案件受理费554235元，由明鑫矿业负担354235元，安徽电力负担20万元。

上诉人安徽电力不服一审判决，向本院提起上诉称：（一）西通道输变电线路核准和施工均先于明鑫矿业受让取得探矿权，是在先权利。2007年1月22日案涉项目获国家发展和改革委员会核准后，同年3月开始施工，至当年11月工程基本完成。在此期间，枞阳县人民政府和国土资源局始终未提及压覆矿产资源的问题。而直到2008年5月28日，明鑫矿业才取得勘查许可证。（二）一审判决认定西通道输变电线路压覆白柳铜矿，没有事实和法律依据。压覆矿产资源是指因建设项目实施后导致矿产资源不能开发利用，但建设项目与矿区范围重叠而不影响矿产资源正常开采的，不作压覆处理。2008年2月安徽省地质勘查局327地质队作出《500kV六安变－铜贵变线路工程#262－#268塔段压覆矿产资源储量调查评估报告》和安徽省工程爆破协会组织专家论证后均认为：矿山在正常的开采情况下，矿山爆破作业对西通道输变电线路安全运行均不产生影响。上述专业机构的评估和论证证明西通道输变电线路并不压覆白柳铜矿矿产资源。2013年7月12日，安徽省经信委依法按照探明的70.22万吨全部资源量，核准了明鑫矿业白柳铜矿项目，说明白柳铜矿的资源量可以全部开发利用，不应当作压覆处理。（三）安徽电力始终未要求在距离高压输电线路500米范围内不得爆破作业，未影响明鑫矿业的相关申请。安徽电力于2009年11月16日回复安徽省国土资源厅，援引《安徽省电力设施和电能保护条例》第十二条和《民用爆炸物品安全管理条例》的规定，要求如需爆破，请按《安徽省电力设施和电能保护条例》执行，并未要求在输电线路两侧500米范围内禁止爆破。《安徽省电力设施和电能保护条例》并未绝对禁止在高压输电线路500米范围内实施爆破作业，只是规定了确需爆破时的审批程序。安徽省电力设计院表示，即便是露天开采，在采取必要安全措施条件下，可以在500米范围内爆破开采。从上述情况看，无论从主观还是客观上看，安徽电力均未阻挠明鑫矿业取得矿产资源预申请登记。而且安徽电力还承诺在明鑫矿业申请矿产资源预申请时予以配合，并主动致函安徽省经信委，同意明鑫矿业爆破作业。（四）明鑫矿业所谓"迟延办证"，不能归咎于安徽电力。1. 西通道输变电线路是在先权利。2. 法律法规并不完全禁止在电力设施周围进行爆破，而是要求征得当地电力设施产权单位或管理部门的书面同意。明鑫矿业认为在电力设施周围500米内完全禁止进行爆破，影响其矿山开采，是对法规的错误理解。3. 安徽电力积极协助和配合明鑫矿业的申请。4. 明鑫矿业在勘查工作尚未完成、储量未探明，也未委托矿山设计的情况下，即向安徽省发展和改革委员会、枞阳县人民政府及县国土局等部门反映，称其拟"露天开采"，实际上白柳铜矿的合理开采方式为井下开采。明鑫矿业错误选择开采方式，导致其在完成勘查等工作后，重新编制申请材料。明鑫矿业基于其对法规的错误理解，无视安徽电力的协助和配合，不取得安徽电力同意其爆破开采的函，错误选择开采方式就贸然进行相关申请，自然不能获得批准。如果因此导致"迟延办证"，后果也只能由明鑫矿业自行承担。（五）安徽电力不应赔偿明鑫矿业利息损失。西通道输变电线路未压覆矿产资源，安徽电力也始终未要求在距离高压输电线路500米范围内不得爆破作业，在明鑫矿业矿产资源预申请、项目审批能否获准的问题上，安徽电力并无过错；明鑫矿业所称"迟延办证"，源于其对法规的错误理解和错误选择开采方式，明鑫矿业以案涉项目压覆矿产资源为由向安徽电力主张赔偿的理由不能成立。安徽电力请求驳回明鑫矿业的诉讼请求。

明鑫矿业答辩称：（一）明鑫矿业取得权利在先，安徽电力建设电力设施在后。1. 安徽电力、安庆供电将案涉项目的合法性和具体线路选址的合法性混为一谈是在偷换概念。2. 案涉项目的具体选址违反了法律、法规的规定，不应受到法律保护。3. 白柳铜矿的探矿权早在2002年便已登记设立。2007年10月，明鑫矿业受让取得白柳铜矿探矿权，自合同签订之日即享有探矿权利。4. 西通道输变电线路对明鑫矿业的矿业权构成侵害，且侵权行为保持持续状态。（二）西通道输变电线路改线前后均妨碍了明鑫矿业作为探矿权人对其用益物权的使用、收益的权利，侵权事实处于持续状态，均构成压矿。1. 西通道输变电线路在建设过程中，安徽电力通过《会议纪要》的形式确认其应当承担排除妨碍的义务。2. 安徽电力并非民用爆破作业的主管机关，其许可同意进行并不能据此认定明鑫矿业可以实施爆破作业。3. 安徽电力所称工程爆破协会的论证报告缺乏事实基础，是安徽电力自己制作的文件，根本不是证据。（三）相关法律法规明确规定不得在距电力设施500米范围内进行爆破作业，安徽电力即使主观同意爆破也是违反法律规定的。明鑫矿业请求驳回安徽电力的上诉请求。

明鑫矿业上诉称：（一）案涉项目妨碍明鑫矿业矿业权行使。1. 明鑫矿业取得权利在先，西通道输变电线路建设在后。2. 西通道输变电线路在建设过程中，安徽电力和安庆供电均以《会议纪要》的形式确认了安徽电力应当承担排除妨碍的义务。3. 西通道输变电线路妨碍明鑫公司作为矿业权人对其用益物权的使用、收益权利，侵权损害事实处于持续状态。4. 安徽电力并非民用爆破作业的主管机关，其许可同意进行并不能据此认定明鑫矿业可以事实爆破。5. 一审将压覆矿产资源作为认定侵权的裁判依据，系认定事实不清。即使未压覆，只要建设项目导致矿产资源不能开发利用，亦应当承担侵权责任。（二）一审判决赔偿金额不足以弥补明鑫矿业的损失。1. 一审判决赔偿金额的损失期限认定错误。一是赔偿时间起点计算错误。一审判决将压覆矿产资源导致明鑫矿业不能获得审批作为起算点错误。事实上，明鑫矿业的损失不仅是因矿床压覆导致的行政机关审批程序往复延迟，还包括了探矿权行使受限。因此，一审法院将明鑫矿业矿产资源预申请不予批准作出之日作为损失起点与客观事实不符。二是损失赔偿时间终点计算错误。爆破作业是否能被准许尚未可知，一审判决以安徽省经信委审批核准认定损失终点，逻辑错误。三是赔偿金额依据认定错误。一审判决将3360万元作为本金明显低于明鑫矿业实际损失。一审判决按照利息按照银行贷款利率错误，应当按照明鑫矿业的融资成本计算。三是其他各项损失认定错误。一审判决对明鑫矿业通过私力救济的途径维护自身权益发生的费用不予支持错误。四是一审判决对选矿厂的损失不予支持错误。（三）一审程序违法。根据司法解释的规定，当事人主张的法律关系性质与人民法院根据案件事实作出的认定不一致的，人民法院应当告知当事人变更诉讼请求。本案明鑫矿业的诉讼请求为西通道输变电线路改线。现一审法院既然以该方案被安徽省经信委核准为由不予支持该项请求，就应当告知明鑫矿业变更诉讼请求，而不是直接判决驳回明鑫矿业的诉讼请求。明鑫矿业请求撤销一审判决发回重审，或改判支持明鑫矿业一审诉讼请求。

安徽电力答辩称：（一）案涉项目未妨碍明鑫矿业行使权利。1. 案涉项目为在先权利。2.《会议纪要》不能证明安徽电力侵权并负有排除妨碍的义务。3. 案涉项目并不影响明鑫矿业爆破作业，明鑫矿业以不能排除爆破可能无法获得批准为由主张安徽电力承担责任不能成立。4. 安徽电力虽然不是爆破主管机关，但所有爆破作业均需取得公安机关批准。明鑫矿业现以"不排除"尚未发生的"公安机关不予批准"为由，主张安徽电力承担责任，并主观臆断了"公安机关不批准"的理由，是在没有损害结果发生的情况下主张安徽电力承担侵权责任，不能成立。5. 关于"压覆矿床"的定义，法律规定已有明确表述，明鑫矿业的上诉请求不能成立。（二）关于明鑫矿业的"损失"问题。1. 明鑫矿业认为其一审判决认定的损失期限起止时间起算错误不能成立。2. 明鑫矿业主张以其民间借贷的利息作为损失利率缺乏事实与法律依据。3. 明鑫矿业雇佣社会闲散人员阻挠施工，且未提供实际救济证据，不存在私力救济的问题。4. 根据《安徽省铜铅锌矿采选行业准入条件》的规定，明鑫矿业主张因不能建成选矿厂的损失不能成立。（三）一审程序合法。人民法院行使释明权，仅限于当事人主张的法律关系的性质或者民事行为的效力与人民法院认定不一致的情形。而本案并不存在法院行使释明权的情形。安徽电力请求驳回明鑫矿业的上诉请求。

针对明鑫矿业、安徽电力的上诉，安庆供电答辩称：支持安徽电力在本案中的上诉请求，请求驳回明鑫矿业的上诉。

上诉人明鑫矿业二审期间向本院提交以下证据材料：

第一组证据为证据一到证据六。证据一为《安庆明鑫矿业有限公司枞阳县白湖乡白柳铜矿10万t/a采选可行性研究合同》；证据二为安庆明鑫矿业铜矿采选工程环评《技术咨询合同书》;证据三为《安庆明鑫矿业有限公司白柳铜矿铜家岭尾矿库涉及合同书》和中钢集团马鞍山矿院工程勘察设计有限公司开具的收款发票2张;证据四为中钢集团马鞍山矿山研究院有限公司开具的发票(10万元);证据五为枞阳县白柳铜矿15万吨/年铜矿采选项目《技术合同书》;证据六为铜矿可选性研究《技术开发(委托)合同》。明鑫矿业依据上述证据拟证明在白柳铜矿开发过程中投入了前期开发费用。

第二组证据为证据七到证据十三。证据七为《矿山地质环境保护与综合治理方案工程合同》和安徽工程勘察院开具的发票(4万元);证据八为中钢集团马鞍山矿院工程勘察设计有限公司开具的发票2张(6万元);证据九为中钢集团马鞍矿山研究院有限公司开具的发票1张;证据十为《500kv六铜线对枞阳白柳铜矿的影响论证合同书》;证据十一为枞阳县白柳铜矿年产铜矿石6万吨采矿工程项目地下水环境影响评价专题《技术开发(委托)合同》;证据十二为土地复垦方案报告书《技术咨询合同》;证据十三为白柳铜矿6万t/a铜矿石采矿工程环境影响报告书《技术咨询合同》。明鑫矿业依据上述证据拟证明由于安徽电力和安庆供电的侵权行为,明鑫矿业需要重新履行项目核准报批手续发生了损失。

上诉人安徽电力、被上诉人安庆供电质证认为,对明鑫矿业二审提交的证据真实性没有异议,但上述证据均是在本案诉讼过程中发生的,不属于新发现的证据。其中,证据一到证据六属于矿山企业开发过程中必须要制作的材料,必须支出的费用,是企业正常经营管理费用的一部分,主张这部分款项没有事实依据。证据七到十三,明鑫矿业重新做了一部分材料,是因为其申请的时候,已经有新的标准出台,按照原来的标准已经不可能核准了,这与安徽电力无关。

本院对明鑫矿业提交的证据材料作出如下认证:(一)明鑫矿业二审提交的证据虽然是复印件,但因安徽电力、安庆供电对证据的真实性予以认可且未请求明鑫矿业出示原件,故本院对证据的真实性予以确认;(二)经本院查明,明鑫矿业二审提交的证据的形成时间均系一审判决作出之前,且由明鑫矿业持有,不属于一审庭审结束后新发现的证据。但依照《民事诉讼法》第一百零二条"当事人因故意或者重大过失逾期提供的证据。但该证据与案件基本事实有关的,人民法院应当采纳"的规定,因上述证据系用于证明明鑫矿业的损失，与本案案件基本事实相关，故本院对证据的合法性、关联性亦予认定。综上，本院对明鑫矿业二审提交的证据予以采信。

本院经审理，对一审查明的事实予以确认。

本院认为：本案的争议焦点，一是安徽电力是否以压覆或妨碍开采爆破作业等其他行为侵害了明鑫矿业的矿业权；二是如果侵权事实成立，明鑫矿业的损失如何认定，安徽电力应当如何承担侵权责任；三是一审判决是否违反法定程序。

一、关于安徽电力是否以压覆或妨碍开采爆破作业等其他行为侵害明鑫矿业矿业权的问题

1. 关于明鑫矿业矿业权取得时间和西通道输变电线路建设先后顺序的问题。2006年6月26日，安徽省国土资源厅向枞阳县地矿事务服务中心颁发白柳铜矿矿产资源勘查许可证，枞阳县地矿事务服务中心由此取得白柳铜矿矿业权。2007年3月，西通道输变电线路工程启动会召开，西通道输变电线路开始施工建设。因此，枞阳县地矿事务服务中心取得矿业权的时间早于西通道输变电线路的建设施工，是在先权利。根据《物权法》第七条"物权的取得和行使，应当尊重社会公德，不得损害公共利益和他人的合法权益"的规定，西通道输变电线路建设作为在后权利，其权利的行使不得损害枞阳县地矿事务服务中心的在先矿业权。2007年10月26日，林金利、王海键和柯顺宜等三人成立明鑫矿业，自枞阳县地矿事务服务中心处受让了白柳铜矿的矿业权。因此，明鑫矿业亦自枞阳县地矿事务服务中心处继受取得了请求安徽电力在建设西通道输变电线路过程中不得损害其矿业权行使的权利。

2. 关于西通道输变电线路是否压覆白柳铜矿矿产资源的问题。国土资源部《关于规范建设项目压覆矿产资源审批工作的通知》第二条规定，压覆矿产资源是指因建设项目实施后导致矿产资源不能开发利用。但是建设项目与矿区范围重叠而不影响矿产资源正常开采的，不作压覆处理。依照上述规定，本院认为，首先，明鑫矿业在一审起诉时称西通道输变电线路最近的塔基距离1号矿体为193米，表明西通道输变电线路与矿区不存在空间上的重叠，不符合对"压覆"的文意理解。其次，安徽省国土资源厅于2009年12月14日作出的《关于不同意安徽省枞阳县白柳铜矿矿产资源预申请的复函》和安

徽省经信委于 2011 年 3 月 15 日作出《关于不同意核准明鑫矿业有限公司枞阳县白柳铜矿年产 6 万吨采矿工程项目的批复》虽然载明因西通道输变电线路的原因对明鑫矿业的矿产资源预申请和采矿工程项目申请不予准许,但不予准许的原因,是爆破作业未得到安徽电力的书面同意。2010 年 8 月 30 日和 2013 年 7 月 12 日,在征得安徽电力同意后,安徽省国土资源厅和安徽省经信委分别批准了明鑫矿业的资源预申请和采矿工程项目申请。综合上述分析,不论是形式上还是实质上,西通道输变电线路都不构成对白柳铜矿矿产资源的压覆。一审判决认定西通道输变电线路压覆白柳铜矿矿产资源错误,本院予以纠正。

3. 关于安徽电力是否以妨碍开采爆破作业的形式侵害明鑫矿业矿业权的问题。《电力设施保护条例实施细则》第十条规定,单位和个人不得在距电力设施周围五百米(指水平距离)进行爆破作业。因工作需要进行爆破作业时,应当按国家颁发的有关爆破作业的法律法规,采取可靠的安全防范措施,确保电力设施安全,并征得当地电力设施产权单位或管理部门的书面同意,报经政府有关管理部门批准。根据上述规定,由于本案白柳铜矿矿区范围距离西通道输变电线路不足 500 米,在爆破时应当征得西通道输变电线路权利人安徽电力的同意。由于作为在后权利人的安徽电力未及时同意明鑫矿业的爆破作业,导致安徽省国土资源厅、安徽省经信委分别作出《关于不同意安徽省枞阳县白柳铜矿矿产资源预申请的复函》和《关于不同意核准明鑫矿业有限公司枞阳县白柳铜矿年产 6 万吨采矿工程项目的批复》,对明鑫矿业的矿产资源预申请和采矿项目申请未予批准,侵害了明鑫矿业对矿业权的行使。因此,安徽电力系以妨碍开采爆破作业的形式侵害了明鑫矿业的矿业权。

二、关于明鑫矿业的损失如何认定,安徽电力应当如何承担侵权责任的问题

1. 关于利息损失期间。因安徽电力是以妨碍开采爆破作业的形式侵害了明鑫矿业的矿业权,故一审法院以损害开始的时间,即安徽省国土资源厅作出《关于不同意安徽省枞阳县白柳铜矿矿产资源预申请的复函》的 2009 年 12 月 14 日为利息损失计算的起点,以损害排除的时间,即安徽省经信委作出

《关于明鑫矿业枞阳县白柳铜矿年产6万吨采矿工程项目核准的批复》的2013年7月12日作为损失计算的终点并无不当,本院予以维持。安徽电力关于不应计算利息以及明鑫矿业关于计算利息期间错误的主张均不能成立。

关于利息的本金。本院认为,一审法院按照明鑫矿业受让白柳铜矿矿业权及佣金的投入3360万元计算利息并无不当。因明鑫矿业尚未取得采矿权,白柳铜矿尚未生产经营,故明鑫矿业主张应当以矿山正常生产经营收益作为本金计算利息损失缺乏事实与法律依据,不能成立。

关于利率的标准。明鑫矿业上诉主张应当按照民间借贷的利率计算利息损失,并提交了2007年11月明鑫矿业与王华桂等案外人签订的借款合同。因安徽电力对该合同不予认可,借款人王华桂未出庭质证,明鑫矿业又不能提供相关付款凭证与合同相互印证,故一审法院对该证据未予采信并无不当。

2. 关于维权费用和前期投入损失。首先,安徽电力的侵权行为并未体现为以侵占、阻扰等方式妨碍明鑫矿业正常行使矿业权。因此,明鑫矿业雇佣人员看守矿区及阻扰线路施工发生的看护费用和工资补助费并非维护权利的必要支出。其次,明鑫矿业提供的各项票据只能证明明鑫矿业曾发生食宿、加油等费用,但不能反映系用于本案依法维权。再次,明鑫矿业一审中主张的选铜试验费、设计费等系白柳铜矿经营所必然发生的费用,不属于因安徽电力侵权导致的损失。明鑫矿业在二审中提交的新证据一到六,包括《安庆明鑫矿业有限公司枞阳县白湖乡白柳铜矿10万t/a采选可行性研究合同》等六份证据,亦不能直接证明上述合同费用的发生是安徽电力侵权导致的前期投入损失。综合上述分析,一审判决对上述损失未予支持并无不当,本院予以维持。

3. 关于重新报批发生的费用。明鑫矿业主张,因为安徽省国土资源厅、安徽省经信委先后对矿产资源预申请和采矿工程项目不予审批,导致重新报批发生了部分费用。但是,明鑫矿业为此提交的证据七到证据十三,包括《矿山地质环境保护与综合治理方案工程合同》等七份证据,无论从形式和内容均不能反映出与安徽电力侵权行为之间的关系,不能证实系因安徽电力侵权导致重新报批而发生。此外,明鑫矿业一审中提交的人工工资表、差旅费和住宿费等相关凭证,与安徽电力的侵权行为亦无直接关联,故对明鑫矿业根据凭证主张其因重新报批发生了人工工资和差旅、住宿等费用损失,本院亦不予支持。

4. 关于无法建成选矿厂的损失。首先，明鑫矿业并不能证明建设选矿厂应以矿产资源预申请获得审批为前提，根据明鑫矿业一审提交的《关于同意安庆明鑫矿业有限公司开展白柳铜矿采选项目前期工作的函》反映，安徽省发展和改革委员会在明鑫矿业矿产资源预申请未通过审批的情况下仍同意了就选矿厂建设开展前期工作，并要求明鑫矿业做好征地补偿，并未将矿产资源预申请作为选矿厂准入的条件。其次，明鑫矿业亦未举证证明其已在2009年8月12日前取得选矿厂土地使用权并做好村民安置补偿，建设选矿厂的条件已经基本具备。再次，选矿厂不能建成的损失实际是选矿厂不能生产经营的利润损失。由于明鑫矿业至今未取得采矿权，不能证明选矿厂如能实际经营将能够实际盈利及盈利的数额。因此，明鑫矿业主张无法建成选矿厂的损失，亦不能成立。

5. 关于安徽电力是否应当对西通道输变电线路进行改线。本院认为，因安徽省国土资源厅、安徽省经信委已先后对明鑫矿业的矿产资源预申请和采矿工程项目申请予以批准，损害已经排除。现明鑫矿业仍请求西通道输变电线路改线，本院不予支持。

三、关于一审判决是否违反法定程序的问题

《民事诉讼证据规定》第三十五条规定，诉讼过程中当事人主张的法律关系的性质或者民事行为的效力与人民法院根据案件事实作出的认定不一致的，人民法院应当告知当事人可以变更诉讼请求。本案并不涉及上述司法解释规定的情形。故明鑫矿业以一审法院未按照上述规定向其作出变更诉讼请求的释明为由，主张一审判决违反法定程序，本院不予支持。

综上，一审判决认定安徽电力建设西通道输变电线路压覆明鑫矿业矿产资源虽有不当，但裁判结果正确。明鑫矿业、安徽电力上诉请求均不能成立。本院依照《民事诉讼法》第一百七十条第一款第一项、《民事诉讼法解释》第三百三十四条之规定，判决如下：

驳回上诉，维持原判。

二审案件受理费581235元，由上诉人安庆明鑫矿业有限公司负担516235元，由上诉人国网安徽省电力公司负担65000元。

本判决为终审判决。

审　判　长　王旭光
审　判　员　刘小飞
代理审判员　叶　阳
二〇一六年六月三十日
书　记　员　魏　然

（八）再审申请人梅河口市庆达矿业有限公司与被申请人招远市河西金矿探矿合同纠纷案

【裁判要旨】

矿业权人与他人签订的矿产资源勘查合作合同，不违反法律、行政法规强制性规定，应认定合同有效，双方均应依约履行；合作合同解除后，合作方投入的探矿成果已转化为矿山资产，无法恢复原状的，矿业权人作为受益人应当向合作方返还投资款；矿业权人主张合作成果无偿归其所有的，一般不予支持。

【裁判文书】

中华人民共和国最高人民法院民事判决书

（2016）最高法民再63号

再审申请人（一审原告、二审上诉人）：梅河口市庆达矿业有限公司（原桦甸市庆达矿业有限公司）。住所地：吉林省梅河口市水道镇烟筒桥子村。

法定代表人：唐震，该公司总经理。

委托诉讼代理人：李洪陆，北京市时代九和律师事务所律师。

委托诉讼代理人：邸国增，北京市中灿律师事务所律师。

被申请人（一审被告、二审被上诉人）：招远市河西金矿。住所地：山东省招远市蚕庄镇河西。

法定代表人：王浩山，该矿矿长。

委托诉讼代理人：王来军，该矿职工。

委托诉讼代理人：王毅，山东同济律师事务所律师。

再审申请人梅河口市庆达矿业有限公司（以下简称庆达公司）因与被申请人招远市河西金矿（以下简称河西金矿）探矿合同纠纷一案，不服山东省高级人民法院（2014）鲁商终字第244号民事判决，向本院申请再审。本院于2015年12月11日作出（2015）民申字第809号民事裁定，提审本案。本院依法组成合议庭，开庭审理了本案。再审申请人庆达公司的委托诉讼代理人李洪陆、邸国增，被申请人河西金矿的委托诉讼代理人王来军、王毅到庭参加诉讼。本案现已审理终结。

庆达公司申请再审称，请求：（一）撤销山东省烟台市中级人民法院（2013）烟商初字第69号民事判决及山东省高级人民法院（2014）鲁商终字第244号民事判决；（二）改判河西金矿返还投资款26360814.96元；（三）本案一审、二审诉讼费347208元由河西金矿负担。再审庭审中，庆达公司当庭表示将第（二）项再审请求的金额变更为25034693.98元，对于此外的1326120.98元不再主张。事实和理由：（一）一审判决认定河西金矿2011年的《采矿许可证》是从2001年延续下来的，不是利用庆达公司的探矿成果办理的，缺乏证据证明，且与法相悖。（二）河西金矿2011年12月15日的《采矿许可证》是依据庆达公司的探矿成果而取得的，二审判决隐避了认定基本事实的关键证据，导致认定事实错误。（三）庆达公司现已取得二审法院未调查收集的金矿详查报告，该报告记载了庆达公司勘查范围内的矿体编号及已探明的黄金储量，进一步证明庆达公司勘查取得的地质成果非常理想，该新证据足以推翻原判。（四）一审判决以河西金矿单方出具的《沟通函》《告知函》认定探矿成果不理想，缺乏证据证明。（五）二审判决认定许加奇在《沟通函》《告知函》上签字有效，当属错误，且其签字并不等于认可函件内容。（六）河西金矿擅自解除合同，已丧失合作诚意，庆达公司同意解除合同，但河西金矿应当赔偿庆达公司的投资损失，即返还庆达公司的投资款。

河西金矿辩称，（一）庆达公司的企业名称由"桦甸市庆达矿业有限公司"变更为"梅河口市庆达矿业有限公司"后,仍使用旧公章以原企业名义提起本案诉讼、上诉和申请再审。"梅河口市庆达矿业有限公司"于 2015 年 9 月 11 日提交《情况说明》,表明对以"桦甸市庆达矿业有限公司"为主体的起诉行为不予追认,故不应将"梅河口市庆达矿业有限公司"列为本案再审申请人。(二)庆达公司主张的采矿证问题与双方合同约定相悖。庆达公司一审主张的两项违约事由,即河西金矿的工作失误导致未能通过安全验收,以及河西金矿擅自扩大采矿权面积造成不能成立项目公司并将采矿权过户到该公司名下,致使合同无法履行,均与合同约定不符。(三)一审、二审判决认定河西金矿的 2011 年《采矿许可证》是从 2001 年延续下来的,合法有据。庆达公司主张河西金矿的 2011 年《采矿许可证》是利用其探矿成果办理的,无证据支持。(四)庆达公司施工的五个钻孔的基础数据与核发《采矿许可证》所需的文件资料没有任何关系,且不是由有资质的部门提供,没有参考价值。二审法院对此不予认可,未调查收集庆达公司申请的证据,合法有据。(五)《隋家矿区垂直纵投影图》资源量估算数据由双方技术与项目负责人共同签字确认,探矿效果不理想是双方共同认可的结论。(六)庆达公司主张河西金矿终止合同未提前 30 天通知庆达公司,构成违约,不能成立。

庆达公司向一审法院请求:(一)河西金矿返还庆达公司投资款 26360814.96 元;(二)诉讼费由河西金矿承担。事实和理由:双方于 2008 年 6 月 16 日、2010 年 7 月 7 日签订《隋家矿区深部联合勘查合同》,约定河西金矿以已经取得的探矿权与庆达公司合作,庆达公司出资与河西金矿共同勘查。庆达公司按约定履行了自己的全部合同义务,投资 3000 万元;而河西金矿没有按合同约定履行,多次违约,致使合同无法履行,给庆达公司造成巨额损失。

一审法院认定事实:2008 年 6 月 16 日,双方签订《隋家矿区深部联合勘查合同》,约定:河西金矿以已经取得的探矿权与庆达公司合作,庆达公司出资,和河西金矿共同勘查;联合勘查范围的面积为 $2.05 Km^2$,深度为 -30 米以下;勘查成果权益的分享比例为庆达公司 60%,河西金矿 40%;勘查中庆达公司认为该阶段已达到详查工作程度,并具备办理采矿许可证的条件时,庆达公司有权要求中止勘查,提交详查地质报告,经省国土资源储量评审通过后,所获得的地质成果按双方所持股份比例(庆达公司 60%,河西金矿 40%)分享;如资源储量评审部门认为未达到地质详查程度,庆达公司应无条件继续投入资金进行勘查,直至到达详查程度,原则上勘查资金不少于3000万元人民币;依据项目进展情况和取得的地质成果,根据需要双方协商组建以双方为股东的合资公司,并将河西金矿所持探矿权转入合资公司名下,河西金矿的注册资金由庆达公司缴纳,具体事宜双方协商,并另行签署协议(权益比例不变);庆达公司认为该项目勘查的地质成果不理想时,有权停止投入勘查资金,同时庆达公司无条件退出该合作项目;如果在两年之内庆达公司投入资金不足使勘查工作未能取得预期成果,或者由于庆达公司停止投入勘查资金,而未达到详查工作程度时,河西金矿有权中止合作,已取得的勘查成果权益全部归河西金矿所有;双方任何一方未按合同规定办理时,违约方应按出资额的1%向对方支付违约金,如一方严重违约,对方有权按本合同规定终止合同,并提出索赔。

2010年7月7日,双方签订《河西金矿隋家矿区联合探采合同》,约定:经双方协商同意签订本合同对河西金矿隋家矿区进行联合探采;联合探采范围的面积为1.1118Km^2,深度为93米至-30米;联合期限5年,自2008年5月1日至2013年4月30日,根据合作经营情况双方可以协商终止或延长联合期限;双方的股权比例为庆达公司占60%,河西金矿占40%;生产经营过程中,河西金矿违约,没处理好相关关系或有意设置障碍,使生产经营无法顺利开展的,河西金矿应承担违约责任,全部返还庆达公司的投入,进行联合清算,清算后的利润按股权比例分配。

2010年7月20日,庆达公司出具委托书,委托许加奇全权代理庆达公司与河西金矿关于《河西金矿隋家矿区联合探采合同》相关文件的签订。

2011年8月24日,庆达公司委托人许加奇在《隋家矿区垂直纵投影图》上签字,该图纸上载明的"钻探工程控制矿体资源估算表"的金属量为1044.32千克,"坑探工程控制矿体资源估算表"的金属量为77.38千克。

2012年6月14日,河西金矿向庆达公司发出关于隋家矿区深部联合勘查项目的《沟通函》,主要内容为:双方于2008年8月16日签订了《隋家矿区深部联合勘查合同》,该合同签订后,2008年7月开始庆达公司在该区投入钻探工程,2009年3月开始使用基建探矿工程,于2011年9月停产至今。2011年底,我矿在对井下坑探工程编录、取样基础上,结合以往的钻探资料,进行了该区探明资源量的重新估算,矿石量22116吨,金属量77.38公斤,平均品位 3.49，探矿效果不理想；双方于 2010 年 7 月 7 日签订《河西金矿隋家矿区联合探采合同》，自合同签订以来，庆达公司一直未进行探矿工程的投入，无探矿成果，依据合同第九章第三条的规定，庆达公司已构成违约。

2012 年 12 月 10 日，河西金矿向庆达公司发出《告知函》，主要内容为：双方于 2008 年 8 月 16 日签订了《隋家矿区深部联合勘查合同》后，庆达公司在该区开始投入钻探工程，在未达到预期成果的情况下，于 2011 年 9 月停产至今。双方于 2010 年 7 月 7 日签订《河西金矿隋家矿区联合探采合同》后，庆达公司一直未履行合同。庆达公司上述违约行为，给河西金矿造成了很大损失，望庆达公司接到该函后 10 日内，及时到河西金矿办理合同终止涉及的相关事宜，否则，由此引起的一切后果由庆达公司承担。庆达公司委托人许加奇在上述《沟通函》及《告知函》上签字。

庆达公司主张许加奇在上述文件中的签字是被免职后所签，故其签字无效，而且河西金矿已经办理《采矿许可证》，有了探矿成果，所以资金投入不需要 3000 万元。庆达公司提交了招河吉桦联字（2011）第 1 号文件及许加奇出具的证明各一份，证实许加奇在 2011 年 9 月份以后被免职。

另查明，河西金矿自 2001 年 12 月 25 日即取得河西金矿隋家矿区《采矿许可证》，2005 年、2008 年、2009 年、2011 年，山东省国土资源厅又分别向河西金矿核发河西金矿隋家矿区《采矿许可证》。庆达公司主张其已经按 2008 年 6 月 16 日的合同投入了资金，取得了探矿成果，探明的黄金储量为 1.04 吨，河西金矿利用庆达公司的储量报告才办出了 2011 年的《采矿许可证》。河西金矿对庆达公司该主张不予认可，称庆达公司没有按合同约定投入资金，探矿结果不理想，2011 年的《采矿许可证》是延续以前的，并不是利用庆达公司的储量报告才办出的，且庆达公司委托人许加奇签字认可的《隋家矿区垂直纵投影图》上载明的坑探工程控制矿体金属量为 77.38 千克，说明探矿成果不理想。庆达公司没有证据证实河西金矿 2011 年的《采矿许可证》是利用其探矿成果而办理的。

一审法院认为，双方签订的《隋家矿区深部联合勘查合同》《河西金矿隋家矿区联合探采合同》均是双方当事人的真实意思表示，不违反法律法规的禁止性规定，应认定为合法有效。庆达公司主张依据其与河西金矿签订的《隋家矿区深部联合勘查合同》第七章违约责任的约定，要求河西金矿返还已经投入的资金。庆达公司主张河西金矿的违约行为有两点：一是河西金矿拒绝成立合资公司，河西金矿对该主张不予认可，庆达公司未提交证据证明其上述主张，故一审法院对其主张不予支持。二是河西金矿利用庆达公司投入资金的成果把《采矿许可证》办在自己名下。对此一审法院认为，双方签订的《隋家矿区深部联合勘查合同》并没有约定将《采矿许可证》办在合资公司名下。而且，河西金矿自2001年12月25日即取得河西金矿隋家矿区《采矿许可证》，河西金矿2011年的《采矿许可证》是从2001年延续下来的，许加奇签字的《隋家矿区垂直纵投影图》《沟通函》《告知函》也可以证实探矿成果不理想，庆达公司也没有证据证实2011年的《采矿许可证》是河西金矿利用庆达公司的探矿成果而办理的，故庆达公司主张也不成立。

一审法院判决：驳回庆达公司的诉讼请求。案件受理费173604元，由庆达公司负担。

庆达公司不服一审判决，上诉请求：依法撤销一审判决，支持庆达公司的诉讼请求，河西金矿返还其投资款26360814.98元并承担一审、二审的诉讼费用。事实和理由：（一）2011年的《采矿许可证》是根据庆达公司的探矿成果办理的，而不是延续以前的《采矿许可证》，河西金矿也无证据证实该证是怎样取得的。一审中庆达公司举证证明许加奇已被免职，其签字属无效法律行为，不论是1.04吨还是77.38千克的含量都属于探矿成果，河西金矿只能依据该成果获得《采矿许可证》。（二）双方订立合同之目的是利用河西金矿的探矿权进行投资探矿，用探矿成果办理《采矿许可证》，取得《采矿许可证》后双方应按约定成立合资公司，采出黄金按比例分配利润，获得《采矿许可证》是双方获取利益的前提条件，河西金矿利用庆达公司探矿成果将《采矿许可证》办在自己的名下，无法成立合资公司，致使庆达公司的经济利益无法实现，巨额投资无回报，河西金矿的行为属于违约行为，应按约定承担返回投资款的责任。

二审法院认定的事实与一审查明的事实一致。

二审法院认为，双方争议的焦点问题是：河西金矿应否返还庆达公司投资款26360814.96元。庆达公司与河西金矿签订的《隋家矿区深部联合勘查合同》《河西金矿隋家矿区联合探采合同》均是双方当事人的真实意思表示，不违反法律、行政法规的禁止性规定，应认定有效，一审对此认定正确。根据已经查明的事实，2010年7月20日庆达公司出具委托书，委托许加奇全权代理其与河西金矿关于《河西金矿隋家矿区联合探采合同》的相关文件的签订。一审诉讼过程中,庆达公司提交招河吉桦联字(2011)第1号文件及许加奇出具的证明,证明许加奇在2011年9月份以后被免职,但庆达公司没有证据证实其对许加奇的免职行为告知了河西金矿。因此,许加奇在《沟通函》及《告知函》上的签字是有效的,2011年8月24日许加奇在《隋家矿区垂直纵投影图》上的签字当然也是有效的。故应认定庆达公司对探矿的成果及河西金矿主张庆达公司违约和要求中止合同是知晓的。一审查明河西金矿自2001年12月25日即取得河西金矿隋家矿区《采矿许可证》,2005年、2008年、2009年、2011年,山东省国土资源厅又分别向河西金矿核发河西金矿隋家矿区《采矿许可证》。庆达公司主张2011年《采矿许可证》是根据庆达公司的探矿成果办理而不是延续以前的,但未提供证据证实,对该主张二审法院不予采信,其主张河西金矿利用其投入资金而取得的勘查结果把《采矿许可证》办在自己名下的观点也不能成立。庆达公司还主张河西金矿拒绝成立合资公司,也没有证据证实。另外,根据《隋家矿区深部联合勘查合同》的约定:"依据项目进展情况和取得的地质成果,根据需要双方协商组建以双方为股东的合资公司(项目公司),并将甲方(河西金矿)所持探矿权转入合资公司名下,甲方的注册资金由乙方(庆达公司)缴纳。具体事宜双方商议,并另行签署协议(权益比例不变)"。根据勘查结果,双方是否具备设立合资公司的条件,是否进行协商,是否缴纳了注册资金也不能确定。庆达公司请求河西金矿返还投资款,但《隋家矿区深部联合勘查合同》第七章违约责任约定:"甲乙任何一方未按合同规定办理时,违约方应按出资额的1%的违约金支付给守约方,如一方严重违约时,守约方有权按本合同规定终止合同,并提出索赔"。因此庆达公司请求河西金矿返还投资款,既无事实依据,也无法律依据,其诉讼请求不能得到支持。

二审法院判决:驳回上诉,维持一审判决。二审案件受理费173604元,由庆达公司负担。

围绕当事人的再审请求,本院对证据和事实认定如下:

庆达公司提交的新证据一《付款记账凭证》《钻探工程结算表》《银行支付凭证》《发票》《收款收据》在原审中已经提交并质证,不属于再审新证据。新证据二《山东省招远市隋家矿区深部及外围金矿详查报告》及其附件和附表、新证据四 2010 年 9 月 23 日《采矿权变更申请登记书》、新证据五山东省招远市人民法院（2015）招金民初字第 14-1 号民事裁定以及山东省烟台市中级人民法院（2015）烟民辖终字第 101 号民事裁定、新证据六《变更登记申请书》《企业机读档案变更登记资料》的真实性，河西金矿均无异议，本院予以认定。新证据三中《招远市河西金矿隋家矿区矿产资源开发利用方案》在二审时提交过网上下载的节选，此次提交了完整版，2011 年 5 月 3 日《采矿权变更申请登记书》为新提交的证据，河西金矿对其真实性未提出异议，本院予以认定。

河西金矿提交的新证据一《情况说明》及《有限责任公司变更登记申请书》等、新证据三中共招远市委办公室招办发〔2010〕15 号文件《关于印发〈招远市深化矿产资源开发整合活动实施方案〉的通知》和《隋家矿区矿产资源开发利用方案》依据的四个报告的评审备案的函：鲁国土资字〔2009〕917 号《关于对〈山东省招远市隋家矿区深部及外围金矿详查报告〉矿产资源储量评审备案的函》、鲁国土资字〔2010〕83 号《关于对〈山东省招远市隋家矿区东段金矿详查报告〉矿产资源储量评审备案的函》、鲁国土资字〔2010〕765 号《关于对〈山东省招远市魏家沟矿区金矿资源储量核实报告〉矿产资源储量评审备案的函》、鲁国土资字〔2010〕789 号《关于对〈山东省招远市小诸流矿区金矿资源储量核实报告〉矿产资源储量评审备案的函》，以及鲁国土资字〔2009〕742 号《关于对〈山东省招远市河西金矿隋家矿区金矿资源储量核实报告〉矿产资源储量评审备案的函》、2014 年 10 月 1 日《探矿权证》（证号：T37120##881）及 2011 年 12 月 15 日《采矿许可证》（证号：C37000020##729）的真实性，庆达公司无异议，本院予以认定。新证据二温州矿山井巷工程有限公司招远分公司河西项目部（以下简称井巷公司）2016 年 3 月 8 日《证明》、新证据四烟安监非煤项目〔设立〕审字〔2012〕4 号《工业生产建设项目安全设施审查意见书》及烟安监非煤项目〔设计〕审字〔2012〕4 号《工业生产建设项目安全设施审查意见书》、新证据六 2008 年 6 月 10 日《招远市河西金矿隋家矿区采矿工程设计委托书》、2009 年 4 月 20 日烟台市安监局烟安监函〔2009〕59 号《关于对招远市河西金矿隋家矿区采矿工程安全设施设计审查的审批意见》和 2009 年 3 月 10 日《招远市河西金矿隋家矿区采矿工程安全设施设计审查会议纪要》，庆达公司虽不予认可，但并未提交足以反驳的证据，本院予以认定。新证据五烟台市国土资源局烟国土资发［2006］332号文件《关于招远市河西金矿隋家矿区金矿资源储量检测报告的批复》及《山东省招远市河西金矿隋家矿区金矿资源储量检测报告（2003年度）》与本案无关联性，本院不予认定。

一审、二审法院认定的事实虽无不当，但有重大遗漏，本院再审认定事实如下：

河西金矿于1999年8月10日取得山东省招远市蚕庄镇隋家矿区深部及外围金矿普查探矿权，《探矿许可证》载明勘查单位为招远市黄金地质队（以下简称黄金地质队），勘查工作区范围由14个拐点坐标圈定，勘查面积为2.05平方公里。

2008年6月16日，河西金矿与庆达公司签订《隋家矿区深部联合勘查合同》，约定：联营方式为河西金矿以已经取得的探矿权与庆达公司合作，庆达公司出资与河西金矿共同勘查；联合勘查范围的拐点坐标有14个，面积为$2.05Km^2$，与河西金矿《探矿许可证》载明的拐点坐标及勘查面积一致，深度为-30米以下；勘查成果权益的分享比例为河西金矿40%，庆达公司60%；勘查中庆达公司认为该阶段已达到详查工作程度，并具备办理采矿许可证的条件时，有权要求中止勘查，提交详查地质报告，经省国土资源储量评审通过后，所获得的地质成果按双方所持股份比例（河西金矿40%，庆达公司60%）分享；如资源储量评审部门认为未达到地质详查程度，庆达公司应无条件继续投入资金进行勘查，直至到达详查程度，原则上勘查资金不少于3000万元；依据项目进展情况和取得的地质成果，根据需要协商组建以双方为股东的合资公司（项目公司），并将河西金矿所持探矿权转入合资公司名下，河西金矿的注册资金由庆达公司缴纳，具体事宜双方协商，并另行签署协议（权益比例不变）；庆达公司认为该项目勘查的地质成果不理想时，有权停止投入勘查资金，同时庆达公司无条件退出该合作项目；如果在两年之内，因庆达公司投入资金不足使勘查工作未能取得预期成果，或者由于庆达公司停止投入勘查资金，而未达到详查工作程度时，河西金矿有权中止合作，已取得的勘查成果权益全部归河西金矿所有；双方任何一方未按合同规定办理时，违约方应按出资额的1%的违约金支付给守约方；如一方严重违约时，对方有权按本合同规定终止合同，并提出索赔。

2008年7月4日，庆达公司与黄金地质队签订《钻探工程施工合同》，将河西金矿隋家矿区的钻探工程承包给黄金地质队施工，合同有效期自 2008 年 7 月 4 日起至 2008 年 12 月 31 日止。2009 年 6 月，黄金地质队编制《山东省招远市隋家矿区深部及外围金矿详查报告》，载明：本次详查的范围在采矿区开采下限 -30m 标高以下、勘查区之内，勘查区范围拐点坐标共 14 个，与《隋家矿区深部联合勘查合同》中约定的双方联合勘查范围的拐点坐标一致；取得的主要地质成果包括：圈定了①-1 号、②-1 号、④-1 号矿体，并对 3 个矿体进行了资源储量估算，探求了矿石量（332）+（333）411157t，金金属量 1993kg，平均品位 4.85×10^{-6}，厚度 1.46m；本次深部详查工作达到了岩金矿详查阶段的要求，其成果可以作为矿山建设设计的依据。

2009 年 9 月 18 日，山东省国土资源资料档案馆储量评审办公室作出《〈山东省招远市隋家矿区深部及外围金矿详查报告〉评审意见书》（鲁矿勘审金字 [2009] 26 号），载明：为增加资源储量，延长矿山服务年限，受河西金矿委托，黄金地质队编制了《山东省招远市隋家矿区深部及外围金矿详查报告》，该报告于 2009 年 7 月下旬送交山东省储量评审办公室申报评审；本次详查圈定①-1、②-1、④-1 共 3 个金矿体，资源储量评审结果为在详查区范围内获新增矿石量 411157t，金金属量 1993kg，平均品位 4.85×10^{-6}；结论为本次详查方法选择及工作部署合理，查明程度、控制程度基本满足详查工作的要求，报告编制及评审相关材料基本符合有关规定，同意报告通过评审并报山东省国土资源厅备案。2009 年 9 月 25 日，山东省国土资源厅向河西金矿作出《关于对〈山东省招远市隋家矿区深部及外围金矿详查报告〉矿产资源储量评审备案的函》（鲁国土资字 [2009] 917 号），载明：山东省国土资源资料档案馆储量评审办公室报送的《山东省招远市隋家矿区深部及外围金矿详查报告》评审意见和相关材料收悉，经合规性审查，评审机构及其聘请的评审专家符合相应资质条件，所报送的矿产资源储量评审材料符合有关规定，同意备案。

2010 年 7 月 7 日，井巷公司与庆达公司签订《转让协议》，约定庆达公司以 360 万元的对价受让井巷公司于 2008 年 5 月 1 日与河西金矿签订的《河西金矿隋家矿区联合探采合同》项下的全部权利义务，河西金矿同意该转让事宜。同日，河西金矿与庆达公司签订《河西金矿隋家矿区联合探采合同》，约定：鉴于井巷公司与庆达公司于 2010 年 7 月 7 日签订《转让协议》，经双方协商同意签订本合同对河西金矿隋家矿区进行联合探采；联合探采范围的面积为 1.1118Km²，深度为 93 米至 -30 米；联合期限 5 年，自 2008 年 5 月 1 日至 2013 年 4 月 30 日，根据合作经营情况双方可以协商终止或延长联合期限；双方的股权比例为庆达公司 60%，河西金矿 40%；生产经营过程中，河西金矿违约，没处理好相关关系或有意设置障碍，使生产经营无法顺利开展的，河西金矿应承担违约责任，全部返还庆达公司的投入，进行联合清算，清算后的利润按股权比例分配。

2010 年 7 月 8 日，河西金矿和庆达公司共同作出《关于公布隋家矿区聘用干部任命及分工的通知》（招河桦字［2010］第 1 号），任命许加奇为矿长，负责隋家分矿的全面工作管理。许加奇是庆达公司的受托人，庆达公司分别于 2008 年 4 月 4 日及 2010 年 7 月 20 日授权许加奇全权办理双方签订联合勘查合同以及联合探采合同的相关手续。

2010 年 8 月，烟台德和冶金设计研究有限公司（以下简称德和公司）编制《招远市河西金矿隋家矿区矿产资源开发利用方案》（YTDH34-2010），载明：矿山现状为原隋家矿区于 1999 年 12 月首次取得采矿权，并于 2001 年、2004 年、2008 年延续采矿权，现《采矿许可证》有效期自 2009 年 3 月 4 日到 2011 年 3 月 4 日，另河西金矿同时拥有该矿区深部及外围的探矿权；隋家东区的探矿权人为招远市河西育林有限责任公司（以下简称河西育林公司），系河西金矿的子公司，目前没有申请采矿权；原魏家沟矿区、原小诸流矿区原为采矿区，目前采矿权已灭失。招远市人民政府根据辖区内矿山现状编制了《招远市矿产资源整合方案》，决定将原隋家矿区、小诸流矿区、魏家沟矿区以及隋家东区等四个矿区整合为一个矿区，整合后矿区名称为隋家矿区，河西金矿为其采矿权申请人。矿区范围由 13 个拐点圈定，矿区面积 5.34 平方公里，开采标高从 +93m 至 -560m。设计依据的主要资料中包括黄金地质队 2009 年 6 月编制的《山东省招远市隋家矿区深部及外围金矿详查报告》以及《关于对〈山东省招远市隋家矿区深部及外围金矿详查报告〉矿产资源储量评审备案的函》（鲁国土资字［2009］917 号）、《〈山东省招远市隋家矿区深部及外围金矿详查报告〉评审意见书》（鲁矿勘审金字［2009］26 号）。隋家矿区资源储量表中包括原隋家矿区①-1、②-1、④-1 号 3 个矿体的矿石量及金属量。基建结束后隋家采区②号和④号矿体先投入生产。年税后利润的经济效益评价为 4258 万元。

2010年9月1日,河西金矿与庆达公司签订《招远市河西金矿隋家矿区联合勘查合同补充协议》,约定为进一步规范外围合作探矿项目的施工管理及价格,明确与合作单位的投资成本管理,双方进行利润分配时,河西金矿以此协议价格为依据计算成本。该协议对工程范围和地点、工程单价标准、工程质量标准、双方责任、外来施工单位施工费用等进行了约定,同时明确任何一方终止合同(除规定外)必须提前30天通知对方,否则视为违约。

2010年9月23日,河西金矿提交《采矿权变更申请登记书》,载明:原采矿权有效期自2009年3月4日至2011年3月4日,将矿区坐标由原北京54坐标系变更为西安80坐标系,开采深度及矿区面积不变,矿区范围拐点坐标共6个拐点圈定。2011年1月5日,山东省国土资源厅颁发C37000020##729号《采矿许可证》,载明采矿权人为河西金矿,矿山名称为河西金矿隋家矿区,生产规模为2.70万吨/年,矿区面积为1.112平方公里,有效期限为三年自2011年1月5日至2014年1月5日,矿区范围拐点坐标共6个拐点圈定,开采深度为由93米至-30米标高。

2010年12月31日,山东省国土资源厅向河西金矿作出《关于招远市河西金矿隋家矿区的批复》(鲁国土资字[2010]1525号),载明根据烟台市资源整合方案,两处矿权灭失地魏家沟、小诸流与隋家矿区整合为一个矿区,现对河西金矿申请的隋家矿区范围批复如下:隋家矿区范围由13个拐点圈定,开采深度+93米至-550米标高,面积约5.34平方公里,请依据批复的矿区范围,按照国家有关法律、法规的规定抓紧做好矿产资源开发利用方案,批复的矿区范围预留期限为2年,应于2012年12月底前到登记管理机关办理采矿登记手续。

2011年1月16日,受山东省国土资源厅委托,烟台市国土资源局组织专家对德和公司编制的《招远市河西金矿隋家矿区矿产资源开发利用方案》进行了审查,形成《招远市河西金矿隋家矿区矿产资源开发利用方案审查意见》,结论为:基本符合要求,建议按照审查会议提出的意见和建议进行修改调整,经复审后通过审查。2011年1月21日,该方案通过复审。2011年1月27日,烟台市国土资源局向山东省国土资源厅作出《关于对〈招远市河西金矿隋家矿区矿产资源开发利用方案〉等三个方案的评审意见》,载明:经专家组长对修改后的三个方案进行审查,认为编制单位已对专家提出的问题进行了修改和调整，基本符合相关法律法规的各项要求，可以作为开发相应矿山的依据，并依此办理相关采矿登记手续。

2011年5月3日，河西金矿提交《采矿权变更申请登记书》，载明：原采矿权有效期自2011年1月5日至2014年1月5日，变更后的矿区范围及生产规模为开采深度标高由+93米至-550米，矿区面积5.34平方公里，矿区范围拐点坐标共13个拐点圈定，根据开发利用方案，由原生产规模2.7万吨/年变更为14.85万吨/年。2011年12月15日，山东省国土资源厅颁发C37000020##729号《采矿许可证》，载明采矿权人为河西金矿，矿山名称为河西金矿隋家矿区，生产规模为14.85万吨/年，矿区面积为5.3397平方公里，有效期限为六年自2011年12月15日至2017年12月15日，矿区范围拐点坐标共13个拐点圈定，开采深度为由93米至-550米标高。

2011年8月24日，许加奇在《隋家矿区垂直纵投影图》上签字，该图纸上载明的《钻探工程控制矿体资源估算表》的金属量为1044.32千克，《坑探工程控制矿体资源估算表》的金属量为77.38千克。

2011年9月19日，招远市安全生产委员会办公室向招远市蚕庄镇人民政府作出《关于责令招远市河西金矿隋家矿区等2处建设项目停止施工的函》（招安办函〔2011〕35号），载明：河西金矿隋家矿区建设项目、河西育林公司林家矿区建设项目已经超过烟台市安监局对其安全设施设计批复的建设期，责令河西金矿、河西育林公司立即停止项目的施工生产。

2011年9月20日，河西金矿和庆达公司共同作出《关于公布隋家矿区聘用干部任命及分工的通知》（招河吉桦联字〔2011〕第1号），任命丁守明为矿长，负责隋家分矿的全面工作管理。许加奇未再担任职务。

2011年9月23日，蚕庄镇安全生产委员会向山东河西黄金集团有限公司（以下简称河西集团公司）作出《关于严格执行招远市安委会办公室〈关于责令招远市河西金矿隋家矿区等2处建设项目停止施工的函〉的意见》（蚕安〔2011〕15号），载明：河西集团公司下属的河西金矿隋家矿区基建工程项目、河西育林公司林家矿区丁家矿段探矿项目均已超过烟台市安监局批复的安全设施设计施工期限，要求立即停止上述两处建设项目的施工作业，撤出一线施工作业人员并妥善安置，在未办理完成恢复建设手续期间，严禁擅自恢复生产；同时要求河西集团公司立即安排专人负责，加快对上述两建设项目有关手续的办理工作,确保早日取得上级批复,尽快复工。

2012年3月19日,烟台市安全生产监督管理局作出烟安监非煤项目[设立]审字[2012]4号以及烟安监非煤项目[设计]审字[2012]4号两份《工业生产建设项目安全设施审查意见书(试行)》,载明:河西金矿隋家矿区建设项目通过设立安全审查以及安全设施设计审查,安全设施设计施工期限为5.5年。

2012年6月14日,河西金矿向庆达公司发出关于隋家矿区深部联合勘查项目的《沟通函》,主要内容为:双方于2008年8月16日签订《隋家矿区深部联合勘查合同》后,2008年7月庆达公司开始投入钻探工程,2009年3月开始施工基建探矿工程,于2011年9月停产至今。2011年底,该矿在对井下坑探工程编录、取样基础上,结合以往的钻探资料,进行了该区探明资源量的重新估算,矿石量22116吨,金属量77.38公斤,平均品位3.49,探矿效果不理想;双方于2010年7月7日签订《河西金矿隋家矿区联合探采合同》以来,庆达公司一直未进行探矿工程的投入,无探矿成果,依据合同第九章第三条的规定,庆达公司已构成违约。2012年12月10日,河西金矿向庆达公司发出《告知函》,主要内容为:双方于2008年8月16日签订《隋家矿区深部联合勘查合同》后,庆达公司在该区开始投入钻探工程,在未达到预期成果的情况下,于2011年9月停产至今。双方于2010年7月7日签订《河西金矿隋家矿区联合探采合同》后,庆达公司一直未履行合同。庆达公司上述违约行为,给河西金矿造成了很大损失。根据《隋家矿区深部联合勘查合同》第五条以及《河西金矿隋家矿区联合探采合同》第九章的规定,河西金矿依约与庆达公司终止上述合同,庆达公司形成的地质成果无偿归该矿所有,由庆达公司承担因其严重违约给该矿造成的全部损失。许加奇在上述《沟通函》及《告知函》上签字。

2013年1月28日,"桦甸市庆达矿业有限公司"的企业名称变更为"梅河口市庆达矿业有限公司"。

2013年6月26日及2014年5月22日,许加奇分别出具《证明》及《情况说明》,称其签字的《告知函》《沟通函》是2013年3月11日根据河西金矿矿长刘汝铮的要求在刘汝铮办公室签的,内容没有仔细看,后来王来军还让其签了三份图纸。河西金矿在再审庭审中确认刘汝铮时任河西集团公司党委书记,王来军时任河西金矿副矿长。

另查明，2009年1月1日至2011年6月30日期间，庆达公司制作多份《会计账目明细表》，详细记载了其项目投入情况。河西金矿副矿长王来军及其他管理人员在前述《会计账目明细表》上签字确认。其中，2011年6月1日至2011年6月30日的《会计账目明细表》载明：本月投资624698.19元，累计投资21152230.24元。

2015年9月11日，庆达公司向本院提交《情况说明》，称本案一审、二审以及申请再审系该公司隋家矿区投资人使用变更前的企业名称以及作废的印章进行的，庆达公司对以"桦甸市庆达矿业有限公司"为主体的起诉行为不予追认，对本案的判决结果亦不认可。再审审理过程中，庆达公司表示认可以"桦甸市庆达矿业有限公司"为主体的诉讼行为，只是不认可原一审、二审判决结果。

本院再审认为，庆达公司与河西金矿签订的2008年6月16日《隋家矿区深部联合勘查合同》及2010年7月7日《河西金矿隋家矿区联合探采合同》是双方当事人的真实意思表示，不违反法律法规的强制性规定，合法有效，双方均应依约履行。当事人再审争议的焦点问题有二：一是河西金矿2011年取得的《采矿许可证》是否依据了庆达公司的探矿成果；二是河西金矿应否向庆达公司返还25034693.98元投资款。

一、关于河西金矿2011年取得的《采矿许可证》是否依据了庆达公司探矿成果的问题

河西金矿在2011年取得过两份《采矿许可证》，分别是2011年1月5日《采矿许可证》和2011年12月15日《采矿许可证》，两份《采矿许可证》载明的证号、采矿权人、矿山名称、经济类型、开采矿种、开采方式相同，但生产规模、矿区面积、有效期限、矿区范围拐点坐标、开采深度均不同。2011年1月5日《采矿许可证》载明的生产规模为2.70万吨/年，矿区面积为1.112平方公里，有效期限为三年自2011年1月5日至2014年1月5日，矿区范围拐点坐标由6个拐点圈定，开采深度为由93米至-30米标高。2011年12月15日《采矿许可证》载明的生产规模为14.85万吨/年，矿区面积为5.3397平方公里，有效期限为六年自2011年12月15日至2017年12月15日，矿区范围拐点坐标共13个拐点圈定，开采深度为由93米至-550米标

高。2011年1月5日《采矿许可证》是延续河西金矿2001年、2005年、2008年、2009年《采矿许可证》而来，但2011年12月15日《采矿许可证》不完全是延续而来。根据山东省国土资源厅《关于招远市河西金矿隋家矿区的批复》（鲁国土资字〔2010〕1525号）、《招远市河西金矿隋家矿区矿产资源开发利用方案》（YTDH34-2010）、河西金矿于2011年5月3日提交的《采矿权变更申请登记书》，2011年12月15日的《采矿许可证》是将原河西金矿隋家矿区、河西育林公司隋家东区、小诸流矿区、魏家沟矿区四个矿区整合为一个矿区而来，整合后的矿区名称仍为河西金矿隋家矿区。河西金矿在本院2015年7月16日询问笔录中承认该《采矿许可证》的范围包含了本案中庆达公司与河西金矿合作探矿的范围。

庆达公司与河西金矿合作探矿后，于2008年7月4日与黄金地质队签订《钻探工程施工合同》，将河西金矿隋家矿区的钻探工程承包给黄金地质队施工。黄金地质队2009年6月编制的《山东省招远市隋家矿区深部及外围金矿详查报告》载明的勘查区范围与《隋家矿区深部联合勘查合同》中约定的双方联合勘查范围的拐点坐标一致，同时明确取得的主要地质成果包括：圈定了①-1号、②-1号、④-1号矿体，并对3个矿体进行了资源储量估算，探求了矿石量（332）+（333）411157t，金金属量1993kg，平均品位4.85×10^{-6}，厚度1.46m，本次深部详查工作达到了岩金矿详查阶段的要求，其成果可以作为矿山建设设计的依据。该详查报告由山东省国土资源资料档案馆储量评审办公室《〈山东省招远市隋家矿区深部及外围金矿详查报告〉评审意见书》（鲁矿勘审金字〔2009〕26号）确认通过评审，并由山东省国土资源厅向河西金矿作出《关于对〈山东省招远市隋家矿区深部及外围金矿详查报告〉矿产资源储量评审备案的函》（鲁国土资字〔2009〕917号）同意进行矿产资源储量备案，同时成为《招远市河西金矿隋家矿区矿产资源开发利用方案》（YTDH34-2010）设计依据的主要资料。烟台市国土资源局向山东省国土资源厅作出的《关于对〈招远市河西金矿隋家矿区矿产资源开发利用方案〉等三个方案的评审意见》中明确，《招远市河西金矿隋家矿区矿产资源开发利用方案》可以作为开发相应矿山的依据，并依此办理相关采矿登记手续。河西金矿据此于2011年5月3日提交《采矿权变更申请登记书》，取得了2011年12月15日《采矿许可证》。

本院认为，庆达公司委托黄金地质队编制的《山东省招远市隋家矿区深部及外围金矿详查报告》反映出探矿成果良好，达到了岩金矿详查阶段的要求，其成果可以作为矿山建设设计的依据。河西金矿据此通过了矿产资源储量评审及备案，编制了《招远市河西金矿隋家矿区矿产资源开发利用方案》，并申请取得了 2011 年 12 月 15 日《采矿许可证》。庆达公司主张河西金矿取得的 2011 年 12 月 15 日《采矿许可证》依据了其探矿成果，有充分的事实依据，本院予以认定。一审、二审法院认定该《采矿许可证》是河西金矿 2001 年《采矿许可证》延续而来，不是依据庆达公司的探矿成果办理，与事实不符，本院予以纠正。

许加奇签字的《隋家矿区垂直纵投影图》《沟通函》《告知函》的出具日期分别为 2011 年 8 月 24 日、2012 年 6 月 14 日、2012 年 12 月 10 日，均是在上述详查地质报告、开发利用方案及其评审意见书、评审备案函之后形成。河西金矿在已获得矿产资源储量备案、开发利用方案评审通过并可据此办理相关采矿登记手续后，仍向庆达公司发出《沟通函》《告知函》，声称探矿成果不理想，要求终止合同，缺乏诚信。《隋家矿区垂直纵投影图》所附《钻探工程控制矿体资源估算表》《坑探工程控制矿体资源估算表》载明，钻探金属量 1004.32kg，坑探金属量 77.38kg，并不能证明庆达公司探矿成果不理想的事实。许加奇自 2011 年 9 月 20 日起不再担任河西金矿隋家矿区矿长职务，相关职务任命通知由河西金矿和庆达公司共同出具，二审法院认定庆达公司没有证据证实其对许加奇的免职行为告知了河西金矿，与事实不符。从庆达公司出具的 2008 年 4 月 4 日和 2010 年 7 月 20 日授权委托书来看，许加奇的授权范围系办理双方签订联合勘查合同以及联合探采合同的相关手续，不包括确认探矿成果的内容。许加奇在不再担任隋家矿区矿长职务后在《沟通函》《告知函》上签字，该行为不代表庆达公司，不能证明庆达公司已认可探矿成果不理想的事实。故河西金矿主张庆达公司探矿成果不理想缺乏证据支持，依法不能成立。

二、关于河西金矿应否向庆达公司返还 25034693.98 元投资款的问题

河西金矿于 2012 年 12 月 10 日发出《告知函》，通知庆达公司终止双方签订的《隋家矿区深部联合勘查合同》以及《河西金矿隋家矿区联合探采合同》。庆达公司在再审审理中明确表示，河西金矿擅自解除合同，已丧失合作诚意，同意解除合同，但河西金矿应当返还庆达公司的投资款。本院认为，鉴于河西金矿和庆达公司均同意解除《隋家矿区深部联合勘查合同》，本院确认该合同解除。《河西金矿隋家矿区联合探采合同》约定的期限自2008年5月1日至2013年4月30日，已于本案一审过程中履行期限届满。《合同法》第九十七条规定，合同解除后，尚未履行的，终止履行；已经履行的，根据履行情况和合同性质，当事人可以要求恢复原状、采取其他补救措施、并有权要求赔偿损失。河西金矿2011年12月15日取得的《采矿许可证》依据了庆达公司的探矿成果，该成果已转化为河西金矿的资产，无法恢复原状。河西金矿作为庆达公司探矿成果的受益人，庆达公司要求其返还投资款，具有事实和法律依据，本院予以支持。

庆达公司在2009年1月1日至2011年6月30日期间，形成多份《会计账目明细表》，详细记载了庆达公司的投入情况，并由河西金矿副矿长王来军及其他管理人员签字确认。其中，2011年6月1日至2011年6月30日的《会计账目明细表》载明：本月投资624698.19元，累计投资21152230.24元。河西金矿一审时的特别授权代理人王毅律师在向一审法院提交的2013年12月5日《代理词（补充）》中明确，河西金矿认可庆达公司投入资金2110万元。河西金矿在再审庭审中明确，一审法院已对账目进行了核对，以河西金矿一审意见为准。故此，庆达公司主张的投资款中的21152230.24元，证据充分，本院予以支持。庆达公司主张的2011年7月至2013年11月3882463.74元投资款，未经双方对账确认，河西金矿在诉讼过程中亦不予认可，不能证明相关款项用于案涉项目，本院不予支持。

河西金矿抗辩称，庆达公司在未达到预期探矿成果的情况下于2011年9月停产至今，其形成的地质成果应无偿归河西金矿所有。本院认为，庆达公司2011年9月停产系由于隋家矿区建设项目已经超过烟台市安监局对其安全设施设计批复的建设期限而被政府责令停产，并非庆达公司停止投入所致。河西金矿并无证据证明其2012年3月19日通过案涉项目设立安全审查以及安全设施设计审查之后，将相关手续交付庆达公司并通知其复工。河西金矿主张庆达公司形成的地质成果应无偿归该矿所有，缺乏事实和法律依据，且不符合公平原则，本院不予支持。

此外，庆达公司的企业名称于 2013 年 1 月 28 日由"桦甸市庆达矿业有限公司"变更为"梅河口市庆达矿业有限公司"。庆达公司名称变更后，仍使用旧公章以原企业名义提起本案诉讼、上诉和申请再审。本院认为，庆达公司的上述行为有违诉讼诚信，但公司名称变更对其法人主体资格不产生影响，以"桦甸市庆达矿业有限公司"名义进行的诉讼行为对"梅河口市庆达矿业有限公司"具有法律约束力，本院将"梅河口市庆达矿业有限公司"列为本案再审申请人并无不当。

综上所述，庆达公司的再审请求部分成立，本院予以支持。依照《合同法》第九十七条、《民事诉讼法》第二百零七条第一款、第一百七十条第一款第二项之规定，判决如下：

一、撤销山东省高级人民法院（2014）鲁商终字第 244 号民事判决以及山东省烟台市中级人民法院（2013）烟商初字第 69 号民事判决；

二、招远市河西金矿于本判决生效之日起十日内向梅河口市庆达矿业有限公司返还投资款 21152230.24 元；

三、驳回梅河口市庆达矿业有限公司的其他诉讼请求。

如未按本判决指定的期间履行给付金钱义务，应当依照《民事诉讼法》第二百五十三条之规定，加倍支付迟延履行期间的债务利息。

一审案件受理费 173604 元，由梅河口市庆达矿业有限公司负担 34302 元，招远市河西金矿负担 139302 元。二审案件受理费 173604 元，由梅河口市庆达矿业有限公司负担 34302 元，招远市河西金矿负担 139302 元。

本判决为终审判决。

审　判　长　王季君
代理审判员　晏　景
代理审判员　朱　婧
二〇一六年九月二十九日
书　记　员　冯哲元
书　记　员　齐　欣

（九）再审申请人内蒙古青阳矿业有限公司与被申请人突泉泰银矿业有限责任公司合同纠纷案

【裁判要旨】

当事人所签协议系企业整体资产转让合同，不违反法律、行政法规的强制性规定，应当认定有效；其中所涉采矿权转让的部分，只是合同双方对未来的采矿权转让（需合同一方与作为采矿权人的第三方另签转让协议并办理转让审批）作出事前安排或约定，不属于须经国土资源主管部门批准才生效的内容；案涉协议自依法成立即具有法律约束力，双方均应实际履行，一方怠于履行约定义务导致证照变更手续未办理，应承担继续履行合同的责任。

【裁判文书】

中华人民共和国最高人民法院民事裁定书

（2016）最高法民申930号

再审申请人（一审被告、反诉原告，二审上诉人）：内蒙古青阳矿业有限公司。住所地：内蒙古自治区包头市青年农场1栋1号。

法定代表人：高广辉，该公司总经理。

委托代理人：赵凯，该公司职员。

委托代理人：张剑平，该公司职员。

被申请人（一审原告、反诉被告，二审被上诉人）：突泉泰银矿业有限责任公司。住所地：内蒙古自治区兴安盟突泉县九龙乡长春岭村。

法定代表人：邓忠利，该公司总经理。

委托代理人：刘建国，泰和泰（北京）律师事务所律师。

再审申请人内蒙古青阳矿业有限公司（以下简称青阳公司）因与被申请

人突泉泰银矿业有限责任公司（以下简称突泉泰银公司）合同纠纷一案，不服内蒙古自治区高级人民法院（2015）内商终字第00025号民事判决，向本院申请再审。本院依法组成合议庭对本案进行了审查，现已审查终结。

青阳公司申请再审称：（一）二审判决关于本案所涉合同转让的标的涉及突泉泰银公司的多种财产权益，而不仅仅是股权或者采矿权，合同为企业资产整体转让合同的基本事实认定错误，缺乏证据证明。1. 股权是股东因出资而取得的、依法参与法人事务并在法人中享有财产权利的、具有转让性的民事权利；法人财产权是股东依法履行出资义务后，出资财产的所有权归属法人所有的权利；二者是不同的法律概念，是相互独立的关系。股东是通过其股权来行使对法人的管理和资产的处置。二审判决混淆股权及法人财产权的关系，认定合同转让的标的为突泉泰银公司多种财产权益的事实不能成立。2. 双方签订的《收购意向书》《收购意向补充协议》实质为采矿权转让合同。从签约主体看，签订协议的主体为青阳公司与突泉泰银公司，双方均为法人，而有权转让股权的主体只能是股东，公司是无权转让股东股权的。从收购价款看，突泉泰银公司的注册资本为1667万元，系三位股东的全部出资，而协议转让价款为11180万元。两项转让价款明显不对等，青阳公司不会以超出近7倍的价款购买突泉泰银公司股东的股权，11180万元收购款的核心价值即是突泉泰银公司的矿业权。从合同目的看，青阳公司最终要实现对争议矿山矿业权的控制，突泉泰银公司最终要实现的是获取一亿多的矿山转让款。本案清点物资的所有权和突泉泰银公司股东的股权对青阳公司来说没有任何实际价值和意义。（二）双方签订的《收购意向书》《收购意向补充协议》依法应认定为无效。1. 突泉泰银公司不仅不具备股权转让的签约主体资格，同时也不具备采矿权转让的签约主体资格，且涉案矿山的采矿权人是沈阳泰银科贸有限公司（以下简称沈阳泰银公司）、而非突泉泰银公司。2. 突泉泰银公司以欺诈的手段订立《收购意向书》《收购意向补充协议》，其行为损害了国家利益，协议应属无效。3. 《收购意向书》《收购意向补充协议》违反法律、行政法规的强制性禁止性规定，应属于无效。首先，突泉泰银公司并未拥有诉争矿山的采矿权，即便像突泉泰银公司所述的将沈阳泰银公司采矿权变更到其名下，也得基于相应的采矿权转让行为，同时也需要地质矿产主管部门审批，未经批准不允许转让。且案涉采矿权和突泉泰银公司股权已属于抵押物和质押物，依据《物权法》的规定，未经抵押权人和质押权人同意是无法转让抵押物和质押物的，否则其转让行为无效。其次，作为采矿权人沈阳泰银公司尚未办理安全生产许可证，不具备《探矿权采矿权转让管理办法》第六条规定的转让条件。最后，即便案涉协议成立未生效，人民法院亦不能判决双方继续履行合同。（三）因案涉协议无效，二审法院判决青阳公司支付 3000 万元收购款无事实及法律依据。（四）既然案涉协议无效，突泉泰银公司应返还青阳公司交付的定金 260 万元和垫付的工人施工费 48 万元。青阳公司依据《民事诉讼法》第二百条第二项、第六项的规定申请再审。

突泉银泰公司提交意见认为，青阳公司的再审申请缺乏事实与法律依据，请求予以驳回。

本院认为，本案争议焦点为：（一）二审判决认定《收购意向书》《收购意向补充协议》合法有效是否有误；（二）二审判决青阳公司支付突泉泰银公司 3000 万元转让款是否有误；（三）青阳公司请求突泉泰银公司返还 260 万元定金及垫付的工人工资 48 万元应否支持。

一、关于二审判决认定《收购意向书》《收购意向补充协议》合法有效是否有误的问题

1. 关于转让标的及合同性质问题。根据双方签订的《收购意向书》和《收购意向补充协议》的约定内容，双方在合同中涉及了突泉泰银公司的物权、突泉泰银公司的股权及未来由沈阳泰银公司变更到突泉泰银公司名下的采矿权等多个标的，收购价为 11180 万元，双方的最终目的是青阳公司通过对突泉泰银公司的实物资产、全部股权及未来过户到突泉泰银公司名下采矿权的取得和控制，成为突泉泰银公司的唯一股东，独立经营突泉泰银公司。故二审判决认定案涉合同转让的标的涉及突泉泰银公司的多种财产权益，而不仅仅是股权或采矿权，合同为企业资产的整体转让合同，并无不当。

2、关于合同效力问题。根据本案已查明的事实，邓忠利既是突泉泰银公司的股东、法定代表人，又是沈阳泰银公司的股东、法定代表人。对于本案中所涉转让采矿权、股权及物权，2013 年 12 月 10 日，沈阳泰银公司和突泉泰银公司均召开股东会议，全体股东一致同意案涉合同标的对外转让。邓忠利作为突泉泰银公司和沈阳泰银公司的法定代表人、股东，在各股东形成

股东会决议同意转让的情况下,其在《收购意向书》和《收购意向补充协议》上的签字行为可理解代表了突泉泰银公司和沈阳泰银公司全体股东的意志,且至本案诉讼,突泉泰银公司和沈阳泰银公司的股东均未对转让事宜提出异议。故二审判决认定案涉合同内容不违反法律、行政法规的强制性规定,应为有效,并无不当。

至于案涉合同中所涉采矿权转让的内容。按照合同约定,本案所涉采矿权转让是在青阳公司取得突泉泰银公司的物权、股权,支付第一笔3000万元,将被抵押的采矿权解除抵押后,采矿权人由沈阳泰银公司变更为突泉泰银公司,即在青阳公司实际成为突泉泰银公司的唯一股东,完全控制突泉泰银公司的情况下,沈阳泰银公司将其采矿权转让给突泉泰银公司,从而实现青阳公司合同目的。届时,就该采矿权的转让应系发生在沈阳泰银公司与突泉泰银公司之间,二者仍需签订相应的采矿权转让合同,并须经地质矿产主管部门依法批准生效。因此,《收购意向书》和《收购意向补充协议》只是对未来涉及的沈阳泰银公司与突泉泰银公司之间的采矿权转让作出事前安排或约定,该部分约定并不属于必须经地质矿产主管部门批准才生效的内容。二审判决认定该约定系双方真实意思表示,不违反法律、行政法规的强制性规定,合同一经成立,即对双方均有拘束力,并无不当。

至于突泉泰银公司是否存在欺诈行为导致合同无效的问题。根据本案已经查明的事实,《收购意向书》和《收购意向补充协议》有明确的约定,签订协议时,青阳公司对突泉泰银公司的采矿权及安全生产证照方面的情况是明知的,并不能证明其存在受欺诈的事实。而且即便青阳公司主张的欺诈事实存在,根据《合同法》第五十二条、第五十四之规定,以欺诈手段订立的合同只有损害国家利益的,才属于无效,否则应属于可撤销或者可变更的情形,而本案中青阳公司没有证据证明突泉泰银公司的欺诈行为损害了国家利益。故二审判决认定青阳公司以此为由主张合同无效没有事实及法律依据,有相应的事实和法律依据。

二、关于二审判决青阳公司支付突泉泰银公司3000万元转让款是否有误的问题

《合同法》第四十四条第一款规定:"依法成立的合同,自成立时生效";

第四十五条第二款规定:"当事人为自己的利益不正当地阻止条件成就的,视为条件已成就";第六十条规定:"当事人应当按照约定全面履行自己的义务。当事人应当遵循诚实信用原则,根据合同的性质、目的和交易习惯履行通知、协助、保密等义务";第一百零七条规定:"当事人一方不履行合同义务或者履行合同义务不符合约定的,应当承担继续履行、采取补救措施或者赔偿损失等违约责任"。本案中,双方签订的《收购意向补充协议》明确约定了双方履行各自义务的顺序及路径步骤,按照约定的履行顺序,青阳公司向突泉泰银公司支付3000万元的前提条件是突泉泰银公司完成相关证照变更手续后五日内,但根据本案已查明的事实,突泉泰银公司曾数次邮寄信函催促青阳公司派人配合办理相关证照变更手续,但青阳公司未予配合,且青阳公司亦没有证据证明其催促过突泉泰银公司办理相关证照变更手续及突泉泰银公司怠于履行该义务。由此,二审判决认定因青阳公司怠于履行合同义务导致证照变更手续未办理,其应承担继续履行合同义务,判决其支付3000万元,并无不当。

三、青阳公司请求突泉泰银公司返还260万元定金及垫付的工人工资48万元应否支持

鉴于案涉《收购意向书》和《收购意向补充协议》为有效合同,青阳公司基于合同无效请求突泉泰银公司返还260万元定金及垫付的工人工资48万元没有事实和法律依据,二审判决未予支持并无不当。

综上,青阳公司的再审申请不符合《民事诉讼法》第二百条第二项、第六项规定的情形。依照《民事诉讼法》第二百零四条第一款之规定,裁定如下:

驳回内蒙古青阳矿业有限公司的再审申请。

审　判　长　贾清林
代理审判员　武建华
代理审判员　杨　迪
二〇一六年六月二十一日
书　记　员　徐　阳

（十）再审申请人山东省第三地质矿产勘查院与被申请人西藏洲达矿业有限公司及一审第三人西藏德力吉矿业有限公司探矿权纠纷案

【裁判要旨】

合同性质应依据合同名称并结合合同中约定的具体权利义务内容综合予以判断；矿业权主体未变更、矿业权权属未转移的情况下，矿业权人通过引进他人资金、技术、管理等，通过分工合作共同勘查矿产资源，勘查成果各方共享，更符合合作勘查合同的法律特征，并非矿业权转让，依法不需要行政主管部门审批；合同系各方当事人的真实意思表示，不违反法律法规的强制性规定，对各方当事人均具有拘束力。

【裁判文书】

中华人民共和国最高人民法院民事裁定书

（2017）最高法民申 238 号

再审申请人（一审被告、反诉原告，二审上诉人）：山东省第三地质矿产勘查院。住所地：山东省烟台市南大街 192 号。

法定代表人：常洪华，该院院长。

委托诉讼代理人：郭晓东，山东平和律师事务所律师。

委托诉讼代理人：董明军，山东平和律师事务所律师。

被申请人（一审原告、反诉被告，二审上诉人）：西藏洲达矿业有限公司。住所地：西藏自治区拉萨市金珠西路 158 号阳光新城 B 区 5 栋 2 单元 601 室。

法定代表人：李艳华，该公司董事长。

一审第三人：西藏德力吉矿业有限公司。住所地：西藏自治区拉萨市色拉北路圣城花园2单元7号。

法定代表人：徐兴军，该公司董事长。

再审申请人山东省第三地质矿产勘查院（以下简称山东第三院）因与被申请人西藏洲达矿业有限公司（以下简称西藏洲达公司）及一审第三人西藏德力吉矿业有限公司（以下简称西藏德力吉公司）探矿权纠纷一案，不服西藏自治区高级人民法院（2016）藏民终14号民事判决，向本院申请再审。本院依法组成合议庭对本案进行了审查，现已审查终结。

山东第三院申请再审称：（一）依据《合同法》第十二条第一款第（二）项的规定，合同成立要件之一，即必须具有标的。而西藏洲达公司与山东第三院签订的《联合勘查开发合同》所涉及的五个矿权中尼木县帕布铜矿预查未取得探矿权证，故对该矿点的合同意思表示因标的不存在，致使该部分的合同不能成立，也对合同当事人不发生法律效力。（二）《联合开发西藏矿产资源合作协议书》《联合勘探开发合同》的合同内容实为探矿权利转让，且未经批准，依照法律规定，属未生效合同，二审判决认定为有效合同，适用法律错误。1. 依据西藏洲达公司与西藏德力吉公司签订的《联合开发西藏矿产资源合作协议书》的约定，西藏德力吉公司不投入勘探和矿产开发等资金，双方股份为西藏洲达公司占78%，西藏德力吉公司占22%。《矿业权出让转让管理暂行规定》第四十二条规定："合作勘查或合作开采经营是指矿业权人引进他人资金、技术、管理等，通过签订合作合同约定权利义务，共同勘查、开采矿产资源的行为。"西藏德力吉公司以不投入成本而享有22%的矿权利益的行为并非合作勘查或合作开采，实质构成了将探矿权以折股方式出让给西藏洲达公司。依据《探矿权采矿权转让管理办法》第十条规定："申请转让探矿权、采矿权的，审批管理机关应当自收到转让申请之日起40日内，作出准予转让或者不准转让的决定，并通知转让人和受让人。准予转让的，转让人和受让人应当自收到批准转让通知之日起60日内，到原发证机关办理变更登记手续；受让人按照国家规定缴纳有关费用后，领取勘查许可证或者采矿许可证，成为探矿权人或者采矿权人。批准转让的，转让合同自批准之日起生效，不批准转让的，审批管理机关应当说明理由。"据此规定，西藏德力吉公司将矿权利益转让给西藏洲达公司须经审批方能生效。依据《合同法》第四十四条第二款规定:"法律、行政法规规定应当办理批准、登记等手续生效的,依照其规定。"西藏德力吉公司转让给西藏洲达公司的矿权利益未经审批,《联合开发西藏矿产资源合作协议书》不能生效,西藏洲达公司就没有取得西藏德力吉公司享有的达孜县拉惹铜多金属矿、乃东县金鲁西铬铁矿、达孜县克日铜金多金属矿的矿权利益,更谈不上与山东第三院的联合勘探开发。2.《联合勘查开发合同》虽涉及五个矿权,但尼木县帕布铜矿没有探矿权证,不能作为勘探开发合同标的。达孜县拉惹铜多金属矿、乃东县金鲁西铬铁矿、达孜县克日铜金多金属矿的探矿权人为西藏德力吉公司,西藏洲达公司根本不是探矿权人,无处分权。故上述四个矿权不能成为《联合勘查开发合同》的标的。《矿业权出让转让管理暂行规定》第三十六条第一款规定:"矿业权转让是指矿业权人将矿业权转移的行为,包括出售、作价合资、合作、重组改制等。"《联合勘查开发合同》所涉及的联合勘查开发,实质就是矿权转让行为。依据《探矿权采矿权转让管理办法》第十条、《合同法》第四十四条第二款的规定,《联合勘查开发合同》中的矿权转让未经审批,不能生效。(三)既然《联合开发西藏矿产资源合作协议书》《联合勘探开发合同》属未生效合同,对合同当事人无法律约束力。且当事人不再继续履行合同,故可参照无效合同处理,即西藏洲达公司应返还山东第三院120万元。山东第三院依据《民事诉讼法》第二百条第六项的规定申请再审。

本院经审查认为,本案再审审查的重点为:二审判决认定《联合开发西藏矿产资源合作协议书》《联合勘查开发合同》有效成立是否有据。

(一)关于《联合开发西藏矿产资源合作协议书》《联合勘查开发合同》的性质问题

《矿业权出让转让管理暂行规定》第十四条规定:"矿业权出售是指矿业权人依法将矿业权卖给他人进行勘查、开采矿产资源的行为。"第四十二条规定:"合作勘查或合作开采经营是指矿业权人引进他人资金、技术、管理等,通过签订合作合同约定权利义务,共同勘查、开采矿产资源的行为"。涉案《联合开发西藏矿产资源合作协议书》《联合勘查开发合同》不管是从合同的名称,还是各方签订合同的目的及约定的权利义务,更符合合作勘查开发经营合同的法律特征。1.从《联合开发西藏矿产资源合作协议书》《联合勘查开发合同》的名称上看,均明确各方之间是联合勘查开发矿产资源;2.

从《联合开发西藏矿产资源合作协议书》《联合勘查开发合同》约定的具体内容看，本案各方当事人之间联合勘查合作后的探矿成果登记归属共同组建的公司，各方仅享有新组建公司的股权，在联合勘查阶段不存在组建新公司，故本案不涉及将涉案探矿权转让给合作另一方或新公司。西藏洲达公司与西藏德力吉公司约定：联营的宗旨为对外共同承揽地质项目勘探，扩大影响，提高竞争力，最终目的是共同组建公司，联合开发西藏矿产资源；双方的权利义务及利润分配和风险承担约定：西藏德力吉公司不投入勘探和矿产开发等资金，但负责矿产项目的现场技术和管理工作，协助西藏洲达公司做好矿山开发方案，负责矿山的技术工作，股份分配为西藏洲达公司占78%，西藏德力吉公司占22%。而西藏洲达公司与山东第三院约定：本次合作在成立公司以前，双方的管理事宜暂由西藏洲达公司承担，山东第三院派一名管理人员参与日常管理，待条件成熟时，双方再协商成立公司；双方管理、技术人员工资、福利等待遇由各方负责，其外聘人员工资、福利等待遇由合作公司负责，由双方协商决定在项目投资、矿权登记、矿产勘查与开发等重大决策事项，双方的合作是建立在西藏洲达公司与西藏德力吉公司合作的基础之上（双方股权比为78∶22）；根据西藏地区的实际情况，本次双方合作确定的股权比例西藏洲达公司占54%，山东第三院占24%，西藏德力吉公司占22%，合同各方按以上比例分享权益和风险；合作期限自合同签字生效之日起勘查及开发期限持续10年。3. 从实际履行看，《联合开发西藏矿产资源合作协议书》《联合勘查开发合同》签订后各方均按照约定进行了履行，西藏德力吉公司的关联企业（二九二大队、二九三大队）多次进行涉案矿权的延续、勘查，已履行了"共同勘查、开发矿产资源"的义务，山东第三院派人员参与西藏洲达公司向西藏自治区国土资源厅报备的2006年至2012年的预查设计、预查总结、普查设计等材料，除支付120万元前期投入外，尚欠80万元未支付。4. 涉案的探矿权证自始至终登记在西藏德力吉公司、西藏洲达公司名下，没有发生转移。故二审判决认定西藏洲达公司与西藏德力吉公司之间和西藏洲达公司与山东第三院之间是合作勘查开发矿产资源法律关系并无不当。

（二）关于《联合开发西藏矿产资源合作协议书》《联合勘查开发合同》是否有效成立的问题

本院认为，本案各方当事人之间系合作勘查开发矿产资源，不涉及探矿权的转让,故涉案《联合开发西藏矿产资源合作协议书》《联合勘查开发合同》不属于法律法规规定的必须由审批管理机关审查批准后才能生效的情形。虽然《联合勘查开发合同》约定双方合作勘查开发的探矿权区域为五个,现因西藏拉萨市尼木县帕布铜矿预查未取得探矿权证,导致双方合作勘查开发的探矿区域实际为四个,但合作勘查区域减少仅涉及双方合作勘查开发范围的变化,并不影响本案《联合勘查开发合同》的有效成立。

《联合开发西藏矿产资源合作协议书》《联合勘探开发合同》系各方当事人的真实意思表示,不违反法律法规的强制性规定,对各方当事人均具有拘束力。山东第三院申请再审主张参照无效合同处理,即西藏洲达公司应返还山东第三院支付的120万元,缺乏事实和法律依据,本院不予支持。

综上,山东第三院的再审申请不符合《民事诉讼法》第二百条第六项规定的情形。依照《民事诉讼法》第二百零四条第一款,《民事诉讼法解释》第三百九十五条第二款规定,裁定如下:

驳回山东省第三地质矿产勘查院的再审申请。

审　判　长　张　华
审　判　员　肖宝英
代理审判员　朱　婧
二〇一七年六月十九日
书　记　员　齐　欣